编辑委员会

主　编

杨勇军

副主编

苏俊清

执行编辑

陈　平　陈　雨　陈建超　陈醒雅　何学琼
胡兰琳　何显华　侯春兰　刘　倩　刘文辉
刘铁兵　李成忠　李金富　赖玉普　廖仲芳
吕淑英　石小兵　田　刚　杨　霞　曾聪颖
邹春来　肖慈凤

指向"导引—生成"的
课堂教学
（下）

项目策划：李思莹　胡晓燕
责任编辑：胡晓燕
责任校对：杨丽贤
封面设计：墨创文化
责任印制：王　炜

图书在版编目（CIP）数据

指向"导引—生成"的课堂教学．下／杨勇军主编．— 成都：四川大学出版社，2021.9
ISBN 978-7-5690-5004-2

Ⅰ．①指… Ⅱ．①杨… Ⅲ．①课堂教学－教学研究 Ⅳ．① G424.21

中国版本图书馆 CIP 数据核字（2021）第 190958 号

书名	指向"导引—生成"的课堂教学（下）
主　编	杨勇军
出　版	四川大学出版社
地　址	成都市一环路南一段24号（610065）
发　行	四川大学出版社
书　号	ISBN 978-7-5690-5004-2
印前制作	四川胜翔数码印务设计有限公司
印　刷	郫县犀浦印刷厂
成品尺寸	170mm×240mm
印　张	24.25
字　数	447 千字
版　次	2021年12月第1版
印　次	2021年12月第1次印刷
定　价	98.00 元

■ 版权所有 ◆ 侵权必究

◆ 读者邮购本书，请与本社发行科联系。
　电话：(028)85408408/(028)85401670/
　(028)86408023　邮政编码：610065
◆ 本社图书如有印装质量问题，请寄回出版社调换。
◆ 网址：http://press.scu.edu.cn

四川大学出版社
微信公众号

目 录

"导引—生成"理念在高中数学教学中的应用
　　——以"用样本的频率分布估计总体分布"第一课时的教学为例
　　………………………………… 马　杰　李　明　付　燕（1）
活用"搭桥术"，巧解"数学题"
　　——核心素养指导下高中数学运用换元法解题的思考 …… 李　芹（8）
让数学思想的阳光照亮教学
　　——以"方程的根与函数的零点"的教学设计为例
　　………………………………… 李秀萍　赵思林　刘文静（12）
公式教学中的前摄抑制现象及深度学习探索 ………… 王天娇（18）
"导引—生成"教学策略在复习课中的实践创新
　　——以"等边三角形"的教学为例 …… 彭彩虹　李　娜　胡　彬（25）
以学引思　构建生长型课堂
　　——"指数函数及其性质"第二课时课例分析 ………… 刘铁兵（32）
直观想象素养培养的问题表征及解决 ……… 侯春兰　孙小武　李巧玲（38）
基于学科核心素养的初中数学"先学后教"实践探索
　　………………………………… 李　娜　彭彩虹　艾必成（44）
利用数学思维导图培养高中生数学核心素养
　　………………………………… 吕　燕　苏小玲　郝丽娜（54）
浅谈函数思想在初中数学实例中的应用及思考 ……… 向国坤　代乾文（61）
基于数学学科核心素养发展的概念课教学探究
　　——"方程的根与函数的零点"的教学课例分析 ………… 王建明（66）
问题导学法在初中数学教学中的应用 …………………… 张德芝（74）

1

一堂评讲课中的"思"与"变"
　　——中考复习中利用二次函数解决实际问题的复习题讲评
　　　　　…………………………………………… 刘文静　李秀萍（78）
有效导引，注重实践
　　——"导引—生成"理念下的高中数学新授课的教学策略和方法简析
　　　　　…………………………………… 郑　权　杨　辉　李成军（85）
高中物理必修教材中插图在教学中的意义 ………………… 袁新红（91）
对探究影响滑动摩擦力大小的因素的实验的创新设计
　　　　　…………………………………… 郑秋萍　胡利君　马长辉（98）
利用大数据理念分析限流、分压控制电路的选择依据 ………… 池　林（106）
物理学科核心素养导向的演示实验教学探究
　　　　　…………………………………… 石建国　陈明英　王　政（115）
压力传感器在力学实验教具改进中的应用研究
　　——以探究影响摩擦力大小的因素为例 ……………… 王　兴（121）
以"物"为本　以"理"为据
　　——浅谈创新实验与物理教学之"三化一体"模式
　　　　　…………………………………… 刘　丽　方　胜　曾　晴（128）
核心素养理念下的初中化学活动元教学设计探究
　　——以"石头纸成分的探究"的教学为例
　　　　　…………………………………… 刘　倩　古圆圆　吴　敏（134）
基于模型认知的高中化学模块设计
　　——以"中和滴定图像专题"为例 …… 雷　魁　鄢灵敏　赖玉普（139）
基于渗透"STSE"思想的自主学习模式
　　——以"资源的综合利用　环境保护"第一课时的教学为例
　　　　　…………………………………………………… 赖小英（147）
新课程改革下高中化学探究性教学的研究
　　——由"原电池"教学引发的思考 ……………………… 李　俊（153）
在化学工艺流程题中强化化学学科核心素养 ……………… 刘　艳（158）
"诗"情"化"意
　　——从古诗词中感悟化学之美 ……… 牛小冬　李有海　李小英（164）
"导引—生成"模式下化学习题课授课策略及操作流程………… 王仕真（171）

目 录

无疑处质疑　探究中求真
　　——由"铝和硫酸铜溶液的反应"教学引发的思考
　　　……………………………………吴　娟　雷　魁　刘　静（177）
走进化学实景课堂
　　——新情景教学模式初探 ………………………………马　丽（183）
初中生物核心概念的构建
　　——"实验法是生物学研究的重要方法" ……邹海洋　付千武（191）
高中生物课堂问题预设与生成的案例分析 …………陶秀英　蒋秀华（196）
"导引—生成"教学策略在课堂教学中的创新实践
　　——以"胡萝卜素的提取"第一课时的教学为例 …………………
　　…………………………………………………袁家代　刘治良（202）
基于"导引—生成"理念的"预学·思学·固学"课堂教学模式探究
　　——以"染色体变异"的教学为例 …………干　茂　何军忠（209）
模型建构在高中生物新授课中的实践应用
　　——以"血糖平衡的调节"新授课为例 ……庞小江　刘　国（216）
以生物学科学史为载体，培养学生科学思维 …………王玉玲　王　平（225）
借助细胞结构模型建构"导引—生成"创意教学
　　………………………………………张　蕊　李　静　袁家代（232）
"导引—生成"趣味课堂与机器人交互模式
　　……………………………………袁　璐　邓静艳　谢德均（239）
沉浸式教学法在初中地理课堂中的应用
　　——以七年级地理教学中"美国"一章为例
　　　……………………………………曾聪颖　谭　勇　袁志彬（244）
"导引—生成"理念下的高中地理复习课策略研究
　　——以高中地理一轮复习"交通运输"为例 …………廖红梅（250）
"交通运输方式和布局变化的影响"课堂教学案例研究
　　——以简阳市为例 ……………………………王代光　黄龙艳（256）
"导引—生成"教学模式与传统教学模式的对比分析
　　——以高中区域地理"澳大利亚"的教学为例 …黄　燕　肖安方（263）
构建高中地理"生态"课堂　拓宽核心素养发展之路
　　——以海洋渔业资源时空观培养为案例构建自主养成课堂
　　　…………………………………………………陈　进　管利丽（268）
基于区域认知的区域地理版块模型教学初探 …………肖慈凤　谭　勇（276）

论课堂建模教学对高中生地理学科核心素养的建构意义 ········ 郑　琦（282）
"导引—生成"理念在心理学科创意教学中的应用
　　——以"规划点亮人生——高中生生涯规划之职业初探"课堂教学为例
　　·· 李　红　陈占军（289）
关于初中生早恋问题的几点思考 ················ 王春艳　陈才英（302）
如何在音乐教育中对中学生进行心理疏导 ················ 鄢　丽（307）
生涯规划教育中自我认知环节的设计与运用
　　——以高一新生生涯意识唤醒为例 ······ 袁丽娟　王冰原　孔登贵（313）
生涯咨询案例之学习动力不足 ···················· 刘　倩　付千武（321）
"导引—生成"理念下的美术几何形体的联想创意教学
　　·· 史霓洁　李　一（328）
服饰艺术的创意教学
　　——基于核心素养的"导引—生成"学科创意教学
　　·· 胡小芳　曾　玲（334）
以美入心　以艺入魂
　　——"导引—生成"理念下的高中美术教学 ······ 黄　科　蒲俊宏（339）
"导引—生成"理念下初中健美操教学研究
　　·· 刘　倩　林侠宇　鄢　静（346）
"导引—生成"理念下提升初中学生在田径耐久跑复习课中参与度的
　　实施路径研究 ································ 林用彬　钟陈勇　康宇衡（350）
以"学与练"为核心的初中体育课堂设计与运用 ······ 张　斌　卿　虎（356）
核心素养视域下初中学生体育素质综合评价考核策略研究
　　——以2022年成都市初中毕业升学体育考试实施方案为例
　　·· 郑　敏　卿　虎　付方良（361）
体育学科核心素养理念下的高中武术特长生培养策略研究
　　·· 郑　敏　张　斌　毛文莉（365）
中小学足球特色校园发展模式研究 ········ 何春晓　毛文莉　杨　桃（370）
体育学科核心素养下乒乓球校本课程开发与实施的策略分析
　　·· 林侠宇　邓洪玲　鄢　静（376）

"导引—生成"理念在高中数学教学中的应用
——以"用样本的频率分布估计总体分布"第一课时的教学为例

马 杰 李 明 付 燕

"导引"包含动机的引发和方法的开导,"引"是指教师在课堂上组织教学时的情感导向、思想引领和心理辅助,从而引发学生的学习动机和兴趣;"导"是指教师在"引"的基础上借助不同的活动手段和外界辅助,创设不同的实际情境,设计具有层次性的问题以启迪学生的思维。"生成"包含两层含义:对学生而言是指生成问题、生成方法、生成新知识体系,乃至生成能力和素养;对教师而言,在课堂临时生成的课堂资源,可以让教师生成新的教学方案和教学智慧。"导引"与"生成"是相互协调联动的共生关系,"导引"和"生成"一个是基础,一个是指向,"导引"使"生成"更有效率,而"生成"使"导引"的策略和方法更具科学性和传播性。

下面以"用样本的频率分布估计总体分布"(第一课时)的教学为例来讲解。

一、设计思想

根据"导引—生成"理念,将"用样本的频率分布估计总体分布"(第一课时)这节课分为以下几个部分:

(1) 通过"一分钟了解中国水资源"的视频引入课题,激发学生的学习兴趣。

(2) 以问题为导引,启迪学生的思维。

(3) 以问题探究与动手操作为方式,以小组合作探究为过程体验,让学生在小组合作中学会列频率分布表和画频率分布直方图,在教师引导下学会合作、探讨和应用。

二、教材分析

"用样本的频率分布估计总体分布"共两课时，本节课是第一课时。主要是引导学生画出样本的频率分布直方图，并能通过频率分布直方图对总体进行简单估计，理解统计的思想方法。

三、学情分析

学生在初中已经有了分布的初步概念，对样本估计总体有一定的认识，也学过如何将样本数据转换成频率条形图，对用图表反映数据有一定认识。在上一节课的学习中，学生已经学习了随机抽样的三种方法，也为本节课的学习打下了基础。虽然学生对直方图有所接触，但对具体的操作步骤还不熟悉，根据图形处理数据的能力不足，而且缺乏统计思维的训练，因此对统计思想、方法的理解会有一定困难。

四、教学目标

（1）通过实例理解分布的意义和作用，会列频率分布表、画频率分布直方图，并通过它们对总体进行估计。

（2）通过对数据的分析为合理的决策提供依据，体会统计在现实生活中的运用。

（3）初步感受统计结果的随机性与规律性，了解数学对解决实际问题的指导作用。

五、教学重难点

（1）能对数据进行合理分组，会列频率分布表，画频率分布直方图。
（2）能应用相关知识解决简单的实际问题，建立统计思想。

六、教学流程

（一）准备阶段

"用样本的频率分布估计总体分布"的导学案设计见表1。

表1 "用样本的频率分布估计总体分布"的导学案设计

课前自主学习

阅读教材，回答下列问题：
1. 分析数据的一种基本方法是什么？（作图或列表）
2. 作频率分布直方图的步骤是什么？
3. 作频率分布直方图中哪一步最为关键？
4. 组数越多越好吗？如何决定组距与组数？

课堂合作探究

采集100位居民月均用水量的数据，小组自行决定组距和组数，作频率分布表、画频率分布直方图。

100位居民月均用水量的频率分布表

分组	频数累计	频数	频率
合计			

100位居民月均用水量的频率分布直方图：

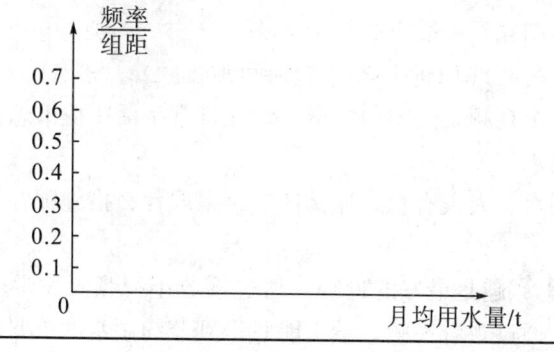

问题1：各小矩形的宽和高分别表示什么？面积表示什么？各小矩形的面积总和是多少？

问题2：月均用水量最多的在哪个区间？大多数居民月均用水量集中在哪个区间？

问题3：不同组距作出的频率分布直方图有什么不同？对我们分析数据有什么影响？

问题4：如果当地政府希望85%以上的居民每月的用水量不超出标准，根据频率分布表和频率分布直方图，你会对制定用水量标准提出哪些建议？

问题5：这个标准一定能保证85%以上的居民不超标吗？如果不一定，哪些环节可能导致结论的差别？

拓展延伸

请大家以小组合作的方式对我们年级同学每天完成各科作业的用时进行调查，作出频率分布直方图并对数据进行分析，结合实际情况，向年级备课组提出合理化建议。

设计意图：迁移理论认为，认知过程中，已经掌握的知识、技能对于学习新的知识可以产生积极的影响。因此，根据学生实际水平，从学生知识的最近发展区入手，将知识点转变为探索性的系列问题。导学案不仅是一份探索性的自学提纲，能指导学生看书和思考，而且问题的设计能够体现课堂教学流程，具有较好的启发性，同时注重学习活动的设计，兼具学习和课堂检测的功能。

(二)"导引—生成"的过程

1. 创设情境，引入新课

师：请同学们先看一段小视频。

(学生观看"一分钟了解中国水资源"的视频)

师：看了这个视频，同学们觉得我们在日常生活中应该怎么做？

生：节约用水！

师：节约用水、人人有责，那具体应该采取什么措施呢？让我们一起来看下面的探究。

【设计意图】兴趣是最好的老师，通过播放小视频激发学生的兴趣，集中学生的注意力。通过观看视频，学生能意识到节约用水的重要性，并引入问题探究。

2. 分组交流，解决问题

问题探究：见人教 A 版必修三教材第 65 页"居民生活用水定额管理问题"。（学生展开讨论）

师：分析数据的一种基本方法是用图将它们画出来，或者用紧凑的表格改变数据的排列方式。我们可以利用图形传递信息，而表格为我们提供了解释数据的新方式。下面我们学习的频率分布表和频率分布直方图则是用各个小组数据在样本容量中所占的比例来表示数据的分布规律。假设通过抽样我们获得了100 位居民的月均用水量数据（见教材）。

【设计意图】学生可以在交流中弥补不足，在巡视过程中教师可以了解学生的问题，并及时对课前的预设进行调整或补充，使其对学生的学习更加具有指导性。

3. 问题引领，形成共识

问题 1：从表格中随意记录的数据很难直接看出规律，因此，需要对数据进行整理。从表格中能直接获取哪些信息？（月均用水量最大值：4.3 t，最小值 0.2 t）

问题 2：仅有最值，仍无法知道用水量集中在哪个区间，如何进一步分析这些数据？（分组）

问题 3：如何分组？组数越多越好吗？分成多少组比较合适？（分组太多，增加工作量；分组太少，看不出规律。因此，应根据样本容量做适当分组）

问题 4：将样本数据中最大值和最小值的差称为极差。表中数据的极差是多少？如果将 100 个数据按 0.5 的组距进行分组，那么这些数据一共可分为多少组？各组范围为多少？（极差为 4.1，共分为 9 组，分别为 [0,0.5)，[0.5,1)，[1,1.5)，…，[4,4.5])

【设计意图】根据学生的个性和认知层次，从学生知识的最近发展区入手，设计一串相互衔接、层层递进的问题，有利于学生在最近发展区自主探索，形成合理的认知结构。

4. 小组协作，体验"生成"

问题 5：上述 100 个数据只能分成 9 组吗？请同学们小组合作，自行确定组数和组距，写出各组的范围，并合作完成导学案上的频率分布表。

问题 6：通过以上讨论，你能归纳出列频率分布表的步骤吗？（①求极差；②决定组数和组距；③将数据分组；④列频率分布表）

问题 7：有了频率分布表就能反映样本数据的频率分布，但不够直观。如何将已知条件形象化、直观化？（作图）请同学们以分组数据为横轴，频率/组距为纵轴,作出相应的频率分布直方图。

问题 8:通过以上讨论,你能归纳出作频率分布直方图的步骤吗?(①求极差;②决定组数和组距;③将数据分组;④列频率分布表;⑤作频率分布直方图)

【设计意图】建构主义认为,知识不是通过教师的传授得到的,而是学生在一定情境下借助教师和同伴的帮助即通过人际协作活动而实现的意义建构过程;教师是学生学习的参与者、组织者,学生才是学习的主体。教师让学生进行小组协作,对合作中出现的问题进行思考和探讨,最后汇聚想法,达成一致结论,在这种体验中引导学生生成并掌握列频率分布表和画频率分布直方图的具体步骤。如此,学生的学习积极性才能被很好地调动起来,获得的知识才是深刻的。同时,教师在学生小组协作过程中要发现问题并及时指导他们解决。

5. 分组展示,深入理解

问题 9:各小矩形的宽和高分别表示什么?面积表示什么?所有小矩形的面积之和为多少?(宽表示组距,高表示频率/组距,面积表示频率,面积和为 1)

问题 10:根据不同组距作出的频率分布直方图有什么不同?对我们分析数据有什么影响?(小组派代表展示本组成果)

【设计意图】学生通过自主尝试,在过程中不断发现问题、解决问题,并通过小组合作取得成果,有了成功的体验,提高了学习的积极性与合作学习的能力。教师通过精心指导,让学生有展示的机会,并在展示过程中适时追问、点拨、启发和引导,让学生自主寻找解决问题的方法。小组展示能让学生加深对频率分布直方图的认识和理解,同时也有利于学生语言条理性和思维逻辑性的提升。

6. 合理决策,提升能力

问题 11:如果当地政府希望 85% 以上的居民每月的用水量不超出标准,根据频率分布表和频率分布直方图,你会对制定用水量标准提出哪些建议?(以分 9 组的频率分布直方图为例,用水标准可定为 3 t)

问题 12:这个标准一定能保证 85% 以上的居民不超标吗?如果不一定,哪些环节可能导致结论的差别?(不一定,频率分布表和频率分布直方图存在随机性,所以在实践中需要对统计结果进行评价)

教师引导学生总结:频率分布表和频率分布直方图是对相同数据的两种不同表达形式,可以展示数据的分布情况。通过作图,学生既可以从数据中提取信息,又可以利用图形传递信息。通过频率分布表和频率分布直方图,可以清楚地看到整个样本数据的频率分布情况，并由此估计总体的分布情况。但样本数据具有随机性，因此对决策要进行评价。

问题13：你能举出生活中用样本估计总体的实例吗？（如评判质量优劣、水平高低，预测竞技结果等）

【设计意图】学生是否能培养出较好的数学能力是教师数学教学是否成功的具体体现，而学生是否能运用所学知识解决实际问题是其数学能力强弱的体现。通过对城市居民生活用水量标准定额的制定，让学生体会数学源于生活并服务于生活，学会用数学的眼光去观察生活并生成解决问题的能力，体会统计的思想。

（三）教学反思

本堂课教师以导学案为载体，在问题引领下以小组学习为基础，构建以学生小组合作学习为主要学习方式，激励学生主动参与和主动实践，让课堂的交流合作得以真正实现。教师作为引导者，要合理整合资源、设计问题，做好数学教学设计，从学生最近发展区出发，让学生在小组交流、合作探讨以及师生互动中生成数学知识。同时，通过合作学习的方式，让生生、师生之间进行合作与交流，充分发挥学生学习主体的作用，并提高学生的语言交流能力和培养学生的合作创新意识。

教师在教学中采用该策略，充分体现了教师的"导引"与学生知识的"生成"过程，但此类课堂需要师生的高度配合。因此，需要教师平时对学生的小组学习、课堂展示交流等加强指导，同时也要求教师精心设计问题，及时、灵活地处理课堂中出现的问题，合理利用课堂资源，生成新的教学策略和智慧。

在新课程改革的背景下，教师的职责不仅在于教授学生知识，更重要的是指导学生学习，最终让学生从"学会"到"会学"，培养自主学习的能力。因此，教师在课堂教学过程中应该对学生多加激励，点化学生思维，让学生亲身体验解决问题的过程，这样的"导引"才能让学生有效地"生成"知识、能力和素养。

活用"搭桥术",巧解"数学题"
——核心素养指导下高中数学运用换元法解题的思考

李 芹

一、高中数学换元法的内涵与方法

换元法是高中数学学习过程中重要的基础解题方法。换元法是把一些分散的部分看成一个整体,然后将其替换成一个字母。将复杂过程简单化,将抽象问题直观化的过程就是换元的过程。换元法的本质就是将问题进行转化,其目的是将部分变为整体,改变研究对象,将问题简单化。

在运用换元法的过程中可以将多项式换为多项式(如把关于 x 的多项式化为关于 y 的多项式),将高次幂降为低次幂,同时也可以在函数、三角、数列等问题中进行应用,让学生能够在换元的过程中树立自信心,提高学习数学的兴趣。

通过对换元法的归纳与总结可知,换元法可以分为:①局部换元法,该方法的关键是将代数式用一个字母表示,但是在有些式子中,需要学生通过进一步的变形发现其换元规律。②三角换元法,该方法主要应用于带根号的式子中,需要学生将代数式与三角函数相联系,然后发现换元的关键点。

二、核心素养指导下高中数学运用换元法解题的方法策略

（一）引导学生进行换元法归纳总结

前面已经提到换元法可以分为局部换元法和三角换元法两种，为了让学生在运用换元法的过程中可以根据题目选择正确的方法，教师在教学过程中应当引导学生进行分类总结与归纳，从而让学生更加了解换元法，知道在什么样的题目中需要运用什么样的方法。下面以例题解析为例，对两种方法进行概述。

首先，对于局部换元法，在已知函数 $f[g(x)]$ 的情况下，求 $f(x)$。此时，我们可以将 $g(x)$ 看成一个整体 t，令 $t=g(x)$，解出 x 以后，再将 $t=x$ 带入 $f[g(x)]=f[t]$ 中，最后把 t 换成 x，即可得到我们想要的解析式。在整个过程中应当注意自变量的变化。以例题解析为例：$p \times a^{2x}+q \times a^x+r=0$，令 $t=a^x$，可将方程转化为 $pt^2+qt+r=0(p \neq 0, a>0 \text{ 且 } a \neq 1)$。

其次，对于三角换元法（其是在有根号的情况下进行转化的方法），在已知定义域的取值范围为 $x \in [0,1]$ 时，求 $y=\sqrt{x}+\sqrt{1-x}$ 值域的范围。此时，我们可以根据已知条件，设 $x=\sin^2\alpha, \alpha \in \left[0, \frac{\pi}{2}\right]$。以例题解析为例：已知有两个实数 x 和 y，二者满足 $x^2+y^2-2y=0$，求 $2x+y$ 的取值范围。根据换元法，我们可以由已知条件进行分析。原式经过变化以后为 $x^2+(y-1)^2-1=0$，此时联系到三角换元 $\cos^2\alpha+\sin^2\alpha=1$，设 $x=\cos\theta, y=1+\sin\theta$，再将式子带入所求的 $2x+y$ 中，得到取值范围。其过程为：根据题意将原式变化为 $x^2+(y-1)^2=1$，且通过点 (x,y)，设其参数方程为 $x=\cos\theta, y=1+\sin\theta$，则 $2x+y=2\cos\theta+\sin\theta+1$，因为 $\sqrt{5} \leqslant 2\cos\theta+\sin\theta \geqslant \sqrt{5}$，所以得到 $2x+y$ 的取值范围：$1-\sqrt{5} \leqslant 2x+y \geqslant \sqrt{5}+1$。教师通过引导学生对换元法进行归纳总结，可以让学生根据已知条件迅速分析出应该选择怎样的解题方法，从而促进学生数学素养的提高，掌握换元法在高中数学中的应用。

（二）通过小组合作，促进学生对换元法的探讨

高中学生在学习上已经具有了一定的思维方法，但是由于数学是比较抽象与复杂的学科，个体间的差异性让各学生对数学知识具有不同程度的理解。所以在高中数学教学过程中，教师应该改变传统的教学方法，以核心素养为背景，将课堂的主体转向学生，从而促进学生学习更多有效的解决问题的方法，

以此提高学生学习数学知识的能力。在这个过程中，小组合作探究式学习能起到一定的促进作用。

仍然以上述例题为例：已知有两个实数 x 和 y，二者满足 $x^2+y^2-2y=0$，若 $x+y+c\geq 0$ 这个等式恒成立，那么实数 c 的取值范围是什么？此时，教师可以根据学生的学习情况将学生分成几个小组，分组原则必须维持平衡、保证均匀，使每个小组内的学生涵盖不同学习能力水平。小组分配完成以后，让学生在小组内根据已知条件进行探究，然后找出代表进行讲解。在学生的交流过程中，教师应该给予正确的指导。该题目的解题过程：由已知条件可以知道 $x+y=\cos\theta+\sin\theta+1=\sqrt{2}\sin\left(\theta+\dfrac{\pi}{4}\right)+1$，所以得出 $x+y+c$ 的最小值为 $1-\sqrt{2}+c$，再由已知 $x+y+c\geq 0$ 等式恒成立，可将式子替换为 $1-\sqrt{2}+c\geq 0$，则可以得到实数 c 的取值范围：$c\geq \sqrt{2}-1$。引导学生进行小组合作探究学习，让同学之间的相互碰撞促进学习兴趣的发生，在兴趣的带领下，学生才能有效提高学习的自主性，提高数学素养，加强对数学学习方法的应用。

（三）在课后作业中加强换元法的练习

在学习中，课前预习、课中学习、课后复习是一套系统的学习方法。对于高中来说，学习已经不仅仅是停留在学习知识的层面上，更重要的是具有系统的学习方法，促进综合能力的提升。虽然现在教育改革提出要对学生进行减负，但是必要的练习还是不能少的。因此，教师应当有效利用课后作业环节，让学生有针对性地进行换元法的练习，保质保量地完成学习任务，树立学生的自信心，培养学生的核心素养。

以例题为例：已知方程 $4^x+a\times 2^x+a+1=0$，该方程具有实数根，那么实数 a 的取值范围是什么？教师可以根据学生不同的学习情况，对他们进行分层布置作业。对于数学基础较好的学生，教师可以让他们用两种方法进行解答；对于数学基础较差的学生，教师可以让他们用一种方法进行解答。通过分层布置作业，学生可以根据自己的学习能力进行学习，不会因为完不成课后作业而压力过大，从而失去学习数学的兴趣。该题的解题过程：首先，通过已知条件进行分析，可以发现 $4^x=(2^x)^2$，然后再对式子进行换元。可以令 $2^x=t$，这样原方程就可以简化为 $t^2+at+a+1=0$，且该式子在 $(0,\infty)$ 上有实数根，则 $a=-\dfrac{1-t^2}{1+t^2}=-\dfrac{(t+1)^2-2t}{t+1}=-\left[(t+1)+\dfrac{2}{t+1}-2\right]\leq -(2\sqrt{2}-2)=2-2\sqrt{2}$。在该式中，当且仅当 $t+1=\dfrac{2}{t+1}$ 时，也就是 $t=\sqrt{2}-1$ 时，$x=$

$\log_2(\sqrt{2}-1)$ 等号成立，所以此时 a 的取值范围是 $(-\infty, 2-2\sqrt{2})$。

三、结语

高中是学生学习的重要阶段，在高中数学学习过程中，教师应当在教育改革以及核心素养的引导下，帮助学生掌握更多解题的方法和技巧，提高学生发现问题、分析问题和解决问题的能力。因此，掌握一定的数学学习方法和解题技巧非常重要。在高中数学教学中，换元法既可以让学生更轻松地学习数学，也可以让学生对数学更加感兴趣，进一步培养学生的核心素养，是一种高中数学必须掌握的解题方法。

让数学思想的阳光照亮教学

——以"方程的根与函数的零点"的教学设计为例

李秀萍　赵思林　刘文静

新一轮高中数学课程改革已经迎面向我们走来，基于核心素养的高中数学教与学的策略有了巨大转变[1]。教学过程的设计是教学设计的核心，是实现有效或高效教学的关键。"方程的根与函数的零点"是高中数学的一个重要知识点，饱含数学思想，如化归与转化思想、数形结合思想、方程与函数思想、分类讨论思想等。本文拟用"让数学思想的阳光照亮教学"的理念，以"问题驱动"的形式，对"方程的根与函数的零点"一课进行教学设计。

一、提出问题，初生疑窦

爱因斯坦说过："提出一个问题往往比解决一个问题更重要。"教师只有通过设计恰当的问题串，才能把教材中静态的知识呈现转化为课堂上动态的建构过程[2]。所以本节课以"问题串"的形式搭建脚手架，保证课堂教学的有效性。有数学思想的教学，是有效的课堂教学。

问题1：研究 $x^6 - 2x - 5 = 0$ 的实根。

思路：考虑求根公式。

有数学研究表明，一般地，五次及五次以上的一元整式方程无求根公式解。请同学们阅读教材第91页"中外历史上的方程求解"的相关资料。

本题用代数的方法无法求解，因此考虑求根公式这个思路行不通。那么，能不能从以前学习过的知识、方法、思路中找到解决问题的灵感？数学是研究数和形的科学，"数"的道路走不通，就可以考虑用"形"的方法来解决。

【设计意图】与史料结合，通过研究一个六次一元整式方程无求根公式解，教师引导学生从代数和几何两个方面对问题进行思考并寻找解决问题的办法，为进一步要采用的几何直观方法做铺垫。此举可以有效训练学生的求异思维，开阔学生的视野，培养学生问题解决的思维与数学素养[3]。

二、"数""形"探析，框图释疑

数学家华罗庚说过："数缺形时少直观，形少数时难入微。"教师在教学时应基于活动经验建构新知，提升学生深度学习的意识，将陌生转化为熟悉。

下面研究一个比较简单的方程的求解方法。

问题2：研究 $x^2-2x-3=0$ 的实根。

（1）代数方法。考虑用求根公式、因式分解的方法，都可以解决问题。解题过程从略。

（2）从"形"的角度研究该问题。引导学生从"形"的角度思考并探究方程 $x^2-2x-3=0$ 等号两边的几何意义，由师生共同设计出如图1所示解题过程框图。

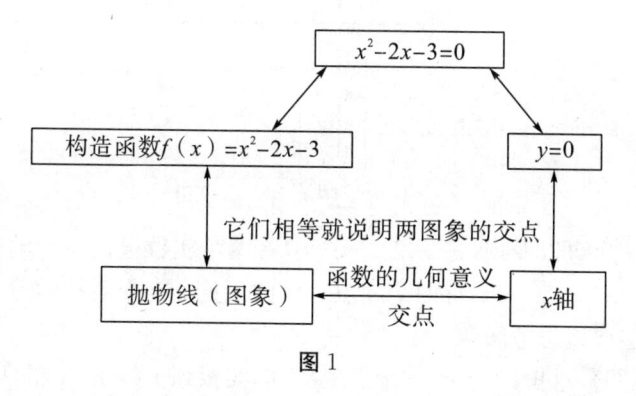

图1

两图象（指方程的左边函数的图象与 x 轴）如果无交点，则无实数根；如果有交点，则交点的纵坐标为0，形式为（?,0）。这里的横坐标经常会用到，且与函数、方程有关系，故取名为函数的零点。所以，方程的实根问题转化为方程的左边函数的图象与 x 轴有无交点的问题。而 x 的几何意义是图象与 x 轴交点的横坐标，此横坐标定义为零点。

由此可见，研究方程的实根问题，一种思路是从代数角度考虑，另一种思路是从几何角度考虑，通过构造函数，观察其图象与 x 轴的交点的情况。

前面构造的是二次函数，可用"形"的思路来解决。对于一般的函数 $f(x)$，也可用"形"的思路来解决，从而可得到教材中的三个等价关系（充要条件），如图2所示。

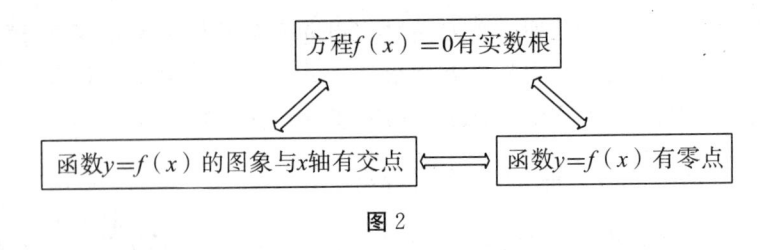

方程$f(x)=0$有实数根

函数$y=f(x)$的图象与x轴有交点 ⟺ 函数$y=f(x)$有零点

图2

对于最开始提出的方程$x^6-2x-5=0$实根的问题，可以考虑通过"形"来解决，在几何画板中操作展示给学生看（图3）。

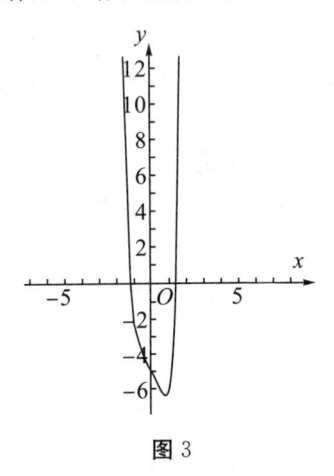

图3

由图3学生可以发现，$x^6-2x-5=0$有两个实数根，与x轴有两个交点，函数$f(x)=x^6-2x-5$有两个零点。由此可见，在今后的学习中要多角度、多维度、多层次地思考问题。

【设计意图】这里讨论$x^2-2x-3=0$的实根到$f(x)=0$的实根，运用了特殊到一般的思维方法，符合学生的认知规律。正如奥苏贝尔所说，影响学生学习的首要因素是他的先备知识[4]。研究$x^2-2x-3=0$的实数根，从"数"到"形"的转化，体现了化归与转化的思想。而将方程的左、右两边看成两个函数，即求两个函数的交点从而得到方程的根，体现了方程与函数的思想。分类讨论思想展现在对交点个数的讨论过程中，与章建跃博士提出的注重通性通法才是好数学教学的观点一致。

三、再次生"疑"，零点存在

弗莱等塔尔说过，学习数学唯一正确的方法是实行"再创造"。教师的任务是引导和帮助学生去进行再创造的工作，而不是把现成的知识灌输给学生[5]。而问题是数学的心脏，好的数学教学设计需要好的问题来帮助实现再创造。

问题3：观察下列函数 $f(x)$ 的图象（图4～图15），函数 $f(x)$ 有零点吗？如果有，在哪个范围？并猜想，函数 $f(x)$ 在什么条件下一定有零点[6]？

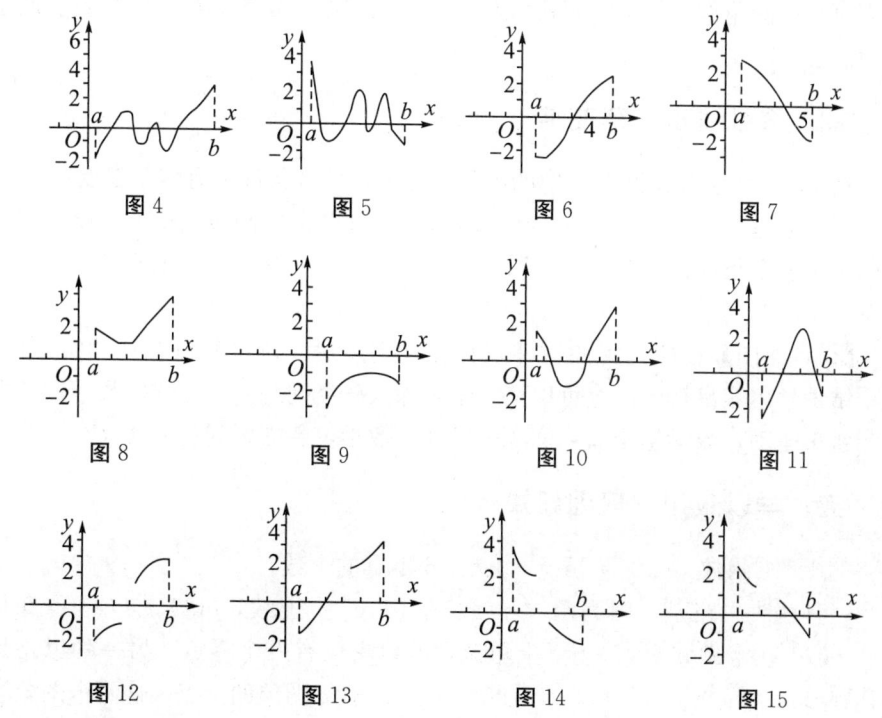

图 4　图 5　图 6　图 7

图 8　图 9　图 10　图 11

图 12　图 13　图 14　图 15

学生能够得到函数 $f(x)$ 有零点，必须满足两个条件：一是 $y=f(x)$ 在闭区间 $[a,b]$ 的图象是连续不断的一条曲线（即"连续"）；二是函数 $f(x)$ 在区间端点处的函数值异号 $f(a)\cdot f(b)<0$（即"异号"）。让学生明白这两个条件是判断函数 $y=f(x)$ 有零点的充分条件。若只有"异号"，无"连续"，则可能出现有零点的情形，（图13、图15）也可能出现无零点（图12、图14）的情形；若只有"连续"，无"异号"，也可能出现有零点（图10、图11）或无零点（图8、图9）的情形。教师也可鼓励学生自己动手画几组图象。

教师引导学生从函数角度归纳出零点存在定理：

如果函数 $f(x)$ 在区间 $[a,b]$ 上的图象是连续不断的一条曲线，并且有 $f(a)\cdot f(b)<0$，那么，函数 $f(x)$ 在区间 (a,b) 内有零点，即至少存在 $c\in(a,b)$，使得 $f(c)=0$，这个 c 就是方程 $f(x)=0$ 的根。

教师还应指出教材中的定理存在一点小问题，应该是至少存在 $c\in(a,b)$，

15

而不是存在 $c \in (a,b)$，因为 c 可能不止一个。例子可以是问题 3 中的图 4、图 5，教师也可以让学生自己画出其他满足条件的图象，鼓励学生自己动手。

【设计意图】首先，限定问题研究的方向，只研究零点存在的充分条件，不研究其必要条件。其次，让学生观察并鼓励学生自己动手画图，从而探索发现零点存在的条件。最后，指出教材中存在的问题，培养学生大胆创新、敢于质疑的能力。

四、乘胜追击，存在唯一

问题 4：继续观察问题 3 中的图象，函数在什么条件下有唯一零点？

同学通过图 6、图 7 或者自己画出的图象可以得到函数 $f(x)$ 有唯一零点必须满足三个条件：一是"连续"；二是"异号"；三是 $f(x)$ 在区间 (a,b) 上单调。

【设计意图】在探究完函数零点存在性定理后，讨论零点存在的唯一性，这个结论学生容易得到。这可以培养学生深入研究问题的好习惯。数学教学需要问题来驱动，数学思维需要问题来发动，数学灵感需要问题来触动[7]。

五、学以致用，巩固新知

例 1：求函数 $f(x) = \ln x + 2x - 6$ 零点的个数。

一种解决思路是，因为函数 $f(x)$ 在 $[1,e]$ 上连续，$f(1) \cdot f(e) < 0$ 且 $y = f(x)$ 在定义域 $(0, +\infty)$ 上单调，所以它仅有一个零点。另一种思路是将其看成两个函数 $g(x) = \ln x$ 与 $h(x) = 6 - 2x$ 图象的交点，这两个图象容易画出，得出只有一个交点的结论。

【设计意图】例 1 符合本节课的教学目标，即让学生理解方程的根与函数的零点的关系，学会用数形结合的思想将函数图象与函数零点相结合。但是第二种方法稍微变了形，应该依据学生的实际情况酌情考虑是否要讲。

该题不仅可以确定零点的个数，还可以将零点的范围锁定在 $(1,e)$ 之间，通过下节课对二分法的学习求出方程的近似解，也为下节课学习二分法的运用打下基础。

六、课堂小结，提升思想

本节课通过多次运用转化的思想方法，实现了问题的圆满解决，该过程如图 16 所示。

方程 $\xrightarrow{转化}$ 函数 $\xrightarrow{转化}$ 图象 $\xrightarrow{转化}$ 交点 $\xrightarrow{转化}$ 零点（交点的横坐标）$\xrightarrow{估计范围}$ 零点存在性定理

图 16

在课堂教学中，要以数学来认识问题和解决问题为核心任务，以数学知识的发生发展过程和理解数学知识的心理过程为基本线索，为学生构建前后一致、逻辑连贯的学习过程，使他们在掌握数学知识的过程中学会思考[8]。三个等价关系是方程的根的基础，是对根进行定性描述，而零点存在性定理是对根进行定量描述。

【参考文献】

[1] 曾伟. 揭示数学问题的本质　促进深度学习的实现——以数列单调有界性的微专题教学设计为例［J］. 中学教研，2018（6）：5-8.

[2] 卓斌. 例谈数学教学中问题串的设计与使用［J］. 数学通报，2013（6）：40-43.

[3] 严榕娇. 践行一题多思　体悟数学思维［J］. 中学数学教学参考，2018（3）：46-48.

[4] 张春兴. 教育心理学［M］. 杭州：浙江教育出版社，1998.

[5] 张奠宙，宋乃庆. 数学教育概论［M］. 北京：高等教育出版社，2016.

[6] 卢红春. 基于三维目标的数学教学设计策略——以"方程的根与函数的零点"为例［J］. 中国数学教育，2015（6）：19-22.

[7] 王佩，赵思林. 基于问题驱动的数学教学设计——以"任意角的三角函数"为例［J］. 中学数学月刊，2017（10）：17-20.

[8] 章建跃. 构建逻辑连贯的学习过程使学生学会思考［J］. 数学通报，2013（6）：5-8.

公式教学中的前摄抑制现象及深度学习探索

王天娇

一、前摄抑制现象的表现形式

（一）存在于两种不同学习材料间的前摄抑制现象——公式形式辨识障碍

北师大版数学教材七年级下册第一章整式的乘除的主要学习任务是掌握整式运算的法则，其中完全平方公式的相关知识题的失分率最高。公式混用、错用、自编自用的情况时有发生，以积的乘方公式与完全平方公式的混淆使用最为常见。

积的乘方运算的学习处于新学期的开始，学生倾注了较多的注意力，投入了更多的精力，对积的乘方运算法则的记忆十分深刻。而后续的学习内容与其在形式上均有明显差异，学生很少出现公式混淆的情况。学习完全平方公式初期，由于近因效应的作用，学生极少发生公式错用的情况，当学习完最后一节整式的除法以后，学生对最后学习的内容记忆更加深刻，自然弱化了对完全平方公式的记忆，加上首因效应的作用，来自积的乘方公式的记忆干扰，将完全平方公式与积的乘方公式相混淆的情况就出现了。

（二）存在于相同学习材料中的前摄抑制现象——公式内容记忆障碍

完全平方公式 $(a \pm b)^2 = a^2 \pm 2ab + b^2$ 包含了两个公式，即 $(a+b)^2 = a^2 + 2ab + b^2$ 和 $(a-b)^2 = a^2 - 2ab + b^2$。教材以两数和的完全平方公式为突破口，从数和形两个角度对知识进行了呈现。从代数的角度来看，两数和的完全平方公式是整式乘法法则的特殊情况，其广泛的应用性体现了学习的必要性；而图形的角度则给出了两数和的完全平方公式的几何意义和几何证明，其简洁直观的数理感受给学生留下了深刻印象。在用自己的语言叙述公式这一环节，由于两数和的完全平方公式具有极高的辨识度，师生不难总结出"首平方，尾平方，积的二倍在中央"这一记忆口诀。对第一个公式的充分探究和记忆强化会对第二个公式的学习产生前摄抑制作用，师生以相似方法对第二个公式进行探究和记忆的时间锐减。那么，将两个公式合二为一，得到 $(a \pm b)^2 = a^2 \pm 2ab + b^2$ 这一公式的过程难免会被"一语带过"。这种看似再正常不过的教学手法和学习过程恰恰导致了完全平方公式 $(a \pm b)^2 = a^2 \pm 2ab + b^2$ 的记忆受到极大干扰，其表现为在进行含参类配方法运算的时候常会产生漏解的情况。例如在解"若 $x^2+kx+81$（或 $x^2-kx+81$）是完全平方式，求 k 的值"这样的问题时，学生的答案往往是 $k=18$，而忽略了 k 的取值为负数的情况，即仅仅能够识别为两数和或两数差的完全平方而不能兼顾两者应用总公式的情况。

（三）存在于学习材料延伸学习中的前摄抑制现象——公式应用障碍

学生对于纯数字的公式运算是最容易掌握的，而对于含有多个字母，例如计算 $(ab+c)^2$ 或是 $(a+b-1)^2$ 这种以单项式或多项式替代公式中的字母的情况则难以掌握和理解。对于七年级学生而言，在小学六年学习时间里进行了大量纯数字的计算活动，虽然对字母表示数的学习经验也有一个学期了，但是与六年的时间相比还是显得薄弱，所以会出现不能将所面对的代数式与相应的公式联系起来的现象。归根结底是受到了已有知识体系的前摄抑制作用。

二、引起前摄抑制现象的因素分析

（一）学习内容的相似性

大量的实验表明，当先后学习的两种材料在意义、组成或排列顺序上有某些相似或相同的成分时，会产生比较大的抑制效果。麦吉柯和麦克唐纳文在1931年所做的实验就说明了这一点[1]。

积的乘方等于每一个因数乘方的积，对应的公式为 $(ab)^n = a^n b^n$，而完全平方公式为 $(a \pm b)^2 = a^2 \pm 2ab + b^2$。从形式上来看两者有两个相似点：一是都包含两个字母；二是都含有小括号，进行了括号内整体的乘方运算。正因为这两个公式在形式特征上具有较高的相似性，所以产生了较强的抑制效果。

（二）学习内容的巩固程度

在教学中我们发现，将完全平方公式与积的乘方公式混淆的学生，在单独进行积的乘方运算时出错的频率远远低于进行完全平方公式运算时的情况。这主要是因为学习和巩固积的乘方公式的时间远远多于学习完全平方公式所用的时间，学生对积的乘方公式知识的掌握程度更好。因此，对后面学习的具有相似特征的完全平方公式有较大的干扰作用。

（三）机械学习方式与意义学习方式的对比

通过批改作业和随堂测评，我们常会发现有一部分学生始终无法正确地运用公式完成相应的计算。开始的时候我们会怀疑这是因为学生没能将相应的公式记住，但当我们进行公式默写等活动的时候又会发现学生默写这些公式的正确率是极高的，即使那些一直在犯错的学生也能顺利完成默写。这说明部分学生仅仅通过机械的学习完成了公式的记忆，也就是"死记硬背"。因为缺乏意义学习的过程，不能将所学的公式与已有的知识联系起来，无法达到"灵活应用"的效果。

（四）关键能力强弱与前摄抑制的影响

我们从有关心理学理论可以推出，在相同的时间内学习相同的内容，能进行深入思考的学生比只是记下教师所教内容的学生能够更好地理解和记忆所学内容[2]。对于七年级学生而言，相较小学教育，学习内容的广度和深度都有了较大提升，随着学习任务的加重，一些学生在学习上的惰性愈发明显。因为不求甚解，缺乏对公式本质的深度思考，前摄抑制的干扰作用也愈发明显。通常表现为，部分学生可以将公式倒背如流，却因无法理解公式中的字母还可以表示单项式、多项式，而只能进行与公式形式一致或极为接近的代数式的运算。在一次单元测试中有这样一道题：先化简，再求代数式 $(x+y)^2 - 2(x+y)(x-y)+(x-y)^2$ 的值，其中 $x=-2$，$y=1$。因为能够轻松识别出 $(x+y)(x-y)$ 符合平方差公式，而 $(x+y)^2$ 和 $(x-y)^2$ 可以直接套用完全平方公式，很少有学生能将 $(x+y)$ 和 $(x-y)$ 看作两个整体，替代完全平方公式中的字母 a 和 b 进行简便运算。

三、公式教学的深度学习探索

（一）对深度学习的认识

《教育部关于全面深化课程改革　落实立德树人根本任务的意见》明确把核心素养的内涵界定为学生在接收相应学段教育过程中，逐步形成的适应个人终身发展和社会发展需要的必备品格和关键能力。中国基础教育已全面进入核心素养的新时代，培养"全面发展的人"是新时期教育的育人目标。为实现这一目标，学习方式必须发生根本性变革，"深度学习"教学改进项目应运而生。我国"深度学习"教学改进项目认为，深度学习是以理解为基础的意义探究型学习活动。学生在教师指导下，通过解释、举例、分析、总结、表达、解决不同情境中的问题等，在已有知识基础上进行建构性活动，由此创造对新知识的理解[3]。

（二）基于学科本质的深度学习目标的确定

基于数学学科本质的教学绝不只是要求学生掌握系统的数学知识，更重要的是让学生形成数学思想和数学思维，达到会用数学的眼光观察现实世界，会用数学的思维思考现实世界，会用数学的语言表达现实世界这一学习目的[2]。《义务教育数学课程标准（2011年版）》对整式的乘除这一章的第一条要求就是借助现实情境了解代数式，进一步理解用字母表示数的意义。而在学习内容的呈现上突出了数形结合思想的应用，注重学生对算理的理解和运算能力的提高，为了给后续的分式、方程、函数等学习内容打下坚实基础，特别注重发展学生的数感和符号意识。基于此，可将完全平方公式教学的深度学习目标确定为：通过数形结合的探究手段理解知识，进一步理解字母表示数（即字母可以表示数，还可以表示单项式和多项式等），发展学生的数感和符号意识，体会化归转化这一基本的数学思想方法。

（三）深度学习目标指导下的课堂教学策略

深度学习是为了培养全面发展的人、具备必备品格和关键能力的人，这样的人首先应该是能够"学会学习"的人。思维技能和学习技能都属于元认知技能。学习科学研究指出，学生的元认知能力是可以通过直接教学或者观察模仿教师/学科专家解决问题、进行思考时的策略来加以培养的[3]。

1. 提问策略——通过引导学生达成个人"成就"使其对新授课印象更为深刻

经验证明，许多事情都取决于在学习该教材的第一次课上学生对某一公式的理解是否深刻。在学生的意识中，不明确、模糊、肤浅的表象越少，压在他/她肩上的学业落后的负担就越轻，他/她的思想对于以后再学习新教材的准备就越充分，他/她在课堂上的脑力劳动的效果就越好[4]。张楚廷教授曾指出，教学，从根本上说，是思考着的教师引导着学生思考，又让思考着的学生促动教师思考。在这一过程中，问题是最好的营养剂；在这一过程中，教师的思考和问题意识起着主导作用[5]。在新授课上，教师可以设置这样的问题：请尝试编出两数差的完全平方公式的记忆口诀。目的是突出异同对比，渗透化归思想，让学生体会将 $a-b$ 视为 $a+(-b)$ 这一思想方法，更好地理解"首平方，尾平方，积的二倍在中央"的真正内涵，而不是把它看成公式表象特征的简单总结。在此基础上，教师还可以引导学生继续探索 $(a\pm b)^2 = a^2 \pm 2ab + b^2$ 这一公式中"±"符号的含义，让学生自己去提出疑问或见解。例如"±"符号代表了一种不确定性，一个完全平方式的首平方和尾平方是可以确定符号的，而积的二倍的符号则有两种可能性。通过这样的探索和研究，学生对公式的识记能在思考的过程中进行。无论是提出问题的学生还是努力解决问题的学生，都能从中获取个人成就感，通过艰难的脑力劳动得来的知识要比教师直接灌输轻松得来的知识记忆更为深刻和持久。

2. 分散练习策略——促使知识整合到长时记忆中的练习课

就大多数学习而言，分散练习更有利于保持，即使只是分散在较短的时间里。很多时候，为了追赶进度或者进行更多的综合训练，教师很容易忽略练习课的必要性。其实我们大可以在每节课堂预留部分练习的时间，化整为零，有针对性地对学生进行单个知识点的分层训练。例如前面提到的"先化简，再求代数式 $(x+y)^2 - 2(x+y)(x-y) + (x-y)^2$ 的值"这一问题，我们可以设计这样的练习：首先，请同学们用简便方法计算 $101^2 - 2\times 101 \times 11 + 11^2$，进一步用简便方法计算 $101^2 - 202 \times 11 + 11^2$，再变为用简便方法计算 $(x-y)^2 + 2y(x-y) + y^2$，最后用简便方法计算 $(x+y)^2 - 2(x+y)(x-y) + (x-y)^2$ 的值。这个过程并不需要太多的时间，通过多个梯度问题的呈现，就可以降低原有问题的难度，既通过变式训练渗透了化归思想，又留给学生整合知识、自我评价的时间。在教育意义上，学生学习的成就感并不在于其储存了多少学科知识，而在于其能够提取出多少学科知识[6]。

3. 合作学习策略——通过思想的碰撞奠定坚实的基础

建构主义理论的核心观点是：学习者要想真正地学到知识，就必须自己去发现和转换复杂的信息，"生成"才是有效学习的核心目的。不同的学生用不同的方式来建构知识，不同的学生能看到事物的不同方面，不同的学生对学习有着不同的理解。与简单地阅读或练习相比，将学习内容教给同伴更加有效，在这一过程中，学生之间的学习能力差异能使这种合作交流有效活跃思维、激发灵感，更能提高学生倾听、表达、质疑的能力[7]。计算公式作为学科工具，学生对它的掌握程度必须达到熟练运用，这以能够快速、准确地辨识公式为前提。引导学生通过写作去解释正在学习的内容，有助于学生的理解和记忆。有研究发现，针对具体内容进行的写作活动可以帮助儿童学习所写的内容[8]。教师在试卷评讲课上组织学生进行解题方法的自主展示、以学习小组为单位在组内进行"一教一"活动、复习课前分组布置的思维导图绘制作业、书写复习提示等，都能使学生对相似公式的认识更为透彻。

四、结语

我们在日常的教学中发现，定理公式的教学常会让学生觉得枯燥乏味，学生只是进行套用公式的繁复演算，对公式的记忆流于表面，缺乏对公式产生过程的多种形式和角度的探究，使得前摄抑制现象比比皆是。虽然前摄抑制现象的存在具有一定的必然性，但通过教师的努力，采取适当的教育教学策略，一定可以降低其消极影响，进行深度学习探索就是行之有效的方法之一。在首次学习公式时，教师可以让学生亲身经历，感受公式的产生过程，刺激强化公式中的记忆点，再通过分散练习和集中练习等多种手段提高记忆效率。同时，还可以多组织一些学生参与度较高的探究、展示、总结活动，这些活动不仅有助于提高教学和学习效果，更能促进学生元认知技能的生成。

【参考文献】

[1] 吉淑. 关于"前摄抑制和倒摄抑制"的实验探析 [J]. 新疆广播电视大学学报，2007（2）：55-57.

[2] 余文森. 核心素养导向的课堂教学 [M]. 上海：上海教育出版社，2017.

[3] 刘月霞，郭华. 深度学习：走向核心素养（理论普及读本）[M]. 北京：教育科学出版社，2018.

[4] B. A. 苏霍姆林斯基. 给教师的建议 [M]. 杜殿坤，译. 北京：教育科学出版社，1984.

[5] 张楚廷. 教师的四重奏——教学·学教·教问·问教 [J]. 课程·教材·教法，2008

（7）：40—43.

［6］周彬. 课堂密码［M］. 2版. 上海：华东师范大学出版社，2012.

［7］张四保. 24字教学模式操作手册［M］. 太原：山西人民出版社，2015.

［8］罗伯特·斯莱文. 教育心理学理论与实践［M］. 10版. 吕红梅，姚海林，等译. 北京：人民邮电出版社，2016.

"导引—生成"教学策略在复习课中的实践创新
——以"等边三角形"的教学为例

彭彩虹 李 娜 胡 彬

一、选题背景

"核心素养"是当前教育中的高频词,是指学生应具备的适应终身发展和社会发展的品格和关键能力,突出强调个人修养、社会关爱、家国情怀,更加注重自主发展、合作参与、创新实践[1]。"核心素养"形成的主要载体是知识,主要途径是教学活动,主要条件是授课教师,主要保障是教学考评。

数学复习课是数学教学中不可或缺的课型,是对一定阶段所学数学知识的总结提炼和深化。它一般分为章节复习、半期复习、学期复习等,不应是对所学知识的重复学习,而应是对所学知识的升华,对所学知识的提高,对所学知识结构的建构。而在教学中,复习课很容易走入误区,比如,很多教师过于重视复习课的考试功能,从而忽略了复习课的知识结构功能,让学生反复地学习已学过的知识,与核心素养背道而驰。这不适宜学生数学思维的形成和能力的提高。有的教师用习题训练替代复习课,复习形式较为单一,缺少对学生学法的指导,缺乏让学生探讨和思考问题的过程。还有一些教师上复习课不经过选择就直接复印资料让学生做,这种不重视往往导致复习课质量差。也有的教师不注意学生个体的差异性,复习课教学内容设计的层次性不强[2]。怎样避免上述问题而设计好复习课的教学是值得每一名教师研究和深思的。核心素养指出,学校教育应该培养学生适应终身发展的必备品格,让学生通过数学学习掌握学习方法、理解数学思想方法、提升数学学习能力才是复习课应追寻的目标[3]。

2014年，笔者所在学校高中部开展了课题研究——"普通高中'导引—生成'课堂教学改革研究"，并取得了一定的成果。"导引—生成"教学试图通过各种课型的教学培养学生能力，让学生在教师的导引下生成知识的同时生成核心素养。"导引—生成"教学分成"导""引""生成"三个层级，每一个层级在不同课型中的具体教学环节不同。复习课的教学环节有"自主过关—问题创设—合作解决—巩固提升"，教师应结合不同的教学内容与学生学情，对上述四个教学环节进行调整，在整节课或者某一个教学环节贯穿"导引—生成"的教学理念。

二、复习课的设计原则

复习课的教学设计是指教师在实施教学前对学生已经学习的一个单元或一个阶段的知识进行系统的整理、复习，为达到教学目标，系统规划教学活动。复习课的设计原则有以下几个。

（一）建构性

教师引导学生对已学过的知识查漏补缺，建立数学知识结构图，在归纳知识点的同时把错题一并收集到错题集，归纳升华出数学思想方法，让所学知识有结构性。

（二）概括性

相比于新知识的学习，概括知识点和其中的数学思想方法是数学复习课的一大特征。从对新知识具体和全面深入的学习到复习课的高度概括，这个过程能让学生体会从具体到抽象、从普遍到一般、从感性认识到理性思维的过程。

（三）综合性

数学复习课是对所学知识的梳理，是对解题方法和技巧的理解，是对数学思想方法提炼的综合。

（四）自主性

学生是学习的主体，除了新授课，在复习课中，教师也应注意引导学生去复习归纳、整理，充分发挥学生的自主性，不能以教师的讲解替代学生的思考，而要让学生自己梳理知识结构、总结思想方法。在这个过程中，教师仅仅是引导者。

三、教学设计解析

环节一：教师给出下面的问题，引入复习课。

如图 1 所示，已知线段 AB 的长为 a，利用尺规作图，作以 AB 为边的等边三角形 ABC，并回忆等边三角形的相关知识点。

$A \bullet \longrightarrow \bullet B$

图 1

【学生活动】独立思考完成作图，并回忆相关知识点。

【设计意图】通过尺规作等边三角形，学生首先会回忆等边三角形的定义与判定定理，再分别以 A、B 为圆心，AB 长为半径作两段圆弧，得到点 C。在这个作图的过程中，可能会有学生以 A（B）为顶点，借助量角器先做出 $60°$ 的角，再利用圆规作出 $AC=AB$，或者作出两个 $60°$ 的角。虽然这些做法不符合尺规作图的要求，但也反映出学生已经对等边三角形的判定定理进行了回忆。对等边三角形相关知识点的回忆是学生知识体系的一个建构过程，应自主完成，才能让学生真正地将知识点内化于心，在后面的应用中外化于行。

这一环节属于"导"这一层级，通过对知识体系的导学，教师才能有依据地设置后续的探究问题，学生也才能快速掌握知识体系的应用，引发下一个学习环节的思考。

环节二：典例探究。

如图 2 所示，已知等边三角形 ABC，$AB=BC=AC$，$AD=CE$，$BQ \perp CD$，分析图形，你能得到哪些结论？请说明理由。点 E、D 分别从点 C、A 同时出发，点 E：$C \to A$，点 D：$A \to B$，若速度相同，那前面得到的结论还成立吗？请说明理由。

图 2

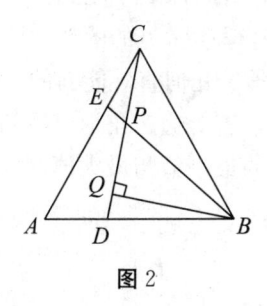

【学生活动】先以小组为单位进行合作探究，发现结论，并证明得到的结论，然后在全班进行展示。小组之间相互补充结论，尽可能多地解读本图所蕴

含的数学问题。

【教师活动】教师在学生讲解的基础上进行补充与完善。

【设计意图】图2是等边三角形这一节习题中非常经典的一个图形，学生比较熟悉，所以设置为一个开放式的问题[4]。这个问题可以增加学生的学习兴趣，让学生快速地进入学习状态，并对学过的知识进行再应用。结合动点问题，让学生从动态的角度认识图形，挖掘出△ACD≌△CBE这一结论的重要性，让学生不仅明白怎么做这道题，更明白为什么这样设置已知条件，为什么这样解答这道题。

这一环节并不是"导""引"或者"生成"中的某一个具体的环节，而是将"导引—生成"的全部过程包含其中，利用学生熟悉的题目作为导学的载体，将传统的问题设置为开放式的问题，让学生自发利用已有的知识结构去思考，引发小组内的合作探究，生成有价值的数学问题，并自行解决问题。在这一过程中，学生生成了数学能力[5]。

环节三：变式探究。

探究1：在图2的基础上，若点E、D分别运动到CA、AB的延长线上，图2的结论还成立吗？请在图3画出点E、D在CA、AB延长线上的图形，并验证你得到的结论。

【学生活动】先以小组为单位合作探究，完成作图，并与图2得到的结论相对比，若有与图2不同的结论，则整理出完整的证明过程；然后小组代表在全班进行展示与讲解。

【教师活动】借助几何画板对学生的作图与结论进行验证，肯定学生的学习成果。

【设计意图】学生在完全理解了已知条件的情况下才能正确地作图，再转化出与图2相同的已知条件，并将图2中用到的方法、知识点迁移到图3中进行应用。在复习课中有必要让学生常见的图形"活"起来，让学生能够动态地认识、记忆图形，这也是对学生几何直观能力的一种培养。

探究2：结合图2、图3，若等边三角形ABC的边长为a，请探究在点E、D的运动过程中，线段AQ的最小值与最大值。

图3

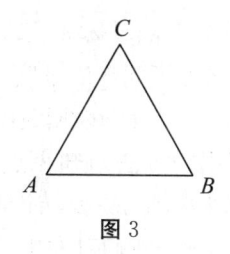

【师生合作】教师借助几何画板对图形进行简化，保留等边三角形 ABC 与 Rt△BCQ，演示点 E、D 的运动过程。学生观察线段 AQ 的变化过程，猜想 AQ 分别取最小值与最大值时的位置。教师利用几何画板作出点 Q 的运动轨迹圆，对学生的猜想进行验证，再利用三角形的三边关系对学生的猜想进行严谨的数学证明。

探究3：如图4，等边三角形 ABC 的边长为 a，点 E、D 分别从点 C、A 同时出发，点 $E：C \to A$，点 $D：A \to B$，速度相同，探究当 CE 多长时 △ADE 的面积有最大值。

【师生合作】教师借助几何画板演示△ADE 的变化过程，让学生对△ADE 的面积有最大值时的位置进行猜想。同时教师引导学生发现在运动过程中∠A=60°不变，AD+AE=a 不变，为△ADE 面积的符号表达进行铺垫。

图4

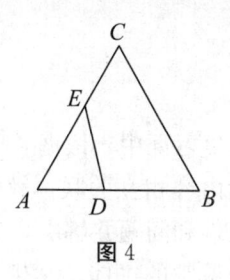

【学生活动】以小组为单位进行合作探究，对猜想进行理论验证，整理出解答过程。

【设计意图】笔者在利用几何画板运动点 E、D 的时候，发现线段 AQ 有最值，△ADE 的面积也有最大值，所以在常规问题的基础上设置了探究2与探究3，目的是打破学生对这节课所研究图形的固有认知，化静为动，打破静态思维，用动态的眼光看待几何图形，对考试中动点问题的产生有一个较清晰的认识，进而对动点问题这一难点进行突破。久而久之，学生自己也能设计与动点有关的问题，这也是学生数学能力的一种体现。

环节四：课堂小结。

【学生活动】学生对本节课收获的具体知识、方法进行总结并交流。

环节三在环节二的基础上增加了问题的难度。相对于环节三，环节二应该是"引"这一环节。环节二中点 E、D 在线段上的运动引发了我们对两点在延长线上运动情形的思考，利用的方法与知识点也对探究 1 有较大的启发作用。经过环节二与探究 1，我们得到的重要结论是 $\triangle ACD \cong \triangle CBE$ 这一不变的关系，引发了探究 2 与探究 3——我们对发生了改变的量的探究，生成了新的问题、新的知识。

环节三与环节四是本节课教学的两个重要环节。通过这两个环节，学生从熟悉的问题中生成了新问题，明白了要解决的问题是什么、为什么、怎么办。教师借助几何画板对一个图形进行有规律的变化，不断变更问题的情境或改变思维的角度，帮助学生理解知识，让学生体会知识的产生、发展、形成的过程，培养学生的思维。美国数学教育家波利亚指出，掌握数学就意味着要善于解题，数学教学的一大难题就是如何教会学生解题。在教学中，笔者发现很多学生把数学概念、数学公式、数学定理倒背如流，可是一遇到数学考试就束手无策。"变式创新"是帮助学生提高解题能力的有效策略，它把一系列复杂的数学问题通过化归转化成简单的数学知识；或者反过来，从简单的数学知识出发，逐渐变成一道数学难题。这一过程对学生数学思维的训练、数学能力的培养有积极作用[6]。

四、研究总结

在"等边三角形"这一节复习课中，依据"导""引""生成"三个层级来设计教学环节与内容，让教学内容相互关联，教学内容的难度呈螺旋式上升。教师引导学生小组合作设置条件和问题并解决，学生通过小组合作探究，变被动学习为主动学习，真正成为课堂的主体。学生在小组互助学习中交流思想、共同促进、共同进步。合作探究学习很好地培养了学生的语言表达能力和团结协作能力。

复习课是数学课中常用的课型，能帮助学生巩固所学知识，加深对知识的理解和掌握，加强对数学思想方法的认识，并帮助学生重构知识结构，同时还可以帮助学生对所学知识进行查漏补缺，从而达到巩固提高的目的。复习课一定要有别于新课教学——新课教学是从现象到本质的探索与发现的过程，注重学生的过程体验，而复习课侧重于从本质的探索到预测现象，从总结中探究知识的应用，注重知识的迁移、能力的提高。教师引导学生对所学知识进行系统的归纳和整理，让原有的认知结构更加完善，形成新的知识网络，再通过变式迁移让学生应用知识解决综合性问题。笔者希望通过对复习课的研究，优化数学课教学，达到更好的复习效果。

【参考文献】

[1] 余文森. 核心素养导向的课堂教学［M］. 上海：上海教育出版社，2017.

[2] 李英. 精编习题，优化过程，实现有效复习——谈初中数学复习课的有效教学［J］. 数学教学与研究：2013（7）：48—49.

[3] 黄锦玲. 核心素养导向的初中数学复习课教学对策［J］. 数学学习与研究，2019（8）：117.

[4] 谢雅礼. 以开放性问题打造高效数学复习课［J］. 中国数学教育，2014（11）：12—17.

[5] 张敏，陆少明. 生成性教学的有效性实践研究［M］. 上海：上海教育出版社，2012.

[6] 张丽菊. 巧用"编题"，促进初中数学教学质量提升［J］. 数学教学通讯，2016（5）：55—56.

以学引思　构建生长型课堂
——"指数函数及其性质"第二课时课例分析

刘铁兵

教学不但是一种科学活动，也是一种艺术活动。名师可以说是一名教育家，也可以说是一名教育艺术家。教学是教师的"教"和学生的"学"的统一，这种统一的实质是契合新课程强调的以生为本、双向互动的理念。但是不同的认识和理解，用不同的教学观点去指导课堂教学，产生的结果往往差异很大。数学课堂存在的最大问题是缺乏活力，这是由于在教学实际中，教师更关注怎样把课上好，而对学生怎么学、怎么激发学生学、怎样为学生创造更好的学习条件关注太少，学生的主体能动性未得到充分发挥。心理学上认为，学生的认识可分为主动认识和被动认识，主动认识的过程是积极参与的过程，是知识复制和再生的过程。按建构主义的数学学习理论，学生学习数学的过程应该是自己主动接受数学知识，并以自己的方式进行建构的过程。打个比方，一部电影，无论我们将情节描述得多么生动，学生观看的效果是截然不同的。教学也是如此。

因此，教师给学生传授学习方法、思维方式比传授知识本身更加重要。题目千变万化，但是题型却万变不离其宗。教师在平时的教学过程中不能一味追求题目的数量，而应对一道道经典题目进行深入挖掘、延伸拓展、逆向分析，真正达到以学生为主体、教师为主导、基于数学核心素养的高效课堂目标。下面就以"导引—生成"为指导思想，对生成知识与方法做一次课堂教学探讨。

一、教学内容分析

指数函数是学生在学习了函数的定义、性质，掌握了研究函数的一般思路,并将幂指数从整数扩充到实数范围之后接触的第一个重要的基本初等函数,是高中函数的重要组成部分。指数函数既是函数内容的深化,又为后面对数函数的教学打下了基础。在指数函数的知识中蕴含了分类讨论、数形结合、换元法、转化与化归等数学思想和方法。通过对指数函数的学习,学生可以更好地理解函数的概念,建立函数应用意识,增强对数学学习的兴趣。而在"指数函数及其性质"教学的第二课时,主要探究指数型复合函数的定义域和值域问题,特别是探究换元法在求指数型复合函数值域中的作用[1],让学生体会转化与化归,即化繁为简的数学思想在解复合型函数题目中的作用。

二、教学实录片段

(一) 提出问题,引发思考

引例:观察下面几个函数,它们是指数函数吗?它们的定义域是什么?

(1) $y = 3^{\sqrt{x-4}}$ (2) $y = \left(\dfrac{1}{2}\right)^{\frac{1}{x-1}}$ (3) $y = \dfrac{5^{\sqrt{x-1}}}{3^x - 9}$

【设计意图】让学生知道解决所有函数问题都应注意定义域优先。同时,这也加深了学生对指数函数的认识。函数是高中数学的重点教学内容之一,它在整个高中数学中起着提纲挈领的作用,融汇于整个高中数学知识体系,既是高中数学的基础,也是高考的重点,其重要性不言而喻。而定义域是函数的灵魂,学生在学习函数时要养成先观察函数定义域的习惯。

分析:指数函数的定义域是 **R**,那么要想使函数有意义,只要使函数的指数部分有意义即可,所以上述引例中(1)函数的定义域是 $[4, +\infty)$,(2)函数的定义域是 $(-\infty, 1) \cup (1, +\infty)$,(3)函数的定义域是 $[1, 2) \cup (2, +\infty)$。

(二) 顺势引导,追问深化

追问1:函数 (1) $y = 3^{\sqrt{x-4}}$,(2) $y = \left(\dfrac{1}{2}\right)^{\frac{1}{x-1}}$ 的值域又是什么?

生1:可以先求函数的定义域,根据定义域来求值域。

师:对,生1回答得非常好,注意了定义域优先[2]。

追问2:你在求值域时观察到解析式的哪个部分最复杂?

生1:指数部分。

追问3:那能不能把复杂的部分化繁为简呢?

有人说过，解决数学问题的过程其实就是一系列的转化过程。转化是化繁为简、化难为易、化未知为已知、化陌生为熟悉的有力手段，是解决数学问题的一种最基本的数学思想。高中数学中常用的化高次为低次、化多元为一元、化高维为低维等，都是转化思想的体现。用哲学的观点来说，转化是一种运动，只有在不断的运动中，矛盾才能得到解决。当然只有当这"一次"运动具有阶段性意义时，才能被称为转化。在解决指数型函数问题时，我们可以利用转化思想将不熟悉的问题转化为熟悉的指数函数问题，最终得到答案。

生2：可以设 $\sqrt{x-4}=t$，这样函数就可以变为 $y=3^t$，然后再求值域。

追问4：生2回答得很好，这就是我们前面学习中使用过的换元法[3]。大家想一想，在使用换元法时要注意什么？

生2：要注意换元后新元的取值范围。

追问5：那么刚才 t 的取值范围是什么？我们一起来完成第一道题。

运用"换元"把式子转化为有理式或使整式降幂，把较复杂的函数、方程、不等式问题转化为易于解决的基本问题。

（教师板书，书写过程）

（1）要使函数有意义，必须满足 $x-4\geqslant 0$，即 $x\geqslant 4$，所以函数的定义域是 $[4,+\infty)$。

设 $\sqrt{x-4}=t$，则 $t\geqslant 0$。$\therefore y=3^t$。

由 $y=3^t$ 在 $\mathbf{R}$ 上是增函数，得 $3^t\geqslant 3^0=1$，$\therefore y\geqslant 1$，即值域为 $[1,+\infty)$。

师：请大家按照刚才的方法计算第二道题。

（生3将自己的计算过程进行投影展示、书写）

（2）要使函数有意义，必须满足 $x-1\neq 0$，即 $x\neq 1$，所以函数的定义域是 $(-\infty,1)\cup(1,+\infty)$。

设 $\dfrac{1}{x-1}=t$，则 $t\neq 0$。$\therefore y=\left(\dfrac{1}{2}\right)^t$，$\therefore y=\left(\dfrac{1}{2}\right)^t\neq\left(\dfrac{1}{2}\right)^0=1$。

又因为 $y>0$，所以值域为 $(0,1)\cup(1,+\infty)$。

师：上面的答案正确，书写规范。接下来，同学们再看一道题——求 $y=2^{x^2-4x+1}$（$0\leqslant x\leqslant 3$）的值域。

生4：根据刚才两道题的解法，解本题还是用换元法。这道题中定义域是给定的，要注意换元后新元的取值范围。在求 t 的取值范围时，可以画出图象。

设 $t=x^2-4x+1$，则 $t=(x-2)^2-3$，图象如图1所示。$\because 0\leqslant x\leqslant$

3，$\therefore -3 \leqslant t \leqslant 1$。

图1

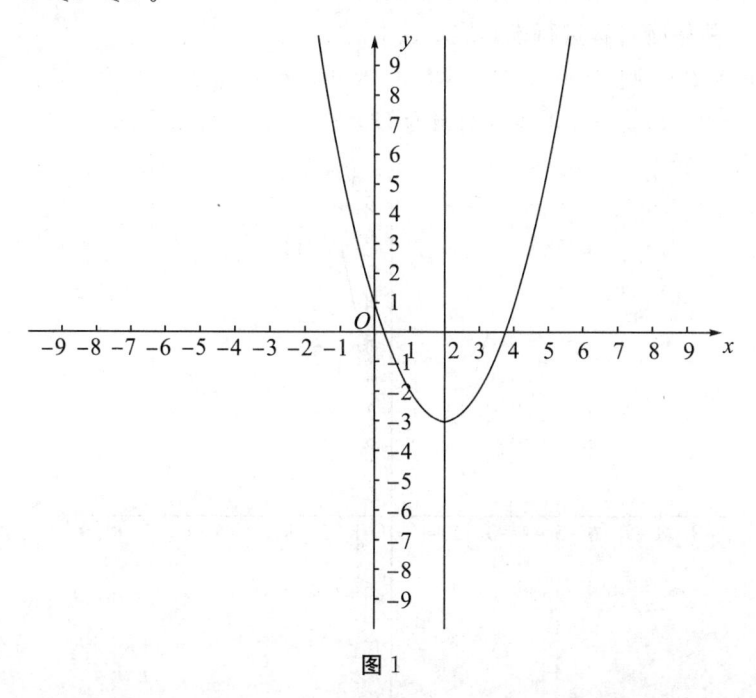

由 $y = 2^t$ 在 **R** 上是增函数，得 $2^{-3} \leqslant 2^t \leqslant 2^1$，所以值域为 $\left[\dfrac{1}{8}, 2\right]$。

我国著名数学家华罗庚曾说过"数缺形时少直观，形少数时难入微"。"数"与"形"是数学中两个最古老也是最基本的研究对象，它们在一定条件下可以相互转化，是既有联系又有区别的。数形结合就是把抽象的数学语言、数量关系与直观的几何图形、位置关系结合起来，通过"以形助数"或"以数解形"，即抽象思维与形象思维相结合，使复杂的问题简单化、抽象的问题具体化，从而实现优化解题途径的目的[4]。所以在数学教学中突出数形结合的思想，不仅是提供解决问题的一种手段，更能加深学生对数学知识的理解。

师：正确。生4能利用现学的知识对题目做进一步分析，借助数形结合的思想，注意了已知条件中给定的定义域，使得问题得以解决。如果是接下来这道题呢？求 $y = 4^x + 2^{x+1} + 3$ 的值域。

生5：我发现 $4^x = (2^x)^2$，$2^{x+1} = 2 \cdot 2^x$，所以可以将已知函数化成一个二次函数。

师：很好，生5观察得非常仔细，注意到了数字间的关系。下面同学们可以试一下，看看能不能把它的值域求出来。做完后将解题过程和结果与自己的同桌进行交流，看你们的答案是否相同。

（生 6 将解题过程进行投影展示、书写）

设 $t = 2^x$，则 $t > 0$，∴ $y = t^2 + 2t + 3 = (t+1)^2 + 2$。

∵ $t > 0$，∴ $y > 3$，所以值域为 $(3, +\infty)$。如图 2 所示。

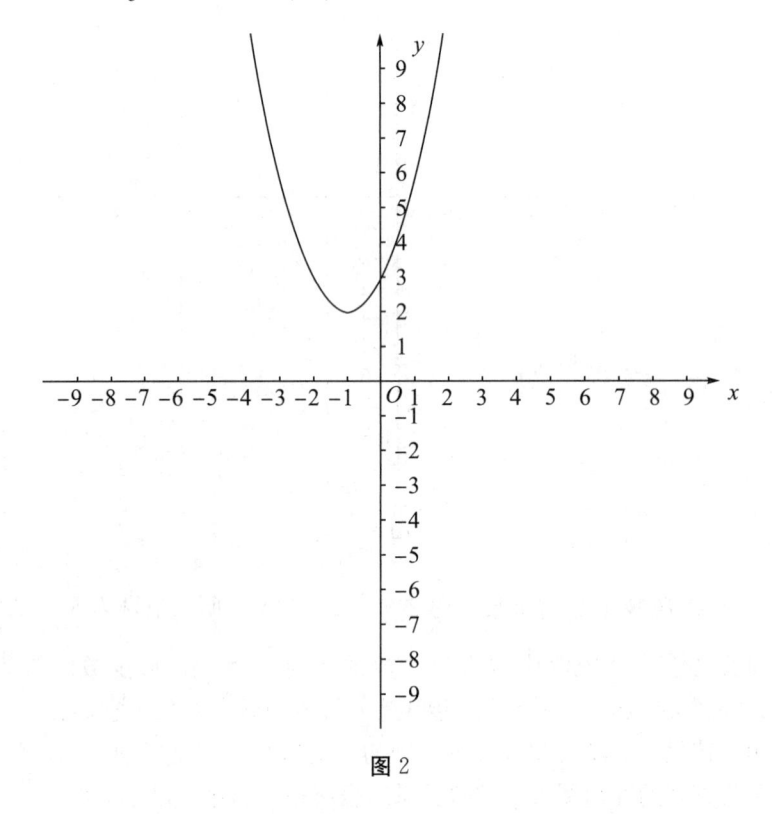

图 2

师：生 6 展示的解题过程和答案完全正确，并且书写规范。

形如 $y = a^{f(x)}$ 的指数型复合函数，求它的值域时必须先确定函数的定义域，再使用换元法将函数分解为两个基本初等函数，分别考虑它们的单调性，最后根据内函数 $f(x)$ 的值域求出外函数的值域。同时，要特别注意外函数 $y > 0$[5]。

对形如 $y = m \cdot (a^x)^2 + n \cdot a^x + l$ 的复合函数求值域时，可利用换元法 $t = a^x$，将函数转化为求一元二次函数 $y = mt^2 + nt + l$ 值域的问题，这样做达到了化难为易的目的。求这类函数的值域时要注意两点：①用换元法求值域时，要注意取值范围的一致性；②求二次函数闭区间的最值（值域）时，要考虑单调性，不可随意地代入端点值[6]。

三、结语

新授课主要建立在数学教师课前预设备课的基础上，同时也离不开课中的生成备课。"导引—生成"课堂教学理念提出的"四四五"课堂教学改革范式认为，课堂教学主要包括学案自学、问题反馈、展示交流、评价点拨、分层拓展五个环节，这为数学新授课提供了方向和指导。数学新授课主要包括以下几个环节：一是问题引领+学生自学，教师首先展示重难点问题，并将数学中涉及的背景介绍、基础知识、基本概念、问题寻找、详读教材等内容归还给学生，给予学生一定的自主学习和消化的时间，对学生进行深入的引导和点拨。二是展示交流+问题清理，学生以小组为单位，通过表述、辩论、质疑、板书、对话等形式进行表达和交流，师生一起倾听、思考和质疑，共同解决各学生自学过程中遇到的问题。三是评价点拨+拓展训练，教师以积极的态度对学生的展示以及共同反映的问题做恰当的点评和引领，并有计划、有新意地安排学生进行当场拓展训练，帮助其巩固所学内容。

现代教学理论指出，人是发展的第一主角，也是发展的终极目标。在以解决问题为中心的教学活动中，教师和学生作为教和学的主体，共同创造教学活动。这些教学活动不仅是教师以主体性、积极性和创造性来促进学生主体性发展的过程，也是教师不断研究、实践、反思、成长的过程。课堂体现了教与学的和谐统一，努力实现的是教学相长的目标，使课堂处处充满生机。

"导引—生成"教学是一种理念、一种方法、一种实践，教师需要在教学中不断探索新方法，不断丰富新内涵，不断发展新形势，但根本是要把学生的主动学习、主动发展放在首位，要把为学生提供最优的学习空间常挂于心，只有这样，教学才更有实效，才能为学生一生的可持续发展打下坚实的基础。

【参考文献】

[1] 慕芸蔚. 指数型函数值域的求法 [J]. 数学爱好者（高一人教大纲），2008（9）：8－9.

[2] 孙长江. 复合函数的定义域和单调性的求法 [J]. 中学生数理化，2013（7）：33.

[3] 孔晓红. 试谈求函数值域的基本思想及方法 [J]. 教育教学论坛，2014（22）：100－101.

[4] 王诗琳. 数形结合思想在高中数学解题中的应用教育 [J]. 才智，2019（3）：46.

[5] 潘振义. 求复合函数值域的一般方法 [J]. 中学数学，1987（2）：22－23.

[6] 朱贤良. 复合函数的相关问题 [J]. 河北理科教学研究，2014（3）：11－14.

直观想象素养培养的问题表征及解决

侯春兰　孙小武　李巧玲

问题表征是个体将外部信息转化为内部信息，形成问题空间，包括明确问题给定的条件、目标和允许的操作[1]。问题表征是一种过程，即对问题的理解和内化的过程；问题表征是一种结果，即问题的呈现方式[2]。这就是说，理解问题的本质即理解题意。问题表征有很多形式，如文字表征、符号表征、图象表征、模型表征等。要提升问题的表征能力，离不开数学核心素养的培养。这里主要探讨直观想象素养培养下的问题表征及解决。高中数学课程标准对直观想象的叙述：直观想象是指借助几何直观和空间想象感知事物的形态与变化，利用图形理解和解决数学问题的过程是发现和提出数学问题、分析和解决数学问题的重要手段，是探索和形成论证思路、进行逻辑推理、构建抽象结构的思维基础。直观想象素养的培养，有助于学生对事物的本质与规律产生直观认识，有利于学生形成借助图形和空间进行分析、推理、论证的能力[3]，从而选择合理的表征方式，提高问题解决能力。

一、直观想象下的模型表征

模型是做题方式的通法，本质是探索一类问题的规律。所谓数学模型，就是根据特定的研究目的，采用数学语言概括地描述现实世界数量关系和空间关系形式的一种数学结构[4]。用模型表征问题有两种情况，一种是由于知识储备与经验积累已经获得的数学模型，一种是需要结合已有知识与经验去探索的新模型。我们需要培养的就是第二种模型表征。直观想象素养的培养，有助于提高学生数形结合分析问题的能力，使学生有意识地借助以图形分析、探索解决一类问题的途径，形成模型，并把类似的数学问题以相应的数学模型进行表征。培养模型表征能力的一般流程：第一，引导学生仔细审题，且把题意由文字语言转化成图形语言，借助于图形的直观性，探索问题的解决途径。第二，借助直观想象探索一般问题的本质，由一般成立则特殊成立得到问题的结论。第三，形成解决一类问题的通法，即数学模型。

例1：已知函数 $f(x) = x^2 - 2x + a(e^{x-1} + e^{-x+1})$ 有唯一零点，则 $a =$ （ ）

A. $-\frac{1}{2}$　　　　B. $\frac{1}{3}$　　　　C. $\frac{1}{2}$　　　　D. 1

解读：（1）函数的零点是其图象与 x 轴交点的横坐标，所以首先应考虑通过函数 $f(x)$ 的性质画出它的图象。由于 $y = e^x + e^{-x}$ 是偶函数，图象关于 $x = 0$ 对称，所以由平移变化的规律可以推出 $y = e^{x-1} + e^{-x+1}$ 的图象关于 $x = 1$ 对称。又 $f(x) = x^2 - 2x$ 是对称轴为 $x = 1$ 的二次函数，故函数 $f(x) = x^2 - 2x + a(e^{x-1} + e^{-x+1})$ 关于 $x = 1$ 对称。如此把问题表征成图象的对称性。

（2）画一个轴对称图象进行直观分析，若轴对称函数有唯一零点，则其只能在对称轴处取得，这借助了直观想象探索问题的本质。

（3）由（2）知 $f(1) = 0$，即 $a = \frac{1}{2}$，进而得到一类问题模型。

然后通过类题来强化新模型，多次接触，反复练习强化，从而形成解决一类问题的通法。

变式题1：已知函数 $f(x) = 3|x-1| - a(2^{x-1} + 2^{1-x}) - a^2$ 有唯一零点，则负实数 a 的值为_____。

解析：有了例1的直观模型，又因为 $f(x)$ 的图象关于 $x = 1$ 对称，所以 $f(1) = 0$，即 $a = -2$。

变式题2：已知定义在 $\mathbf{R}$ 上的函数 $f(x) = a - 2^{2-x}$ 与函数 $g(x) = 2^{x-2} + |x-2|$ 的图象有唯一公共点，则实数 a 的值为（ ）

A. 1　　　　B. 0　　　　C. -1　　　　D. 2

解析：虽然是两个函数图象交点的问题，但是可以把它等价转化成前面的模型，$f(x) = a - 2^{2-x}$ 与 $g(x) = 2^{x-2} + |x-2|$ 的图象交点的个数等价于 $h(x) = a - 2^{2-x} - 2^{x-2} - |x-2|$ 图象与 x 轴的交点个数，又 $h(x)$ 图象关于 $x = 2$ 对称，所以 $h(2) = 0$，即 $a = 2$。

二、直观想象下的极限概念表征

极限思想表征的考虑基于极限思想。极限思想是研究变量在无限变化中变化的趋势思想，是用无限逼近的方式，从有限认识无限，用不变认识变[5]。而直观想象本身就蕴含了从运动变化的角度预测与探究问题，所以极限的思想也是直观想象的范畴之一。有些题型从极限的角度出发不仅可以减少运算量，降低解题难度，还可以优化解题步骤，提高正确率。所以对于求取值范围、最值及根据解析式选函数图象的问题，就可以考虑用极限思想表征，寻找突破点。

培养极限概念表征的一般流程：①判断题型的问题特征适不适合用极限思想，可以由极端位置得到一般结论的情况。②通过对极端位置的分析得到问题的整体情况，从运动变化的角度进行观察探索，从而理顺解题思路。

例2：已知在锐角三角形ABC中，$\angle B = \frac{\pi}{3}$，边$b = 3$，则$a + c$的取值范围_____。

解读：（1）由于问题求的是边的取值范围，而边的变化由角度的变化决定，又$\angle A$的变化范围为$[60°, 90°)$，所以可以考虑极端位置。

（2）当$\angle A = 90°$时（图1），由勾股定理易得边$a = 2\sqrt{3}$，边$c = \sqrt{3}$，所以$a + c = 3\sqrt{3}$。

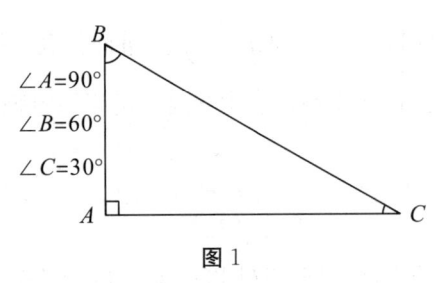

图1

当$\angle A = 60°$时（图2），易得△ABC为等边三角形，所以$a + c = 6$，故$a + c \in (3\sqrt{3}, 6]$。

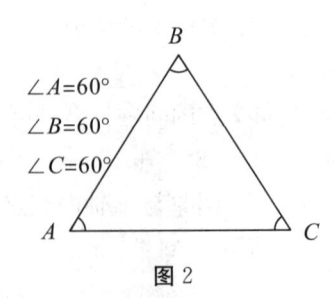

图2

（3）很显然，用极限思想解题比常规解法简便快捷、准确度高。同时也可以培养学生的概括性思维能力，提高学生的直观想象素养。

极限思想在高中阶段有很广泛的应用，如判断函数图象的走势、导函数的几何意义、函数在一点处的连续性，所以在平时的教学中，教师要有意识地培养学生的极限思想，拓宽学生的视野，从而把极限思想作为一种备选的解题方法，提高解题能力。

三、直观想象下的图形表征

一定的"形"常对应一定的"式"[6]，方程的曲线，曲线的方程。解代数题时，可根据代数式的结构特征联想它对应的几何图形，把代数问题转化为几何问题，然后再通过研究图形的性质去解决代数问题。图形表征会使问题更直观，更容易发现问题的突破口。培养图形表征的一般流程：①审题过程中引导学生把方程与它对应的曲线画出来。②结合题意分析曲线图象的几何特征，从特征出发作为问题的切入点。③图象表征是图象语言与符号语言的转化，只有在平时的教学过程中不断引导学生由图想式、由式想图，才能在问题当中有用图解题的意识。

例3：与椭圆 $\dfrac{x^2}{2}+y^2=1$ 有相同的焦点且与直线 $l: x-y+3=0$ 相切的椭圆的离心率为（　　）

A. $\dfrac{\sqrt{2}}{2}$　　　　B. $\dfrac{\sqrt{5}}{5}$　　　　C. $\dfrac{1}{2}$　　　　D. $\dfrac{1}{5}$

解读：（1）因为椭圆的焦点已知，所以只需求出椭圆的长轴即可。先画出切线及与切线相切的椭圆草图及切点，由椭圆定义只需求出切点到两焦点的距离之和，则长轴确定。

（2）利用对称的几何特征分别画出两焦点关于切线的对称点，则容易得到长轴长。如图3所示，$F_2(1,0)$ 关于直线的对称点为 $F_2'(-3,4)$，连接 F_2'，F_1，则直线 F_1F_2' 过切点，所以 $|F_1F_2'|=2a=2\sqrt{5}$，故 $a=\sqrt{5}$，所以 $\dfrac{c}{a}=\dfrac{\sqrt{5}}{5}$。

图 3

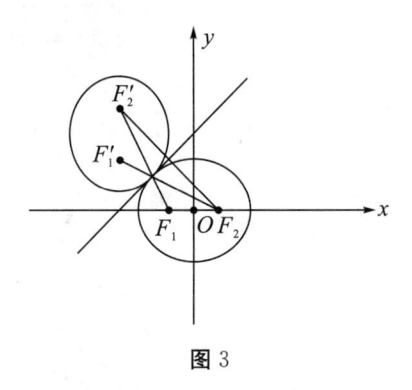

四、直观想象下的变量表征

有些题型，有图、有数据，尽管图很直观，但由于缺少变量，很难直接由图的几何特征找到问题的突破口，这时就需要借助中间桥梁，即引进变量。引进的新的变量可以使条件变得完整，从而推理得到隐含的条件，找到条件与结论之间的联系。培养变量表征的一般流程：①通过审题梳理已知条件，结合问题判断条件是否全面完整；若不完整，那么缺什么就设什么变量。②用引进的新的变量建立条件与结论的联系。

例 4：如图 4 所示，在 △ABC 中，$AB = 2$，$AC = 3$，$\angle BAC = 90°$，点 D 在 AB 上，点 E 在 CD 上，且 $\angle ACB = \angle DBE = \angle DEB$，则 $CD =$ _____。

解读：（1）首先可以判断这道题是关于解三角形的题，但无论哪个三角形都缺少条件，都不能用正余弦定理，所以可以考虑引进角变量 θ。

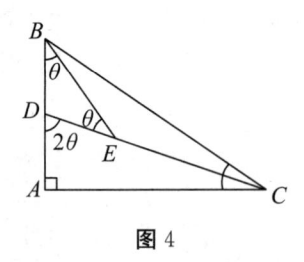

图 4

（2）设 $\angle ACB = \theta$，则 $\angle DBE = \angle DEB = \theta$，则 $\angle ABC = 2\theta$，又易知 $CB = \sqrt{2^2 + 3^2} = \sqrt{13}$，故 $\sin \theta = \dfrac{2}{\sqrt{13}}$，又 $\theta \in \left(0, \dfrac{\pi}{2}\right)$，所以 $\cos \theta = \dfrac{3}{\sqrt{13}}$，$\sin 2\theta = 2\sin\theta\cos\theta = \dfrac{12}{13}$，所以 $CD = \dfrac{13}{4}$。

五、结语

数学是一门特殊的学科，用很多具有特殊意义的符号反应现实世界，具有高度的抽象性。面对数学问题，不同的学生具有不同的个性特征与思维习惯，问题的表征也不尽相同。表征的差异性直接影响处理问题所采取的策略、解题的速度、优化程度等。如果把素养比作是因的话，那么问题能否正确表征便是果。而直观想象作为数学六大核心之一，不仅是抽象思维的前提，也是探索和发现事物规律的方法之一。所以应把直观想象素养的培养渗透到平时的教学中，通过直观想象素养的培养提升问题的表征能力。在教学中通过展示、对比不同的问题表征，让学生切实体会面对不同的问题选择合理的问题表征可以优化解题过程，提高准确率。所以在教学中应践行新课标的要求，树立以发展学生数学学科核心素养为导向的教学意识。通过不断地探索与实践提升适合培养学生直观想象素养的教学经验，提高学生思维水平、创新意识，以及面对问题多层次、多角度、多方面合理选择问题表征的能力。

【参考文献】

[1] 喻平. 个体 CPFS 结构与数学问题表征的相关性研究［J］. 数学教育学报，2003（3）：10-12，16.

[2] 胥兴春，刘电芝. 问题表征方式与数学问题解决的研究［J］. 心理科学进展，2002（3）：264-269.

[3] 张教训，韩红军. 培养高一学生直观想象的途径［J］. 中学数学，2017（15）：31-34.

[4] 柯朗 R，罗宾 H. 什么是数学［M］. 左平，张怡慈，译. 上海：复旦大学出版社，2012.

[5] 陈宇. 极限论的发展［J］. 邯郸大学学报（自然科学版），2000（2）：11-12.

[6] 方厚良. 学函数 用图象［J］. 中小学数学（高中版），2016（4）：57-59.

基于学科核心素养的初中数学"先学后教"实践探索

李 娜 彭彩虹 艾必成

2014年3月,"核心素养"首次出现在《教育部关于全面深化课程改革落实立德树人根本任务的意见》中,并被置于深化课程改革、落实立德树人根本任务的首要位置,不仅是研制学业质量标准、修订课程方案、制定课程标准的重要依据,也是中小学教育教学研讨的主题词[1]。虽然本次基于核心素养的课程改革(课程标准修订)是从高中阶段开始的,但是义务教育阶段的学科核心素养不可能完全抛开高中阶段的学科核心素养而"另起炉灶",所以义务教育阶段的教师有必要以高中阶段的学科核心素养为参照,将学科核心素养有机地融入自己的学科教学实践。

一、学科核心素养与先学后教的含义

(一)学科核心素养

核心素养是指学生应具备的适应终身发展和社会发展需要的品格和关键能力,而学科核心素养,简单来说就是指核心素养在特定学科(或学习领域)的具体化,如数学学科核心素养包含数学抽象、逻辑推理、数学建模、直观想象、数学运算、数据分析。将这六个词用一句话来归结就是用数学的眼光观察世界、发现问题,再用数学的思维分析世界、思考问题,最后用数学的语言表达世界,用数学的方法解决问题[2]。

(二)"先学后教"教学模式

"先学后教"教学模式包含先学、后教和练习三个环节,该模式让学生真正成为学习的主人。在所有的教学环节中，最具现实意义的就是学生先学教材这一环节。先学即学生的学习在前、教师的教学在后，学生摆脱对教师的依赖，独立开展阅读、思考乃至作业活动，自行解决能够解决的问题。后教区别于传统课堂教学的一个显著特征就是，教师针对学生先学环节中提出的问题进行教学，通过先学，学生带着问题、困惑、思考、想法、见解和意见进入课堂，这样，学生不仅参与了学，也参与了教[3]。

二、"先学后教"教学模式的实践探索

本文结合在核心素养导向下重建的教学观，对基于学生学习的教学之"先学后教"教学模式进行探索[4]，设置实验班与对照班，以七年级上学期期末的数学成绩作为前测成绩；在北师大版七年级下册第一章"整式的乘除"的教学中，实验班采取"先学后教"模式，对照班采取传统的"先教后学"模式；以本章末测试（北师大七年级下册第一章"整式的乘除"单元测试卷 A 卷）成绩作为后测成绩，在保证实验班与对照班在实验前数学成绩无差别的情况下，通过后测数学成绩差异显著性分析，说明"先学后教"教学模式在初中数学教学中的作用。本文将以"平方差公式"第一课时教学为例来说明实验班与对照班的课堂教学模式的不同。

（一）实验班教学模式——先学后教

1. 先学环节

学案如下：

【探索公式】

（1）计算下列各式：

① $(x+2)(x-2)$；　② $(1+3a)(1-3a)$；

③ $(x+5y)(x-5y)$；　④ $(2y+z)(2y-z)$。

（2）观察以上算式及运算结果，你发现了什么规律？

【检验自学成果】

计算：

① $(2a-3b)(2a+3b)$；　② $(-p^2+q)(-p^2-q)$；

③ $(4a-7b)(4a+7b)$；　④ $(-2m-n)(2m-n)$。

2. 后教环节

首先在学生学习学案的基础上，将其分成 4 人学习小组（一般由一名解决问题能力、组织能力、表达能力等都较强的人担当组长）。教师让学习小组组

长明确交流展示的内容和任务，让每个学生都提出自己的问题，小组长能解决的让小组长解决，小组长不能解决的将问题整理出来，罗列在笔记本上。此过程旨在保证不同层次的学生都能学有所得。小组交流完毕后，让小组长选代表总结本组的学习成果。由于时间有限，一般选取 3~4 组进行交流，然后让有问题的小组提出本组的问题，让其他有能力解决的小组提出解决方法，对学生都无法解决的问题交由教师解决。

3. 练习环节

（1）判断正误：

① $(a+5)(a-5) = a^2 - 5$；

② $(3x+2)(3x-2) = 3x^2 - 2^2$；

③ $(a-2b)(-a-2b) = a^2 - 4b^2$；

④ $(100+2) \times (100-2) = 100^2 - 2^2 = 9996$；

⑤ $(2a+b)(2a-b) = 4a^2 - b^2$。

（2）计算：

① $(2a-b)(2a+b)(4a^2+b^2)$；

② $(x+y-z)(x-y+z) - (x+y+z)(x-y-z)$；

③ 403×397；

④ $20\dfrac{1}{9} \times 19\dfrac{8}{9}$。

（3）解方程：

$5x + 6(3x+2)(-2+3x) - 54\left(x-\dfrac{1}{3}\right)\left(x+\dfrac{1}{3}\right) = 2$。

（4）计算：

$\left(1+\dfrac{1}{2}\right) \times \left(1+\dfrac{1}{2^2}\right) \times \left(1+\dfrac{1}{2^4}\right) \times \left(1+\dfrac{1}{2^8}\right) + \dfrac{1}{2^{15}}$。

【教学反思】 本课让学生自主探索平方差公式的推导过程[5]，采用自学为主的教学设计，在教学方法上采用以问题的形式引导学生独立思考、探索，再通过讨论、交流，发现平方差公式的特点。接着教师适当引导，使学生理解和掌握平方差公式的推导过程，并通过练习巩固，突出重点、突破难点，使学生运用平方差公式解决问题的能力得到进一步提升。在整个教学过程中，分层次地培养学生的数学思想和方法，使其养成良好的思维习惯。

(二) 对照班教学模式——先教后学

1. 情景导入，初步认知

回顾整式乘法中多项式与多项式相乘：

(1) 多项式与多项式相乘，符号表示为 $(m+b)(n+a) = mn + ma + bn + ba$。

(2) 两项式乘以两项式，结果可能是几项呢？请你举例说明。

【教学说明】通过举例，学生设计出不同的例题，从中提取出平方差公式，在复习上节课知识的基础上，为本节课的学习做好了知识准备。

2. 思考探究，获取新知

(1) 计算下列各式：

① $(x+2)(x-2)$；　　② $(1+3a)(1-3a)$；

③ $(x+5y)(x-5y)$；　　④ $(2y+z)(2y-z)$。

(2) 观察以上算式及其运算结果，你发现了什么规律？

【归纳结论】平方差公式：$(a+b)(a-b) = a^2 - b^2$，两数和与两数差的积等于它们的平方差。

【教学说明】学生在计算的过程中发现一般性的规律，并尝试用数学语言进行描述，总结归纳出平方差公式。

对应用平方差公式的说明：

①注意平方差公式的适用范围；

②字母 a、b 可以是数，也可以是整式；

③注意计算过程中的符号和括号。

3. 运用新知，深化理解

(1) 填空题：

$(x+6)(6-x) = $ _____ ，

$\left(-x+\dfrac{1}{2}\right)\left(-x-\dfrac{1}{2}\right) = $ _____ ，

$(-2a-5b)($ _____ $) = 4a^2 - 25b^2$.

(2) 下列各式中，运算正确的是（　　）

① $(2^2 a)^2 = 4a^2$

② $\left(-\dfrac{1}{3}x+1\right)\left(1+\dfrac{1}{3}x\right) = 1 - \dfrac{1}{9}x^2$

③ $(m-1)^2 (1-m)^3 = (m-1)^5$

④ $2^a \times 4^b \times 8 = 2^{a+2b+3}$

A. ①②   B. ②③   C. ②④   D. ③④

(3) 乘法等式中的字母 a、b 表示（   ）

A. 只能是数   B. 只能是单项式

C. 只能是多项式   D. 单项式、多项式都可以

(4) 计算：

① $(2a-3b)(2a+3b)$；   ② $(-p^2+q)(-p^2-q)$；

③ $(4a-7b)(4a+7b)$；   ④ $(-2m-n)(2m-n)$；

⑤ $\left(\dfrac{1}{3}a+\dfrac{1}{2}b\right)\left(\dfrac{1}{3}a-\dfrac{1}{2}b\right)$。

(5) 计算：$(a+1)(a-1)(a^2+1)(a^4+1)(a^8+1)$。

【教学说明】通过简单的例题及变式，让学生在深刻理解公式的基础上，训练正确理解与应用公式计算的能力，感受公式对运算的简化。

4. 师生互动，课堂小结

(1) 平方差公式：$(a+b)(a-b)=a^2-b^2$。

公式的结构特点：左边是两个二项式的乘积，即两数和与这两数差的积；右边是两数的平方差。

(2) 应用平方差公式的注意事项：

①注意平方差公式的适用范围；

②字母 a、b 可以是数，也可以是整式；

③注意计算过程中的各种运算符号和括号。

5. 课后作业

(1) 布置作业：教材"习题1.9"中第1、2题。

(2) 完成同步练习册中本课时的练习。

(三) 数学成绩前后测的结果与分析

1. 实验前数学成绩的检测结果

对实验班和对照班的七年级下学期期末数学考试成绩分别进行单样本 K-S (Kolmogorov–Smirnov) 检验，数据分析结果见表1。由表1可知，显著性概率分别为0.939、0.205，均大于0.05，则每组数据服从正态分布，可以进行两个独立样本 t 检验，对这次考试的显著性差异进行分析。

表 1　单样本 K-S 检验

		实验组	对照组
	N	53	54
正态参数[a,b]	均值	90.09	90.67
	标准差	30.319	35.078
最极端差别	绝对值	0.073	0.145
	正	0.072	0.098
	负	−0.073	−0.145
	Kolmogorov-Smirnov Z	0.533	1.067
	渐近显著性（双侧）	0.939	0.205

a. 检验分布为正态分布。
b. 根据数据计算得到。

前测显著性差异分析结果见表 2。

表 2　组统计量

	组别	N	均值	标准差	均值的标准误
期末数学考试成绩	实验	53	90.09	30.319	4.165
	对照	54	90.67	35.078	4.774

独立样本 t 检验的结果见表 3。

表 3　独立样本 t 检验

		方差方程的 Levene 检验		均值方程的 t 检验					差分的 95% 置信区间	
		F	Sig.	t	df	Sig.（双侧）	均值差值	标准误差值	下限	上限
期末数学考试成绩	假设方差相等	2.363	0.127	−0.090	105	0.928	−0.572	6.344	−13.150	12.006
	假设方差不相等			−0.090	103.356	0.928	−0.572	6.335	−13.136	11.991

由表 3 可知：①方差齐性检验 F 值为 2.363，显著性概率 $P=0.127>0.05$，可以认为两个组这次数学考试成绩的方差差异不显著，也就是说两个组

的方差是相等的；②均值相等的 t 检验显著性概率 $P=\text{Sig.}=0.928>0.05$，两个组的平均成绩没有显著性差异；③两个组的平均分相差 0.58，可以认为两个组这次数学考试成绩不相上下。

2. 实验后数学成绩的检测结果

对实验组和对照组的章末测试成绩分别进行单样本 K-S 检验，数据分析结果见表 4。由表 4 可知，显著性概率分别为 0.709、0.821，均大于 0.05，则每组数据服从正态分布，可以进行两个独立样本 t 检验，对这次考试的显著性差异进行分析。

表 4　单样本 K-S 检验

		实验组	对照组
	N	52	53
正态参数[a,b]	均值	76.42	63.26
	标准差	36.751	29.872
最极端差别	绝对值	0.097	0.087
	正	0.093	0.087
	负	-0.097	-0.050
	Kolmogorov-Smirnov Z	0.701	0.631
	渐近显著性（双侧）	0.709	0.821

a. 检验分布为正态分布。
b. 根据数据计算得到。

后测显著性差异分析结果见表 5。

表 5　组统计量

	组别	N	均值	标准差	均值的标准误
章末测试成绩	实验	52	76.42	36.751	5.096
	对照	53	63.26	29.872	4.103

独立样本 t 检验的结果见表 6。

表6　独立样本 t 检验

		方差方程的 Levene 检验		均值方程的 t 检验					差分的 95% 置信区间	
		F	Sig.	t	df	Sig.（双侧）	均值差值	标准误差值	下限	上限
章末测试成绩	假设方差相等	3.844	0.053	2.015	103	0.046	13.159	6.530	0.208	26.110
	假设方差不相等			2.011	98.114	0.047	13.159	6.543	0.175	26.143

由表6可知：①方差齐性检验 F 值为 3.844，显著性概率 $P=0.053>0.05$，可以认为两个组这次数学考试成绩的方差差异比较显著；②均值相等的 t 检验显著性概率 $P=$Sig.$=0.047<0.05$，两个组的平均成绩有显著性差异；③两个组的平均分相差 13.16，可以认为这次数学测试中实验组比对照组的成绩好。

通过上面的前后测成绩分析，可以看出实验班在实行"先学后教"模式后学生的成绩有了较大提高；通过对比实验班和对照班后测的成绩，两个班在优生上没有显著性差异。明显的差异在于班级成绩第 15 名~35 名的学生，实验班这个名次段的学生相对于对照班的学生普遍要高 7~10 分，说明通过实施"先学后教"教学模式，挖掘出了中等成绩学生的潜力，锻炼了他们的自学能力与解决问题的能力。

三、"先学后教"教学模式的优势

（一）具有超前性

学生学习在前、教师教学在后，可以让学生的学习由"学生的学习跟着教师的教学走"变成"教师的教是为学生的学习服务"，让学生的学习走在教师的教学之前。改变传统教学中强调教师的主导作用的状况，让学生超前学习，学会使用教材，而不是被动地接受教材的知识内容。

（二）具有参与性

学生分小组先学习，通过自己的学习发现问题，带着自己的困惑、想法进入课堂，通过小组讨论、小组发言，让每一个学生都能参与到课堂教学中来。

如此，学生的数学表达能力增强了，思维在交流的过程中得到了较好的训练；师生真正成了一个互学互教的有机体，激发了学生的学习兴趣，数学课堂变得更具有动力和活力。

（三）具有针对性

针对性是"先学后教"教学模式区别于传统教学模式的一个显著特征，即教师是根据学生在先学中提出的问题来进行教学，真正做到有的放矢，这样才是有效的教学；真正解决学生所需，使学生学到实实在在的知识，最终达到教师的教都是为了学生更好地学，教是为了不教。

（四）具有发展性

"先学后教"教学模式能使每个学生都得到更好的发展，真正提高数学学科核心素养。"先学"可以让学生立足现有的知识结构，跳一跳就能触及最近发展区，通过同化顺应，建立属于自己的心理认知结构，如此能让每个学生都有所提高、有所发展。"先学后教"教学模式能为每个学生提供发展的空间和时间、机会和平台，从而保证每个学生都能学有所得、学有所用，将数学知识转化为学生的核心素养[6]。

四、"先学后教"教学模式实施过程中应注意的问题

（1）在刚开始实施"先学后教"教学模式时，学生可能不太适应，不知道上课应该干些什么，教师需要在这个阶段对学生进行适当的引导，结合学生的学情由浅入深地设置"先学"的内容。

（2）划分学习小组时，需保证每一组的综合学习水平一致，由各个层次的学生组成，在自主学习的过程中有引导者和问题的解答者。

（3）要尽量保证每一个同学都能有展示自己的机会，教师应结合不同学生的学习水平展示相应水平的学习问题，培养每一个学生的学习积极性和自信心。

（4）课堂监控方面，教师要做到全盘关注，积极鼓励、督促那些基础较薄弱的学生参与到学习中，不能让成绩不好的学生越来越差。

【参考文献】

[1] 余文森. 核心素养导向的课堂教学 [M]. 上海：上海教育出版社，2017.
[2] 杨宁宁. 培养高中生数学学科核心素养的探索与实践 [D]. 济南：山东师范大

学，2018.

［3］付慧．"先学后教，当堂达标"高中数学教学模式研究［D］．呼和浩特：内蒙古师范大学，2015.

［4］胡云琼．"先学后教，当堂训练"教学模式在高中数学教学中的实践与研究［D］．海口：海南师范大学，2016.

［5］中华人民共和国教育部．义务教育数学课程标准（2011年版）［M］．北京：北京师范大学出版社，2012.

［6］陈佑清．教学过程的本土化探索——基于国内著名教学改革经验的分析［J］．当代教育与文化，2011（1）：60－67.

利用数学思维导图培养高中生数学核心素养

吕 燕 苏小玲 郝丽娜

一、高中数学核心素养的基本内涵

《普通高中数学课程标准（2017年版）》指出了高中数学核心素养的六个要素：数学抽象、逻辑推理、数学建模、直观想象、数学运算、数据分析[1]。数学抽象、逻辑推理、数学建模三大素养指向了学生应获得的数学思维品质，直观想象、数学运算、数据分析三大素养则指向了学生应获得的关键能力和方法，同时数学学科特有的简洁性和严谨性则指向了学生应获得的必备品格[2]。

二、引入数学思维导图培养高中生数学核心素养的必要性

课程内容多、难度大、教学时间紧是高中数学教学的普遍状态，这在一定程度上造成了高中生要学好数学存在很大的困难。通过调查我们发现，学生在学习数学时存在两大困惑：一是数学知识点零散、繁多、易混淆，难以区别记忆和熟练应用；二是明明听懂了老师讲解的问题，也做了题目笔记，却还是无法解决类似问题。究其缘由，一方面，现在的学生接触社会的机会少，快速获取信息的渠道多，导致在生活中欠缺思考和辨析能力；另一方面，由于课时紧张或教学方式等，教师在课堂上留给学生思考、理解、消化数学概念和问题的时间较少，用于引导学生自主探究的时间就更少。随着时间的推移，学生的逻辑思维、创新思维、发散思维、批判思维等数学思维品质会逐渐减弱。然而，这些数学思维正是学好高中数学，培养高中数学核心素养的关键。

数学思维导图作为一种简单美观且非常有效的图形思维工具，能够帮助学生厘清知识之间的联系，建构数学知识体系；能够帮助学生弄清解决问题的思

维顺序，让学生拥有清晰的答题思路；能够帮助学生对比辨析易混淆的知识点和问题，提升逻辑思维、发散思维和思辨思维。总之，数学思维导图是提升学生数学思维品质、培养数学核心素养的一条有效途径。

三、数学思维导图简介

"思维导图"（Mind Mapping）是20世纪60年代英国学者托尼·博赞（Tony Buzan）发明的一种用图画、代号和连线来表达人的思维过程的工具[3]。它运用图文并重的技巧，将各级主题的关系用相互隶属与关联的层级图表现出来[4]，使一长串枯燥的信息变成有色彩的、容易记忆的、有高度组织性的"图"[5]。它通过一幅幅形象的"图"直观呈现了人类大脑的思维过程，使人类大脑的思维过程可视化[6]。

数学思维导图是学科思维导图之一，建立在学生深度理解数学知识、厘清概念与概念之间的相互关系的基础上，是基于数学学科的课程特点、知识结构和思维规律构建起来的。它必须依据数学学科特性、学科内容确定中心主题，提炼、概括各级关键词；必须依据数学知识的规律，明确各级分支主题之间的逻辑联系；另外，高中数学思维导图还必须融入考试规律（考点、易错点、题型、解题策略等）。

四、利用数学思维导图培养高中生数学核心素养的有效途径

（一）利用"归纳型数学思维导图"建构数学知识脉络，形成数学知识体系

"归纳型数学思维导图"是为了归纳数学知识所构建的思维导图。

高中数学知识点繁多、杂乱，学生若不厘清各知识之间的联系，仅靠机械记忆，不仅难度大，而且容易遗忘。如果在课堂总结、章末复习、期末复习、高考复习过程中，教师能够借助数学思维导图教学，引导学生对数学知识点进行梳理与归纳，并积极指导学生将知识点之间的联系用思维导图呈现出来，不仅可以帮助学生克服记忆困难、整合新旧知识、建构数学知识脉络、形成数学知识体系，还可以提升高中生对知识的概括能力和归纳能力，培养他们的数学核心素养。

教师指导学生绘制"归纳型数学思维导图"可以分为两个阶段。

1. 第一阶段：学生模仿阶段

教师利用思维导图软件先制作思维导图，课堂教学时给出中心主题和部分

一级分支主题，让学生联想回顾分支下级的相关内容，再利用思维导图软件界面的"展开"功能，打开相应节点显示下一层级的内容。学生通过对比自己想到的知识和教师显示的知识，查漏补缺，并模仿教师的图形绘制思维导图，从而使杂乱的知识系统化、结构化，达到增强记忆的效果。

例如，学生在学习完"空间点线面位置关系"这一章节的内容后，不能完全记住其中的许多判定定理和性质定理，应用定理时也容易混淆。教师可以先在课堂上展示图1中的内容，待学生联想回顾节点下级的内容后，再一层层展开，最后督促学生独立构建思维导图。如图2所示是学生在课后完成的"空间点线面位置关系"的思维导图。这样的教学不仅达到了复习归纳知识点的目的，而且学生在课后绘制的思维导图通常也比较规范，关联性较强，不易漏掉知识点，便于今后复习。

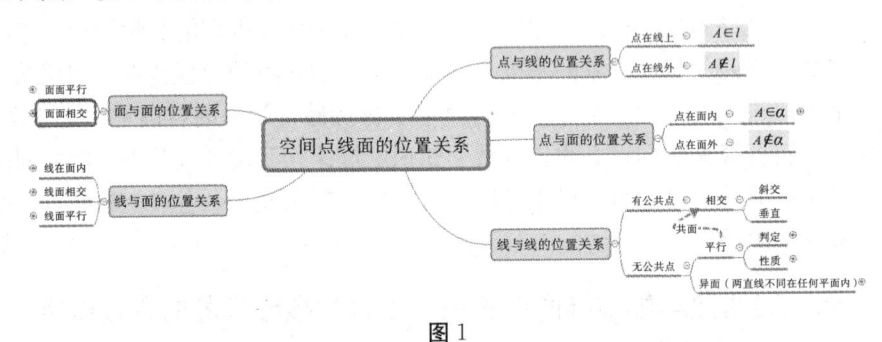

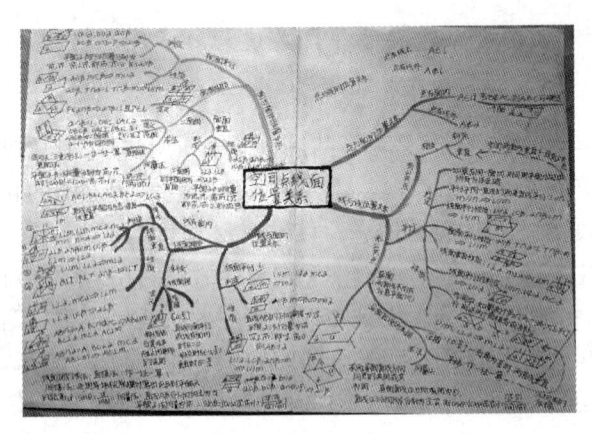

图1

图2

2. 第二阶段：学生创作阶段

学生需在课前初步完成某章节的思维导图，并在教师课堂指导时加以修改和补充，使其更加完善。如图3所示是学生绘制的"二项式定理"的思维导图，包含了定理的概念、特点和应用，二项式系数的性质与项的系数的求法，杨辉三角等内容，并在教师指导下补充了例题和技能提升等内容。

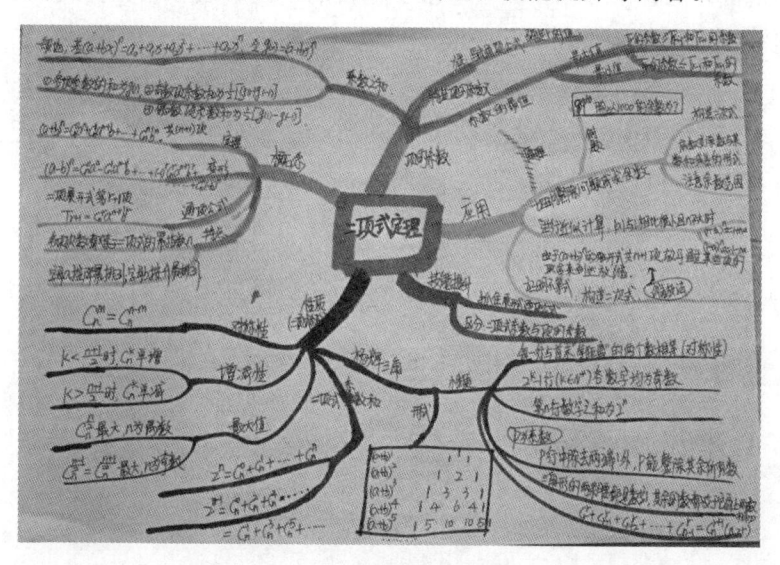

图3

另外，一些学生由于对数学概念的理解不深刻，绘图时容易出现关键词提炼不准确、各知识点之间的层级关系错误、知识点遗漏等问题。这就需要教师单独指导他们完善思维导图，或者将学生分成几个构图小组，指导他们合作构图，这样可以使每个学生都能参与到绘图活动中，使他们的思维得到训练。

（二）借助"记录型数学思维导图"记录课堂教学内容，提升学习的有效性

"记录型数学思维导图"是为了快速记录课堂学习内容所构建的思维导图。传统记笔记的方法是抄写教师的黑板板书和记录教师口头叙述的关键知识点。这样不仅速度慢，还容易漏记和记错知识点，会影响教师在课堂上的教学进度，甚至会影响学生的课堂学习效率和课后复习效果。

借助数学思维导图，学生可以快速记录教师讲解的关键知识点，并结合教师的课堂教学顺序找到知识点之间的层级关系，高效率地记录课堂教学内容，提升课堂学习效果。

图 4 为学生学习"幂函数"时绘制的数学思维导图。从图中我们能直观看出本节课的重点是辨识幂函数、熟悉五个常见幂函数的图象和性质、幂函数的奇偶性和单调性的判定及应用。

图 5 为学生记录的课堂例题（例：已知 x、$y \geqslant 0$ 且 $x+y=1$，求 x^2+y^2 的取值范围）的思维导图，图中记录了题目的不同解法和相关变式拓展问题，非常简洁、直观和高效。

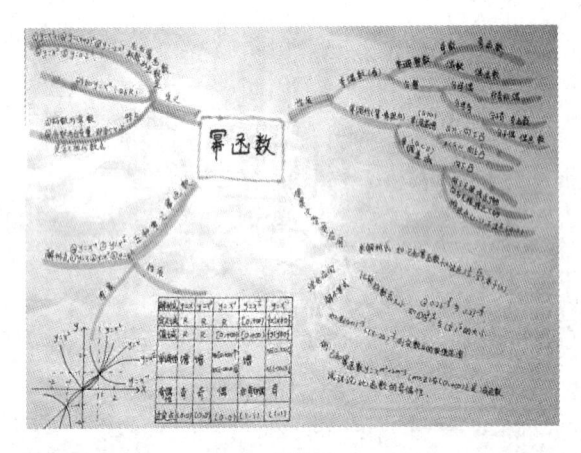

图 4

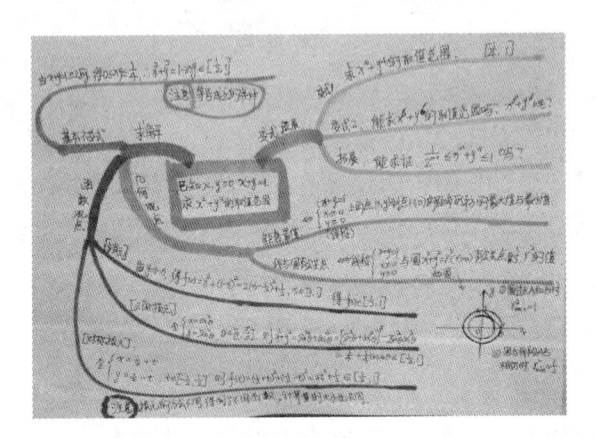

图 5

"记录型数学思维导图"侧重于快速、准确、简洁地把课堂教学内容记录下来，可以不那么规范和美观。它在提升学生记笔记的速度和课堂学习专注度的同时，能帮助学生加深对数学知识和概念的理解，厘清知识之间的逻辑联系，理顺答题思路，打开学生的思维，使数学学习更加高效。

（三）利用"辨析型数学思维导图"对比辨析，增强思辨意识

"辨析型数学思维导图"是为了辨析数学知识所绘制的思维导图。"知识越对比越深刻，问题越辨析越明朗"，利用"辨析型数学思维导图"，可以将一些相似的、易混淆的数学知识进行对比和有效辨析，帮助学生深度理解并记忆数学知识，促使学生准确应用相关知识解决数学问题，从而增强学生的逻辑思维能力和思辨意识。

例如，理科学生在借助空间向量求解空间角的三角函数值时，由于混淆向量的夹角与不同空间角之间的对应关系，容易得到错误的答案。教师不妨引导学生绘出如图6所示的"空间角"的思维导图，以便对比记忆。

再者，很多高中数学问题虽然看起来相似，但解题的方法却大不相同，学生难以熟练掌握。利用"辨析型数学思维导图"可以将不同变式题的解法在图中一一呈现出来，帮助学生理解、对比和掌握不同的数学思想方法，拓宽解题思路，提高学生的解题能力、思辨能力，培养学生数学学习的核心素养。例如，学生在解决函数单调性的相关问题时容易混淆解题方法。若学生将例题绘制成如图7所示的思维导图，会更容易分辨什么问题用什么解题方法最合适。

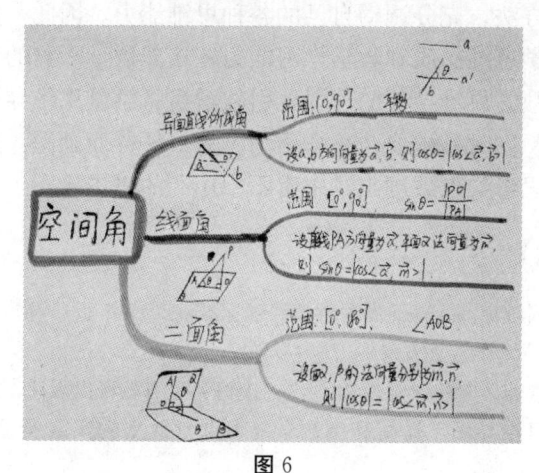

图6

图7

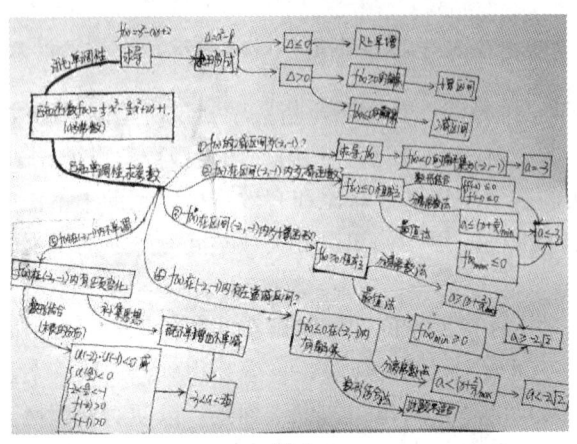

五、结语

美国图论学家哈里曾经说过:"千言万语都不及一张图。"一张张直观生动的数学思维导图不仅可以展现大脑的思维流程,还可以激发大脑的潜能。绘制一幅逻辑性强、思维清晰、有个性和特色的数学思维导图,需要学生深度理解数学概念和思想方法,充分调动自己的各种思维能力。因此,数学思维导图是提升高中生的数学思维品质和数学学习能力,培养数学素养的有力工具。教师要培养学生绘制数学思维导图的习惯,引领学生将绘制思维导图变成一种动脑方式和思维习惯。同时,也要防止学生为了完成任务而画图,过度重视图的美观而缺少逻辑性思考,以致画出"中看不中用"的思维导图。

【参考文献】

[1] 中华人民共和国教育部. 普通高中数学课程标准(2017年版)[M]. 北京:人民教育出版社,2018.

[2] 余文森. 核心素养导向的课堂教学[M]. 上海:上海教育出版社,2017.

[3] 徐锦龙. 巧用思维导图,提高高中数学复习课堂效率的实践及思考[J]. 读写算,2014(18):146-149.

[4] 姚文凭. 思维导图教学法在广告创意课程中的应用[J]. 科教导刊,2018(12):117-118.

[5] 东尼·博赞. 大脑使用说明书[M]. 张鼎昆,徐克茹,译. 北京:外语教学与研究出版社,2004.

[6] 茅育青. 学习科学与教育技术[M]. 杭州:浙江大学出版社,2013.

浅谈函数思想在初中数学实例中的应用及思考

向国坤　代乾文

初中数学承担着承上启下的"纽带"作用。初中数学学习的函数包括一次函数、二次函数、反比例函数等，学习函数主要包括学习函数的概念、性质和图象等。对初中生而言，掌握用函数思想解决数学问题至关重要，即利用函数性质进行转化、求值。近年来，各地数学中考题型中，函数和交叉知识的考查现象非常普遍。下面笔者将通过几个简单的实例展现函数思想对解决各类数学问题的重要性。

一、函数思想在实例中的应用

（一）用函数思想解决方程问题

例1：设$(1+x+x^2+x^3)\cdot(x^2+2x+1)=x^5+ax^4+bx^3+cx^2+dx+e$，求$a+b+c+d$的值。

解析：本题考查整式的乘法，但也可用函数思想解题，可以培养学生一题多解。

解法一：$\because (1+x+x^2+x^3)\cdot(x^2+2x+1)=x^5+3x^4+4x^3+4x^2+3x+1$，$\therefore a=3,b=4,c=4,d=3,\therefore a+b+c+d=14$。

解法二：我们可以构造一个新的函数$f(x)=(1+x+x^2+x^3)\cdot(x^2+2x+1)$。当$x=0$时，$f(0)=e=1$。当$x=1$时，$f(1)=1+a+b+c+d+e=16,\therefore a+b+c+d=14$。

综上所述，解法一的思路比较传统，若遇到次数更高的多项式相乘，计算量将更大，还容易出错，费时费力；解法二则利用函数思想[1]，通过取特殊值将计算简化，达到事半功倍的效果，同时也开阔了学生的数学视野。

（二）用函数思想解决不等式问题

例2：已知 $5x+6>x^2$，求 x 的取值范围（　　）

A. $x<-1$ 或 $x>6$　　B. $x>-1$　　C. $x<6$　　D. $-1<x<6$

解析：本题考查不等式解的范围，通过移项可得 $x^2-5x-6<0$，但是初中生还没有学习一元二次不等式的解法，本题可以另辟蹊径。本题既可取特殊值，也可将问题转化为初中生熟知的函数模型，结合图象求解。

解法一：可以通过取特殊值的方法，利用排除法，得到正确选项 D。

解法二：设一次函数 $y_1=5x+6$，二次函数 $y_2=x^2$，可利用一元二次方程 $5x+6=x^2$，求出两根分别是 $x_1=-1, x_2=6$，即两函数图象交点坐标为 $(-1,1)$ 和 $(6,36)$，可同时作出它们的图象。利用数形结合的思想，该问题只需找到一次函数在二次函数上方的区间，所以根据函数图象（图略）很容易选择 D。

此例题本属于一元二次不等式问题，初中生对它很陌生，但利用函数思想可以巧妙地将不等式问题转化为我们熟知的函数问题[2]，通过数形结合，生动形象地化解问题。

（三）用函数思想解决几何问题

例3：如图1所示，Rt△ABC 中，∠C=90°，AC=3，BC=4，点 P 是斜边 AB 上的一个动点（不与点 A、B 重合），PQ⊥AB 交△ABC 的直角边于点 Q，设 AP 为 x，△APQ 的面积为 y，则下列图象中能表示 y 关于 x 的函数关系的图象大致是（　　）

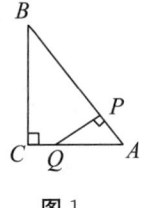

图1

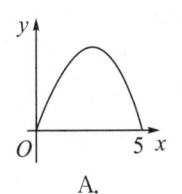

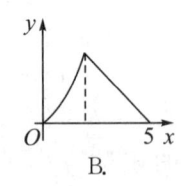

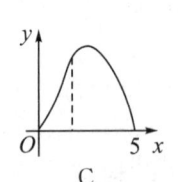

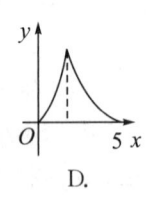

A.　　B.　　C.　　D.

解析：点 Q 在 AC 和 BC 上，分两类情况进行讨论即可。

解：当点 Q 在 AC 上时，$y=\dfrac{1}{2}\times AP\times PQ=\dfrac{1}{2}\times x\times\dfrac{4}{3}x=\dfrac{2}{3}x^2$；当点 Q 在 BC 上时，如图2所示。

∵ 设 $AP=x$，$AB=5$，∴ $BP=5-x$，又 $\cos\angle B=\dfrac{4}{5}$；

∵ $\triangle ABC \backsim \triangle QBP$，∴ $PQ=\dfrac{3}{4}BP=\dfrac{3(5-x)}{4}$。

∴ $S_{\triangle APQ}=\dfrac{1}{2}AP\cdot PQ=\dfrac{1}{2}x\cdot\dfrac{3(5-x)}{4}=-\dfrac{3}{8}x^2+\dfrac{15}{8}x$.

∴ 该函数图象的前半部分是抛物线，开口向上；后半部分也为抛物线，开口向下。故选 C。

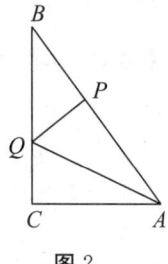

图 2

此案例利用函数思想、分类讨论的方法，结合函数图象的特征，既快速无误地找到答案，又培养了学生的函数和分类思想。

函数知识具有范围上的广泛性、逻辑上的严密性和应用上的抽象性[3]，然而初中生的逻辑思维能力、运算能力和空间想象力还很欠缺，很多学生学习函数非常吃力，甚至失去对数学的热爱。为改变这样的状况，促进学生的均衡发展，初中数学教师在教学过程中必须加强学生函数核心素养的培养。

二、函数思想的培养

（一）基于数学核心素养理念的课前教学设计

为了更好地贯彻数学核心素养理念[4]，数学教师在备课中既要注重数学知识的传授，即函数的定义、性质和图象等，又要注重数学文化的传播。一方面，数学教师必须尊重教材，思考教什么、怎么教，将函数知识传授给学生；学生的主要任务就是获取知识，并在学习过程中不断巩固和提高。另一方面，数学教师在讲函数知识时应当丰富函数的内容。譬如，当引入函数概念时，让学生提前上网查询有关函数的知识，课堂上数学教师给学生简单分享函数的发展历程和数学家的故事，例如，从 17 世纪伽利略最早在《两门新科学》一书中提出"早期函数概念"到 20 世纪豪斯道夫在《集合论纲要》中提出"现代函数"的雏形，这样有利于学生对函数有一个大致了解，培养学习兴趣，促进数学学科核心素养的逐步形成。

（二）基于数学学科核心素养理念的课堂教学

数学教师可以采用问题情境引入和小组合作交流的方式进行课堂教学，以达到培养学生数学思维能力的目的。例如，教师利用几何画板展示几个简单的一次函数和二次函数，让学生观察两种函数图象的区别，这样能起到培养学生数学思维的作用。教师还可以利用几何画板展示几个二次函数[5]，如 $y=x^2$，

$y=2x^2$，$y=-x^2$ 的图象，让学生在小组内对二次函数 $y=ax^2(a\neq 0)$ 的图象及其性质做出归纳、总结，这样有利于提高学生的合作探究、归纳推理、语言表达等能力，同时也能让学生对二次函数有更加深入的了解，加深学生对函数概念的理解，提升学生学习函数知识的兴趣。

为了培养学生的数学思维，激发学生对函数的兴趣，本文以"实际问题与二次函数"课后的一个拓展问题为例：分别用长度是 l 的铁丝围成矩形和圆，哪一个图形的面积最大？针对这个问题[6]，教师可以引导学生用函数的知识来解决。设矩形的长为 $x\left(0<x<\dfrac{l}{2}\right)$，则矩形的宽是 $\dfrac{l}{2}-x$，所以矩形的面积为 $S_1=x\cdot\left(\dfrac{l}{2}-x\right)=\dfrac{l}{2}x-x^2$；而圆的半径 $r=\dfrac{l}{2\pi}$，所以圆的面积是 $S_2=\pi\left(\dfrac{l}{2\pi}\right)^2=\dfrac{l^2}{4\pi}$，所以圆的面积是一个常量。对于矩形面积而言，当且仅当 $x=\dfrac{l}{4}$ 时，即矩形是正方形时的面积最大。不难比较，圆的面积是二者中最大的。通过这个例子，学生不仅学会了数学思维，还能用函数思想解决实际的数学问题，将看似复杂的数学问题利用函数、数形结合等思想做处理，从而促进数学核心素养的发展。

又譬如，在对"实际问题与一元一次方程"的教学中，教师可以用有关"孙子巧解鸡兔同笼"的故事来引导学生：今有雉兔同笼，上有头三十五，下有足九十四，问雉兔各几何？孙子的想法是假设每只鸡都是独脚鸡，每只兔都是双脚兔，则此时笼中鸡的头与脚之比是 1∶1，兔的头与脚之比是 1∶2，则剩余脚的数量减去头的数量就是兔子的数量。具体算术做法为：所有动物去掉一半的脚就是 94÷2=47，所以 47−35=12，即兔子有 12 只，鸡有 23 只。假设兔子有 x 只，则鸡有 $(35-x)$ 只，可列式：$4x+2(35-x)=94$，即 $35+x=47$，解得 $x=12$。我们还可以进一步引导学生思考：假设所有动物都去掉两只脚，又怎样解决这个问题？

再比如我们熟知的世界难题"哥德巴赫猜想"，证明它难倒了世界上无数的数学家，迄今为止，这些问题都还没有人能证明出来。

这样由实际的问题所引发的话题将会引起学生的好奇心，激发学生对数学的学习兴趣。

通过此类故事的引导，既能创设情境，让学生对数学产生兴趣，又能很好地发展学生的数学思维，让学生感受数学的美，从而实现学生数学学科核心素养的发展。

（三）基于数学学科核心素养理念的课后教学反思

培养学生的数学学科核心素养理念不仅仅是教会他们做一道题，更是为了让他们能够学会用所学的函数知识和专业技能去分析问题和解决问题，因此，培养学生的数学学科核心素养应秉承理论联系实际的原则，让学生在实际生活中真正学会运用函数知识解决问题，达到提升数学学科核心素养的目的。例如，数学教师可以鼓励学生和朋友一起打篮球、羽毛球，根据球体的运行轨迹求出相应的二次函数表达式，并告诉他们怎样做能提高命中率，这样既能调动学生的积极性，又能帮助学生深层次理解数学核心素养[7]。除此之外，教学中还可以引入一些更具生活气息的问题，如让学生根据二次函数的知识确定喷水池的半径，以保证喷水池的水全部落回水池。

三、结语

本文中函数思想的应用实例只是"冰山一角"，但"管中窥豹，可见一斑"。在初中学生的数学学习中，函数思想都是非常重要的组成部分，它将各个分支密切联系起来。函数思想为学生学好数学开启了一扇智慧之门，未来也将继续深刻影响学生的学习生活。因此，数学教师在教学过程中必须进行合理设计，以培养学生的函数意识，激发学生的数学潜能，提升学生灵活巧妙的解题能力，为学生今后的进一步深造奠定坚实的基础。

【参考文献】

[1] 张斌，廖帝学. 解题视野的宽度和教学境界的高度［J］. 中学数学教学参考，2018（6）：24-26.

[2] 黄炎哲. 函数思想在解题中的应用［J］. 科教导刊，2016（6）：124-125.

[3] 黄国林. 浅谈函数思想的应用［J］. 天水师范学院学报（教育科学版），2000（s1）：60-61.

[4] 陈遵志. 数学核心素养理念下的初中数学课堂教学实践探索［J］. 福建教育学院学报（社会科学版），2017（2）：61-63.

[5] 王海青. 巧用函数思想 妙解数学问题［J］. 名师在线，2018（36）：30-31.

[6] 孔令先. 浅谈方程思想在初中数学中的应用［J］. 读与写，2016（8）：133，188.

[7] 刘华为. 从教"怎样做"到教"怎样想"［J］. 中学数学教学参考，2016（6）：26-28.

基于数学学科核心素养发展的概念课教学探究
——"方程的根与函数的零点"的教学课例分析

王建明

培养和发展学生的数学学科核心素养是新课标的要求,也是当今教育的重要方向。数学课堂教学是数学学科核心素养培养的重要途径,而概念教学是数学课堂教学的重要课型之一。章建跃博士指出,数学根本上是教概念的,数学教师是"玩"概念的,数学概念是数学知识的细胞,是进行数学逻辑思维的第一要素,一切数学规则的研究、表达与应用都离不开数学概念。其实数学概念教学就是培养学生数学"四基""四能"的核心,因此上好数学概念课对提高数学教学质量、发展学生核心素养有着重要的作用[1]。本文以人教版必修一"方程的根与函数的零点"的教学为例,探讨如何在培养、促进学生数学学科核心素养发展的背景下开展概念课教学。

一、教学实例

(一)知识导图

教材本节知识导图:二次方程与图象——→零点概念(三个等价关系)——→零点存在性定理——→概念、定理应用。

(二)教学过程

1. 创设情境,感知概念

师:请同学们思考这个问题。(教师用屏幕显示)判断下列方程是否有实根,有几个实根?

(1) $2x+5=0$　　(2) $x^2+3x+2=0$　　(3) $\ln x+2x-6=0$

学生回答，思考解法。

【设计意图】从学生较为熟悉的方程出发，提出稍微难一点的方程，符合学生的认知规律，进而让学生意识到，某些复杂的方程用以前学过的解法求解很困难，需要寻找新的解法。通过问题，学生的求知欲被激发。

师：（用屏幕显示下列表格）请同学们填表并思考以下各函数图象与相应方程的根有何关系。

学生独立作答并展示成果（表1）。

表1

方程	$x^2-2x-3=0$	$x^2-2x+1=0$	$x^2-2x+3=0$
方程的实数根			
相应函数	$y=x^2-2x-3$	$y=x^2-2x+1$	$y=x^2-2x+3$
函数的图象			
函数图象与x轴的交点			

师：是否对任意的二次函数 $y=ax^2+bx+c(a\neq 0)$ 及对应方程 $ax^2+bx+c=0(a\neq 0)$ 都有上述规律呢？

【设计意图】利用表格让学生直观观察寻找规律，把具体的结论推广到一般情况，向学生渗透"从熟悉到陌生，从简单到复杂，从特殊到一般"的思维方法，充分发挥学生的主观能动性，体现数形结合与从特殊到一般的数学思想，培养学生的直观想象、数学抽象能力。

2. 归纳总结，形成概念

师：归纳方程 $f(x)=0$ 的实数根就是函数 $y=f(x)$ 图象与x轴交点的横坐标。（由此引出课题）

板书定义：对于函数 $y=f(x)$，我们把使 $f(x)=0$ 的实数 x 叫作函数 $y=f(x)$ 的零点。

3. 揭示联系，深化概念

师：零点就是使函数值为 0 的点吗？

学生对比定义，思考作答。

师：结合函数零点的定义和我们刚才的探究过程，你认为方程的根与函数的零点究竟是什么关系？

学生思考作答。

师：这是我们本节课的第二个知识点。（板书方程的根与函数的零点的等价关系）

师：对于函数 $y=f(x)$ 有零点，从"数"的角度理解，就是方程 $f(x)=0$ 有实根，从"形"的角度理解，就是图象与 x 轴有交点。从刚才的探究过程可以知道，方程 $f(x)=0$ 有实根和图象与 x 轴有交点也是等价的关系。所以函数零点实际上是方程 $f(x)=0$ 有实根和图象与 x 轴有交点的一个统一体。

在屏幕上显示等价关系（图1）：

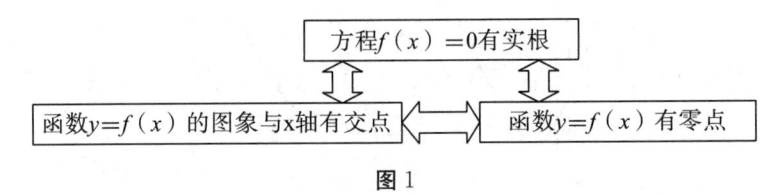

$$\text{方程 } f(x)=0 \text{ 有实根} \Longleftrightarrow \text{函数 } y=f(x) \text{ 的图象与 } x \text{ 轴有交点} \Longleftrightarrow \text{函数 } y=f(x) \text{ 有零点}$$

图 1

【设计意图】让学生从熟悉的环境中发现新知识，并与原有的知识建立联系，利用方程与函数的联系培养学生观察、归纳的能力，并渗透数形结合的数学思想。

练习 1：函数 $y=f(x)$ 的图象如图 2 所示，则其零点为_____。

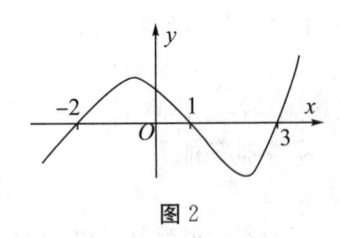

图 2

练习 2：(1) 函数 $y=\log_2 x$ 的零点是_____；(2) 函数 $y=2^x-1$ 的零点是_____。

学生独立作答并展示结果。

【设计意图】练习 1 利用辨析练习来加深学生对概念的理解，目的是使学生明确零点是一个实数，不是一个点。练习 2 巩固函数零点的求法，渗透二次函数以外的函数零点情况，让学生进一步体会方程与函数的关系。这体现了数学转化的思想。

由练习 1 和练习 2 发现求零点的两种方法：

（1）图象法（几何法）：对于不方便用代数方法求根的方程，可以将它与函数 $y = f(x)$ 的图象联系起来，并利用函数的性质寻找零点。

（2）代数法：求方程 $f(x) = 0$ 的实数根。

4. 抽象概括，生成定理

探究在什么情况下函数 $y = f(x)$ 在区间 (a,b) 内一定存在零点。

探究 1：结合二次函数 $f(x) = x^2 - 2x - 3$ 的图象计算 $f(-2)$ 和 $f(0)$ 的乘积，能发现这个积有什么特点？在区间 $[2,4]$ 上是否也有这种特点呢？

（1）在区间 $[-2,0]$ 上有零点_____；$f(-2) = $ _____，$f(0) = $ _____，$f(-2) \cdot f(0)$ _____ 0。

（2）在区间 $[2,4]$ 上有零点_____；$f(2) \cdot f(4)$ _____ 0。

学生分析函数，按提示探索，思考作答。

探究 2：观察图 3 中函数 $y = f(x)$ 的图象，完成填空。

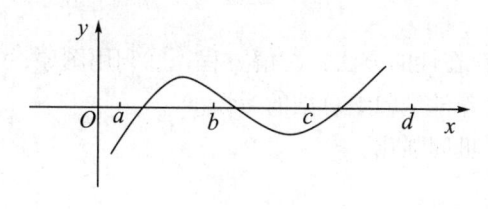

图 3

（1）在区间 (a,b) 内_____（有/无）零点，$f(a) \cdot f(b)$ _____ 0。

（2）在区间 (b,c) 内_____（有/无）零点，$f(b) \cdot f(c)$ _____ 0。

（3）在区间 (c,d) 内_____（有/无）零点，$f(c) \cdot f(d)$ _____ 0。

师：由以上两步探索，你可以得出什么样的结论（函数满足什么条件时在区间 (a,b) 内有零点）？

学生结合函数图象，思考、讨论、总结归纳得出函数零点存在的条件，并进行交流，尝试归纳，展示结论[2]。

定理：如果函数 $y = f(x)$ 在区间 $[a,b]$ 上的图象是连续不断的一条曲线，并且 $f(a) \cdot f(b) < 0$，那么，函数 $y = f(x)$ 在区间 (a,b) 内有零点，即存在 $c \in (a,b)$，使得 $f(c) = 0$，这个 c 也就是方程 $f(x) = 0$ 的根[3]。

定理解读：

问题 1：仅满足 $f(a)\cdot f(b)<0$ 可以确定有零点吗？

问题 2：函数在 $[a,b]$ 上的图象是连续不断的一条曲线，但不满足 $f(a)\cdot f(b)<0$，可能出现哪些情形？

问题 3：函数的图象连续且 $f(a)\cdot f(b)<0$，该函数的零点是否唯一？什么情况下零点唯一？

问题 4：利用定理判断零点存在的步骤？

【设计意图】利用问题串组织学生独立思考，再进行小组讨论，通过对定理的辨析，深化对定理的理解，培养学生合作探究、互助学习的意识以及分析问题、解决问题的能力，鼓励学生运用自己的语言对问题进行反思、质疑和概括。

点拨总结：函数 $y=f(x)$ 在区间 $[a,b]$ 上的图象是连续不断的一条曲线。

(1) $f(a)\cdot f(b)<0 \Longrightarrow$ 函数 $y=f(x)$ 在区间 (a,b) 内有零点。

(2) 函数 $y=f(x)$ 在区间 (a,b) 内有零点 $\not\Longleftarrow f(a)\cdot f(b)<0$。上述定理不可逆。

(3) 此定理只能判定零点的存在性，既不能判定有多少个实根，也不能得出零点的具体值。

(4) 判定零点存在性的方法：①解方程；②利用图象；③利用定理。

【设计意图】培养学生归纳总结的习惯。

5. 尝试应用，巩固强化

反馈练习：

练习 1：观察表 2，分析函数在定义域内是否存在零点。

表 2

x	-2	-1	0	1	2
y	-3	-1	0	2	7

练习 2：若函数 $y=2x^2-3x-1$ 在区间 $[a,b]$ 上的图象是连续不断的一条曲线，且函数 $y=2x^2-3x-1$ 在 (a,b) 内有零点，则 $f(a)\cdot f(b)$ 的值（　　）

A. 大于 0　　B. 小于 0　　C. 无法判断　　D. 等于零

学生独立完成练习，展示结果。

【设计意图】通过反馈练习，使学生初步学会运用定理来解决"函数零点存在或所在区间"这一类问题。引导学生利用图象分析零点情况，得出相应的结论，培养学生应用数形结合的思想解决问题。

例：已知函数 $f(x) = \ln x + 2x - 6$，

（1）是否存在零点？若存在，一共有几个零点？

（2）指出函数零点所在的大致区间[4]。

学生独立思考，尝试作答。

教师点拨引导学生作答（引导学生一题多解）。

【设计意图】问题以追问的形式出现，由浅入深，是对本节课知识的深化应用。同时考虑学生的实际情况，尝试一题多解，为学生解决问题提供不同的思考途径，这样就抓住了教学的关键。分层预设问题有利于学生思维深刻性的培养。

6. 反思小结

（1）本节课你学到了哪些知识？

①函数零点的定义。

②等价关系。

③函数的零点或相应方程的根的存在性以及个数的判断方法有哪些。

（2）本节课渗透了什么数学思想方法？

【设计意图】通过师生共同反思总结，学生的认知结构得到优化，课堂知识被转化为学生的素质。

7. 分层作业，自主学习

（1）对于定义在 **R** 上的连续函数 $y = f(x)$，若 $f(a) \cdot f(b) < 0$（$a, b \in$ **R** 且 $a < b$），则函数 $y = f(x)$ 在 (a, b) 上（　　）

A. 只有一个零点　　　　B. 至少有一个零

C. 无零点　　　　　　　D. 无法确定有无零点

（2）已知函数 $f(x)$ 是定义域为 **R** 的奇函数，且 $f(x)$ 在 $(0, +\infty)$ 上有一个零点，则 $f(x)$ 的零点个数为（　　）

A. 3　　　　B. 2　　　　C. 1　　　　D. 不确定

（3）指出下列函数零点所在的区间：

A. $f(x) = -x^3 - 2x + 3$；

B. $f(x) = 2x \ln(x - 1) - 3$（选作）；

C. $f(x) = e^{x-2} + 3x - 3$（选作）。

【设计意图】分层作业体现了生本理念。通过练习，学生对新知识的理解不断得到深化和完善，能更深刻地理解数学思想方法在解题中的应用与地位[5]，同时反映教学效果，便于教师进行查漏补缺。

二、对数学概念课教学策略的思考

（一）创设情境，感知概念

在数学概念教学中不能生硬地抛出概念，搞结论式教学，让学生死记硬背[6]，应充分了解学生已有的知识结构，尊重学生的认知规律，多从实际出发，结合数学现象、数学实验等与概念有明显关联、直观性强的例子创设学习情境，恰当地运用多媒体、教具、图表等加强学生的直观感知，利用情境引导学生去感知概念。

（二）探究归纳，生成概念

教学中可以利用问题驱动模式，精心设计问题串，通过问题引导学生自主探究，帮助学生逐层揭示、理解数学概念的生成过程、数学法则的发展过程，让学生在数学探究活动中积累基本的数学活动经验，理解数学思想方法的真谛，让数学抽象落地生根。

（三）揭示联系，理解深化概念

根据奥苏伯尔的同化理论，任何一个新知识均可依附上位概念和下位概念作为新概念的支撑，因此数学概念形成后，教师应该引导学生认识概念在整个知识体系中的地位与联系，可结合具体案例对概念中的关键词、句、符号等进行剖析诠释，通过概念的灵活变通帮助学生对知识进行理解和迁移，注重与相关概念的类比、相似概念的区分，揭示它们的内在联系，使学生从本质上认识概念。

（四）强化练习，巩固概念

概念的应用是概念学习的最高层次，在教学中我们一定要设置合理的练习帮助学生检验和巩固对概念的理解。同时，习题设计策略一定要关注不同层次的学生，保证所有学生学有所获。常用的选题策略：①以概念基础题帮助学生记住概念；②用概念的关键点、易错点设计练习；③在知识的交汇处设计练习；④从创新发展的角度设计练习。教学中我们应该进行转型，在备课形态方面，将学术形态备课转变为教育形态备课；在教学方式方面，将认知重现转变为知识重演。这样可以真正体现学生的主体地位，促进学生数学学科核心素养的提升。

【参考文献】

[1] 杨西龙. 优化数学概念教学 促进学生深度学习——从"直线与平面垂直的判定"例谈概念教学策略［J］. 中学数学月刊，2018（7）：14－17.

[2] 石岩. 高中数学"271"教学模式实践研究［D］. 呼和浩特：内蒙古师范大学，2013.

[3] 钱鹏，曹军. 有序建构思维 渗透思想方法 追踪数学本源——《课例：函数的零点》实录与反思［J］. 中学数学（高中版），2018（11）：7－10.

[4] 林光来. 方程的根与函数零点的教学设计［J］. 高中数学教与学，2018（11）：4－6.

[5] 陈新芳. 小议数学课堂自主学习新模式［J］. 河南教育：职成教（下），2015（4）：30.

[6] 田卫东. 这"1分"真的不重要吗？——对二面角的一个细节问题的处理与思考［J］. 理科考试研究：高中版，2018（9）：31－34.

问题导学法在初中数学教学中的应用

张德芝

根据新课标的改革要求，数学教学的培养目标有了一定的改变，学生学习的目的是将数学知识运用到日常生活中，解决实际问题；教师要紧跟时代发展的要求，与时俱进，改变陈旧的教学方式，促进学生能力的全面发展。问题导学法就是这样一种教学手段。它是一种贴近初中数学教学内容，符合初中数学教学规律的教学方法，其重点是导学，载体是问题，立足点是引导学生正确分析问题、解决问题[1]。

一、问题导学法的应用意义

（一）有效提高课堂效率

数学学科本身难度较大的学科特性容易造成课堂气氛严肃刻板，课堂效率不高。问题导学法能充分发挥学生的主体作用，让学生以小组为单位开展讨论。在这个过程中，教师可以充分调动学生的积极性，提升课堂参与度，营造浓厚的学习氛围。学生在这种良好的学习氛围下能有效提高数学学习的动力。遇到不懂的问题，学生可以一起探讨，实在解决不了的由教师积极地带领学生解决，如此能节省大量的课堂时间。教师可以在课堂教学上突出学习重难点，加深学生的记忆，让学生易于理解和掌握，在有效提高学习效率的基础上使课堂得以高效开展，进一步提升课堂效率[2]。

（二）有助于培养学生各方面的能力

将问题导学法融入课堂教学形成的探讨式课堂，能够有效提升学生各方面的能力。首先，讨论问题的过程中需要学生发表自己独特的看法和见解，这个过程要求学生独立思考，找出支持自己观点的理论依据，这样可以培养学生独立思考的能力。其次，在相互讨论的过程中，学生的思维得到碰撞，有利于学生看到自己想法的不足之处，进而不断完善想法，还有可能迸发出新的想法，这样可以培养学生的创新能力。再者，学生研究题目并找出答案的过程，直接培养了学生分析、解决问题的能力。最后，小组是一个群体，要使讨论顺利开展，学生就必须相互妥协与谦让，既要肯定其他同学独到的见解，也要认识自己想法的局限和错误，并积极改正，这样可以培养学生的合作意识，对他们将来的发展有积极的作用[3]。

二、问题导学法在初中数学教学中的运用现状

目前，还是有一部分教师只关注知识的讲解和思维方式的灌输，忽视对学生思考问题的能力和思维重现的培养，使得学生只被动接受知识，缺乏自主探究的过程[4]。问题导学法的正确运用就在于其提出的问题具有针对性、发散性，能够培养学生的自主性。但是，该方法的运用存在着以下几个问题：

第一，问题设置没有启发性。

问题导学法最重要的一点就在于"导"，即数学问题的提出必须要能够引发学生去积极主动地思考，但是现在一些教师对于问题的设置没有做深入研究和考虑，导致出现很多没有"营养"的问题，不具有启发性和实际操作性。课堂上这些问题的设置对于学生来说不仅没有起到良好的作用，还可能浪费课堂时间，让学生讨论了一圈却没有收获，更不用说探索出新的东西和锻炼动脑能力。

第二，问题设置与学生的能力不符。

在考虑问题的设置时，教师一定要根据学生所学知识内容、实际情况以及想要达到的教学目标来进行。有一部分教师在问题的设置上没有考虑到学生的能力范围，即问题难度与学生能力不相符，这就会产生脱节现象，不仅达不到相应的教学效果，还会给学生增加学习负担。

第三，问题设置太过乏味。

一些教师设置的问题极简短，固然有一目了然的效果，但是在问题导学法中，这些问题是不大适用的。这样会导致设置的问题缺乏趣味性，达不到提高学生学习兴趣的效果。

三、解决对策

(一) 强调问题的启发性，培养学生多方面的能力

我们知道初中数学是一门逻辑性很强的科目，正是由于这样的特点，很多学生都对数学学习提不起太大的兴趣。其实数学中也有很多极具趣味性的问题，这要求教师引导学生积极探索。在开展问题导学法教学时，教师要注意加强数学与实际生活的结合，让学生很容易理解和接受知识，同时也要保证问题的提出具有较强的启发性，这样才能更加有效地引导学生独立思考[5]。比如说面积问题，什么情况下一个三角形在一个半径为1的圆中的面积最大？这个问题相较于直接提出"等边三角形、内接正三角形等哪个三角形在圆中面积最大"启发性会更好一些，更能激发学生的发散思维。这样的教学方式给了学生自主思考的机会，让学生不仅仅是在题目固定的几个选项中做选择。问题提出后，让学生以小组的形式进行自由讨论，在这个过程中，教师可以对一些小组进行开导，这样的课堂教学效果才是比较好的。

(二) 密切联系学生的能力，精准把控问题难度

问题导学法的运用要注意提出的问题与学习的知识内容应紧密结合，最好不要脱离课本知识或进行超纲教学，问题的难度一定要和学生的能力相符，不能过难或过易，否则这个问题提出的意义就不大了。提出的问题对课本以外的知识进行补充是可以的，需要教师明确教学目标，找准定位。

(三) 增强问题的趣味性，激发学生的学习兴趣

在问题的设置上，应根据不同类型，适当联系生活实际，这样形成的题目对于学生来说才会更具理解性。在不影响题意的基础上，也可以适当增加问题的诙谐性和趣味性。有趣的问题往往更能够吸引学生的注意力，提高他们的兴趣，达到促进学生积极讨论、独立思考的目的。

简而言之，问题导学法在初中数学教学中的合理利用会有效地提高教学效率和培养学生各方面的能力。但是问题导学法怎样在初中数学教学中发挥最大作用？对于这一点，问题设置是关键。这就需要教师根据学生的实际情况有针对性地进行问题设置，力求达到最好的教学效果。

【参考文献】

[1] 甘国东."问题导学法"在初中数学教学中的应用[J].基础教育研究,2018(18):77-78.

[2] 武德强.论问题导学法在初中数学教学中的应用[J].考试周刊,2019(21):109.

[3] 梁赛灵.问题导学法在初中数学教学中的应用[J].课程教育研究,2017(12):159-160.

[4] 彭小俏.论问题导学法在初中数学教学中的应用探究[J].教师教学能力发展研究,2018(15):1510-1513.

[5] 刘媛.初中数学教学中问题导学法的应用研究[J].数学大世界,2018(11):93.

一堂评讲课中的"思"与"变"
——中考复习中利用二次函数解决实际问题的复习题讲评

刘文静　李秀萍

核心素养指出，数学素养是人们通过数学教育以及自身的实践和认识活动所获得的数学基础知识、基本技能、数学思想和观念，以及由此形成的数学思维品质和解决问题能力的综合[1]。复习题练习是中考数学复习中必不可少的环节，既有阶段性评价功能又有激励功能[2]。复习题练习之后的复习题评讲课是以提升学生发现问题、分析问题、解决问题的能力为目标的一种课型，其切入点是分析学生的作业完成情况，主要抓手为构建数学基础知识和基本技能，突破口为分析学生思维障碍，核心为提高学生数学思维品质，最终达到习题评讲的有效性。针对如何上好中考复习中利用二次函数解决实际问题的复习题讲评课，笔者结合实际，谈谈自己的几点收获。

一、评讲课前做到"三思"

（一）"一思"即思考近几年中考题

联系历年特别是近五年成都中考考题分析，关注中考的最新动态，整合零散知识，吸收内化二次函数应用的相关知识，提高学生的复习效率。依据对历年中考试题的分析，选择好评讲课上评讲的题型，把好所选择评讲题目的质量关，通过所选择的题目构建知识框架和优化认知结构，进一步加强学生掌握利用二次函数解决实际问题的基本知识、基本技能和基本方法[3]。在选题时紧扣新课标要求和中考说明，力求所选题目具有针对性、代表性、启发性、巩固性，所选题目要对所考察的利用二次函数解决实际问题的相关知识起到全面复习、巩固的目的，做到目标明确、重点突出。

（二）"二思"即思考突破方法

数学中考复习是在完成初中数学新课教学任务之后，对初中阶段知识进行进一步梳理、巩固和深化的一个关键环节，也是初三数学教学工作的重要组成部分，对中考备考来说非常重要。如何通过复习让学生巩固知识、提升能力？首先，从基础入手。2014年成都中考命题来源于书本基本例题的变式，2016年的命题来源于课前导入的材料学习部分，由此可见，平时应落实教材例题的解析以巩固基础。在具体解答过程中必须掌握基本的数量关系，如面积公式、利润问题中的相关公式等。其次，将用配方法或公式法求二次函数的最值中的计算落到实处。再次，突破自变量取值范围不包含顶点坐标的二次函数的最值问题，用图形结合的方式熟练掌握二次函数的增减性，达到正确取最值的目的。最后，注意此类题的计算过程，避免因计算错误失分。

（三）"三思"即思考实施细节

复习工作开展前，我们必须明确复习的目的和任务。复习中，我们必须对所学知识查漏补缺、夯实"双基"，通过复习达到提高能力、促进学生发展的目的。了解复习的功能、复习与补救的功能、深化与提高的功能。复习知识的系统梳理、查漏补缺应遵循复习的教学原则，即基础性原则、指导性原则、系统性原则、主体性原则、针对性原则[4]。注重复习的有效性，注重课本、基础、规范、综合、能力。结合以上注意事项，在评讲前，教师要认真分析学生的错误，将练习的复习题类型化，俗话说"教师能游题海，然则学生能驾轻舟"。评讲之前，教师不可图轻松而依照现成答案直接公布。教师只有把所有题目认真演算一遍，才能了解每道题目的要求，了解每道题目的难易程度，使评讲更有针对性。在评讲中充分调动学生的积极性，发挥其主导作用，通过学生的自我反思、合作交流来查漏补缺，引导学生主动参与教学活动，努力让学生处于积极紧张、思维兴奋的状态[5]。课后留给学生自我批改、自我反思、自我纠正的时间，帮助学生在反思总结中不断进步，在自我反思中巩固基础、深化知识。

二、评讲过程中做到"四变"

数学题型的变化建立在对基础知识的掌握上。以基础知识做铺垫，层层深入，在比较变换中巩固知识，避开对易错点的失分，落实"四基"和"四能"。

评讲过程分两步进行。

第一，从基础题入手。

例1：某果园有100棵苹果树，平均每棵树结600个苹果，根据农夫经验，每多种一棵树，平均每棵树就会少结5个苹果，假设果园多种了x棵苹果树。

（1）直接写出平均每棵树结的苹果个数y（个）与x之间的关系。

（2）果园多种多少棵苹果树时，可使苹果的总产量最大？最大为多少个？

之所以选择本题进行评讲，是因为本题考查的是二次函数的应用。根据题意正确列出二次函数解析式、熟练运用配方法、掌握二次函数的性质是解题的关键。此题是运用二次函数解最值问题的基础题型，根据题意列出关系式，将函数配成顶点式即可直接求得最值。

第二，比较基础题型。对所做练习的变式题型选择性地进行讲解，做到"四变"。

（一）"一变"即变问题设置的深度

在基础题上提升，加深问题难度。变式评讲顶点坐标已不在自变量范围内，最值不再是顶点的纵坐标，而是需结合二次函数图象，根据其增减性再结合自变量范围取最值的实际应用题。

例2：如图1所示的直角墙角（两边足够长），用28 m长的篱笆围成一个矩形鸡笼$ABCD$（篱笆只围AB，BC两边），设$AB=x$ m。

（1）若鸡笼的面积为192 m^2，求x的值。

（2）若在P处有一棵树与墙CD、AD的距离分别是15 m和6 m，要将这棵树围在鸡笼内（含边界，不考虑树的粗细），求鸡笼面积s的最大值。

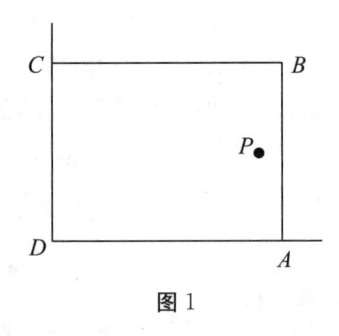

图1

【设计意图】此例题主要考查了二次函数的应用以及二次函数最值求法，得出s与x的函数关系式是解题关键。此例题第（2）小题，当配方出

$s=-(x-14)^2+196$ 时，必须注意此时顶点坐标 $(4,196)$ 不在自变量 $6\leqslant x\leqslant 13$ 的范围内，所以必须结合二次函数图象性质，由于抛物线开口向下，结合对称轴找到当 $x<14$ 时 s 随 x 的增大而增大，再结合 $6\leqslant x\leqslant 13$，得到当 $x=13$ 时函数有最值，从而求得最值。

（二）"二变"即变问题设置的深度和广度

层层加深。在"一变"的基础上继续应用基本二次函数，同时加入一次函数和分段函数。最值问题的解答仍需要结合二次函数增减性和函数自变量取值范围来确定。从多方面设计不同层次的问题，进一步提升每个学生分析问题和解决问题的能力。

例3：研究表明，某时某地的车流速度 v（单位：千米/时）是车流密度 x（单位：辆/千米）的函数，且当 $0<x\leqslant 28$ 时，$v=80$；当 $28<x\leqslant 188$ 时，v 是 x 的一次函数。函数关系如图2所示。

（1）求当 $28<x\leqslant 188$ 时，v 关于 x 的函数表达式。

（2）若车流速度 v 不低于50千米/时，求当车流密度 x 为多少时，车流量 P（单位：辆/时）达到最大，并求出这一最大值[6]。

（注：车流量=车流速度×车流密度）

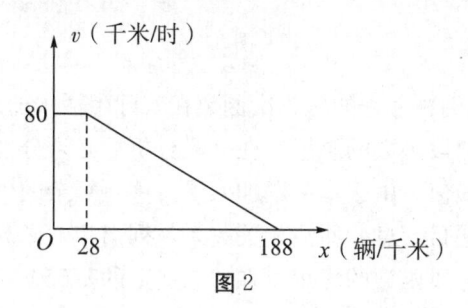

图2

【设计意图】此例题考查了一次函数及二次函数的应用，并加入了分段函数思想。解答本题，需要我们会判断二次函数的增减性及二次函数最值的求解方法，会运用待定系数法求一次函数解析式。此例题主要考查了一次函数、二次函数和一元二次方程的应用，利用函数增减性得出最值是解题关键。加入一次函数和分段函数的思想，在"一变"的基础上有效加深了问题设置的广度和深度[7]。

（三）"三变"即变问题设置的深度、广度和难度

此变在"二变"的基础上，继续渗透分段函数思想，综合运用了二次函数

和一次函数的知识。在加入实际生活元素后，对学生分析问题的能力要求有了进一步提升。

例4：某企业接到一批玩具生产任务，约定这批玩具的出厂价为每只4元，按要求在20天内完成。为了按时完成任务，该企业招收了新工人，设新工人小李第 x 天生产的玩具数量为 y 只，y 与 x 满足如下关系：

$$y = \begin{cases} 34x & (0 \leqslant x \leqslant 6) \\ 20x + 80 & (6 < x \leqslant 20) \end{cases}$$

（1）小李第几天生产的玩具数量为280只？

（2）如图3所示，设第 x 天生产的每只玩具的成本是 p 元，p 与 x 之间的关系可用图中的函数图象来表示。若小李第 x 天创造的利润为 w 元，求 w 与 x 之间的函数表达式，并求出第几天的利润最大，最大利润是多少元。（利润＝出厂价－成本）

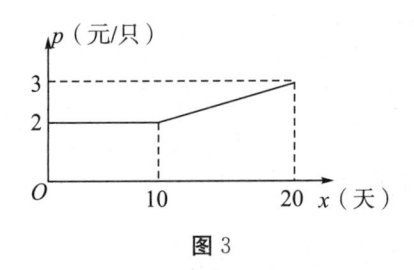

图3

【设计意图】本例题考查的是二次函数在实际生活中的应用。在第（2）小题的解答中，结合分段函数的思想，在分段分析后必须分别利用二次函数和一次函数的增减性求最值。由于本例题加入了一些更复杂的生活元素，解答本题的难点就在于读懂题目信息，厘清相关关系，列出相关函数关系式。该例题仍考查了一次函数和分段函数的思想，在"二变"的基础上将该问题的设置加入生活元素及结合一次函数、二次函数、分段函数思想取最值，让问题的难度加大。

（四）"四变"即变建模思想的运用

例5继续考查一元二次方程的应用、二次函数的应用和一次函数的应用，利用函数增减性得出最值是解题关键。第（3）小题的设问从列式的角度入手建立的是一个一元二次不等式，学生利用初中阶段学习的知识不能解答此不等式。从由该实际问题所得的一元二次方程中抽象出二次函数模型，再结合二次函数图象，是解答本题的关键。

例5：某网店专门销售某种品牌的漆器笔筒，成本为30元/件，每天销售量y（件）与销售单价x（元）之间存在一次函数关系，如图4所示。

（1）求y与x之间的函数关系式。

（2）如果规定每天漆器笔筒的销售量不低于240件，当销售单价为多少元时，每天获取的利润最大？最大利润是多少？

（3）该网店店主热心公益事业，决定从每天的销售利润中捐出150元给希望工程。为了保证捐款后每天剩余利润不低于3600元，试确定该漆器笔筒销售单价的范围[6]。

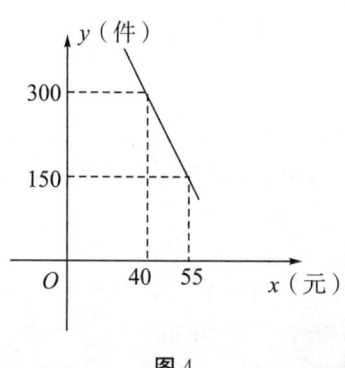

图4

【设计意图】让学生在操作中"启思引探"，使学生在分析问题和解决问题的过程中关注质疑探究，养成在归纳构建中重视问题生成的习惯。特别注意，本例题第（3）小题需借助二次函数图象建立二次函数模型，建模能力在此题的评讲中起着重要作用。

三、评讲课后的反思

该评讲课在题型变化中遵循数学知识发生、发展的逻辑链条，揭示了一个数学问题的多种呈现。在"变"中寻求"不变"的本质特征，从一个角度回答了我们在课堂上应该抓的"少"是什么，即"二次函数的最值问题"，同样的，少的问题能繁衍成多的问题，即"一次函数最值、一元二次方程、分段函数、相关等量关系"等。这样不仅实现了少就是多的教学愿景，甚至可以达到以少胜多的复习效果[8]。

该评讲课的题型变化中遵循了教学的"量力性"原则，一个"变"字体现了学生认知链的合理延伸[9]。学生从一个熟悉的基础问题出发，渐次进入"天高任鸟飞，海阔凭鱼跃"的评讲课意境，这不仅有利于学生掌握基础知识和基本技能，更有利于渗透数学的基本思想和积累基本的数学活动经验，培养学生攻关克难的意志品质。一个"变"字体现的"四变"之道，揭示了研究数学问题的一般方法，具有重要的学法引领意义，让学生在复习中由浅入深、步步为营。

针对本节课内容的评讲，笔者在课前做到了"三思"，在课中进行了"四变"，通过评讲的有序开展让学生在学习中进一步巩固了知识，提高了能力，收获了信心。本着"三思""四变"的思路，实现对"利用二次函数解决实际问题的复习练习题"的高效评讲，从而激发学生的求知欲，提高学生的纠错能力，培养学生的数学素养。

【参考文献】

[1] 余文森. 核心素养导向的课堂教学［M］. 上海：上海教育出版社，2017.

[2] 李吉海，向鑫. 一堂初中数学试卷评讲课的有效尝试［J］. 中小学数学（初中版），2018（6）：15－16.

[3] 李忠旺. 中考二次函数考点解析［J］. 新高考，2017（11）：43－45.

[4] 孙学东. 二次函数的应用［J］. 中学数学教学参考，2019（2）：51－53.

[5] 刘家访. 教育学［M］. 成都：四川大学出版社，2003.

[6] 魏祥勤. 中考函数题精讲精析［J］. 试题与研究，2016（2）：14－19.

[7] 荣彬. 新课标下数学中考命题趋势与解题关系的研究［D］. 成都：四川师范大学，2014.

[8] 范莉花. 一道初三数学压轴题的研究与教学思考［J］. 中学数学教学，2018（3）：32－35.

[9] 侯德森. 变式教学贵在变之有道——以一道习题教学为例［J］. 中小学数学，2018（6）：3－5.

有效导引，注重实践
——"导引—生成"理念下的高中数学新授课的教学策略和方法简析

郑 权 杨 辉 李成军

一、研究背景

近年来，随着新课程改革的不断深化以及高考数学考试大纲的变化，学生核心素养的发展越来越受到重视。以人生基础、人生定位和社会参与为主体的核心素养体系影响下的教育，始终坚守以个人发展和终身学习为主体的个体化教育理念[1]。在立足培养学生基础知识和技能的同时，更要注重拓展学生的创新思维以及综合数学素养。一些传统的教学模式已经不适应现在的高考和培养学生核心素养的初衷。在这样的背景下，四川省简阳中学开展了以问题为导向、以学生为主体、以小组合作探究为主要方式的"导引—生成"教学模式研究。"导引—生成"课堂教学理念坚守学生发展是学校一切教育教学的归宿[2]。在此背景下，四川省简阳中学努力协调课堂内的各种教学因素[3]，针对本校的具体情况，开展了一些实践活动：对教师进行培训，纠正传统教学观念中的某些误区，将"教师中心"转向"学生中心"，让学生从"要我学"变成"我要学"，从"不会"到"学会"再到"会学"；建立学习小组，并对学习小组组长进行培训；改变教学流程，形成统一的导学案范式[4]。

《普通高中数学课程标准（2017年版）》的前言明确指出，有效的数学学习活动不能单纯地依靠模仿与记忆，动手实践、自主探索与合作交流是学生学习数学的重要方式[5]。在日常的教学活动中，甚至一些教学示范课上，笔者发现以下一些现象：教师备课充分，课堂组织有序，师生互动和小组合作探讨也开展得非常热烈；教师的课上得非常流畅，课堂形式呈现得很完整。但是这样的一堂课上完，教学效果却并不理想。为什么会出现这种情况呢？笔者认为主要有以下两个原因。

第一，过于注重形式，课堂的教学流于形式。

在公开课或者平常的教学活动中，为了展示一堂"完美"的课，为了维持课堂形式的完整，为了在有限的四十分钟内完成预定的教学目标，一些教师不得不压缩某些教学环节的时间。比如在小组合作、自主探究阶段，有的教师为了在课堂上完成既定的教学目标，不考虑学生的实际情况，在学生的探讨、实践环节"浅尝辄止"。而学生要想理解和掌握知识，学会应用，实践是一个必不可少的环节，节约时间绝不能是在这里。"纸上得来终觉浅，绝知此事要躬行"，所以我们在日常教学中要尽可能为学生创设探索、求知的学习环境，让学生积极参与探索新知识的教学活动，让学生通过观察和分析自主判断、推理、验证，以及对实践中遇到的错误进行反思和改进，从而真正掌握基础知识和基本技能，达到发展核心素养的目的。

第二，课堂缺乏有效的引导。

"导引—生成"理念下的教学是以问题探究为核心，以生成为目的的教学活动，教师要善于引导学生运用已有的知识和技能解决实际问题。所以，设置的问题要有深度和指向性，并且要根据学生的实际情况灵活调整。因此，教师必须具备过硬的专业知识和引导技能，以避免学生思维陷入混乱、茫然的状态，从而降低课堂的有效性。

本文中，笔者将利用四川省简阳中学在"导引—生成"教学模式研究中所取得的成果和积累的丰富经验，结合自己日常教学中的一些案例，对"导引—生成"理念下的高中数学新授课的教学策略进行探讨，期望达到进一步丰富课堂教学，实现促进学生个性能力发展，培养学生思考、探索的意识的目的。

二、"导引—生成"理念下的高中数学课堂教学特征

"导引—生成"理念下的高中数学课堂教学是以教师为主导、学生为主体，以问题为导向，通过有效的师生互动，让学生获得知识技能，完善知识结构的一种教学方式。"导"是"引"的前提，"引"是"生成"的基础和条件，"生成"是"教学活动"的目的。"导引—生成"是有效完成教与学的两个不可或缺的相辅相成的组成部分。"导引"是教的艺术，"生成"是学的升华[4]。"导引—生成"理念下的高中数学新授课的教学活动主要有以下几个环节：创设情境，引入新知→用问题引导思维，共同探究→注重实践，生成新知→总结，引申，反思。整个教学活动中，我们尤其要重视有效引导和学生实践两个环节。

教师不仅要给学生必要的时间去思考、探讨，并对活动中产生的问题进行引导，而且要敢于放手让学生去合作、探究和实践，保证学生有足够的探究时间和实践机会。要避免为了"节约时间"而压缩学生的探讨、实践时间，以免整堂课流于形式。

三、"导引—生成"理念下的高中数学新授课的教学策略和建议

导引课堂主要是指学生利用教师精心编写的导学案预先完成新课的预习，并完成导学案上的学习任务。教师应遵循"导引—生成"的教学理念，对学生在自主讨论、探究等一系列实践活动中遇到的问题及时给予正确指导。因此在教学中，教师需要学会放手，把时间还给学生，充分发挥学生的主观能动性。学生通过探讨、猜想、验证等一系列实践活动得出自己的结论，从而获得知识。同时，教师要安排好整个课堂活动的流程，并对学生的成果进行点评，在活动的最后引领学生反思、总结。在此，笔者以人民教育出版社A版选修2-1第二章第2小节的"椭圆及其标准方程"的内容为例，做一个简要的新授课教学策略探析。

在上"椭圆及其标准方程"这堂课之前，我们必须明白"椭圆及其标准方程"在本章的地位。"椭圆及其标准方程"是学生学习圆锥曲线的第一课，是后续圆锥曲线学习的基础和铺垫，为后续的圆锥学习提供范式。为此，本堂课主要采取小组合作的形式，让学生主动探讨、猜想、验证等，得出自己的结论。因此，在本堂课的教学活动中，教师应当给予学生充分的时间，即使一节课只推导出了椭圆的标准方程，也能达到教学目的。接下来，笔者就详细展示这堂新授课的教学过程和相关策略。

（一）设置情境，引出课题

在具体的教学过程中，教师首先通过讲解生活中的热点——"神舟六号"的运行轨迹，吸引学生的注意力，让学生对椭圆形成初步的直观印象。然后利用多媒体展示生活中随处可见的一些椭圆，进一步加深学生对椭圆的直观感受，并让不同的学生回答生活中还有哪些物体是椭圆形的。然后教师引导：什么是椭圆呢？椭圆的本质是什么？如何画出椭圆？提出问题，层层引导学生探索椭圆的本质。

（二）小组合作，形成概念

在接下来的环节，让学生分成不同的小组，选取图钉、绳子、橡皮筋等工

具合作画椭圆。教师给学生提供橡皮筋和绳子两种工具。为什么要提供橡皮筋和绳子让学生自己去选择呢？这是因为，让学生自己选择不同的工具，就是让他们去做不同的尝试。假如选择橡皮筋，就会发现无法画出椭圆，从而让学生更深刻地理解椭圆必须是到两个定点的距离等于定长这一本质的特征。通过这一环节，不仅让学生获得成功的经验，也让学生得到失败的教训，再让学生对失败进行总结和反思，进一步加强对椭圆本质的理解。

学生完成各种椭圆的绘制后，教师请不同的学生对自己的结果进行展示。在这些展示中，有的学生成功了，有的学生失败了。教师一定要针对各种失败案例进行分析，帮助学生找到画不出椭圆的原因。而针对准确画出椭圆的方法，教师要逐步引导学生思维，发现它们的共同点，引出椭圆的定义。通过让每个学生都参与这一过程，从而理解椭圆的本质，并得出以下三个结论：

(1) $|MF_1|+|MF_2|>|F_1F_2|$，为椭圆；

(2) $|MF_1|+|MF_2|=|F_1F_2|$，为线段；

(3) $|MF_1|+|MF_2|<|F_1F_2|$，不存在。

并再次设问：当点 M 移动时，F_1、F_2 的位置会移动吗？点 M 的轨迹为椭圆时，应当满足什么条件？最终引导学生生成椭圆的定义。

接下来，针对学生的实验，教师利用几何画板等多媒体工具动画演示椭圆的形成过程，并归纳出椭圆的定义：平面内与两个定点 F_1、F_2 的距离之和等于常数（大于 $|F_1F_2|$）的点的轨迹叫作椭圆。这两个定点叫作椭圆的焦点，两焦点的距离叫作椭圆的焦距。

在本环节中，学生通过亲自动手实践，并回答教师精心设置的问题，逐步得出自己的结论，对椭圆的形成和定义有了直观、深刻的感受和理解。这凸显了有效引导和动手实践的重要性。

（三）椭圆标准方程的推导

回顾：求曲线方程的一般步骤。

提问：如何建系，并推导出椭圆的方程？

各小组展开热烈讨论，各组分别推举出一种方案。不同小组肯定有不同的建系方案，有不同的表达式。让各组同学进行展示。比如，以 F_1、F_2 所在直线为 x 轴，以线段 F_1F_2 的垂直平分线为 y 轴，建立直角坐标系并得到方程：$\sqrt{(x+c)^2+y^2}+\sqrt{(x-c)^2+y^2}=2a$。

学生也许会问：这是椭圆的方程吗？此时教师应该引导学生：它是椭圆的方程，但不是标准的椭圆方程。

接下来，教师应该马上提出关键性问题：

(1) 这个方程含有根式，我们如何处理根式？

(2) 这个方程的形式比较复杂，我们如何处理能使其结构更简单呢？

教师要逐步引导学生完成对椭圆标准方程的推导，并学会选择最佳方案简化方程的形式。通过这一环节，学生的综合素质和综合能力能得到发展，核心素养能得到培养。

除此之外，面对推导过程中不同学生出现的问题，教师要及时进行纠正和引导。错误的和正确的推导都要向学生展示，帮助学生找出问题，并在最后给出正确的推导方案。下面将展示其中的一种方案：

(1) 建系。以 F_1、F_2 所在直线为 x 轴，以线段 F_1F_2 的垂直平分线为 y 轴，建立直角坐标系。

(2) 设点。设 $M(x_1,y)$ 是椭圆上任意一点，为了使 F_1、F_2 的坐标简单及化简过程不那么繁杂，设 $|F_1F_2|=2c$ $(c>0)$，则 $F_1(-c,0)$，$F_2(c,0)$。

设 M 与两定点 F_1、F_2 的距离的和等于 $2a$。

(3) 列式。$|MF_1|+|MF_2|=2a$。$\therefore \sqrt{(x+c)^2+y^2}+\sqrt{(x-c)^2+y^2}=2a$。

(4) 化简。(这里，教师为突破难点，进行设问：我们怎么化简带根式的式子？对于本式是直接平方好还是整理后再平方好呢？)

将 $\sqrt{(x+c)^2+y^2}=2a-\sqrt{(x-c)^2+y^2}$ 两边平方，得

$$(x+c)^2+y^2=4a^2-4a\sqrt{(x-c)^2+y^2}+(x-c)^2+y^2$$

即
$$a^2-cx=a\sqrt{(x-c)^2+y^2}$$

两边平方，得 $a^4-2a^2cx+c^2x^2=a^2(x-c)^2+a^2y^2$

整理，得 $(a^2-c^2)x^2+a^2y^2=a^2(a^2-c^2)$

令 $a^2-c^2=b^2(b>0)$，则方程可简化为

$$b^2x^2+a^2y^2=a^2b^2$$

整理成 $\dfrac{x^2}{a^2}+\dfrac{y^2}{b^2}=1$ $(a>b>0)$

整个推导过程，务必让每个学生都亲自参与。教师避免过度干预，要让学生主动去猜想、验证，并能初步解决实践中发现的问题。学生深刻理解并掌握椭圆的标准方程的推导，能为后面圆锥曲线的学习打下基础、做好铺垫。

(四) 总结问题，学生反思

在学生完成椭圆标准方程的推导后，教师要及时对学生在推导过程中出现

的问题进行引导，并寻求对策。最后一定要留五分钟左右的时间对本堂课的内容进行梳理、总结以及反思。课堂活动进行到这里，可能综合素质好一点的班级还有比较充裕的时间继续本堂课后面的环节，而能力稍微弱一点的普通班级下课时间就已经快到了，我们具体应该怎么做呢？这个时候教师不要盲目追求课堂形式的完整，盲目追赶课堂进度，而应该在完成椭圆的普通方程的推导后暂停下一个环节的开展，先对方程的推导做精心总结和反思，总结方式方法和面对多个选择时的择优问题。因为对于"椭圆及其标准方程"这一堂新授课来说，我们只要让学生掌握了椭圆标准方程的推导，就算达到了教学目的。这为后面双曲线和抛物线的教学提供了经验和方式手段。

四、结语

总之，"导引—生成"理念下的高中数学新授课的教学策略和方法，在紧紧围绕"导引—生成"这一中心思想的前提下，必须注重两个环节：第一，引导的有效性，即教学过程中设置的问题要具有明确性、引导性和有效性。第二，注重实践，即教学过程中学会大胆放手，还给学生必要的时间，让学生充分参与。这也符合新课程改革的"以学生为主体，教师为主导的教学理念"[5]。"导引—生成"课堂教学改革努力将各学科理念相互渗透，融入教育之中，以体现核心素养是一种跨学科素养[6]。

【参考文献】

[1] 刘鸿儒，凌秋千. 基于"个性化"教育向度的"核心素养"培育［J］. 现代教育管理，2015（8）：95－99.

[2] 张敏，陆少明. 生成性教学的有效性实践研究［M］. 上海：上海教育出版社，2012.

[3] 田慧生. 教学论［M］. 石家庄：河北教育出版社，1996.

[4] 刘建华. 浅谈"学案导学"课堂教学模式的建构［J］. 教育实践与研究，2009（9）：9－10，20.

[5] 中华人民共和国教育部. 普通高中数学课程标准（2017年版）［M］. 北京：人民教育出版社，2018.

[6] 田中智志. 教育方法论［M］. 东京：一艺社，2014.

高中物理必修教材中插图在教学中的意义

袁新红

中学物理教材中的插图往往包含了很多隐性知识，合理使用这些插图，不仅可以提高教师的教学效果，而且可以激发学生的学习兴趣，对保证教学质量起着重要的作用。教学中，教师应当组织和引导学生围绕插图进行各种各样的教学活动，比如看、识、析、懂、用等，适当地让学生分析并挖掘插图中蕴含的知识信息。学生可以在学习基础知识前对插图进行探究，也可以在学习了基础知识后对插图进行研究，加深对已学知识的理解，同时利用学习的基本知识来解释插图中的现象或蕴含的原理。本文中，笔者将以高中物理必修教材（必修一、必修二）中的插图为例来阐述插图在教学中的意义。

高中物理教科版必修一的封面为一幅由飞机和动车、蓝天和白云共同组成的画面，这暗示物理知识来源于生活，同时也服务于生活，物理知识就在我们身边。教材封面的设计体现出物理知识简单、亲切的特性，可谓用心良苦。必修一这本书从第一页起到最后一页，共有一百多幅图片。插图的内容涉及各个方面，有情景引入类、生活生产类、实验探究类、人物介绍类、科技前沿类等。而且从知识的关联上看，复杂的综合性知识使用插图的概率往往更高。

新时代的教学追求的不仅仅是知识，更注重对学生各种能力的培养，以及帮助学生树立正确的"三观"，提高学生的核心素养，在德智体美劳等方面打造学生，从而将他们培养成高素质人才。为此，教材中插入了大量各种类别的图片，以此向学生展示科技、生活与物理科学等各方面的联系。教材的封面利用图片把物理基础知识与生活生产联系在一起，让学生感受到所学知识并不是空洞的。教材课后练习中也有许多小图片，让学生体会物理并不是乏味的计算。同时，发展空间中也提到了很多科学前沿知识，并附上了大量的图片，这些图片和知识往往就是考题中容易出现的新型题的题材。对这些图片的研究不仅可以使学生获得好的成绩,还能使学生逐渐将目光转移到生活中,从而进一步提高学习物理的兴趣。

插图在物理教学中起着不可或缺的作用,其对教学和学生学习的意义可以大致归纳为以下几点。

一、激发学生对物理学习的兴趣

兴趣是最好的老师。孔子说:"知之者不如好之者,好之者不如乐之者。"不管是生活中还是工作中,人们都喜欢接触、探索自己喜欢的人和事,学习也是一样的。学生对于自己感兴趣的事物总是想去一探究竟,迫不及待地想要发现表面现象下的本质,这种学习是主动的学习、自愿的学习,学生没有压力并乐在其中。在遇到困难时,他们不会退缩,因为在发现新的事物和规律时,他们会非常有成就感;反之,若学生对所学习的东西没有兴趣,就会产生厌学情绪。这个时候,课堂对于他们来说就是枯燥、乏味的,学习就变成了一种任务,而且是一件不想做但又不得不做的事情,这对于教师和学生来说都是痛苦的。因此,学习兴趣直接关系着学习效率。感兴趣,学生就会主动去学,就会事半功倍,学习成绩就会越来越好;不感兴趣,则反之。那么,教师又该如何激发学生的兴趣呢?苏联教育家乌申斯基在一本书中写道:"把画片带进教室,就是哑子也会说话了。"说明图片在教学过程中可以发挥巨大的作用,对学生认识事物有特别好的效果。教师如果能恰当地利用教材中的插图,就可以达到激发学生学习兴趣的目的。在教学过程中,教师可以通过图片的呈现吸引学生的注意力,通过讲述图片背后的人文科学故事,进一步激发学生的学习兴趣。

在物理教材中,从封面到目录,再到每一个章节,都配有插图。每一章的篇章页都配有和目录、内容有一定关联的图片,这些图片设计也很精美。同时,在一些图片下还配有文字用来概括整章内容,让学生对新一章的内容产生兴趣,这无形中降低了学生学习和教师教授的难度。教师在教学时积极引导学生主动探索,联系生活实际,采取相应的方法来进行知识的学习,这就是学生为主体、教师为主导的新型课堂了。同时,这也是趣味的课堂、高效的课堂。

高中物理必修教材中的插图数量大、图像清晰、形式多,并且图文并茂,具有较强的视觉效果。教材大多选择与生活非常贴近的图片,有些图片能或多或少地反映生活中人们耳熟能详的现象。学生能通过这些图片认识到知识来源于生活,还能从物理的角度去分析科技的产物。学生以积极的心态进入物理课堂,能让教学氛围更轻松、高效。例如,在必修二第二章"圆周运动"一节中，教材首先引入了四幅图，分别是摩天轮［图1（a）］、细线操控的航模飞机［图1（b）］、火车前进时转动的轮子［图1（c）］以及怀表运动的齿轮［图1（d）］。四幅图的题材完全来源于生活，能使学生轻易感受到圆周运动的特点，同时潜移默化地将学生的思维带进圆周运动，激发他们学习这一章节的兴趣。

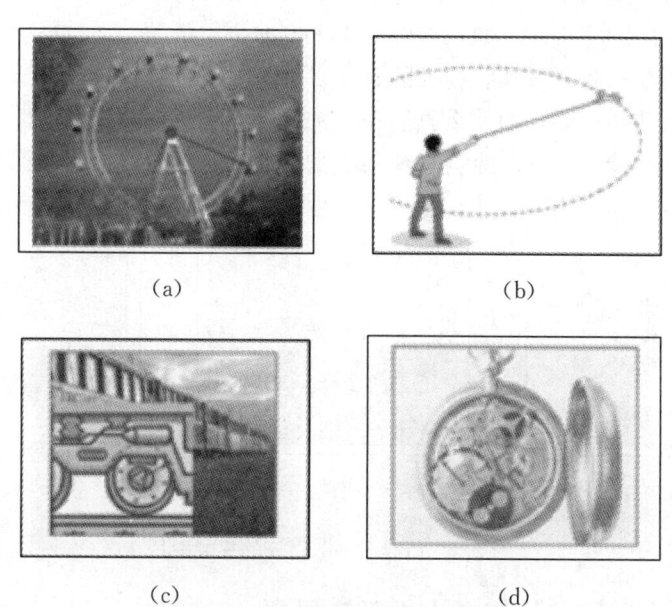

(a)　　　　　　　　(b)

(c)　　　　　　　　(d)

图1　圆周运动是一种常见的运动

二、帮助学生理解物理概念与规律

物理学的特点是来源于生活，具有真实性、科学性，是一门基础的自然科学。物理知识既涉及一些比较简单的概念及定义，也涉及一些比较困难的规律及原理。在高中物理知识体系中，基本概念是学生学习物理知识的基石，物理规律在物理知识板块中显得尤为重要。同时，它们也是学生学习中的重难点。比较简单的概念和原理，学生可以直接通过书本习得。比较抽象的概念、晦涩难懂的知识，学生仅仅通过书本是很难理解的，也是很难学会应用的。同时，以这种学习方式获得的知识容易遗忘，学习效果是不理想的。教材中的插图具有直观、生动的特点，如果再结合文字，可以把这些难懂的知识点阐述得更加简单、直接，使学生能较为轻松地理解。对于有色彩的东西，人们的记忆往往比较牢固，所以插图对加深学生对知识点的记忆大有帮助。

插图能有效地将概念、规律和图景联系起来，避免生硬的教学模式，对学生知识的迁移起到四两拨千斤的作用。课堂上，教师要让学生仔细观察图片，鼓励他们用自己的语言去描述插图，并且自由交流，最后对他们的结论给予评价，同时做出引导，帮助学生得出正确的结论。这样，学生学习物理知识的积极性就被调动起来，其探究能力、总结能力在交流的过程中也得到了锻炼。例如，在必修二第四章"势能"一节中，学生对于势能这个概念是很不好理解和把握的，利用物理规律或原理教师也不太容易讲解清楚。而教材中引入了三幅图片，分别是吊起的重物、高处的石头以及被拦在高处的水（图2），并提出：高处的石头摇摇欲坠，为什么我们在石头的下面会感到胆怯呢？因为它在高处时蕴含着一种能量，下落时会将这种能量释放出来。进而提出势能的概念。这样，教师就合理利用图片让学生更好地理解了概念，从而顺利达成教学预期。

(a)　　　　　　　　(b)　　　　　　　　(c)

图2　"势能"一节引入的三幅图片

三、潜移默化地渗透人文教育思想

新课标明确提出，物理教学的目标不仅是物理知识与技能，物理学科的核心素养培养、科学精神与价值观等也同样重要。中学物理教学要向学生渗透和传递物理思想及对科学勇于探索的精神。因此，教材中插入了许多物理先驱的肖像和科学前沿图片，以及一些探究科学的故事。教师不仅可以在物理课堂上给学生介绍科学家以及相应的科学发展历史，还可以提高学生的思想觉悟，让学生认识到社会和科技的发展之路是无数前人用生命和汗水浇灌的。科技的发展并不是一帆风顺的，而是一代又一代科学工作者前仆后继，用一生的时间和精力去拼搏的。这样的内容可以激发学生对科学的崇拜和热爱，让他们在以后的学习中敢质疑、勇验证，并不断实践摸索，从而获得真知。同时，有些插图代表了我们国家的科研成果，鼓舞了我们学生的爱国情怀，如此一来，学生也更有学习物理的动力。例如，课本中标志着中国航空航天事业又一巨大飞跃的中国"神舟"飞船插图（图3）以及中国国家航天计划示意图（图4）。

图3 中国"神舟"飞船　　　　图4 中国国家航天计划示意图

我们要对学生从文化知识、科学认知、情感态度、核心素养等各方面进行全面培养。教材中以美观、生动的插图给学生带来视觉和思维上的冲击，其中提到的中国"神舟"飞船的发射、航天计划的发展，都让学生对中国航天事业有了更大的认同感。

四、培养学生的观察实验能力

实验和创新能力是新的教育理念重点强调的任务，所以教材中增加了以往没有要求的演示实验，同时配上了一些实验操作装置图。其中，必修一、必修二共有93幅实验探究类的插图，其中有一些是演示实验类的，有一些是实验装置类的，还有一些是实验现象类的。诸如高一阶段的打点计时器探究匀变速运动规律、必修二中的验证机械能守恒定律的实验，都是比较重要的。在进行实验之前学生需要了解实验的操作步骤及注意事项，这时，插图的作用就凸显出来了。一些偏远地区的学校，由于教学条件有限，无法进行实验操作，插图的作用更是无可替代。必修一中利用打点计时器测滑块的瞬时速度、平均速度以及加速度的实验，原理简单、便于操作，能让刚刚进入高中学习的学生感受到实验探究的魅力，同时也可以培养学生的动手能力，并为后面的实验探究奠定基础。在学生进行实验操作之前，教师应当对实验插图进行讲解，让学生了解仪器的组成，思考部件的用途以及熟悉实验的操作步骤。比如在探究加速度与力和质量的关系的实验中，要让学生熟悉电磁打点计时器的结构，并学会如何从图片中理解控制变量法的操作。必修一中探究合外力、质量与加速度的关系以及必修二中验证机械能守恒定律等类似的实验装置图，都利用了打点计时器的实验基础装置。在有了前面的实验插图的讲解下，教师可以让学生进行小组实验，鼓励学生自己动手得出机械能守恒等结论。

五、培养学生分析数据的能力

必修教材给我们提供了许多有趣的数据插图和数据表格，这对教师引导学生分析数据、培养学生的数据分析能力大有裨益。必修二第四章"动能定理"一节给我们提供了如图 5 所示的数据表格。通过这张插图教师既可引导学生对实验进行探索，得到动能定理，也传递了逆推法的思维模式。

O	A	B	C	D	E	F	H
·	············	·	·	·	·	·	·

图 4-4-4 实验打出的纸带

	O—B	O—C	O—D	O—E	O—F
W/J					
ΔE/J					

图 4-4-4 表格

图 5　教材中展示的实验打出的纸带和表格

必修一中提供的列车时刻表如图 6 所示，教师可以要求学生利用图表中的信息设置问题，这样能培养学生的数据分析能力。

T107	车次		T108
北京西↓深圳	自北京西起公里	站名	北京西↑深圳
20:30	0	北京西	13:35
0:24 32	350	聊城	36 9:28
1:53 55	528	菏泽	07 8:05
4:26 34	853	阜阳	40 5:32
...	...	...	...

图 6　列车时刻表

有些插图在包含数据的同时也体现了幽默的一面，能活跃课堂的教学气氛，让学生在乏味的学习中感受到物理的魅力。而插图给学生带来的视觉冲击、神经刺激，能全方面地激发学生学习物理的兴趣，促使学生主动对数据进行探索，进而促进学生对知识的深入理解。

新的教育理念认为，学生的学习不仅是学习知识，更要学会如何学习。教师应充分利用图表和知识的关联性指导学生，培养学生分析数据的能力，让学生学得更有兴趣。

六、结语

总的来说，教材中的插图是课堂教学的重要资源，对于学生学习物理知识有很大帮助，能让教师的教学工作开展得更顺利。若我们能发现并充分运用插图，对应设置不同的教学手段，深入浅出地讲解知识，那么对物理教师来说，物理教学将不再辛苦，对学生来说，物理学习也不再困难。

对探究影响滑动摩擦力大小的因素的实验的创新设计

郑秋萍　胡利君　马长辉

一、引言

摩擦力是自然界中一种常见的力，是高中物理学习的难点之一。高一学生具有一定的摩擦力知识储备，思维活跃，好奇心强，敢于表现自己[1]，但在日常生活中往往形成了一些有关摩擦力的错误认识。关于探究影响滑动摩擦力大小的因素，人教版教材设计的测量滑动摩擦力大小的演示实验如图1所示：将木块放在水平放置的长木板上，用弹簧测力计拉动木块，使它沿木板匀速滑动，从而粗略测出木块与木板间的滑动摩擦力大小[2]。该方案在实际操作中很难实现匀速拉动木块，且弹簧测力计在运动过程中很难准确读数，所以只能粗略测出滑动摩擦力大小。

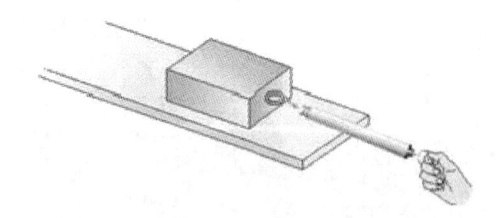

图1　测量滑动摩擦力大小（人教版）

教科版教材设计的测量滑动摩擦力大小的演示实验如图2所示：将木块和木板叠放在水平桌面上，弹簧测力计一端固定，另一端与木块水平相连，人为拉动木板，使木板与木块相对滑动，读出弹簧测力计示数[3]。根据二力平衡，木块与木板间的滑动摩擦力大小与弹簧测力计示数相等。该方案相对人教版的实验设计，可操作性更强，但存在下面几个问题：①弹簧测力计竖直调零，水平使用[4]；②由于弹簧测力计重力的影响，木块与木板间压力的大小与木块的重力大小不相等；③水平使用弹簧测力计，其内部会产生摩擦；④人为拉动木板会导致木板运动不够平稳，滑动摩擦力示数波动较大；⑤探究滑动摩擦力大小与接触面压力大小、接触面积大小、速度大小的关系，都需要重复多次实验操作，操作烦琐，偶然因素多。

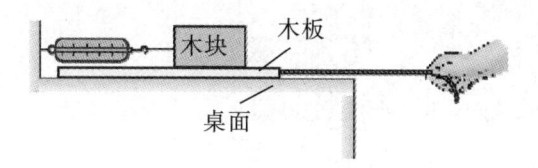

图 2　测量滑动摩擦力大小（教科版）

基于以上原因，教师在教学实践中对该实验进行了很多改进，但教材上依然保留原有的实验设计，为什么呢？调查发现，保持教材原有设计有利于探究教学，给师生足够的创新思维发育生长的空间，俗称教学中的"留白"[5]。为培养学生的创新意识和实践能力，让学生在遵从实验事实的基础上运用科学思维进行科学推理，基于证据得出结论，笔者创新设计了探究影响滑动摩擦力大小的因素的实验，它在精确测量、便捷操作的基础上，可更加直观地显示滑动摩擦力大小随两物体接触面间压力大小、接触面积大小和速度大小变化的关系，便于学生理解。

二、实验的创新设计

笔者在教科版教材的实验设计的基础上，对以下四个方面做了改进，设计了如图 3 所示的创新实验装置。

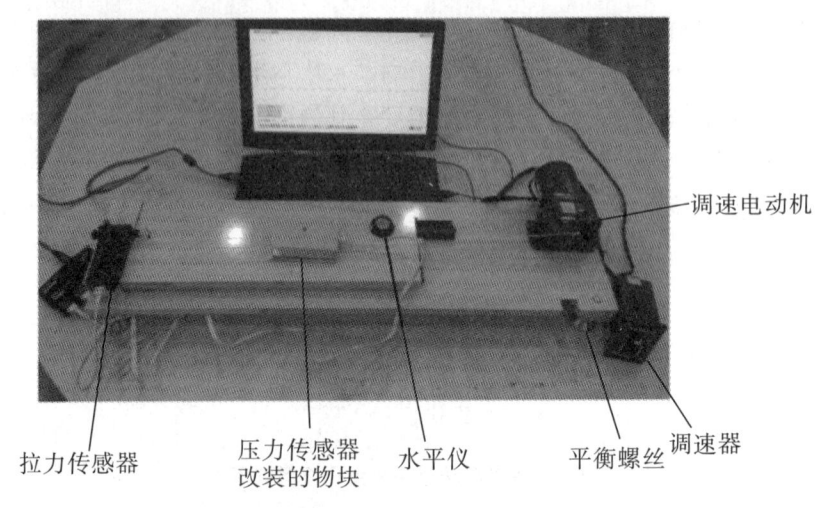

图3 探究影响滑动摩擦力大小的因素的创新实验装置

（一）改进1

为培养学生科学探究的严谨性，提高学生的实验兴趣，笔者在装置的底部安装了四个平衡螺丝，在木板上安装了水平仪。通过调节平衡螺丝，观察水平仪，使装置处于真正意义上的水平，确保物块和木板接触面间压力大小与物块重力大小相等。

（二）改进2

教材实验设计中选用弹簧测力计测量滑动摩擦力大小，由于弹簧测力计重力和内部摩擦力的影响，笔者用精度为 0.01 N 的拉力传感器替代弹簧测力计。拉力传感器固定在支架上，使滑动摩擦力大小和接触面压力大小的测量更接近真实值，更容易做定量分析。

（三）改进3

教材实验设计以手工拉动木板，木板运动不够平稳，滑动摩擦力示数波动较大，因此用电动机拉动木板替代手工。该项改进有三个优点：第一，可实现平稳拉动木板，且操作便捷；第二，电动机为可调速电动机，可以调节转速，如此能探究滑动摩擦力大小与速度大小的关系；第三，连续调节电动机转速，让木板速度逐渐变化，只需一次实验操作便可探究在不同速度下滑动摩擦力大小随时间变化的规律。

（四）改进4

教材实验设计中，要探究滑动摩擦力大小与接触面压力大小的关系，通常采用重复多次实验操作，记录数据，绘制表格。整个过程操作烦琐，偶然因素多。因此，笔者将压力传感器改装成物块，如图4所示。该物块分为上、下两部分，上部分是橡胶盒，内部为压力传感器，下部分是底盘。经过软件处理，压力传感器可直接测量底盘与木板间压力的大小。在继承传统数据处理方式的基础上，用拉力传感器测量滑动摩擦力大小，压力传感器测量接触面压力大小。在软件界面设置滑动摩擦力大小为纵轴，接触面压力大小为横轴，在物块上增加钩码质量，软件界面可实时同步，得到滑动摩擦力大小随接触面压力大小变化的规律，点击软件界面的"拟合"按钮，软件界面将自动生成拟合图像，如图5所示。整个实验探究只需一次实验操作，现象直观，操作方便，数据量多且随机。探究结束后，可在图像上任选几个点，让学生回到传统的表格和数据处理方式，有机地将传统的数据处理方式和现代技术结合在一起。

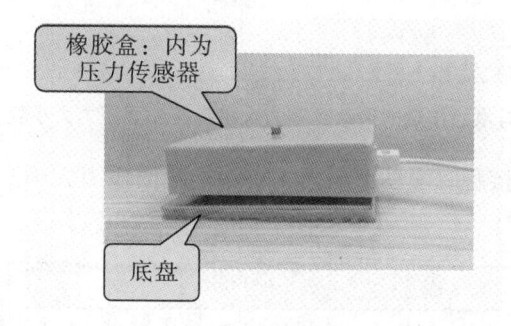

图4 压力传感器改装的物块

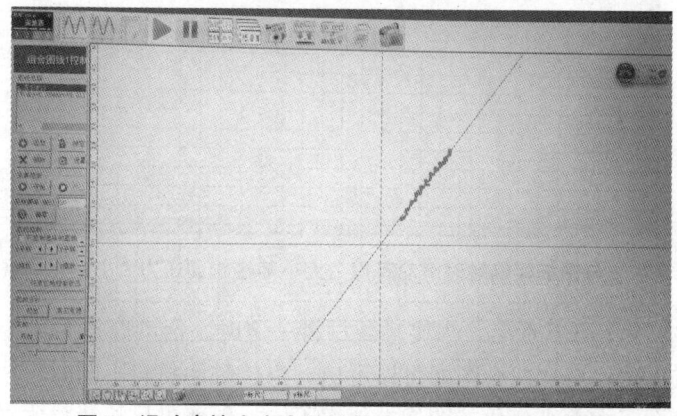

图5 滑动摩擦力大小随接触面压力大小变化的图像

三、数据处理

（一）不同接触面材料下滑动摩擦力大小和接触面压力大小的关系

在木板上安装硬纸板、硬帆布等，重复改进图 4 的实验操作，可探究不同接触面材料下滑动摩擦力大小和接触面压力大小的关系。物块与木板接触时滑动摩擦力大小随接触面压力大小变化的规律如图 6 所示。

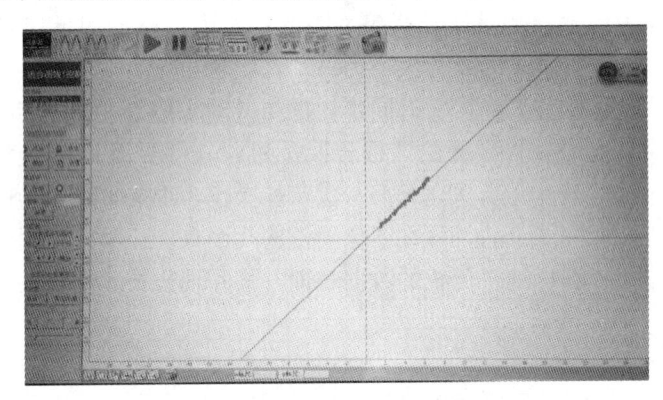

图 6　物块与木板接触时滑动摩擦力大小随接触面压力大小变化的规律

物块与硬纸板接触时滑动摩擦力大小随接触面压力大小变化的规律如图 7 所示。

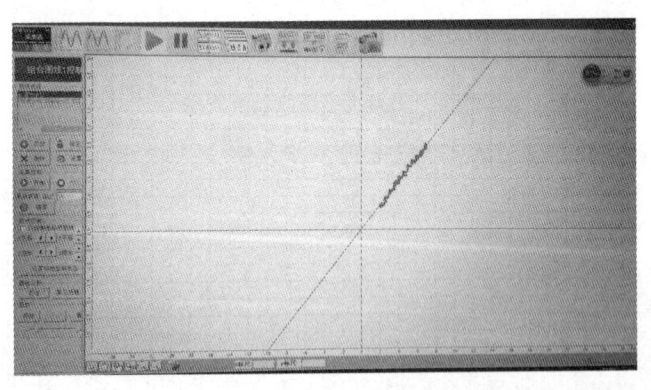

图 7　物块与硬纸板接触时滑动摩擦力大小随接触面压力大小变化的规律

从图 6、图 7 可以看出，当接触面材料一定时，滑动摩擦力大小与接触面压力大小成正比；对比两个图像可以看出，当接触面材料不同时，滑动摩擦力大小随接触面压力大小变化的图像的斜率不同，斜率可反映接触面材料的动摩擦因素。

（二）滑动摩擦力大小随速度大小变化的规律

当接触面材料、压力大小、接触面积大小一定时，连续调节电动机的转速，木板移动速度大小不断变化，滑动摩擦力大小随时间变化的规律如图8所示。该图像中，滑动摩擦力大小随时间略有变化，那么是否是因为速度大小变化引起的呢？为了解释以上现象，笔者探究了木板速度不变的情况下滑动摩擦力大小随时间变化的规律，如图9所示。

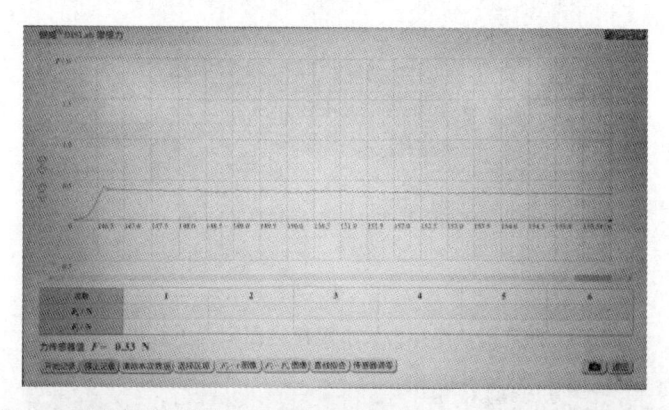

图8 木板速度不断变化过程中滑动摩擦力大小随时间变化的规律

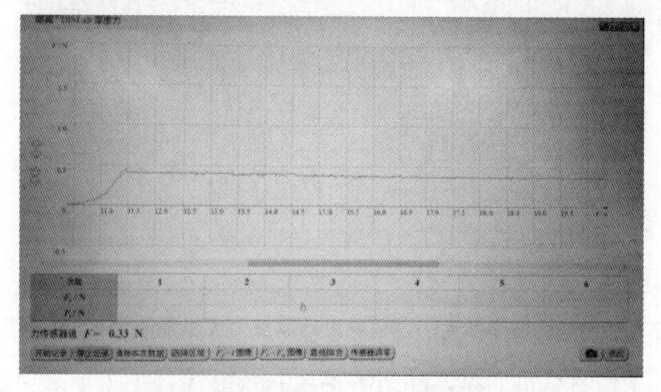

图9 木板速度不变情况下滑动摩擦力大小随时间变化的规律

对比图8、图9可总结出：滑动摩擦力大小与速度大小无关，而两幅图像中滑动摩擦力大小随时间略有变化的原因是两物体接触面的粗糙程度不完全相同。

（三）滑动摩擦力大小随接触面积大小变化的规律

当压力大小一定时，打开电动机，控制电动机转速一定，在物块重心稳定的前提下木板向右移动，如图 10 所示。此可探究滑动摩擦力大小随接触面积大小变化的规律。而且只需一次实验操作，便可探究在接触面积不断变小的情况下滑动摩擦力大小如何变化，且现象直观（图 11），操作方便。

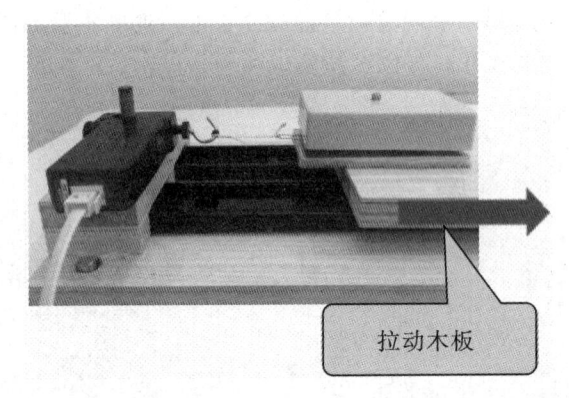

图 10　探究滑动摩擦力大小随接触面积大小变化的规律

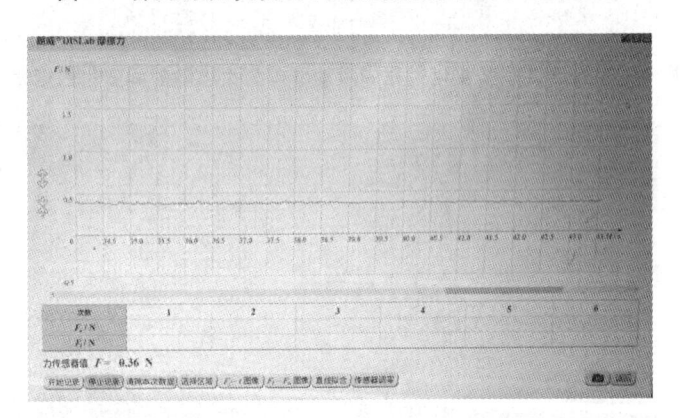

图 11　接触面积不断变小过程中滑动摩擦力大小随时间变化的规律

根据图 11 可总结出：滑动摩擦力大小与接触面积大小无关，而由于两物体接触面的粗糙程度不完全相同，图像中滑动摩擦力大小随时间略有变化。

四、反思

（一）好的方面

（1）本创新实验装置改变了传统的实验设计，安装了平衡螺丝和水平仪，使科学探究更加严谨；用拉力传感器替代弹簧测力计，使测量更加精确；将压力传感器改装成物块，调速电动机拉动木板替代手工拉动，使操作更加便捷，现象更加直观。

（2）在探究滑动摩擦力大小随压力大小变化的规律的实验中，笔者采用数据记录表和坐标轴（以滑动摩擦力大小为纵轴，以物块和木板接触面压力大小为横轴）相结合的教学方式，和学生一起探讨分析 DIS 软件界面 $f-N$ 图像生成的原理，有机地将传统的实验数据处理方法和现代技术结合在一起；既保留了传统，又引入了新技术；既让学生学会使用新仪器，开阔了视野，又让学生在继承前人实验经验的基础上进行创新[5]。只有将创新融入日常教学的每个环节，才能有效地提高学生的学科核心素养[6]。

（二）有待改进的方面

（1）在木板上安装卡槽，方便探究滑动摩擦力大小与接触面材料的关系。
（2）增加物块的长度，使接触面积变化更明显，易观察。

【参考文献】

[1] 中华人民共和国教育部. 普通高中物理课程标准（2017 年版）[M]. 北京：人民教育出版社，2017.

[2] 课程教材研究所，物理课程教材研究开发中心. 物理八年级上册 [M]. 北京：人民教育出版社，2012.

[3] 陈熙谋，吴祖仁. 物理必修 1 [M]. 北京：教育科学出版社，2005.

[4] 陈海兰，冯霞. 自制摩擦力探究实验装置 [J]. 物理教师，2017（12）：55—56.

[5] 蔡孝文，周新雅，陈昊然，等. 改进测量滑动摩擦力大小实验装置的评析 [J]. 中学物理：初中版，2018（2）：27—29.

[6] 陈新光，陈炜炟. 一种探究滑动摩擦力影响因素的创新装置 [J]. 物理教学，2019（3）：39—41.

利用大数据理念分析限流、分压控制电路的选择依据

池 林

什么是大数据？查阅相关资料后笔者终于有了一点了解。大数据的本质是以数据为依托的新一代革命性的信息技术，在数据挖掘过程中，能够带动相关理念、模式、技术及应用实践的创新，得出相应的结论，然后应用于实践。照这样说，物理实验数据处理应该是大数据的鼻祖。物理实验数据处理正是通过实验测量数据，对实验数据进行分析处理，得出相应的结论，然后通过理论探讨、实践证明，形成理论规律，从而指导人们的生产生活实际。我们物理教师如何利用大数据呢？下面是笔者的一点见解。

一、纵观历年高考实验题

首先看现象：高中物理实验是学生学习的难点和弱点，也是教师的教学难点和重点，而电学实验更是难点中的难点、重点中的重点。纵观 2010—2018 年这九年的全国卷高考物理实验题部分，几乎都是电学实验题，详见表1。

表1　2010—2018年高考物理实验题

年份	题号	全国卷Ⅰ	全国卷Ⅱ	全国卷Ⅲ
2018	23	探究热敏电阻的温度特性		测电阻的阻值
	22		组装电表	
2017	23	研究小灯泡的伏安特性曲线	测微安表的内阻	组装简易电表
2016	23	热敏电阻控制报警	测电压表的内阻	
2015	23	改装和校对电表	半偏法测电压表的内阻	

续表

年份	题号	全国卷Ⅰ	全国卷Ⅱ	全国卷Ⅲ
2014	23	测电池的电动势和内阻		
	22		伏安法测电阻	
2013	23	测多用电表的电动势和内阻	表头改装成电压表和电流表	
2012	23	测磁感应强度的大小		
2011	22	测表头的内阻		
2010	23	伏安法测不同温度下的电阻		

由表1可见电学实验在高考中出现的频率有多高。而学生做电学实验题时，往往得分率是很低的。题目稍有变化，学生便无从着手。究其原因，主要是学生对实验原理及结论都是知其然不知其所以然。不知结论是如何产生的，也就谈不上灵活应用。

仔细研究这些高考实验题后会发现，几乎所有的题目中都涉及滑动变阻器这一元件。滑动变阻器在实际应用中又叫电位器，这一控制元件十分重要。我们知道，滑动变阻器多数情况下是用来控制电路中的电流、电压的变化。在中学阶段，控制电路不外乎分为限流式控制电路和分压式控制电路。学生在做题时大多知道如何选择滑动变阻器的总阻值。

然而，我们在很多资料中都会发现这样的结论："大控小选限流，小控大选分压"；"测量小的电阻要选择总阻值大的滑动变阻器，测量大的电阻要选择总阻值小的滑动变阻器"，"限流式控制电路滑动变阻器选择总阻值大的"，"分压式控制电路滑动变阻器选择总阻值小的"。笔者询问一些老师为什么要这样选择，多数老师也不是很清楚原因，就知道这样选择是对的。同时他们认为，只要学生记住这些结论就可以做题了。当然有一些老师是知道原因的——因为用滑动变阻器控制的电路，输出的电压线性变化或接近线性变化是最好的，这样便于调节电路。为什么要求滑动变阻器控制的电路输出是线性变化或接近线性变化呢？主要是我们用的电表是磁电式电表，要求滑动变阻器控制的电路输出是线性变化就与它有关。接着，笔者将介绍磁电式电流表的工作原理。

二、磁电式电流表的工作原理

常用的磁电式电流表是根据磁场对通电导线的作用原理制成的，其结构原理如图1所示。

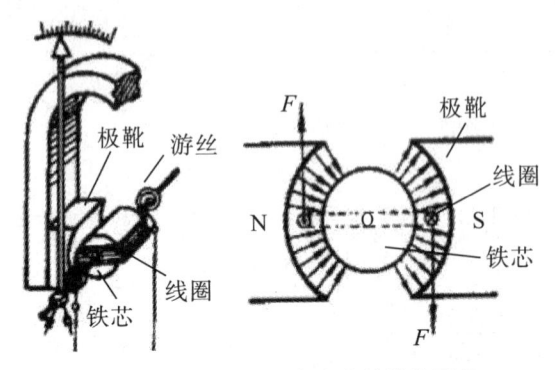

图1 常用的磁电式电流表的结构原理

由图 1 可以看出，由细导线制成的线圈绕在一个可以绕轴转动的铝框上，铝框的转轴上装有两个扁平的螺旋弹簧和一个指针。线圈的两端分别接在这两个螺旋弹簧上，被测电流就是经过弹簧进入线圈的。马蹄形磁铁的两极上各有一个内壁为圆柱面的极靴，在铝框内有一个固定的圆柱形铁芯，极靴和铁芯的作用就是使它们之间的磁感线都沿半径方向且沿圆周均匀分布。这样，当线圈在磁场中运动时，无论转到什么位置，它的平面都跟磁感线平行。当电流通过线圈时，线圈跟轴线平行的两边都受到安培力矩的作用，这两个力矩的作用是使线圈绕转轴发生转动。线圈转动时，螺旋弹簧游丝被扭动，产生一个阻碍线圈转动的作用力矩，且此作用力矩随线圈转动角度的增大而增大。当这种阻碍作用力矩增大到与磁场力的转动作用力矩相抵消即平衡时，线圈停止转动，即指针停止转动。

定量分析：假设在没有电流时线圈处于平衡位置，即指针停在零刻度线处。当有电流 I 流经线圈时，线圈受到磁场给的安培力偶矩而转动。由于磁场主要沿半径方向均匀分布，无论线圈转动到什么位置，线圈的两边受到的安培力都与线圈平面垂直。故线圈受到的偏转力偶矩不随转角而变化，该安培力偶矩 $T=nISB$。在该力偶矩作用下，线圈反抗游丝的弹性力转动；游丝在外偶矩作用下相对于平衡位置转过角度 α 时，其恢复力矩 $T'=K\alpha$，其中 K 称为扭转系数。当磁场对线圈的安培力偶矩与游丝的恢复力矩平衡时，线圈停止转动，有 $K\alpha=nISB$，则 $\alpha=\dfrac{nSB}{K}I$。由此可见，指针的偏转角度与线圈通过的电流成正比，我们称该电流计"线性良好"，所以表盘刻度线是均匀的，即相邻的两条刻度线的间距相等。

当线圈中的电流方向改变时，磁场力的方向会随着改变，指针的偏转方向也随着改变。所以，根据指针的偏转方向，可以知道被测电流的方向。由于磁电式电流表的线圈是由很细的导线绕制而成的，允许通过的电流很小，因此灵敏度很高，可检验电路中有无电流通过，所以也叫检流计。只有串联或并联合适的电阻，才能被改装成电压表和电流表。

通过理论计算发现，指针的偏转角度与线圈中通过的电流成正比。所以当线圈中的电流均匀变化时，电表的指针也会均匀偏转。因此，滑动变阻器控制电路输出的电压线性变化是最好的，这样便于调节电路，以减少由于电表的指针晃动带来的读数误差。

三、限流式控制电路

提出问题：用什么样规格的滑动变阻器控制电路才能达到线性输出或近似线性输出的效果呢？

下面以具体数据分析来回答这个问题。

假设待测电阻 $R=50\ \Omega$，分别用不同总阻值的滑动变阻器来控制电路。滑动变阻器的总阻值 R_0 分别为：$20\ \Omega$、$40\ \Omega$、$100\ \Omega$、$250\ \Omega$、$1000\ \Omega$（图2）。

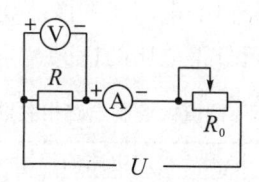

图2　限流式控制电路

探究：限流式控制电路中滑动变阻器的选择。

理论分析电阻 R 上的电压。假设滑动变阻器接入电路中的电阻为 R_x，待测电阻的电压 $U_R=\dfrac{R}{R+R_x}U$，其中 U 为电源电压。待测电阻分得的电压与滑动变阻器电阻的变化不是线性的，也就是说，滑动变阻器控制电路输出的电压不是线性变化的（图3）。但是滑动变阻器的总阻值与待测电阻满足一定的关系时，滑动变阻器控制电路输出的电压近似线性变化。这个滑动变阻器就是我们需要选择的。

图3　U_R—R_x 曲线

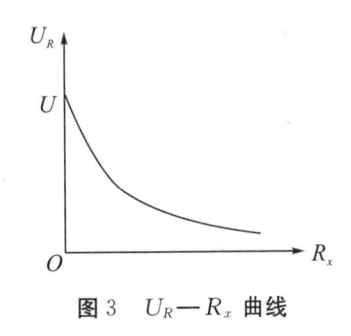

电路中滑动变阻器的总阻值应与待测电阻的阻值满足什么关系，才可选择限流式控制电路？利用 Excel 软件，根据数据（表2）绘图（图4），分析数据和图像得出结论，说明问题。

具体做法：图4为用 Excel 绘制的限流式控制电路曲线，让滑动变阻器滑片均匀地向右滑动。分析数据做法：将滑动变阻器阻值均匀地进行十等分，也可以更多等分，以等分数建立横坐标，以待测电阻分得的电压占总电压 U 的比例为纵坐标，建立坐标系。利用 Excel 软件在同一坐标系中绘出不同总阻值的滑动变阻器控制待测电阻分得的电压比图像。观察图像，分析滑动变阻器控制电压的范围和控制待测电阻分得电压的情况。

表2　限流式控制电路相关数据

限流电路对电路的控制											
总电压	U										
待测电阻 R 控制部分	50 Ω										
滑动变阻器的总阻值 R_0	1000 Ω										
短路部分占总滑变电阻的份数	0	1	2	3	4	5	6	7	8	9	10
待测电阻的电压占总电压的比例	0.048	0.053	0.059	0.067	0.077	0.091	0.111	0.143	0.200	0.333	1.000
滑动变阻器的总阻值 R_0	250 Ω										
短路部分占总滑变电阻的份数	0	1	2	3	4	5	6	7	8	9	10
待测电阻的电压占总电压的比例	0.167	0.182	0.200	0.222	0.250	0.286	0.333	0.400	0.500	0.677	1.000
滑动变阻器的总阻值 R_0	100 Ω										
短路部分占总滑变电阻的份数	0	1	2	3	4	5	6	7	8	9	10
待测电阻的电压占总电压的比例	0.333	0.357	0.385	0.417	0.455	0.500	0.556	0.625	0.714	0.833	1.000

续表

限流电路对电路的控制										
滑动变阻器的总阻值 R_0	40 Ω									
短路部分占总滑变电阻的份数	0	1	2	3	4	5	6	7	8	9	10
待测电阻的电压占总电压的比例	0.556	0.581	0.610	0.641	0.676	0.714	0.758	0.806	0.862	0.926	1.000
滑动变阻器的总阻值 R_0	20 Ω									
短路部分占总滑变电阻的份数	0	1	2	3	4	5	6	7	8	9	10
待测电阻的电压占总电压的比例	0.714	0.735	0.758	0.781	0.806	0.833	0.862	0.893	0.926	0.962	1.000

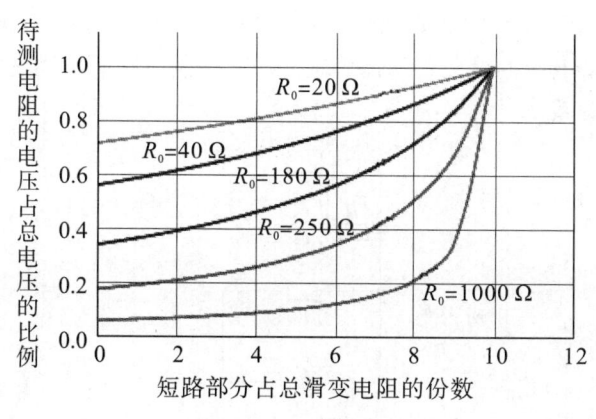

图 4 Excel 所绘图

由图 4 可知：

(1) 当滑动变阻器的总阻值相对待测电阻越大时，其控制的电压范围越大，但是滑动变阻器滑片从左向右滑动的过程中，最初 90％的滑动过程中电压几乎不变，在最后的 10％的滑动过程中电压陡变。这样不便于调节。因此，滑动变阻器的总阻值相对待测电阻太大，对电路的控制是不利的。

(2) 当滑动变阻器的总阻值相对待测电阻不是太大（1.5～4.5 倍）时，控制电路输出的电压变化范围较大，变化也比较均匀。

(3) 当滑动变阻器的总阻值相对待测电阻较小时，控制的电压变化是很均匀的，但是控制的范围太小。这个滑动变阻器也是不可取的。

综上所述，"大控小选限流"，"测量小的电阻要选择总阻值大的滑动变阻器"，"限流式控制电路滑动变阻器选择总阻值大的"，完全可以从图像分析得出。这也是大数据的一大功能。

四、分压式控制电路

同样的方法，我们来探究分压式控制电路。

电路中，滑动变阻器的总阻值与待测电阻的阻值满足什么关系，才可选择分压式控制电路？同样利用 Excel 软件绘出图像，分析数据，得出结论，说明问题。

具体做法：如图 5 所示的分压式控制电路，让滑动变阻器滑片均匀地从左向右滑动。同样，将滑动变阻器的总阻值均匀地进行十等分，以等分数建立横坐标，以待测电阻分得的电压占总电压的比例为纵坐标，建立坐标系（表 3）。利用 Excel 软件在同一坐标系中绘出不同总阻值的滑动变阻器控制待测电阻分得电压的比例图像（图 6）。观察图像，分析滑动变阻器控制电压的范围和控制待测电阻分得电压的情况，从而确定分压式控制电路的滑动变阻器的总阻值与待测电阻的关系。

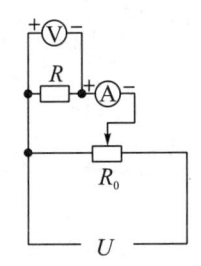

图 5　分压式控制电路

表 3　分压式控制电路相关数据

分压电路对电路的控制										
总电压	U										
待测电阻 R	50 Ω										
滑动变阻器的总阻值 R_0	200 Ω										
并联部分占总滑变电阻的份数	0	1	2	3	4	5	6	7	8	9	10
待测电阻的电压占总电压的比例	0.000	0.074	0.122	0.163	0.204	0.250	0.306	0.380	0.488	0.662	1.000
滑动变阻器的总阻值 R_0	50 Ω										
并联部分占总滑变电阻的份数	0	1	2	3	4	5	6	7	8	9	10
待测电阻的电压占总电压的比例	0.000	0.092	0.172	0.248	0.323	0.400	0.484	0.579	0.690	0.826	1.000

续表

分压电路对电路的控制										
滑动变阻器的总阻值 R_0	25 Ω									
并联部分占总滑变电阻的份数	0	1	2	3	4	5	6	7	8	9	10
待测电阻的电压占总电压的比例	0.000	0.096	0.185	0.271	0.357	0.444	0.536	0.633	0.741	0.861	1.000
滑动变阻器的总阻值 R_0	5 Ω									
并联部分占总滑变电阻的份数	0	1	2	3	4	5	6	7	8	9	10
待测电阻的电压占总电压的比例	0.000	0.099	0.197	2.294	0.391	0.488	0.586	0.686	0.787	0.892	1.000

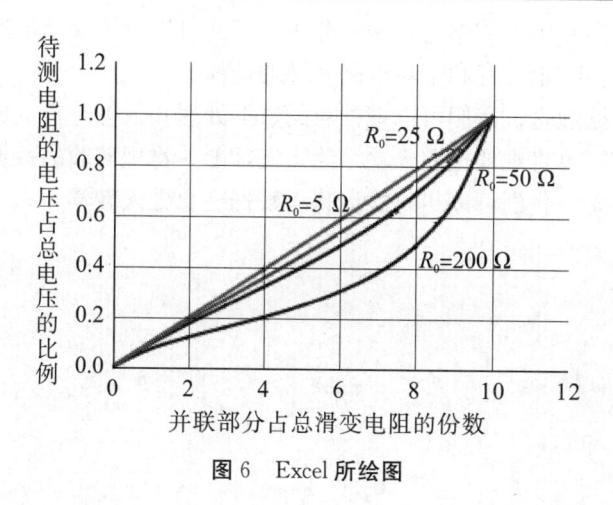

图 6 Excel 所绘图

由图 6 可知：

(1) 在分压式控制电路中，无论滑动变阻器的总电阻如何，其控制范围都是一样的。

(2) 当滑动变阻器的总阻值相对待测电阻较大时，控制的范围起伏较大，不是线性输出。这对电路的控制是不利的，不方便对电路的调节。

(3) 当滑动变阻器的总阻值相对待测电阻较小时，控制电路输出的电压近似线性输出，便于控制电路。一般情况下，分压式控制电路的滑动变阻器的总电阻较小。当滑动变阻器的总阻值为待测电阻的 0.1～0.5 倍时，控制的电路输出会接近线性变化，方便电路的调节，电表的指针也呈均匀偏转。

综上所述，"小控大选分压"，"测量大的电阻要选择总阻值小的滑动变阻器"，"分压式控制电路滑动变阻器选择总阻值小的"，完全可以根据图像分析得出。

　　利用大数据理念分析实验数据，可以避免理论探究中复杂的数学运算。如限流式控制电路中，待测电阻分得的电压 $U_R = \dfrac{R}{R+R_0-R_x}U$，从该表达式中我们很难找出 R 与 R_0 的关系对 U_R 的变化影响。同样的，在分压式控制电路中，待测电阻分得的电压 $U_R = \dfrac{\dfrac{RR_x}{R+R_x}}{\dfrac{RR_x}{R+R_x}+R_0-R_x}U = \dfrac{RR_x}{-R_x^2+R_0R+R_0R_x}U$，这一表达式中 U_R 与 R_x 的函数关系更为复杂，只有通过求 U_R 与 R_x 的一阶导数和二阶导数方能判断 U_R 与 R_x 的变化关系；不能判断 R 与 R_0 的关系对控制电路的影响。我们利用大数据的理念来分析处理就可以避免复杂的数学运算，同样可以得出经验结论，有利于对电路元件的选择。

　　利用大数据理念，我们可以把抽象的数据处理和数据分析变成形象的数形结合，让学生能更直观地把握经验结论。实际上，物理实验的数据处理都可以引用大数据理念。我们可以尽可能地将大数据理念融入教学。

物理学科核心素养导向的演示实验教学探究

石建国　陈明英　王　政

一、物理演示实验教学中存在的问题

在物理教学中，往往会有这样两种情况：一种是老师不做实验，以讲代做。在有演示实验内容的教学中，一些老师没有准备实验器材，只是借教材上的图片介绍实验器材，描述实验情景，滔滔不绝地讲实验原理、实验步骤；一些老师以播放实验图片、视频来代替做演示实验。另一种是虽然做了演示实验，但完全是老师唱"独角戏"，在讲台上一边做实验、一边讲解，下面的学生只是听众，遇到"精彩"的演示实验，像看杂技般着迷，但"精彩"过后却无法回顾实验流程或总结结论。这样的演示实验教学无法有效提高学生的实验技能和实验水平。

学生由于缺乏演示实验操作体会，考试结果可想而知。批阅试卷时我们发现，电学实验连线题中，有学生把导线连在了滑动变阻器的滑片上，明显缺乏实验操作经验，不熟悉实验器材。试问这样的物理课堂魅力何在？又如何通过实验教学形成物理学科核心素养呢？物理课的特点就在于"物"和"理"。"物"即事实依据，必须以实验为基础；"理"即理性思维，需要以思维为中心。物理概念和规律缺乏实验事实的支撑，会显得空洞、枯燥乏味，甚至难以令人置信。作为一名教师，应懂得通过演示实验创设情境，让学生仔细观察实验现象，参与实验操作，师生的充分互动能引导学生用理性思维抽象出实验结论，使物理概念和规律在实验教学中得到建构和升华。

二、物理演示实验的教学功能

美国著名教授霍尔顿提出了物理学三维结构模型理论：物理学任何部分的基本内容都可以分解为三种因素，即实验（事实）、物理思想（逻辑、方法论）、数学（表示形式、计量公式）[1]。其中，实验是展示物理概念和规律的重要途径。有一项针对学生最喜欢的课堂教学方式的调查，结果如图1所示。

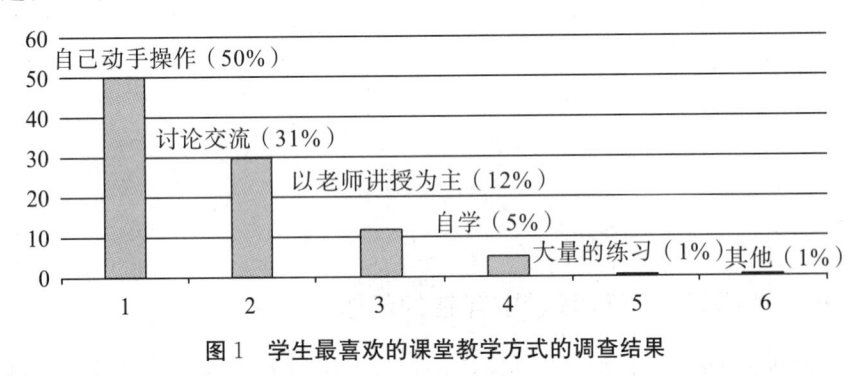

图1 学生最喜欢的课堂教学方式的调查结果

由图1可知，约86%的学生喜欢课堂上自己动手操作、讨论交流或自学，只有12%的学生喜欢以老师讲授为主。在物理教学过程中引入演示实验，可以创设大多数学生喜欢的课堂教学方式。演示实验能够反映物理学科之趣、之美、之韵，有利于培养学生的探究能力、科学思维、科学精神和科学态度，形成物理学科核心素养。具体地说，物理演示实验有以下几项教学功能。

（一）激发学生兴趣

俗话说：兴趣是最好的老师。有趣的实验装置、实验现象、实验过程等都会激发学生强烈的物理学习兴趣，从而点燃学生的求知欲。比如笔者在讲解"向心力"这一节内容时，在课堂上给同学们表演了水流星，很多同学都对盛水的容器到达最高点时水不流出来感到惊讶，都想亲自上台操作，大家对如何用物理知识来解释这个现象产生了浓厚的兴趣。之后笔者通过小组讨论、引导思考的方法让同学们悟出了其中的道理。演示实验的趣味性使同学们更加热爱物理学习了。

（二）创设高效课堂

物理概念和规律是从大量的具体事例中抽象出来的。实验可以提供精心选择的、经过简化和纯化的感性材料，使学生对物理概念和规律形成明确而具体的认识[2]。物理概念和规律的来龙去脉可以在演示试验中得到充分展现，让学生参与实验情境，令教学中的重点、难点可以得到快速突破，教学质量得到显著提高。比如通过演示实验得出牛顿第二定律，比教师直接给出公式更有说服力，学生对 $F_{合} = ma$ 这一个公式中各个符号的理解也更加透彻。

（三）促进学生对科学方法的掌握

物理学中有许多科学方法，如图像法、归纳法、控制变量法等都是在物理实验中形成的。在演示实验教学中，要让学生经历观察、思考、测量、数据分析等过程，切身体会科学研究的严谨性。学生在实验过程中或许会经历失败，但可以通过教师的引导和鼓励，去伪存真，最终成功完成实验。设计的实验方法和使用的实验技巧在实验过程中得到运用，可以让学生体会成功的喜悦。

（四）培养学生的实验能力、科学态度和情感

指导学生仔细观察演示实验现象，可以让他们学会抓住主要因素、忽略次要因素的观察方法，培养敏锐的感知实验现象的能力。让学生亲自参与演示实验，能培养学生的实验操作能力，如仪器的组装使用、数据读取、故障排查、误差分析等。让学生试着处理和分析数据，可以培养学生的科学推理能力，同时提高逻辑推理、总结归纳的能力。让学生试着改进和创新实验，可以培养学生的创新能力[3]。演示实验除了对知识的掌握、技能的提高和方法的学习有明显的作用外，对非智力因素[4]的培养也有显著作用，不仅有利于培养实事求是的科学态度，而且有助于培养学生尊重科学，勇于进行科学探索的情感。

三、演示实验教学策略探究

（一）引进生活中的事例作为演示实验，使物理更贴近生活

麦克斯韦曾指出，一个演示实验，使用的素材越简单，学生越熟悉，就越想透彻地获得所要验证的结果[5]。学生最熟悉的素材通常是生活中的事例。比如教师在讲解高中物理"光的折射"这一节内容时，可以将一根筷子放入盛水的碗中，让同学们观察，同学们会观察到碗中的筷子是弯折的，这是大家都熟悉的生活现象。接着教师提问："筷子真的是弯折的吗？"大家都知道筷子并没有弯折，于是异口同声地回答："筷子不是弯折的。"教师进一步追问："到底是什么原因造成筷子看起来是弯折的呢？"同学们带着问题进入新课的学习，求知欲得到激发，也能因此而懂得留心观察生活中事例的重要性。苹果落地本

是一件很平常的事，一般人不会深入地思考苹果为什么会落向地面，可牛顿却为此冥思苦想：苹果为什么不落向月球或宇宙呢？经过思考他发现了万有引力定律。又比如在讲解"圆周运动的应用"时，教师可以找来一个理发店的彩色转筒做演示实验。学生一开始认为转筒内的彩色条纹在不断升或降。教师取下转筒，如图2（a）所示，在某一条彩色条纹上用黑色笔做一个记号，当转筒转动一周再让学生观察黑色记号有没有上升。学生惊奇地发现，记号并没有上升［图2（b）］，说明条纹也没有上升。教师借此引导学生思考原因。学生得出结论：因为转筒是运动的，我们误认为转筒转动一周后，记号正下方彩带上的点沿着彩带螺旋向上升到了记号所在的位置，认为记号点上升了一个螺距的距离［图2（c）］。

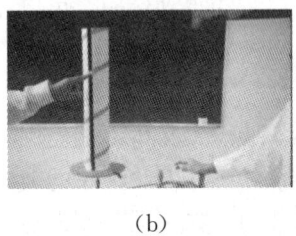

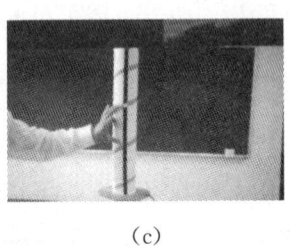

(a)   (b)   (c)

图2   彩色转筒演示实验

（二）学生改进、设计演示实验

创新思维是科学发展进步的源泉。演示实验课后让学生设计、改进实验，能有效培养他们积极创新、主动探究的能力。比如"向心力"这一节内容，教材上的演示实验只能定性讨论出向心力与质量、角速度、半径这三者的关系，而有的同学提出了一些改进实验的想法：将力传感器一端固定在铁架台上，另一端通过细线连接小球，小球下端固定挡光片，让小球从某一高度释放，小球就沿圆弧运动到最低点，最低点有一光电门记录挡光片挡光的时间，测出挡光时间就可以算出小球经过最低点时的速度，同时力传感器的示数就是绳子拉力的大小，可进一步算出向心力。用控制变量法得出向心力与质量、角速度、半径的定量关系，同学们的实验思路得到拓展。

再比如"安培力"这一节内容，教材上的演示实验直观性不强，有同学提出改进实验的建议：用一个框架固定强永磁体组，在永磁体组两极间悬挂线圈，线圈上边用细线悬挂在力传感器上，线圈左、右两边和下边在磁场中，由于左、右两边所受安培力抵消，线圈所受安培力的合力就等于下边所受的安培力。线圈可以转动方向，改变线圈的方向就可以改变安培力的大小；线圈有几个接线柱，不同的接线柱组合可以改变线圈通电的匝数；改变永磁体组的个数就可以成倍地改变磁感应强度的大小。先用力传感器测出未通电时悬挂线圈的细线拉力，再测出通电后细线的拉力，二者相减，相差的力就是线圈所受的安培力。大家都觉得这个想法很新颖，齐心协力地在实验室找来了相应的器材。实验改进后，测安培力更加直观、形象、有说服力。这样的例子还有很多，有的同学在牛顿管的演示实验中发现，牛顿管翻转会造成羽毛和硬币不是从同一位置开始下落，提出了在羽毛和硬币上粘同样的小铁片的想法，用电磁铁吸住粘有铁片的羽毛和硬币，再断电让它们同时从同一高度下落，在真空环境下下落速度快慢相同的现象非常明显。

（三）让学生成为演示实验的"主角"

核心素养导向下的演示实验教学不应该是教师一个人的"独角戏"，对难度较低的演示实验应该引导所有学生都参与进来。学生的参与度越高，对实验步骤就越熟悉，对实验原理的理解就能更加透彻，由此建立起来的概念和规律也更加清晰，这样，学生的物理学科核心素养更加容易得到提升。比如，在"超重与失重"这一节的教学中，学生容易从字面上形成对概念的错误理解：超重即重力加大，失重即重力减小。教师可以从演示实验入手，给学生建立正确的超重与失重的概念，并利用原有的牛顿第二定律的知识达到教学目的。

教师首先介绍视重的概念，让学生操作演示实验①——找甲、乙两名同学：第一步，甲同学先让悬挂重物的弹簧秤保持静止状态，乙同学读出此时弹簧秤的示数 F_1，告知大家；第二步，甲同学迅速用弹簧秤拉着物体向上做加速运动，再停止运动，乙同学观察弹簧秤的示数 F_2（先增大后减小，最后恢复到 F_1），并告知大家示数如何变化。接着让学生操作演示实验②——仍然是两名同学相互配合：第一步，甲同学站在体重计上保持静止，乙读出体重计示数 M_1，告知大家；第二步，甲同学突然下蹲，乙同学观察读数 M_2 如何变化（先减小后增大，最后恢复到 M_1），并告知大家。教师借机引导学生思考：怎样用牛顿第二定律从理论上解释刚才的实验现象？学生得出结论：物体向上加速时，弹簧秤拉力或台秤支持力大于物体重力；物体向下加速时，弹簧秤拉力或台秤支持力小于物体重力。

接着，教师讲解超重和失重的概念：视重大于静止时重力的现象叫超重，小于静止时重力的现象叫失重，并强调超重和失重并非物体的重力发生了变化。至此，学生在主动参与演示实验的过程中建立了超重和失重的概念。

最后，教师用航天员王亚平在"神舟十号"飞船进行太空授课的视频引出完全失重的概念。为了让学生对完全失重有亲身体会，教师可以让一名学生在一个装有水的矿泉水瓶底部钻一个小孔，这时水会从小孔流出，捂住小孔，把水瓶抛向空中，让同学们观察水是否会从小孔流出来。大家惊奇地发现，水几乎没有流出。以此进一步启发学生思考其中的物理原理。学生通过自己操作演示实验，增进了彼此间的交流与合作，在学习过程中不时地碰撞出智慧的火花。

四、结语

高效地利用演示实验可以使教学达到事半功倍的效果，演示实验在物理教学过程中的独特魅力不言而喻。要想充分发挥演示实验的作用，教师还得不断学习新的科学知识和教育理论，及时更新教育观念，提高自身的实验素养。演示实验中，教师对实验的操作是否认真细致和规范，对实验数据的态度是否精益求精等，都会潜移默化地感染学生，短期来看将直接影响学生实验操作的质量，长期来看将决定是否能有效帮助学生形成学科核心素养。因此，做好演示实验是当下物理教师义不容辞的责任。

【参考文献】

[1] 罗荣旭. 发掘教材知能结构，培养学生学习能力［J］. 曲靖师专学报，1999（S1）：24－25.

[2] 郑宣连. 在思维与实验的互动过程中构建认知——"光的全反射"教学的案例设计与分析［J］. 教学月刊（中学版），2006（21）：12－14.

[3] 吴文龙. 如何通过物理实验课程培养学生的观察能力［J］. 新课程·中旬，2015（7）：134.

[4] 毕研军. 中学物理演示实验及教师实验素养的培养对策研究［D］. 济南：山东师范大学，2009.

[5] 牛伟. 简易教具带来高效课堂［J］. 湖南教育C，2013（11）：58－59.

压力传感器在力学实验教具改进中的应用研究
——以探究影响摩擦力大小的因素为例

王 兴

一、实验现状及不足之处

物理是一门以实验为基础的学科，其教材中设计了大量实验，有想想议议、演示实验、分组实验、动手动脑学物理等，旨在让学生经历实验探究的过程，掌握科学探究的方法，提高分析问题及解决问题的能力[1]。在课改的浪潮中，中学物理教师对于学生开展实验的环节越来越重视，但还是存在数字化实验开展相对较少的问题。一方面是学校所使用的实验设备中传统仪器较多，另一方面是一些年龄较大的老师对于数字化实验设备的操作程序还比较陌生。

各个版本的教材上关于探究影响摩擦力大小的因素的实验内容基本一致，实验装置如图1所示。通过弹簧测力计拉动木块做匀速直线运动，根据二力平衡的条件可得 $f = F_{拉}$，弹簧测力计示数的大小就是拉力的大小，可间接测量出滑动摩擦力的大小。实验过程中采取控制变量法进行实验探究。

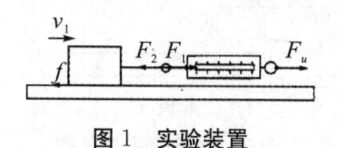

图1 实验装置

在具体的实验操作过程中存在一些问题：①在拉动弹力测力计时，由于是手动操作，实验过程中并不能完全保证木块一定是做匀速直线运动，从而导致拉力的大小不一定等于滑动摩擦力的大小。②弹簧测力计主要是放置在竖直方向使用，由于该实验要在水平方向上进行，所以弹簧测力计在使用的过程中容易产生误差。这些情况都会影响实验的准确性，从而使实验效果大打折扣。在操作过程中，学生对于实验的兴趣也会随之降低。

导致上述问题产生的原因有：

（1）实验器材结构简单，组装粗糙，受摩擦力、自身重力等因素的影响，所测数据相差较大，影响实验结果[2]。学生在实际操作过程中需要用手拉动木块，操作较为复杂，而且实验数据也存在较大误差。该实验数据只能用于粗略地分析实验结论，并不能得到精细化的实验结果。

（2）传统实验仪器的分辨率、精确度较低，导致实验现象不明显，实验数据不准确。学生在实际操作过程中容易产生对实验科学性的质疑，不利于培养学生的动手能力及科学探究精神。

（3）在传统实验中，实验数据主要通过学生手动记录，由于器材的精确度较低，学生记录的实验数据往往存在一定误差。一些长时间、连续进行的实验会给实验记录增加困难，影响实验进度，从而导致实验结果的精准度下降，不利于得到正确的实验结论。

二、优化实验方案

针对上述问题，基于现有的实验设备引入压力传感器及数字化实验设备对实验进行创新和优化设计，改进的实验装置如图 2 所示。将压力传感器安装固定在木板上，将木块放置在木板上，木块放置在压力传感器一侧，实验过程中拉动木板，木块在摩擦力的作用下会挤压压力传感器，由于木块一直处于水平静止状态，根据二力平衡条件，可得在水平方向上木块所受支持力等于木块所受摩擦力，即 $F_支 = f$，从而得到摩擦力的大小。

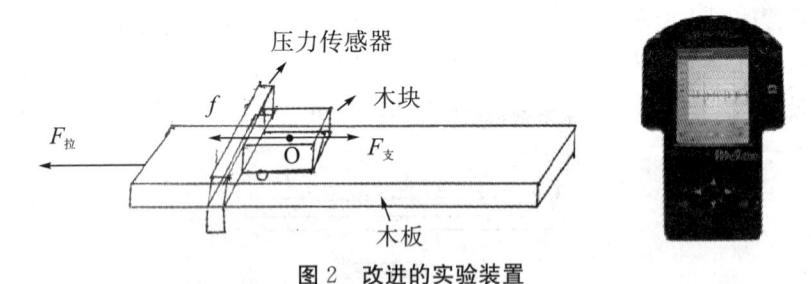

图 2 改进的实验装置

该实验方案的优点主要有：

（1）实验过程中，数据记录能更加准确，减少由于手动操作所带来的各种不稳定因素。实验过程中，传感器能够及时将数据反馈到采样器，经过采样器的处理将数据绘制成图像，便于学生直观地感受实验数据及实验现象[3]。

（2）实验研究范围更加广泛。在传统实验中，由于器材的局限性，实验以探究影响滑动摩擦力大小的因素为主，学生只是定性地认识滑动摩擦力大小与接触面粗糙程度和压力大小有关，缺乏对静摩擦力情况的了解。通过改进的实验装置，学生可以更好地认识并掌握静摩擦力的大小是变化的，及其与滑动摩擦力大小的关系，能为在高中学习摩擦力相关知识打下认知基础。

（3）实验操作更加简单。在实验过程中学生只需拉动木板即可，木板的速度可以发生改变，不一定保持匀速直线运动。而对于木块来说，其始终处于静止状态，操作相对容易些。

（4）实验数据可视化。在传统的实验操作中，实验数据需要手动记录，并通过数据处理进行分析，实验现象的变化情况不能及时反馈出来。引入数字化实验设备能够让学生在操作过程中及时观察实验数据随时间的变化情况，这样可以提高实验数据的可视化程度[4]。此举能够革新学生对于传统物理实验操作的理解，便于学生运用并掌握数字化实验设备，为今后的学习打下基础。

三、实验操作方案

结合生活实际，让学生展开猜想，提出影响滑动摩擦力大小的因素可能有正压力、接触面的粗糙程度、接触面面积的大小及相对运动速度的大小[5]。通过猜想学生可以发现，影响滑动摩擦力大小的因素有多个，为使得到的实验结论具有普遍性和科学性，可采取控制变量法进行科学探究。

（一）探究滑动摩擦力大小与正压力大小的关系

实验采取控制接触面的粗糙程度、受力面积的大小保持不变，改变正压力的大小进行探究的方式。实验操作步骤如下：

第一步，检查实验所需器材——压力传感器1个、木板、木块、砝码、采样器、固定支架及数据线，对实验器材进行组装。

第二步，用力水平拉动木板，使其沿水平桌面滑动，以采样器记录下压力传感器的传输数据，并绘制图像，如图3所示。

第三步，在木块上放砝码，用力水平拉动木板，使其沿水平桌面滑动，以采样器记录下压力传感器的传输数据，并绘制图像，如图4所示。

第四步，分析实验数据，得出结论。

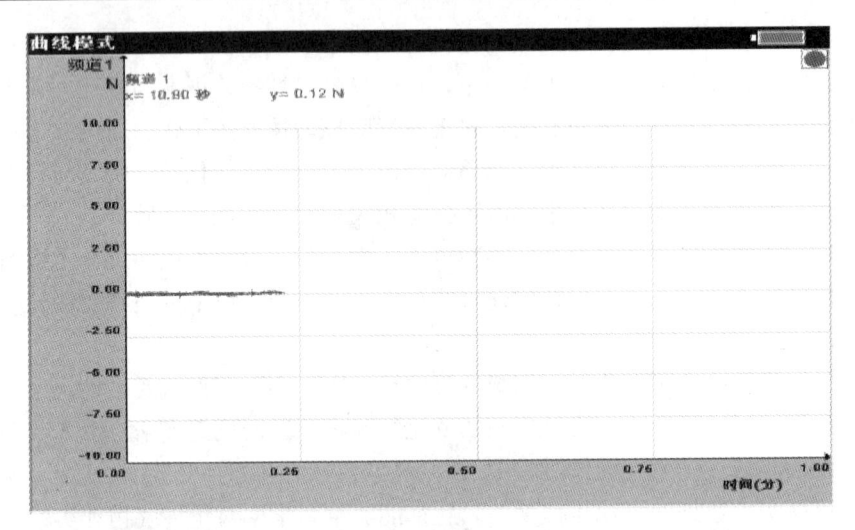

图 3 数据一

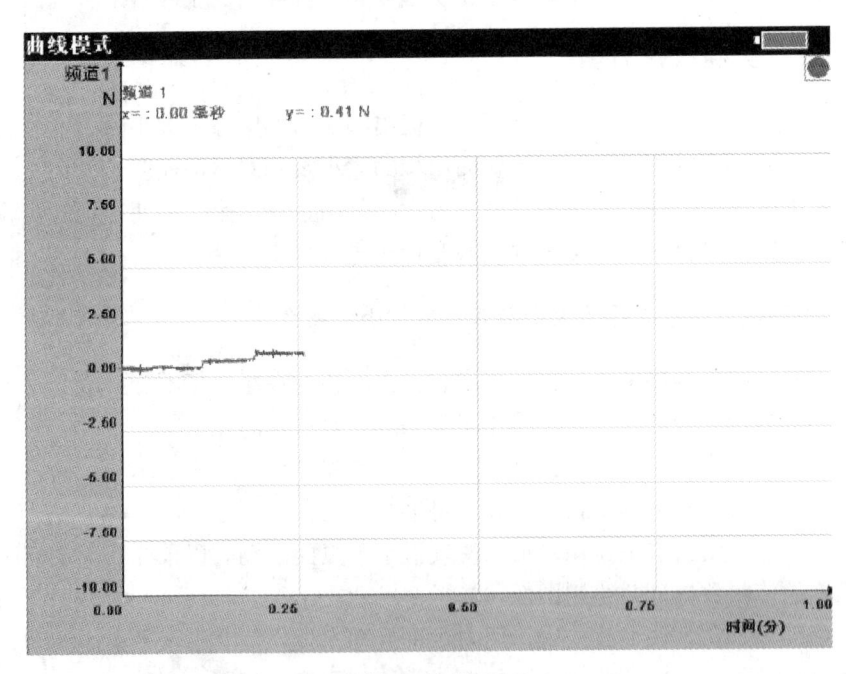

图 4 数据二

分析实验数据，我们可以得出结论：滑动摩擦力的大小与正压力的大小有关。

（二）探究滑动摩擦力大小与接触面粗糙程度的关系

实验采取控制接触面的正压力、受力面积的大小保持不变，改变接触面的粗糙程度进行探究的方式。实验操作步骤如下：

第一步，检查实验所需器材——压力传感器1个、木板、布条、木块、采样器、固定支架及数据线，对实验器材进行组装。

第二步，用力水平拉动木板，使其沿水平桌面滑动，以采样器记录下压力传感器的传输数据，并绘制图像，如图5所示。

第三步，在木板上铺布带，用力水平拉动木板，使其沿水平桌面滑动，以采样器记录下压力传感器的传输数据，并绘制图像，如图6所示。

第四步，分析实验数据，得出结论。

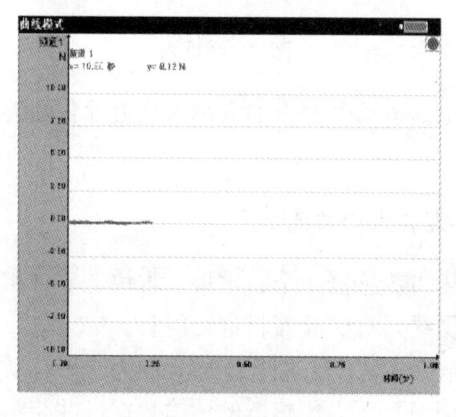

图5　数据三 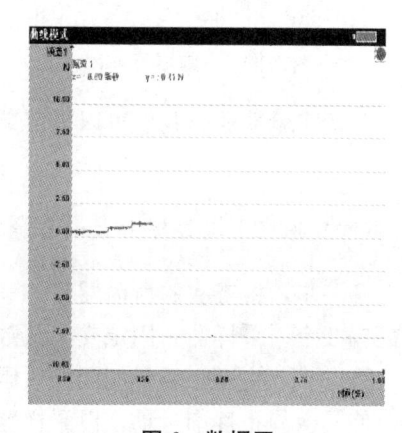　　　　　　　图6　数据四

分析实验数据，我们可以得出结论：滑动摩擦力的大小与接触面的粗糙程度有关。

（三）探究滑动摩擦力大小与受力面积大小的关系

实验采取控制接触面的粗糙程度、正压力的大小保持不变，改变受力面积的大小进行探究的方式。实验操作步骤如下：

第一步，检查实验所需器材——压力传感器1个、木板、布条、木块、采样器、固定支架及数据线，对实验器材进行组装。

第二步，将木块平放在铺有布条的木板上，用力水平拉动木板，使其沿水平桌面滑动，以采样器记录下压力传感器的传输数据，并绘制图像，如图7所示。

第三步，将木块侧放在铺有布条的木板上，用力水平拉动木板，使其沿水平桌面滑动，以采样器记录下压力传感器的传输数据，并绘制图像，如图8所示。

第四步，分析实验数据，得出结论。

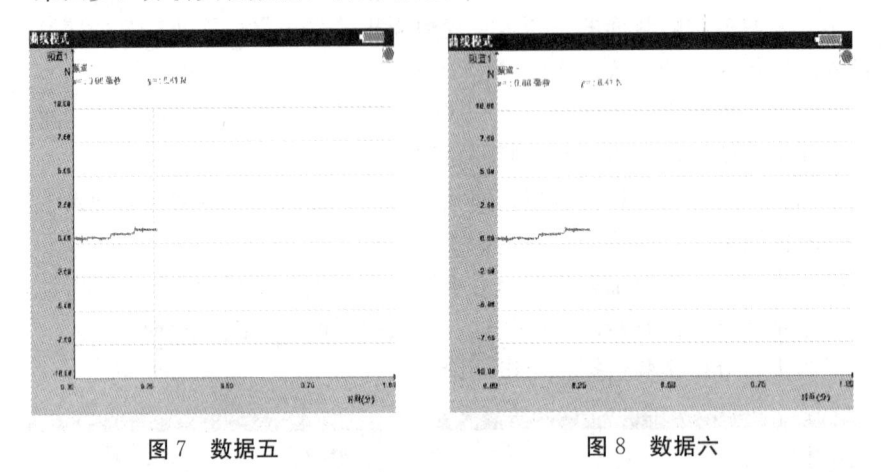

图7　数据五　　　　　　　图8　数据六

分析实验数据，我们可以得出结论：滑动摩擦力的大小与受力面积的大小无关。

（四）探究滑动摩擦力大小与静摩擦力大小的关系

第一步，检查实验所需器材——压力传感器1个、木板、木块、质量相同的砝码2个、采样器、固定支架及数据线，对实验器材进行组装。

第二步，将两个质量相同的砝码放在木块上，用逐渐增大的力水平拉动木板，使其由静止逐渐运动，以采样器记录下压力传感器的传输数据，并绘制图像，如图9所示。

第三步，分析实验数据，得出结论。

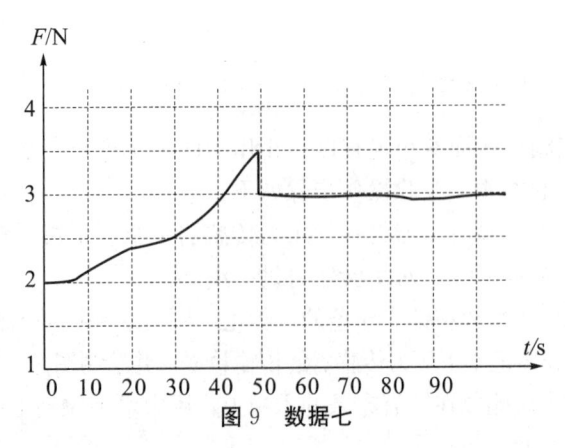

图9　数据七

分析实验数据，我们可以得出结论：滑动摩擦力的大小与静摩擦力的大小有关。

四、结语

就目前的教学情况来看，新课程标准要求的运用实验来探究物理规律在教学中还未落到实处[6]。在教学实践中，教师应该集思广益，通过实验教学来丰富教学形式。本文的研究，总体收获有两点：

第一，推广数字化实验。

对探究影响滑动摩擦力大小的因素的实验进行改进，引入数字化实验设备，学生能对软件功能很快掌握。只要教师适当引导，学生就能够基本完成实验探究内容。数字化实验设备的引入，打破了传统实验教学的观念，推动师生对于现代化设备的使用，鼓励了更多教师的参与。如此，学生的学习积极性得以提高，对于物理实验的兴趣也更加浓厚[7]。

第二，强化知识理解，为高中物理学习做铺垫。

探究影响滑动摩擦力大小的因素对于初中学生来说是一个非常重要的知识点，但是静摩擦力的知识对于初中学生来说薄弱一些。对于静摩擦力大小和滑动摩擦力大小的探究，可以让学生更好地认识静摩擦力与滑动摩擦力之间的差异性，为今后高中物理的学习做铺垫[8]。

【参考文献】

[1] 中华人民共和国教育部. 义务教育物理课程标准［M］. 北京：北京师范大学出版社，2011.

[2] 马成海. 中学物理数字化探究的实践与反思——以滑动摩擦力大小因素实验为例［J］. 教育信息技术，2015（6）：31－32.

[3] 唐盛昌. 直面数字化挑战的中学教育改革［M］. 北京：北京师范大学出版社，2009.

[4] 马兰，代伟，李伟秋，等. 一种探究影响摩擦力因素的实验演示仪器［J］. 物理教学探讨，2016（7）：18.

[5] 孙正年. 探究影响滑动摩擦力大小的因素［J］. 初中生世界，2011（3）：19－21.

[6] 李参军，黄平安. 对探究影响摩擦力大小因素实验的分析及改进［J］. 物理实验，2014（11）：95－96.

[7] 孙丰富，朱召友. "探究影响滑动摩擦力大小因素"的实验改进［J］. 物理教师，2014（6）：36.

[8] 宋波，徐永芝. 探究影响滑动摩擦力大小因素实验的实验创新［J］. 中小学实验与装备，2018（4）：46.

以"物"为本 以"理"为据
——浅谈创新实验与物理教学之"三化一体"模式

刘 丽 方 胜 曾 晴

一、背景

（一）物理实验教学符合高中生的思维特点和认知规律

高中生处于刚迈入青春期的阶段，其思维正在从经验型向理论型过渡。从认知规律的角度来说，高中生逐渐开始能够使用理论做指导，综合利用各种事实材料，并逐渐发展到能依据一定的系统知识，遵循一定的逻辑程序，自觉把握和运用概念、判断、推理[1]。

（二）创设有效的学习情境，促进物理观念的形成

很多物理概念、规律是从大量、具体的事例中抽象、分析、总结、概括出来的，物理教学中的感性认识很大一部分源于物理实验提供的事实。在实验过程中，常需要人通过听、看、尝、闻、触等操作途径去感知研究对象的变化。在实验中，各器官的运用均可"牵动"神经，使物理知识能够在大脑中得到归纳，从而形成关于物质、运动及其相互作用、能量等基本观念，并在此基础上达到融会贯通、在新情境中应用的目的。

（三）科学方法训练，提升科学思维水平

物理实验中蕴藏着极其丰富的方法和思维教育的要素，这些方法和思维不仅能活化学生学到的物理知识，而且能引导学生像科学家那样去观察和研究事

物[2]。首先，实验本身就是一种科学方法；其次，物理实验过程中蕴含着很多具体的研究方法，如放大法、模拟法、转换法、平衡法、控制变量法、理想化法、留迹法、替代法、累积法等，这些都有利于提升学生的思维水平。

（四）高科学探究质量，促进科学探究学习目标的达成

科学探究旨在让学生能够在学习和日常生活中发现问题、提出合理猜测与假设；设计探究方案和获取证据，正确实施探究方案，使用科技手段和方法收集信息，分析论证；使用不同方法和手段分析、处理信息，讲述、解释探究结果和变化趋势；准确表述、评估和反思探究过程与结果[3]。总之，在问题、现象、结论、交流与合作等要素的达成过程中，可以有效地提高科学探究的质量，达到科学探究的目的。

（五）促进学生养成科学态度和责任感

"科学态度与责任"是指在认识科学本质，理解科学、技术、社会、环境关系的基础上，逐渐形成的对科学和技术应有的态度和责任感，具体可以分为科学本质、科学态度、社会责任等要素[4]。各要素目标的达成可以让学生更加全面地认识物理科学知识，也是学生面对科学问题的有力武器。科学态度和责任感的养成贯穿物理实验教学的始终，教师可以利用实验使学生在不知不觉中受到熏陶，也可以设计专门的活动内容来帮助达成这方面的学习目标。

二、创新实验和物理教学"三化一体"模式

实验是学生形成物理概念和认识物理规律的高效途径，是培养学生创新能力的有效办法，也是物理新课程改革的重要内容。在传统的高中物理教学中，物理实验常常被理论推导替代，学生实验常常被演示实验替代，"做实验"常常被"讲实验"替代，学生往往是旁观者，没有直接参与，没有产生切身感受。在物理学习过程中，对于哪些地方需要进行实验，如何设计实验、改进实验，如何从实验中得出物理规律，笔者从以下三个方面进行阐述。

（一）新课学习实验化的物理教学

初高中物理知识脱节，高中许多物理概念、规律很抽象，知识点间又相互联系，学生如果对某一知识点不理解就容易产生连锁反应，导致后面的知识点也无法理解，这样学生容易产生抗拒学习的心理。在新课的教学过程中，如何调动学生的学习积极性，如何将抽象的理论教学具体形象化以利于学生理解，

如何加强学生在教学过程中的参与度,这些都需要教师进行深入探究。教师在新课教学时引入实验,引导学生设计、操作实验,可以提高学生的学习兴趣,缩短学生心理上与物理知识的距离,帮助学生克服畏难情绪,并通过对实验现象的分析、归纳、推理、总结得出相应的物理概念、规律,再反过来用物理规律解释其他实验现象,可达到全面透彻掌握物理概念、规律的目的。

例如,人教版选修3—2第四章"电磁感应"中第2节"探究感应电流的产生条件"的教学,教师引导学生结合已学知识猜想感应电流的产生条件,不难得出切割磁感线。在本节内容教学中引入探究实验:①让学生自己动手使闭合导线部分切割磁感线,观察电流表的偏转情况。②电流变化时螺线管不切割磁感线,能观察到电流表有时偏转有时不偏转。教师引导学生自主观察两个实验,分析造成不同实验结果的原因,总结产生感应电流的条件:闭合回路中的磁通量发生改变。实验揭示了新的实验现象与学生原有知识之间的矛盾,可以有效激发学生的认知冲突,调动学生学习的积极性,加深学生对物理知识的深入理解,培养学生的分析归纳能力。

本节课后有一个实验"做一做"——摇绳发电,教师设计的教学步骤如下:①让学生自己动手实践,验证在跳绳活动中利用地磁场发生电流。②未观察到灵敏电流计指针发生偏转。③学生结合已有知识和网上查阅得到的产生这种现象的原因,找到解决办法,并观察灵敏电流计明显的指针偏转。实验成功,进一步验证了我们得出的规律的正确性。通过对实验失败原因的查找、分析,能够培养学生对已有知识的迁移能力,巩固其不断探究真相的毅力和决心,增强其物理学习的信心。④进一步实验,看如何能增大产生的电流。让学生合作讨论,提出可以通过改变摇绳方式来增大产生的电流,还可以使用微电流放大器、电流传感器等元件来帮助我们观察微小电流,等等[5]。对实验做进一步分析,能较好地拓展学生的思维,培养其探究创新能力,锻炼其协作、操作实践能力,帮助其形成良好的学习动机,有效突破学习难点,更好地掌握、理解及应用物理概念和规律。

课堂教学是物理教学的中心环节,提高课堂教学的效率是新课程改革的关键。新课实验化的物理教学不仅让学生学习兴趣浓,教学引导效果好,而且能让学生对知识有一个较为全面的掌握。物理学科不能只有习题,不能只靠分析、想象,甚至有时连实验也编成题。这样的学习看似快捷高效,但不能让学生获取完整的知识,不能让学生面对真实的物理情境,不能让学生体验生动的探究过程,不能让学生锤炼精妙的物理方法,不能培养学生的科学创新精神,更不能让学生感受到物理学之美。

（二）习题模型实验化的物理教学

习题教学是高中物理教学的重要环节，其目的是让学生自己进一步掌握物理知识，深化对物理知识的全面理解，提升对物理知识的应用能力。高中物理习题变化多样，对学生物理思维方法的综合应用有较高的要求。在习题的教学过程中，如何帮助学生理解题目，如何将文字叙述转化为物理情境或物理模型，如何加强学生自主分析、理解拓展的能力？这就需要教师将习题模型实验化。学生在解题时不易理清条件，分清过程，建立习题与对应理论知识的联系。习题模型实验化的物理教学可以帮助学生理清题中的条件，弄清整个物理过程，对实验过程、结果的分析可以帮助学生找准物理规律，建立各物理量间的联系。教师应在习题课教学时引入实验，引导学生自主审题，提出猜想和假设，设计物理实验，进行探究实验，观察实验现象，得出物理模型，分析实验现象。感官的认识和理论的推导双管齐下，学生能更加透彻、深刻地理解习题，也能构建起自己的物理知识体系。

例如，高一年级"牛顿第二定律"教学内容中有一道物理题，题目是这样的：一圆环竖直放置。环上 A 点为圆环的最高点，AB、AC、AD 为倾角不同的光滑轨道，其中 AD 为圆的直径。今有一小球从 A 点开始静止滑下，经弦 AB、AC、AD 滑至 B、C、D 点所需的时间分别为 t_1、t_2、t_3，问小球沿三条轨道滑到底端的时间关系？答案：时间相等。教师可引导学生对此题设计一个物理实验：①以呼啦圈作圆环，细橡皮筋作弦。实验结果与答案不符，实验失败。②产生①结果的原因是钢球质量较大，轨道变曲线。③改进实验，将钢球换成乒乓球，实验结果与答案仍不符。④产生③结果的原因是摩擦大，不符合光滑条件。实验的失败加深了学生对条件的理解，原因的找出增强了学生对物理学习的兴趣和信心，培养了学生的观察能力和探究能力。⑤第二次改用水晶球，用涂抹了润滑油的细钢丝作弦。实验结果与答案相符。本题通过这一个小实验使学生对小球运动的实际条件有了更深刻的认识，对小球运动情况有了更直观的了解，更加肯定了理论推导出来的结论。

习题模型实验化的物理教学不在于多设计了几个实验，而是通过实验来体现"实践是检验真理的唯一标准"，同时也通过大量的、学生全员参与其中的互动式、探究式、验证式实验，使课堂中多一些质疑，学生多一点展示[6]。习题模型实验化的物理教学不仅能帮助学生理解习题、巩固已学物理知识，也能加深学生对物理的喜爱，增加学生学习物理的乐趣。此外，这种教学给学生提供了学习物理的新颖方法，培养了学生独立思考的能力，提高了学生的发散思维能力，拓展了学生的创新能力。

（三）课后拓展实验化的物理教学

物理课后拓展是指学生在教师的引导下，以教材为中心，以课本知识为基础，围绕教学重难点进行多维度拓展，加强学生对物理知识、物理规律、物理方法的理解，以拓展知识维度，丰富信息感知和思维层次[7]。新课程改革要求教师对课堂进行拓展，有效的教学拓展应结合教材，联系学生的实际情况，培养学生的物理学习能力。在进行教学拓展时，如何让学生真正地学到新知识、巩固已有知识，如何引导学生将已有知识和拓展知识融入自己的知识体系？教师在进行课后拓展时，可将课堂学习中难于理解的内容融进一个实验，根据本班学生的真实情况设计实验内容的难易程度。也可结合实际生活创新设计一个与所学知识相关的实验，根据实验现象并结合理论知识解释实际生活中遇到的问题。还可以自制课本上的实验器材，在制作的过程中让学生理解实验的原理，熟悉实验器材的用法。例如，师生课外实验探究——自制游标卡尺，该实验既可解决学生对游标卡尺的学习困惑，又可锻炼学生的设计能力、绘画能力和动手能力。

课后拓展实验化的物理教学，以学生自主拓展为主，致力于解决学生学习中遇到的困难，解释现实生活中出现的一些物理现象。课后拓展实验除了运用物理这门课程的知识外，还可能涉及美术、数学、化学等学科知识，通过实验建立各学科之间的联系，向学生展示学科间的互通性。课后拓展实验化的物理教学一方面能激发学生科学探究的兴趣，开阔学生的视野，提升学生的思维水平，发展学生的物理素质，增强学生的科学探究能力和实践创新能力，另一方面能告诉学生高中知识在生产生活中的重要性，从而激发学生探究更高更深层次知识的欲望。

三、结语

新课程改革提出的"教育部将组织研究提出各学段学生发展核心素养体系，明确学生应具备的适应终身发展和社会发展需要的必备品格和关键能力"向我们传达了核心素养的培养对于学生的重要性[8]。笔者认为，本文提出的做好创新实验和新课学习实验化、习题模型实验化、课后拓展实验化的物理教学"三化一体"的模式是落实核心素养的培养和提高教学质量的关键所在。它是对现在物理实验教学的重视、改进和创新，是对物理教学新的探索与改革，充分体现了新课改的要求——以学生自主学习为主，注重培养学生的逻辑分析归纳能力、科学的创新探究能力和团队协作能力等，其与核心素养教育高度吻合，适应时代的发展。

【参考文献】

[1] 帅晓红，袁令民，代珍兵. 中学物理实验教学能力训练教程 [M]. 北京：科学出版社，2014.

[2] 韦叶平. 高中物理教学中创新实验的设计与实践 [J]. 物理实验，2012，32（3）：16-18.

[3] 中华人民共和国教育部. 普通高中物理课程标准（实验）[M]. 北京：人民教育出版社，2003.

[4] 叶澜. 教育概论 [M]. 北京：人民教育出版社，2006.

[5] 周维新. 中学物理实验教学中学生创新能力的培养研究 [D]. 苏州：苏州大学，2008.

[6] 陈友道. 中学物理设计性实验案例研究 [M]. 北京：人民教育出版社，2005.

[7] 王佳. 高中物理创新实验拓展课程的实践研究 [D]. 上海：上海师范大学，2014.

[8] 饶远丽. 中学物理探索性实验教学的研究 [D]. 兰州：西北师范大学，2007.

核心素养理念下的初中化学活动元教学设计探究
——以"石头纸成分的探究"的教学为例

刘 倩 古圆圆 吴 敏

2016年9月,教育部关于中国学生发展核心素养的总框架正式发布,其中的"核心素养"引起了大众的高度重视,同时也成为教师教学研讨活动的常见主题。核心素养以培养"全面发展的人"为主旨,完全符合强调学生获取知识的能力、重视学生身心发展、培养学生终身学习意识的新时代的教育目标。

一、核心素养与活动元的内涵

2014年,《教育部关于全面深化课程改革 落实立德树人根本任务的意见》明确将核心素养界定为学生应具备的适应终身发展和社会发展需要的必备品格和关键能力。初中化学学科核心素养包括三个维度,分别是涉及基本化学语言、物质变化守恒等的知识维度,涉及处理信息能力、实验探究能力等的能力维度,以及涉及科学态度、绿色化学思想的价值观维度[1]。

活动元是综合教材特点、教学目标、教学资源与学生实际等因素的活动单元。在教学中,将符合新课程理念的课堂目标结构化,形成若干子任务形式的活动单元。这些活动单元将服务于同一教学主题,依据知识的逻辑性分层递进、环环相扣,共同建构一个完整的知识链。学生在教师主导的活动元教学形式下,通过自主探究、合作学习完成每一阶段的子任务,变知识的被动接受者为信息加工的主体和知识体系的主动建构者[2]。

本文旨在探究以核心素养理念下的活动元作为教学模式,利用各种符合心理特点的活动吸引学生主动参与,使学生成为在教师组织下的课堂活动的主体。在活动中,他们乐于动手、乐于探索、乐于思考[3],形成观念,获得理论，掌握化学方法，优化思维，提升品格和能力[4]，激发学习的积极性，形成探索神秘世界的科学态度，养成终身学习的意识，成长为社会需要的全面发展的人。

二、基于核心素养的活动元教学设计

学习内容是发展学生化学学科核心素养的载体，只有对学习内容进行深入剖析，才能形成活动与活动之间的内在逻辑联系，宏观调控核心素养理念下学生的学习任务。同时，对学生的学习内容进行课前认知分析、课后达成目标的预估分析，可以充分发挥每个学习活动的价值。

学生完成人教版九年级下"酸和碱""盐化肥""化学与生活"三个单元的学习后，对"酸、碱、盐"的基本知识已有所掌握，也逐步意识到化学与生活的紧密联系，但综合处理实际问题的能力还有待提高。本节课不仅是对"酸、碱、盐"的基础知识进行复习巩固，同时还将基础知识充分融入生活，以新型材料作为载体进行活动探究，升华"化学与生活"的学习主题。因此，本节课将以"新型材料——石头纸"为背景，选取"酸、碱、盐"的主要知识载体，提高学生对基础知识的运用能力、动手动脑的科学探究能力，促进学生形成化学观念，培养学生充分利用资源的意识，以期提高学生的核心素养。"石头纸成分的探究"的活动元教学设计如图1所示。

核心素养理念下的活动元教学设计应在真实的问题情境中、在环环相扣的学习活动中，让学生学习运用科学思维剖析问题，使用科学知识解决问题，从而锻炼思维、获取知识。以石头纸为载体，将酸、碱、盐知识形成网络体系，培养学生分析问题、解决问题的能力，提高学生的科学探究能力。在激发学习兴趣的同时，渗透将化学知识运用于社会实践的理念。

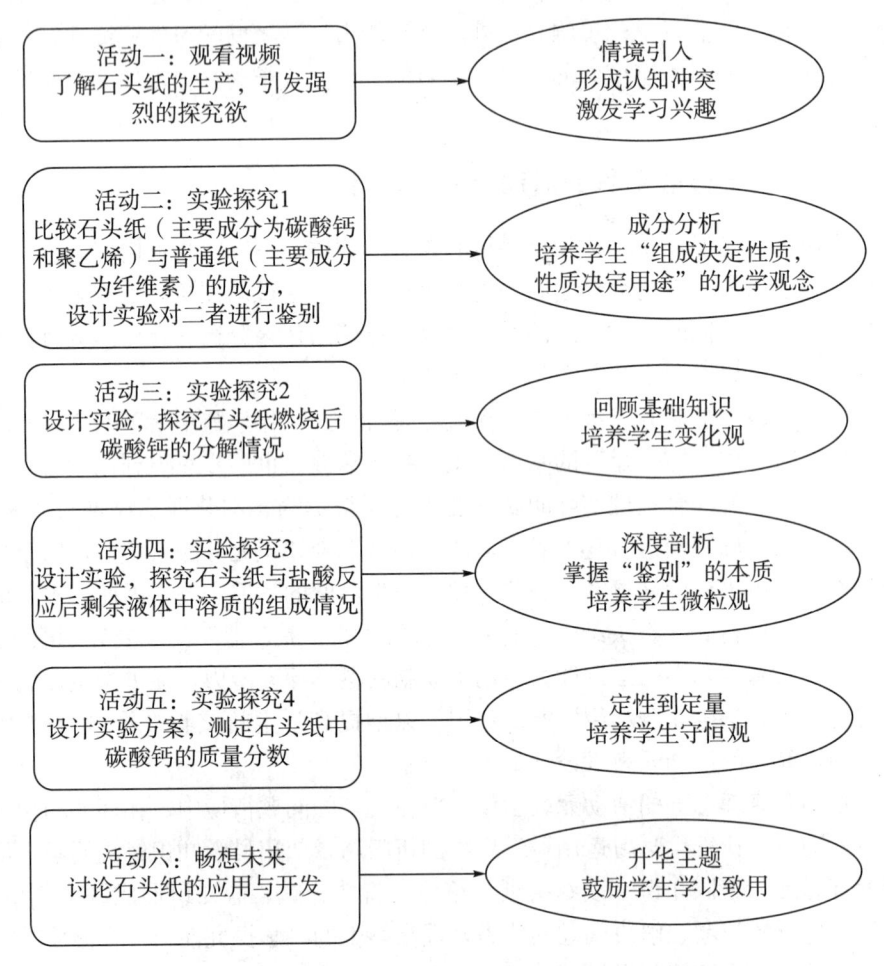

```
活动一：观看视频               情境引入
了解石头纸的生产，引发强   →   形成认知冲突
烈的探究欲                    激发学习兴趣

活动二：实验探究1                成分分析
比较石头纸（主要成分为碳酸钙    培养学生"组成决定性质，
和聚乙烯）与普通纸（主要成分 →  性质决定用途"的化学观念
为纤维素）的成分，
设计实验对二者进行鉴别

活动三：实验探究2
设计实验，探究石头纸燃烧后  →   回顾基础知识
碳酸钙的分解情况               培养学生变化观

活动四：实验探究3               深度剖析
设计实验，探究石头纸与盐酸反 →  掌握"鉴别"的本质
应后剩余液体中溶质的组成情况    培养学生微粒观

活动五：实验探究4
设计实验方案，测定石头纸中  →   定性到定量
碳酸钙的质量分数               培养学生守恒观

活动六：畅想未来                升华主题
讨论石头纸的应用与开发     →   鼓励学生学以致用
```

图1　"石头纸成分的探究"的活动元教学设计

【活动一】观看视频：了解石头纸的生产，引发强烈的探究欲。

学生在观看视频的过程中可以了解石头纸的生产过程，对石头能否造纸形成认知冲突，激发学习兴趣。

【活动二】实验探究1：比较石头纸与普通纸的成分，设计实验对二者进行鉴别。

问题1：为什么石头纸具有一定的防火防水性能？

通过对二者成分的对比，学生分析出其防火的原因是碳酸钙受热分解吸收了热量，并且生成的CO_2稀释了空气中氧气的浓度；其防水的原因在于碳酸钙与聚乙烯等都难溶于水。在此过程中，学生通过对石头纸性能的原因进行分析，逐步形成了"组成决定性质，性质决定用途"的观念。

问题2：如何鉴别石头纸与普通纸？

在对比了二者的成分后，学生在脑中形成自己的鉴别想法，此时让学生进行小组讨论、设计实验，可以帮助学生完善实验思路，让他们合作解决问题。在最后的小组汇报中，学生展示了"水浸""火烧""滴加盐酸"等不同的实验方法。在活动中，学生解放了双手和大脑，还原了学习主体地位，在验证实验的过程中体会了实验成功的喜悦，真正成为一名发现者与探索者。

【活动三】实验探究2：设计实验，探究石头纸燃烧后碳酸钙的分解情况。

活动三意在促使学生主动将课本知识进行提炼、总结与应用。在对碳酸钙受热分解的讨论中，学生逐步意识到条件（加热与高温）对化学反应的影响。对加热可能引起的变化进行分析，能培养学生的变化观。

【活动四】实验探究3：设计实验，探究石头纸与盐酸反应后剩余液体中溶质的组成情况。

在区分$CaCl_2$溶液和$CaCl_2$、HCl混合溶液的过程中，教师提出鉴别本质（H^+的鉴别），引导学生运用微粒观做比较，让学生在一个真实的、有意义的情境中复习酸的通性。最后引导学生进行总结——物质鉴别或检验的一般思路。及时总结，可以帮助学生将零散的知识进行整合，由点及面，形成点、线、面的有机整体。

【活动五】实验探究4：设计实验方案，测定石头纸中碳酸钙的质量分数。

物质质量分数的测量可以培养学生的"元素守恒""原子守恒"等守恒观。九年级的学生对定量测定某物质的质量分数已有一定的了解，但练习较少，该活动任务对学生来说有一定难度。教师可以通过提供多张实验仪器图片，给学生提示。在活动任务布置后，教师引导学生围绕4个问题展开小组讨论：①实验方案的原理是什么；②实验装置应如何设计；③需要测定哪种物质的质量，如何测定；④应测定气体中含有哪些杂质，如何净化。教师让学生对实验仪器图片进行排序，模拟实验过程，并通过气体的吸收、除杂以及测量误差的讨论，不断地完善实验装置。通过石头纸中碳酸钙质量分数的测定，让学生掌握物质含量测定的一般思路，在由定性到定量的过程中，提高分析、观察、对比和表达能力，提升化学思维能力。

【活动六】畅想未来：讨论石头纸的应用与开发。

观看视频——"石头纸生产工艺的优点"，通过让学生了解石头纸的生产过程以及在日常生活中的广泛应用，进一步强化学生节约资源、保护环境的意识。通过畅想未来这个环节，学生可以充分发挥想象力，并增强自己的使命感和责任感，学以致用，服务社会。不断把课堂教学推向高潮，在掀起的这波浪潮中，位于潮头的是学生，教师是推动者。

"石头纸成分的探究"以六个学生活动为线索，完成了对石头纸成分的定性、定量分析。学生在独立思考、合作讨论、实验探究中完成每个子活动，层层递进，逐步升华主题，体悟检验或鉴定某种物质的一般思路，感受透过现象探究事物本质的科学探究精神。由造纸原料激发学生的学习兴趣，以小组合作学习的方式维持学生的学习积极性，最后以石头纸的应用前景为话题激发学生对化学用于生活的感性认识，整个课堂丰富有趣，使每个学生都能有所收获。

核心素养理念下的活动元教学通过创设贴近生活、社会的情境，让化学课堂更有趣、更立体、更鲜活，从而拉近化学与学生的距离。在通过化学方法解决生活问题的过程中，学生形成了性质决定用途、用途反映性质的观念，并学会爱护环境、节约资源、承担责任等。核心素养理念下的初中化学教学注重化学知识如概念、规律等的产生过程再现，让学生重走人类思想发展过程中的关键之路，培养学生的化学思维[5]。化学作为一门以实验为基础的学科，其实验备受重视。学生不仅可以参与课内实验，也可以根据自身兴趣组建兴趣小组、设计课外实验，进行组内协作、交流，形成积极的学习环境，提升自主、合作、动手、创新等能力。

核心素养理念下的初中化学活动元教学不仅能促进学生的全面发展，革新观念、学习方法，发展思维及提升能力，而且在教学相长的过程中，教师也获益良多。教师在教学中设计活动单元，通过创设与生活、社会等密切相关的情境，收集、网罗各种资源和数据，融入现代科学技术，帮助学生主动探索、完成知识网络的建构。如此，教师可以实现由知识的灌输者、课堂的权威者转变为课堂的组织者、教学的引导者，提高解决问题的能力、逻辑推理能力、资源利用能力以及处理突发情况的能力等。

【参考文献】

[1] 吴静泓. 基于初中化学"核心素养"的教学策略研究[D]. 福州：福建师范大学，2016.

[2] 苏文燊. 基于活动教学开展选修"化学反应速率影响因素"单元整体备课——学科核心素养教学实施的思考[J]. 教育观察，2018（7）：36-38.

[3] 陈云生. 化学课堂活动元教学模式的研究与实践[J]. 福建基础教育研究，2009（11）：41-42，45.

[4] 余文森. 核心素养导向的课堂教学[M]. 上海：上海教育出版社，2017.

[5] 刘燕. 核心素养理念下初中化学课堂教学策略浅谈[J]. 才智，2019（8）：192.

基于模型认知的高中化学模块设计
——以"中和滴定图像专题"为例

雷 魁 鄢灵敏 赖玉普

一、对化学学科核心素养中模型认知的认识与理解

2017年,教育部正式颁布了《普通高中化学课程标准(2017年版)》(下面简称课程标准),提出了化学学科核心素养的基本要求,其中包括"宏观辨识与微观探析""变化观念与平衡思想""证据推理与模型认知""科学探究与创新意识""科学态度与社会责任"五个方面[1]。而化学学科核心素养中的模型认知素养要求是知道可以通过分析、推理等方法认识研究对象的本质特征、构成要素及其相互关系,也就是要学会分析已知条件,学会推理,建立认知模型,并能运用模型解释化学现象,揭示现象的本质和规律[2]。

在平时化学学科的教学和评价过程中,我们要加强对模型认知素养的认识,需要进一步梳理模型的基本内容、基本形式和模型认知的系统建立。模型是一种非常重要的研究方法,在教育科学界,关于模型的概念众说纷纭。模型的核心要点:模型是人们为了达到对目标对象进行解释、认识或研究等特定目的,对目标对象所做的一种简化的、直观的、定性的或定量的、文字的或图形的描述。吉尔伯特认为,模型作为科学理论与现实世界之间的桥梁,具有三个功能:可以使抽象的事物具体化、可视化,可以将复杂的现象或事物简单化,可以为现象进行科学的解释和预测提供依据[3]。

二、模型认知的高中化学模块设计的系统构建

中学化学学科的认知模型从内容和形式上可分为以下几类:①概念模型。

化学中的概念模型是用文字或者符号来描述模型，将化学现象或化学事实归纳整理为揭示化学本质特征的理性知识，如化学概念中的摩尔质量、热化学方程式、燃烧热、燃烧焓、电离能、电负性等。②结构模型。结构模型在化学上属于实物模型，也是传统意义上的模型，如有机化学中常见的比例模型、球棍模型、晶体的堆积模型，它们把抽象的、复杂的结构用简单易懂的方式表达出来。③过程模型。过程模型属于理论模型和思维模型的结合体，其内涵是用图形图像表示反应或生产过程中某个物理量的变化过程或者某元素的存在形式（形态）的转化过程，主要包括反应量化模型、物质转化模型[4]。④数字模型。数字模型属于理论模型，可以表示结构域性质的数量关系等，如平衡常数。⑤复杂模型。复杂模型如元素周期表。

考试大纲对模型的评价提出了具体的要求：通过对自然界、生产和生活中的化学现象的观察，以及实验现象、实物、模型的观察[5]，对图形、图表的阅读，获取有关的感性认识，形成相关印象，并进行初步加工、吸收、有序存储。从提供的新信息中，准确地提取实质性内容，并与已有知识整合，解决简单的化学问题。这种解决问题的方式方法属于过程模型的建立。

三、以"中和滴定图像专题"构建反应量化模型的教学案例设计

【学习目标】（1）通过对中和滴定原理的分析，对化学变化进行归类研究，逐步揭示中和反应的特征和规律，强化化学学科核心素养——变化观念与平衡思想。

（2）通过对中和滴定图像的分析，学会依据物质加入量的不同对应的结论不同构建模型，建立解决不同问题的滴定的思维框架，强化化学学科核心素养——证据推理与模型认知。

【学习重点】中和滴定图像的分析方法，解题模型的建立。

【学习难点】构建模型的图像分析思维模式。

【学习过程】师生活动。

1. 中和滴定原理

(1) 什么是中和反应？中和反应的实质是什么？

中和反应是酸和碱恰好完全发生反应生成盐和水，即：酸＋碱＝盐＋水，生成的盐的溶液根据酸的强弱不同和碱的强弱不同呈现不同的酸碱性。

(2) 中和与中性的关系是什么？

引导学生分析反应历程，建立理论模型，从强弱不同的酸与碱发生反应的分析中让学生明白中性点不一定是中和点，只有强酸和强碱的中性点才等于中和点。碱滴定酸，酸分为强酸和弱酸；强酸包括一元强酸和二元强酸，其消耗碱的量会有所不同。若使用的碱为强碱则中和点为中性点；若使用的酸为弱酸则中和点呈碱性。

课堂引入——学生活动一：

练习1：25℃时，向20.00 mL的NaOH溶液中逐滴加入某浓度的CH_3COOH溶液。滴定过程中，溶液的pH与滴入CH_3COOH溶液的体积关系如图所示，点②时NaOH溶液恰好被中和。下列说法中，错误的是（　　）

A. CH_3COOH溶液的浓度为0.1 mol·L^{-1}

B. 图中点①到点③所示溶液中，水的电离程度先增大后减小

C. 点④所示溶液中存在：$c(CH_3COOH)+c(H^+)=c(CH_3COO^-)+c(OH^-)$

D. 滴定过程中存在：$c(Na^+)>c(CH_3COO^-)=c(OH^-)>c(H^+)$

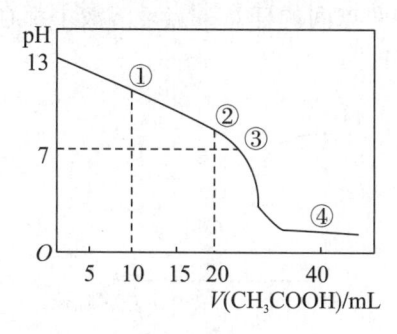

教师评价、引导、点拨：弱酸滴定强碱，溶液pH由大到小，恰好完全反应需要消耗20 mL醋酸，生成的强碱弱酸盐溶液呈碱性，而中性点则醋酸过量。

2. 中和滴定图像三部曲

(1) 读图（建构模型的过程）。

弄清图像所代表的真正含义，通过仔细观察图像弄清横坐标、纵坐标的意

义及单位，搞清楚其存在的特殊点的意义，比如坐标轴的原点，曲线的起始点、极值点、最终点，两曲线的交点，图像的转折点等；分析曲线的递增或者递减的变化趋势，或者通过图像判断平衡状态时斜线斜率的大小及升降；分析定量图像中有关量的关系，如果图像有三个量，分析时需要先确定一个量，再讨论另外两个量与这个确定量的关系，有需要时可以添加辅助线（比如等温线、等压线等）[6]。

(2) 识图（认识模型的过程）。

充分挖掘图像的隐含信息，对题干的信息进行处理，排除干扰信息，于题中提炼出有用信息，在统摄信息的基础上运用数据处理或逻辑推理等手段充分认识图像。

(3) 用图（应用模型的过程）。

联系、联想与图像有关的化学原理，利用其解答问题。

学生活动二：

例题1：25℃时，在25 mL 0.1 mol·L^{-1}的NaOH溶液中逐滴加入0.2 mol·L^{-1}的CH_3COOH溶液，溶液的pH与醋酸体积关系如图所示，下列分析正确的是（　　）

　A. B点的横坐标$a=12.5$

　B. C点时溶液中存在：$c(Na^+)>c(CH_3COO^-)>c(H^+)>c(OH^-)$

　C. D点溶液中存在：$c(CH_3COO^-)+c(CH_3COOH)=2c(Na^+)$

　D. 曲线上A、B两点间的任意一点，溶液中都存在：$c(CH_3COO^-)>c(Na^+)>c(OH^-)>c(H^+)$

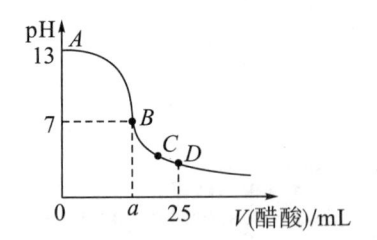

练习2：常温下，用0.1000 mol·L^{-1} NaOH溶液滴定20.00 mL 0.1 mol·L^{-1} CH_3COOH溶液所得滴定曲线如图所示，下列说法中正确的是（　　）

　A. 点①所示溶液中：$c(CH_3COO^-)+c(OH^-)=c(CH_3COOH)+c(H^+)$

　B. 点②所示溶液中：$c(Na^+)=c(CH_3COOH)+c(CH_3COO^-)$

C. 点③所示溶液中：$c(Na^+)>c(OH^-)>c(CH_3COO^-)>c(H^+)$

D. 滴定过程中可能出现：$c(CH_3COOH)>c(CH_3COO^-)>c(H^+)>c(Na^+)>c(OH^-)$

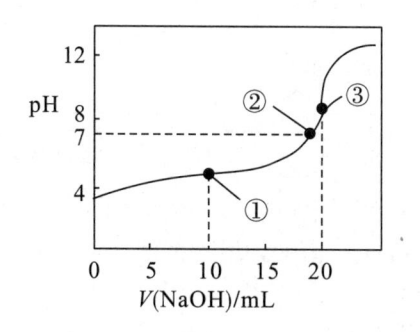

教师做评价、引导和点拨。

3. 善于抓住"四个关键点"，突破"粒子"浓度的关系判断

（1）抓反应的"一半"点，判断是什么溶质与什么溶质的等量混合。

（2）抓"刚好反应完"的点，判断生成的溶质是什么，溶液最终呈酸性还是呈碱性，分析呈酸碱性的原因。

（3）抓溶液"呈中性"的点，判断生成的溶质是什么，判断反应中过量或不足的物质。

（4）抓反应物"过量"的点，判断谁多、谁少，抑或是等量，判断溶质是什么[7]。

学生活动三：

例题2：在某温度时，将 n mol·L^{-1} 氨气滴入 10 mL 1.0 mol·L^{-1} 盐酸中，溶液pH和温度随加入氨水体积变化曲线如图所示，下列有关说法正确的是（　　）

A. a 点 $Kw=1.0×10^{-14}$

B. 水的电离程度：$c>b>a$

C. b 点：$c(NH_4^+)>c(Cl^-)>c(H^+)>c(OH^-)$

D. c 点：$c(NH_4^+)=c(Cl^-)$

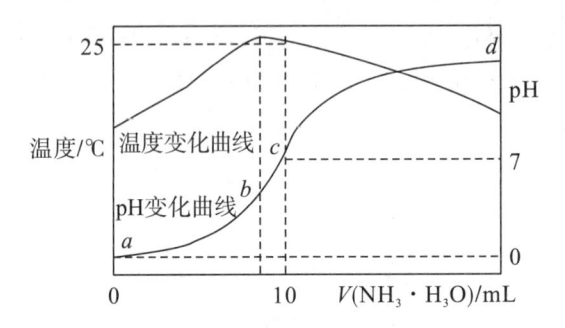

练习3：常温下，向 10 mL 0.1 mol·L^{-1} 的 HR 溶液中逐滴加入 0.1 mol·L^{-1} 的 NH$_3$·H$_2$O 溶液，所得溶液 pH 及导电性变化曲线如图所示。下列分析不正确的是（　　）

A. a～b 点导电能力增强，说明 HR 为弱酸

B. b 点溶液 pH＝5，此时酸碱恰好中和

C. c 点溶液存在 $c(NH_4^+)>c(R^-)$、$c(OH^-)>c(H^+)$

D. b～c 中任意溶液均有 $c(H^+)\cdot c(OH^-)=Kw=1.0\times10^{-14}$

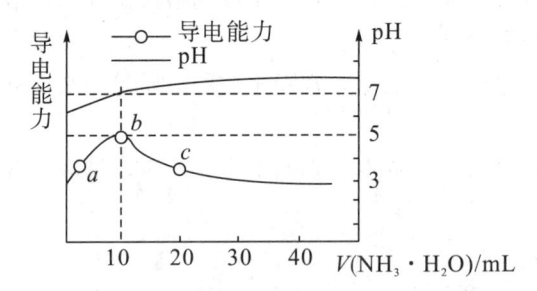

教师引导学生归纳总结：构建对于双曲线多坐标的图像的分析方法，搞清楚每一条曲线的含义，对应横坐标、纵坐标的意义，借助辅助线，抓对应的特殊点对图像进行分析。

拓展训练1：将溶液的 $c(H^+)$、$c(OH^-)$ 之比取为 $AG\left[AG=\lg\dfrac{c(H^+)}{c(OH^-)}\right]$。25℃时，用 0.01 mol·L^{-1} 的氢氧化钠溶液滴定20 mL相同物质的量浓度的醋酸溶液，滴定曲线如图所示。下列有关叙述正确的是（　　）

A. A 点时 $c(CH_3COO^-)>c(Na^+)$

B. 室温时 0.01 mol·L^{-1} 的醋酸溶液 pH＝6

C. OA 段溶液中均有 $c(CH_3COO^-)>c(CH_3COOH)$

D. 若 B 点时加入 NaOH 溶液 40 mL，所得溶液中 $c(CH_3COO^-)+2c(CH_3COOH)=c(OH^-)-c(H^+)$

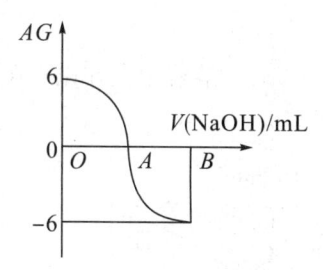

拓展训练2：常温下，用 0.10 mol·L⁻¹ NaOH 溶液分别滴定 20.00 mL 浓度均为 0.10 mol·L⁻¹ 的 CH₃COOH 溶液和 HCN 溶液所得滴定曲线如图所示。下列说法中正确的是（ ）

A. 点①和点②所示溶液中：$c(CH_3COO^-) < c(CH^-)$

B. 点③和点④所示溶液中：$c(Na^+) > c(OH^-) > c(CH_3COO^-) > c(H^+)$

C. 点①和点②所示溶液中：$c(CH_3COO^-) - c(CH^-) = c(HCN) - c(CH_3COOH)$

D. 点②和点③所示溶液中：$c(CH_3COO^-) + c(OH^-) = c(CH_3COOH) + c(H^+)$

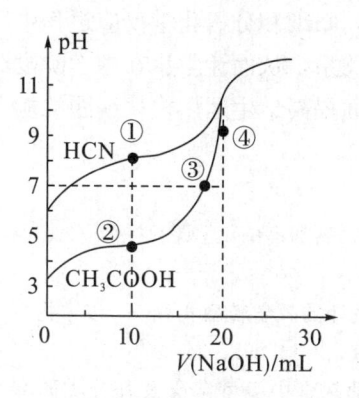

拓展训练3：常温下，向 20 mL 0.2 mol/L H₂A 溶液中滴加 0.2 mol/L NaOH 溶液，相关微粒的物质的量如下图所示（其中Ⅰ代表 H₂A，Ⅱ代表 HA⁻，Ⅲ代表 A²⁻），根据图示判断下列说法正确的是（ ）

A. H₂A 在水中的电离方程式是：H₂A=H⁺+HA⁻；HA⁻⇌H⁺+A²⁻

B. 当 V(NaOH)=20 mL 时，离子浓度大小顺序为：$c(Na^+) > c(HA^-) > c(H^+) > c(A^{2-}) > c(OH^-)$

C. 等体积等浓度的 NaOH 溶液与 H₂A 溶液混合后，其溶液中水的电离

145

程度比纯水大

D. 当 $V(\text{NaOH})=30$ mL 时,溶液中存在以下关系:$2c(\text{H}^-)+c(\text{HA}^-)+2c(\text{H}_2\text{A})=c(\text{A}^{2-})+2c(\text{OH}^-)$

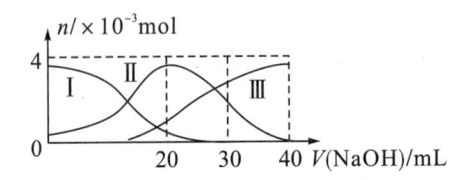

四、在高中化学教学中进行模块设计的实际意义

在高中化学教学中,模型认知素养是培养高中生模型认知能力的一种非常重要的方法,是学生掌握化学学科基本理论和基本原理的一条重要途径,是用于分析和解决实际问题的一种重要手段,特别是对于图像题目的模型认知和思维方式的建立。对于过程模型,要在理解的基础上对不同的模块进行不同的设计。教师要让学生在物质转化过程中分析对应的各种变化和转换关系。模型素养在化学学科教学中有必要借鉴其他学科的评价思路,如数学学科和物理学科。在实际教学活动中,教师应让学生在实际运用过程中借鉴物理或数学思路,构建数学图像模型,归纳和分析化学反应过程中反应物、生成物之间的关系,图像中各特殊点的关系,从而让学生在中学阶段对化学变化的认识实现从定性到定量的飞跃,全面提高学生运用模块解题的能力。

【参考文献】

[1] 中华人民共和国教育部. 普通高中化学课程标准(2017年版)[M]. 北京:人民教育出版社,2018.

[2] 朱康. 基于创新实验设计的教学转型实践——以"物质在溶解过程中的变化"为例[J]. 上海课程教学研究,2018(9):34-37,68.

[3] 赵萍萍,刘恩山. 科学教育中模型定义及其分类研究述评[J]. 教育学报,2015(11):46-53.

[4] 单旭峰. 对"模型认知"学科核心素养的认识与思考[J]. 化学教育化学教学,2019(3):8-12.

[5] 教育部考试中心. 2018年普通高等学校招生全国统一考试大纲[M]. 北京:高等教育出版社,2017.

[6] 丁亚兵. 化学平衡图像题分类例析[J]. 新高考,2007(13):26-29.

[7] 张新中. "溶液中的粒子浓度关系"大扫描[J]. 数理化解题研究,2018(22):80-83.

基于渗透"STSE"思想的自主学习模式
——以"资源的综合利用　环境保护"第一课时的教学为例

赖小英

一、问题的提出

为了促进科学知识的掌握与应用，将学生培养成具有良好素养的人才，美国于1996年颁布了《国家科学教育标准》，提出了"STSE"思想，并将其渗透到理科教学中。"STSE"即科学（science）、技术（technology）、社会（society）、环境（environment）首字母的缩写，强调在发展科技的同时，环境保护已成为社会进步的重要组成部分。目前，"STSE"思想是国际理科教育的一个改革方向，而化学教育是理科教育的一个重要组成部分，对促进学生对社会的了解和参与意识，增强学生对科学、技术、社会、环境相互关系的认识有着巨大的推动作用[1]。在现代教育理念下，在化学教学中对学生进行"STSE"思想的渗透显得尤为重要。

《普通高中化学课程标准（2017年版）》对化学学科课程目标有如下描述：关注与化学有关的社会热点问题，认识环境保护和资源合理开发的重要性，具有"绿色化学"观念和可持续发展意识；能较深刻地理解化学、技术、社会和环境之间的相互关系，认识化学对社会发展的重大贡献，能运用已有知识和方法综合分析化学过程可能给自然带来的各种影响，权衡利弊，强化社会责任意识和主人翁意识[2]。近年来，高考中涉及"STSE"思想的知识点成为考察热点，如2017年高考化学三卷第7题关于燃煤脱硫、PM2.5、绿色化学、天然气、液化气的使用等问题，2018年全国高考二卷中第8题关于雾霾的形成等。

二、教学设计

（一）课程与教材分析

"资源的综合利用　环境保护"位于化学必修二教材的最后一节，与第一节"开发利用金属矿物和海水资源"相辅相成，进一步阐明了化学与人类可持续发展的关系。本节内容设置没有太大的难度，知识教学也不宜过于加深和拓宽，但需要学生了解化学不仅在资源的开发利用上发挥着重要的作用，在资源的综合利用和环境保护上也大有用武之地[3]。在网络如此发达的今天，教师可以让学生通过网络查询相关知识内容，进行深层次思考，再选择网络信息的要点向大家进行展示，用自己的语言表达、总结。这个过程既培养了学生的自主思维，激发了网络时代学生的学习积极性，又培养了学生的创新意识[4]。这真正体现了教师是学习活动的设计者、学习过程的组织者，学生才是学习过程的主体、学习过程的主动建构者。通过学习，学生既对煤干馏、石油裂化裂解等化学知识有了深刻的理解，又在获得资料的过程中将真实的情境素材和已有的经验、社会生活实际进行联系，能主动关注人类面临的与化学有关的社会问题。这培养了学生的社会责任感、参与意识和决策能力，以及珍惜地球宝贵的资源，重视环境保护的社会责任感，让学生了解了化学在促进人类文明可持续发展中发挥的日益重要的作用。

（二）从渗透"STSE"思想的角度制定教学目标

（1）通过学生课前分组、搜集资料，培养学生的信息检索能力、归纳分析能力。在资料的整理和甄别过程中，学生可以深刻意识到各类矿物资源的不可再生性和人类在利用自然资源中面临的环境问题。通过学习和反思，学生能主动关心与环境保护、资源开发等有关的社会热点问题，形成与环境和谐共处、合理利用自然资源的观念。

（2）通过对煤的干馏实验操作，以及石油的催化裂化、裂解的学习，学生能养成勤于思考、勤于动手、严谨求实、勇于创新实践的科学精神，体会化学与科学发展的关系。

（3）通过对煤、石油、天然气发生聚合反应制备三大合成材料的学习，学生能体验化学与社会进步的密切关系。

（4）通过查阅资源开发和利用过程中存在的问题的图片和影像资料，学生可以增强环保意识，树立环保法制观念，形成可持续发展思想，体会和认识到化学对人类生存环境正反两方面的影响。通过对资源问题产生忧患意识的过程，学生可以增强对自然和社会的责任感，树立正确的价值观，形成学习科学、应用科学为人类驱害谋利的意识，提高科学素养[5]。

（三）课前准备

课前对全班同学进行分组，给各小组布置任务——分别搜集和整理影像资料、文字资料及实物。这些资料应包含资源的综合利用方式、合成材料的原理及应用、人类在资源综合利用过程中对环境造成的影响等。每个小组将资料整理汇总，并指派发言人对搜集的资料进行讲解展示，发表自己的观点。

（四）教学过程

环节一：情境创设，了解煤、石油、天然气的组成及我国的资源现状，形成开源节流、节约能源的意识。

【导入新课】通过对本章第一节的学习，学生已经知道地球上蕴含着丰富的资源，多数能源不可再生。你知道生活中常用到的是哪些能源吗？

【问题1】请大家观看煤、石油、天然气的形成原理及科学找矿视频，分析如果以它们直接作为燃料，分别有什么优缺点？如何解决这些问题？

【问题2】我国的资源现状如何？要求学生以PPT的形式展示国家自然资源部发布的《中国矿产资源报告2018》[6]。虽然多数矿产资源的探明储量略有增长，但人类对资源消耗的增量远大于资源查明储量的增长量，这就要求我们合理利用资源，提高资源利用率。

【设计意图】引导学生分析传统矿物的成分及其不可再生性，了解煤、石油、天然气是我国的主要能源及重要化工原料。分析目前我国面临的资源短缺问题、对化石资源综合利用的必要性、如何提高利用率和减轻对环境的污染，并对这些内容形成感性认识。

环节二：调动学生的积极性，进行角色转化，让学生展示利用煤、石油、天然气获取基本化工原料的方式。

【活动一】把自主权交给学生，以小组为单位展示如何从煤中获取基本化工原料。

【过渡】展示学生搜集到的一块煤样品，根据煤的组成，让学生联系生产生活实际分析煤直接作燃料产生的污染，是否可以通过化学手段使煤变成清洁能源；从煤的成分分析，煤除了可以作为燃料，是否还可以成为其他工业生产的原料。

【学生展示】现场演示进行煤干馏的实验装置,并在PPT上展示煤干馏的产物,分析其用途;分析煤的气化、液化原理及相关的化学反应,从化学视角分析其产物在社会生产生活中的重要用途。详见表1。

表1

煤的综合利用方式	定义	实验室所用装置或反应
煤的干馏	将煤隔绝空气加热使之分解的过程	
煤的气化	将煤转化成可燃性气体的过程	$C(s) + H_2O \xrightarrow{高温} CO(g) + H_2(g)$
煤的液化	将煤转化成液体燃料的过程,分为直接液化和间接液化两种	(1) 直接液化:煤与氢气作用直接生成液体燃料 (2) 间接液化: $C(s) + H_2O \xrightarrow{高温} CO(g) + H_2(g)$ $CO(g) + 2H_2(g) \xrightarrow{一定条件} CH_3OH(g)$

【活动二】展示天然气的开采和使用现状。

【学生展示】学生将收集到的关于我国天然气分布和开采方式的资料对全班进行展示,并通过视频展示我国天然气开采现状,如播放纪录片《大国重器》中的一集——讲述对海底可燃冰的开采。同学以小老师的角色分析可燃冰开采中涉及的生态环境问题,并引导其他同学增强环境保护意识。

【活动三】展示石油产品,分析石油的综合利用方式。

【学生展示】学生展示原油样品及生活中常见的石油产品,分析各成分的不同沸点,引导其他同学思考对这一类互溶的物质的分离方法。

【教师导引】通过教材图片,让学生对分馏后各产品的主要用途进行学习,在小组汇报的基础上引导学生联想石蜡油的分解实验,思考如何通过化学手段和技术将重油转变成更有价值的轻质油,理解催化裂化、裂解及催化重整的含义,并比较直馏汽油和裂化汽油的化学性质,让学生通过讨论分析分馏、蒸馏、干馏的差异。

【设计意图】让学生通过归纳整理已有认知及资料对知识进行升华,深刻体悟只有对煤、石油、天然气等资源进行合理开发，才能实现人类和大自然的和谐共处；对煤、石油进行多种方式的综合利用才能实现物尽其用，发挥其最大的社会价值。通过组装实验室仪器和对比工业生产，培养学生的化学实验能力和模型认知能力。通过多个概念的辨析及讨论，使学生形成良好的化学思维和学习方法，规范使用化学用语的能力和正确的化学符号表征能力。

环节三：以煤、石油、天然气为原料生产合成材料。

【学生展示】介绍三大合成材料样品，展示常见的合成材料的图片，描述其在生产生活中是以何种方式存在的。简要介绍乙烯加聚反应合成聚乙烯，以及聚酯纤维的合成，了解以煤、石油、天然气为原料可获得许多具有优良性能的物质，了解化学对人类进步起到的巨大的推动作用。

【设计意图】以煤、石油、天然气为基础，不仅可以获得基本的化工原料，随着科技的进步，还可以利用这些基本化工原料生产种类繁多的产品，改善人类的衣食住行环境，提高人们的生活品质。

环节四：分析资源综合利用和环境保护的关系，明确化学工作者的责任。

【学生展示】以PPT的形式向全班展示我国合成材料的使用现状、回收利用合成材料的途径，并试着从环境保护和经济成本等方面对其进行评价。最后思考并讨论发言：怎样处理资源利用和环境保护的关系？你对环境保护有何建议？

【设计意图】通过展示和讨论，学生能进一步意识和体会到自然资源并不是"取之不尽，用之不竭"的，要关注资源和环境，遵守相关规则。要从我做起，进一步认识到化学是一把"双刃剑"，既能改善人们的生存环境，也能对环境产生危害。只有合理利用化学资源，才能保护人们生存的环境，发挥化学在现代生活中的重要作用。

三、教学设计说明

"资源的综合利用 环境保护"作为必修模块的最后一节，是对必修化学知识的重要补充，也对培养学生"科学态度和社会责任"的核心素养有着举足轻重的作用。通过本节课的学习，能让学生进一步明确作为一名化学工作者的责任和使命，在生活中关注与"STSE"相关的化学问题。

（一）基于高考要求和学情设计活动，凸显化学与"STSE"的联系

高考越来越重视针对真实情境解决化学实际问题能力的考察，而"STSE"思想适应了社会发展的需要，将理论知识与科学教育、技术教育、社会教育、

环境教育有机地结合到一起，强调学生运用知识解决实际问题的能力。通过对我国资源现状的情境创设，学生能深刻体会到我们不仅要合理开发资源，还要注重通过化学手段对资源进行综合利用；通过石油分馏和蒸馏装置的对比分析，合成高分子材料等，学生能了解化工产业、化学职业的社会责任和贡献，体验学科内容与社会生产的关系；通过合成材料的不合理使用对环境产生污染的情境创设，学生可以增强生态文明意识，形成资源全面节约、物能循环利用的意识。

（二）引导学生运用多种手段自主学习，促进能力的培养

常规对该部分内容的教学，是教师通过简要介绍的方式讲解教材内容，而本文提出的自主学习模式，通过学生自主查阅资料、课堂交流讨论，转变师生角色，增加了课堂参与度，激发了学习兴趣。通过资料的整理和展示，学生进行自主探究学习，不但培养了学生的自主学习能力，还提高了学生对搜集到的信息进行加工整理的能力，而这种能力就是可以伴随学生终身、促进终身学习的核心素养[7]。在渗透"STSE"思想的同时，逐步把科学态度和社会责任感这一核心素养内化到学生的意识中。而这一素养的培养不是一节课就能完成的，需要教师在相关知识的教学中捕捉每一个细节，长期精心培养，使学生具备科学态度和高度的社会责任感，完成化学学科培养高素质人才的使命。

【参考文献】

[1] 于晶明. 试论化学教学中STSE教育的实施[J]. 广西师范大学学报（哲学社会科学版），2000（S2）：196－199.

[2] 中华人民共和国教育部. 普通高中化学课程标准（2017年版）[M]. 北京：人民教育出版社，2018.

[3] 人民教育出版社，课程教材研究所，化学课程教材研究开发中心. 化学必修2教师教学用书[M]. 北京：人民教育出版社，2007.

[4] 刘庆欢. 关于中学生网络信息依赖的调查与思考[J]. 中国教师，2008（11）：43－44，50.

[5] 陈宽林. 化学教学中培养学生人文素养的策略与反思[J]. 理科考试研究，2016（23）：82.

[6] 中华人民共和国自然资源部. 中国矿产资源报告2017[M]. 北京：地质出版社，2018.

[7] 林崇德. 21世纪学生发展核心素养研究[M]. 北京：北京师范大学出版社，2016.

新课程改革下高中化学探究性教学的研究
——由"原电池"教学引发的思考

李 俊

一、问题的提出

新课程改革已在全国各省市陆续展开,它的实施给中学教学改革带来了勃勃生机,给课堂教学带来缕缕春风,也使得各种教学模式纷至沓来。四川作为全国最后一批进入课程改革的省份,我校全体化学教师也赶上了改革的末班车,踏上了新课程教学之旅。

从我们关注新课程改革信息,学习相关地区的新课程改革经验起,接受省级、国家级培训,再到新课程改革实施成功的学校进行学习,最后一步步在自己的教学中摸索实施,感触颇多。教师从原来的喜欢讲,喜欢多讲,变成了少讲,重在引导学生主动思考,体现自身的主导作用。学生也学会了小组协作探究学习。这对教师和学生来说都是一场挑战。新课程改革教学理念越来越注重对学生进行素质教育,注重对学生学习能力的传授[1]。教师都在思考怎样设计一堂完美的课,步步引导学生主动思考、主动参与,提高学习积极性,体现教师为主导、学生为主体的教学模式。笔者就自己的学习和课堂实践,谈一些想法和思考。

二、两种课堂实践的对比

笔者选择了理论性强、学生很难理解的高中化学中的"原电池"这部分内容进行对比教学。根据大纲和考纲的要求,设计出两个教学模板。

模板一:首先,教师提出问题——什么是原电池?引导学生阅读资料、教材，完成考纲中的第一个要求。接着，教师组装书上实验2-4的铜锌稀硫酸原电池，并做演示实验，讲解原电池的工作原理，然后让学生绘制出原电池的简易装置图，记录并相互讲解原理。最后，引导学生思考：用于设计原电池的化学反应是哪一类？要形成原电池需要什么条件？教师再细致讲解、清晰板书。整个课堂40分钟，教师讲30分钟。

  模板二：首先，教师将生活中常见的手机电池和干电池引入本堂课，激发学生了解原电池的兴趣，然后将全班分为八个小组，每个小组有六名同学，其中两名同学负责操作实验，两名同学负责观察实验现象，两名同学负责记录。选取几个小组的记录进行对比，发现存在不同之处：有些小组发现形成原电池比单独将锌放在稀硫酸中更快。有些小组发现锌片上有铜，引发思考——时间久了对电流有没有影响？是否可以改进装置？有些小组发现硫酸浓度不同时气泡产生的快慢也不同。整个讨论过程学生都表现得很积极，学习兴趣浓厚。他们提出的问题都是教师预设到的，通过组内、组外讨论，基本能够得到解决。最后，教师引导学生思考——能否将铜和锌分开，改造实验装置？设计双液原电池，使得能量转换率高，产生持续、稳定的电流，防止自放电。本堂课教师讲了13分钟左右，学生自主学习大约27分钟。

  模板一课程结束后，通过测试和学生信息反馈笔者了解到，大多数学生知道了什么是原电池，但是对原电池的工作原理还很模糊，对电池装置的改进大多数还不知所措。笔者想，通过教师演示实验，虽然节约了时间，讲解得很细致，引导得很严密，板书一字不漏，学生笔记清晰、知识条理清楚，但是整个课堂感觉学生的参与积极性不高，对知识的掌握也不太好，最重要的是学生很少进行发散思维、做深层次的思考，这样一来，学生的思维就没能得到很好的训练。所以在第二个班，笔者采用了模板二，课堂引入采用生活中的电池，把实验改为学生讨论、自己组装装置、亲身体验。学生产生了极大的好奇心和探究的欲望，在动手操作中对原电池有了更深层次的理解和认识，而且能自己动手设计不同的电池。一堂课结束后，学生还意犹未尽，而且课后测试表明，这堂课的教学效果很好。

  教学后的反思：探究性实验教学能培养学生观察和归纳概括的能力，训练一定的实验技能，较好地激发学生通过手脑探求知识的欲望[2]。模板二的教学效果明显优于模板一，因为这一堂课创设了情境，激发了学生的求知欲，让学生参与其中，获取了感性认识，并创设了机会，让学生能提出问题、分析问题，通过查阅资料、寻求老师的帮助解决问题。总体来说，学生的思维能力、思辨能力、语言表达能力、创新能力、团队写作能力都得到了增强，获得了对未来学习的信心,增强了集体荣誉感。

三、关于探究性教学的几点思考

第一,对新课程改革中"探究"的理解。

《普通高中化学课程标准(2017年版)》提倡"个性发展",在分析问题、解决问题的具体实践中培养能力。新课程改革对课堂有了新的要求,它的核心——一堂完美的化学课包含几个内容并且环环相扣:首先通过引导激发学生的兴趣让学生提出问题;接着让学生通过小组协作查阅资料解决问题;然后提出假设,教师启发学生用正确的思维方式思考问题,学生讨论设计出新的方案;最后学生亲身体验完成假设。但是新课程改革实施之初,由于教学任务繁重、教学时间不足、教学评价机制的压力颇大、学生的思维方式和学习能力还在开发期等,要开展这样的课堂教学难度还是较大的。作为教师,笔者认为不只要教给学生知识,还要传授给学生学习的能力。我们要勇于改变观念、迎接挑战,认真设计每一堂课、每一个环节,不断启发学生发现问题、提出问题、解决问题,把课堂变成探索的旅程。

第二,"因材施教",认真研读考试大纲,加强对教材的研究。

高中化学共有五本书,包括必修1、2,选修3、4、5。新教材最大的特点就是除了原有的学生实验,还增加了学与问、科学视野、实践活动等环节。这样,教材中就有了更多引发学生思考和探究的内容,而且为学生拓宽视野、进行实验探究提供了良好平台。笔者针对"原电池"这一节内容,将新旧教材进行了对比,发现新教材给了教师更多的创造空间,教师要认真研究教材大纲和考试大纲,根据学生认知情况,因材施教选择合适的教学方法、选择好的教学方式启发引导学生,培养学生的学习能力。

教师从学生的实际出发创设高效课堂,让学生积极与老师、同学互动,在课堂学习中始终发挥主体作用[3]。好的引导方式可以提高学生的思维能力,培养学习的主动性和探究能力,这就要求教师必须认真研究学生学情,比如哪些知识是学生知道的,哪些知识是学生在生活中就可以获取的。这些都决定了教师在备课时对教材的处理会有所不同。对于学生未掌握或未了解的知识,教师要思考在教学中该如何引导学生学习,如何做好铺垫工作,如何激发学生的求知欲望,让学生在探究中获得知识。

教学要符合学生的认知规律,从简单到复杂,从知识的感知到理解,先理解再巩固应用。我们在探究性教学中要遵循学生学习的规律设计各个教学环节,这样才能激发学习兴趣,教学效果自然好。新课程改革指出,教师在课堂引入时要从学生生活中熟悉的事物入手,这样可以很好地引导学生发现问题,提高他们的探究欲望,同时利用已有的经验学习新知识,更好地掌握新知识。

第三,在反思中优化教学设计。

探究性教学模式对于提高学生的学习兴趣和学习能力有重要作用[4]。对于新课程实验来说,课堂才是主阵地,只有在课堂教学中才能完成新课程所期望的宏伟目标,教学设计在此就起到了举足轻重的作用。一堂课成功与否,最重要的就在于教学设计。教学设计包含教育理论、学习理论、问题探索、方法与技巧等许多方面,理论是基础,探索是过程,方法是手段,教学是目的。设计一堂课,不但需要教师的专业性,更需要教师的艺术性。因为一堂好课不仅要完成知识的教授,更要培养学生的价值观、思维能力、动手能力和团结协作能力。同时,也要培养学生形成学科核心素养。

课前的教学设计是教师根据对教材所做的分析等得出的一个可控的流程,但在实际教学过程中,由于学生思维的多向性,往往会出现许多预想之外的问题。比如在第一个班进行"原电池"教学后,学生就提出了许多问题,于是笔者在对教学设计的反思和完善中更加关注对学生问题的引导。因为问题是学生自己提出的,也是学生所关心的,所以学生就能在教师的指导下富有感情地投入学习,去探索自己所想、所关心的事物。教师在对教学设计进行优化时,要善于挖掘教材中可以设置问题的内容,或者引导学生自己提出问题,让解决问题成为学生学习的动力。教师只有通过教学实践、认真反思,优化教学设计,才能创设优秀的探究情境,才能有计划、有步骤地培养学生的科学探究能力,才能真正适应新课程改革的要求。

四、结语

探究性学习主要是在教师和学生之间形成科学的研究氛围[5],而培养学生创新思维的主要阵地就是课堂:使课堂教学模式从过去的以教师为主,以获取知识为主,变成以学生为中心,以探索知识为主。面对新课程改革,最初笔者是迷茫的,在经历了几年的反复实践后,终于找到了理性的探索之路:设计教学过程,然后反复实践、不断优化。据此,笔者加深了对探究性学习的认识和理解,提升了自己的教学能力,教学效果明显。笔者相信,如果我们在教学方案中能恰当地将探究性问题预设进去,学生的智慧之门就会被我们开启,学生的探索灵感也会被我们激发出来,从而切切实实地提高教学效率。

【参考文献】

[1] 郁彩虹. 高中化学探究性教学模式研究 [J]. 中国校外教育，2018 (10)：82-83.

[2] 孙高海. 浅谈探究性教学在高中化学实验教学中的应用 [J]. 中国校外教育，2013 (31)：93.

[3] 郭桂玲. 在高中化学课堂实施探究性教学之探索 [J]. 学周刊，2016 (15)：75-76.

[4] 李健华. 高中化学探究性教学模式的研究 [J]. 课程教育研究，2015 (22)：136.

[5] 韩俊银. 高中化学探究性教学对策分析 [J]. 读与写，2013 (10)：147.

在化学工艺流程题中强化化学学科核心素养

刘 艳

一、背景

化学教学重视化学知识与工业生产、日常生活的联系，因此反映化工生产的工艺流程题就成为高考中的必考题型。该类题目综合性强，但是对学生来说情境陌生，知识面涉及比较广，对个人能力的要求较高，从而导致学生在面对这一题型时容易感到无所适从，很难及时进入答题状态，使得最后得分情况不甚理想。工艺流程题通常模拟现实的生产流程，以流程图的形式，以学生相对陌生的元素或化合物知识为载体，综合考查元素化合物知识、陌生方程式的书写（一般为特定条件下氧化还原反应方程式和复杂条件下制备新物质方程式的书写）、基本实验操作（煅烧、溶解、过滤、洗涤、结晶、蒸馏等）、化学平衡原理、化学反应条件的控制、产率的计算、溶解平衡及 K_{sp} 的应用、计算、绿色化学、化工安全思想等内容，是真正的学科内综合题。化工流程题侧重考查学生对新信息的获取及整合能力，对生产生活实际中出现的问题的分析能力、逻辑推理能力、化学语言表达能力和计算能力。研究近几年的全国高考题后，我们得出这样的总结：变化的情境，永远的知识点。研究工艺流程题，对学生核心素养的提高大有帮助。

二、工艺流程题中核心素养的体现

（一）核心素养：证据推理与模型认知

1. 证据推理

化学是一门以实验为基础的自然科学，其理论是以许许多多的事实材料为基础，经过严密的科学分析、逻辑推理和论证而形成的。在化学学科背景下，学生能够依据所给的有关事实或材料推出新的判断或结论，从而实现问题的解决并且获得新的知识[1]——这是证据推理对应的学科素养的要求。对工艺流程题中新信息的获取主要从下面三个方面着手：

第一，从已有知识储备出发。比如金属、非金属及其化合物的性质、制备方法及用途，实验基本操作（溶解、过滤、结晶、洗涤、除杂等），化学基本原理（氧化还原原理、平衡移动原理、酸碱中和滴定原理等），将这些原有知识与新信息组成新的知识块，推理得出新的结论，找到解决问题的方法。工艺流程题经常考查陌生方程式的书写，很多都需要基于氧化还原原理，结合实际情景进行解答。例如，2016年全国卷Ⅰ（图1）：

图1

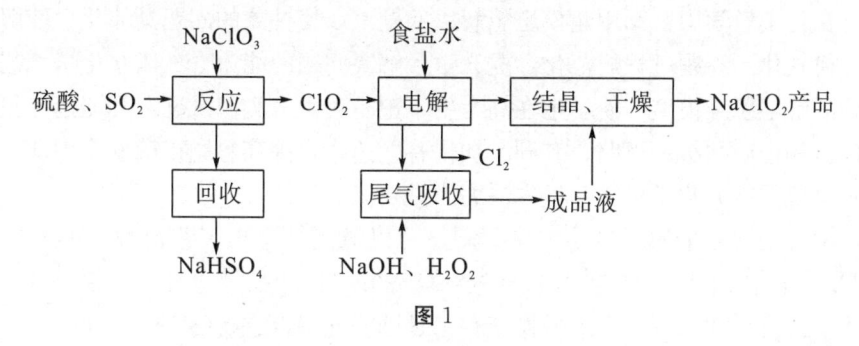

图1所示化学反应的核心方程式为：$2ClO_2 + 2Cl^- \xlongequal{\text{电解}} 2ClO_2^- + Cl_2 \uparrow$，该方程式根据$ClO_2$和食盐水的性质，从宏观和微观相结合收集证据，通过定性分析，用电解原理推导得到方程式。这道工艺流程题考查了学生对实际问题的分解、分析，对综合性问题的解决以及从经济的角度出发分析解决实际生产中各种问题的能力，强化化学学科核心素养。

第二，剖析流程，找出有用信息。比如原料是什么，有些什么杂质，哪些步骤是除杂，具体用的是什么方法，发生了哪些反应，造成了什么后果，对制备的产品有什么影响[2]。上述流程图（图1）中，要求尾气处理电解未反应完

全的 ClO_2，通过流程图中箭头所指，尾气吸收所得到的成品液与电解液合并，从而推出尾气处理的生成物，再根据氧化还原原理整合得出氧化剂与还原剂的比值。这个过程体现了定性收集证据，通过定性分析和定量计算推出合理结论的化学学科核心素养。

第三，从设问中找出有用信息。2018年全国Ⅱ卷的工艺流程题要求学生从表格中提取有效信息，推理并回答氧化除杂的目的；2017年全国Ⅰ卷的工艺流程题要求学生从浸出率—时间图中提取证据信息，推断出最有利的实验条件。工艺流程题中出现的浸出率—温度曲线、浸出率—pH图最为常见，通过图像，教师可以引导学生讨论当温度太高时哪些物质易分解从而导致浸出率偏低，搅拌过程中会不会有物质被氧化从而导致浸出率偏低等。通过这些证据，学生可以认识到化学反应原理和化学反应条件的控制就像两条红线，贯穿工艺流程题的始终。

基于化学基本理论和化学实践的"证据推理"，具有很强的科学性和趣味性，因此对激发学生学习兴趣、拓展学生思维、提升教学质量都有极大的促进作用。

2. 模型认知

在化学教学中，利用建模思想解决问题可以使抽象的问题具体化，使解题过程模式化、答题过程规范化，提升学生解决问题的能力[3]。建立化学工艺流程题的解题思维模型，使学生在高考中不论是否做过类似试题，都能迅速找到突破口和正确的解题思路，有利于加快答题速率，提高答题正确率。因此，让学生了解并掌握化学思维建模方法尤为重要。

结合变化万千的众多工艺流程图，可以概括抽象出工艺流程的一般过程（图2）：原料预处理→核心反应→提纯分离→目标产品等。其中，制得目标产品是工艺流程的宗旨，整个操作流程都是围绕此宗旨进行的[4]。

图2

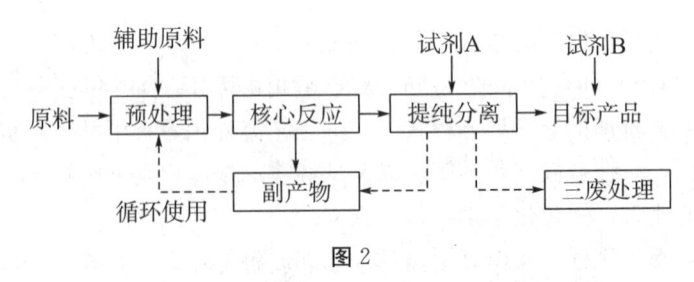

总结流程图规律：主线主产品，分支副产品，回头为循环。

除了建立上述工艺流程的一般过程，在工艺流程题中还可以建立多种模型，以加快解题速度和提高正确率。

将工艺流程中诸如原料的预处理、除杂、产品的分离与提纯等常见问题进行归类，形成解决同类问题不同方法的归类式模型。比如工艺流程分离与提纯问题中经常设问洗涤晶体的方法：①水洗——通常是除去在水中溶解度较低的晶体表面的水溶性杂质。②冰水洗涤——能洗去晶体表面的杂质离子，同时减少晶体在洗涤过程中的溶解。③特定的有机试剂（乙醇等）洗涤——洗去晶体表面的杂质，降低晶体的溶解度，有利于晶体析出，并减少损耗。还可以对流程中"溶液 pH 的控制"建立归类式模型：①通过调节溶液的酸碱性，使某些离子形成氢氧化物沉淀，达到分离或者除杂的目的。②调节溶液呈酸性，使可溶性金属离子进入溶液，也可以除去原料中的金属氧化物薄膜。③调节溶液呈碱性，可以去油污，可以溶解两性物质 Al、Al_2O_3、二氧化硅等。④某些核心反应的完成需要溶液保持特定的酸碱度。

工艺流程题中还需要建立一种重要模型——原理模型。物质的制备、污水的处理问题中经常用到电解的方法。电解是工艺流程题中常用的一种理论模型，氯碱工业中运用电解法制备烧碱、氢气和氯气。2018 年全国Ⅰ卷和全国Ⅲ卷都涉及用电解法制备产品。例如，2018 年理综第 27 题：用三室膜电解技术制备 NaS_2O_3，装置如图 3 所示。

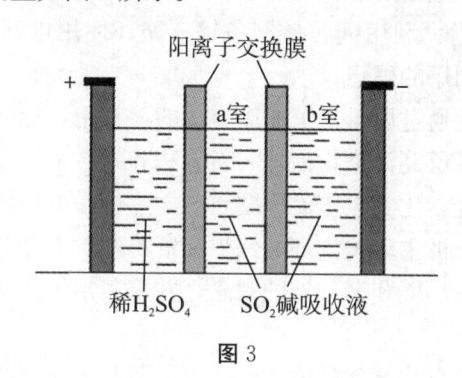

图 3

根据电解的原理，由图 3 可知，阳极电解稀硫酸，氢离子浓度增大，阳极室生成的氢离子通过阳离子交换膜进入 a 室，a 室中的亚硫酸钠转化成亚硫酸氢钠，所以 a 室中的亚硫酸氢钠浓度增加。将该室溶液进行结晶脱水后，即可制备得到目标产物 NaS_2O_3。建立电解模型，可以帮助学生很快进入解题状态，应让学生认识到解题过程中建立各种模型的重要性。

建立这些化学模型有利于学生优化认知结构，在梳理建立模型的过程中能够提升学科核心素养。但化学模型是一种理想化的范式，而实际问题情境又复杂多样，因此，在应用模型类比迁移解决具体问题时，要审辨问题的本质和侧重点，这样才能够做到灵活地应用模型而不被模型所束缚[5]。

(二) 核心素养：科学态度与社会责任

科学态度与社会责任属于化学学科核心素养中较高层次的价值追求[6]。培养学生的科学态度与社会责任这一化学学科核心素养，《普通高中化学课程标准（2017年版）》是这样解读的：具有安全意识和严谨求实的科学态度，具有探索未知、崇尚真理的意识；能认识到化学对社会发展的重大贡献，具有可持续发展意识和绿色化学观念，能对与化学有关的社会热点问题做出正确的价值判断并且参与解决问题的社会实践[6]。工艺流程题借助不同的素材、不同的情境，着力引导学生关注社会经济和科学的发展，体会化学在合理利用资源、开发新能源、追求绿色生态环境等方面的价值和贡献，培养学生的社会责任感。

2019年成都三诊：从工业废料中提取三氧化二砷，得到在医药领域有重要应用的三氧化二砷，通过废弃物的再利用，强化绿色化学观念。

2018年全国Ⅰ卷：以烟道气中的二氧化硫为原料制备焦硫酸钠，用三室膜电解技术制备焦硫酸钠，提出二氧化硫污染物治理的新思路，并且渗透了将化学成果应用于生产生活的意识，展示科技的发展和学科价值。

2018年全国Ⅱ卷：利用闪锌矿制备锌，循环使用电解产物硫酸，体现绿色化学中物质循环利用的思想。

化学工艺流程题通过展示对工业废弃物的再利用，让学生发现化学变废为宝的神奇魅力；通过研究污染物治理的新方法和新技术，让学生感受到化学与生产生活的密不可分。化学工艺流程题还向学生传递可持续发展意识和绿色化学观点，使学生能积极主动关注环境保护和资源开发等社会热点问题，形成合理利用自然资源、与环境和谐共处的观念，并培养学生严谨求实的科学态度和强烈的社会责任感。

近几年高考试题对化学学科能力的考查已与基于"核心素养"的新课程标准全面对接。化学工艺流程题坚持以现实的生产流程为背景，情境较新，综合性强，思维量大，区分度广，这要求化学教师在化学工艺流程的教学中，有意识地培养学生把所学知识迁移到新情境中的能力，在解题过程中不断渗透和提高学生的化学学科核心素养。

【参考文献】

[1] 王兆允. 高中化学学科核心素养"证据推理与模型认知"的培养 [J]. 课程教育研究,

2018 (15): 104−105.

[2] 王保强. 化学工艺流程图题的命题特点和应对策略 [J]. 化学教学, 2013 (8): 64−66.

[3] 张君梅. "建模思想"在化学解题中的应用 [J]. 中学课程辅导, 2011 (8): 46.

[4] 黄海云. 利用"模型法"突破工艺流程图题 [J]. 化学教学, 2015 (1): 84−86.

[5] 吴庆生. 利用化学模型提升学生解决问题的能力 [J]. 化学教学, 2014 (12): 42−45.

[6] 张绪生, 刘江田. 基于发展学生化学核心素养的"工艺流程题"研制及思考 [J]. 中学化学教学参考, 2017 (14): 53−54.

"诗"情"化"意
——从古诗词中感悟化学之美

牛小冬 李有海 李小英

漫漫历史长河，人类化学知识的形成、人类对化学原理的认知经历了漫长而又曲折的道路。化学伴随着人类社会的进步而发展，同时又促进社会生产力的发展，周而复始，推动历史不断前进。在这些漫长的日子里，我们的祖先也许不知道那些化学原理，可他们却用聪明智慧的大脑创造出了与化学有关的古诗词。在古诗词的抑扬顿挫里，有太多对化学知识的描写，既形象地描述了化学现象，又深刻地表达出诗人的思想情感。

下面，让我们一起分析一些常见的古诗词中所蕴含的化学原理，用心感受古诗词中的化学之美吧！

一、描述化学现象，描写日常生活情境

（一）第一首诗

小时候每逢春节，小伙伴们总会吟诵下面这首脍炙人口的名诗：

元 日
【北宋·王安石】
爆竹声中一岁除，春风送暖入屠苏。
千门万户曈曈日，总把新桃换旧符。

这首诗是北宋著名诗人王安石所作的一首七言绝句。这首诗描写了新春之际燃放爆竹、饮屠苏酒、换新桃符等民俗场景，充满了浓郁的生活气息，充分

展现了那个时代人们过年时欢天喜地的氛围，抒发了作者意欲改革朝政的思想情感。在这首诗中，不仅寄托着作者的政治理想，也蕴含了化学原理：爆竹为什么能发出噼里啪啦的爆炸声呢？那是爆竹中含有的黑火药在起作用。

火药是我国四大发明之一，其主要反应物为硫黄、硝石（KNO_3）和木炭，当这三种物质按一定的比例［硫黄∶硝石（KNO_3）∶木炭＝1∶2∶3］混合加热时，KNO_3分解释放出的氧气使炭和硫黄一瞬间剧烈燃烧，从而散发出大量的热，同时快速释放 N_2、CO_2 等气体，这就使气体的体积急剧变大，压力瞬间增大，于是发生了爆炸，并伴有震耳欲聋的爆竹声。其化学反应方程式为

$$S+2KNO_3+3C=3CO_2\uparrow +K_2S+N_2\uparrow$$

（二）第二首诗

在下面这首诗中，对于烟花爆竹燃放时的绚烂景象有着更详尽而细致的描写：

赠放烟火者
【元·赵孟頫】

人间巧艺夺天工，炼药燃灯清昼同。
柳絮飞残铺地白，桃花落尽满阶红。
纷纷灿烂如星陨，霍霍喧阗似火攻。
后夜再翻花上锦，不愁零乱向东风。

本诗是宋末元初大书法家、诗人赵孟頫所作。当烟花燃放时，天空如柳絮、桃花飞扬，好像流星滑落夜空的美好场景。其实这灿烂的场景就是我们化学学科中所研究元素的"焰色反应"。

"焰色反应"是指含有某些金属元素的物质被火焰灼烧时产生特殊颜色的化学现象。如钠盐灼烧时火焰呈黄色，钾盐灼烧时火焰呈紫色，锂的焰色反应是紫红色火焰，钡元素的焰色呈绿色等。

古时候人们正是利用焰色反应，在制作烟花爆竹时向火药中加入一些含有金属元素的物质，从而营造出诗中"柳絮飞残铺地白，桃花落尽满阶红"的灿烂画面。

二、借助物质的性质言明志向

(一) 第一首诗

妇孺皆知的《石灰吟》，是明代伟大的民族英雄于谦12岁时所写。全诗笔法凝练、语言质朴，托物言志、以物喻人，作者通过对石灰的吟诵，表达了自己英勇无畏、坚贞不屈的高洁志向。

石灰吟

【明·于谦】

千锤万凿出深山，烈火焚烧若等闲。

粉身碎骨全不怕，要留清白在人间。

此诗不只是对于谦人格襟怀的真实写照，还生动描述了一连串的化学反应：经过人们不懈的"千锤万凿"，在山林中挖掘出了石灰石（其主要成分为碳酸钙 $CaCO_3$）。然后将石灰石粉碎成粉末，再经过高温灼烧，就会生成白色的生石灰（CaO），化学反应方程式为

$$CaCO_3 = CaO + CO_2 \uparrow$$

一段时间后，生石灰（CaO）与空气中的水蒸气反应，生成白色的熟石灰 $[Ca(OH)_2]$，化学反应方程式为

$$CaO + H_2O = Ca(OH)_2$$

尽管氢氧化钙水溶液变得浑浊（氢氧化钙微溶于水），但"浑"不怕，因为氢氧化钙与空气中的二氧化碳接触时会生成白色的碳酸钙（$CaCO_3$ 硬度比较大），重新变得坚硬"清白"，留在人间。其反应方程式为

$$Ca(OH)_2 + CO_2 = CaCO_3 \downarrow + H_2O$$

(二) 第二首诗

除了《石灰吟》，于谦还写过一首吟咏煤炭的诗作。

咏煤炭

【明·于谦】

凿开混沌得乌金，藏蓄阳和意最深。

爝火燃回春浩浩，洪炉照破夜沉沉。

鼎彝元赖生成力，铁石犹存死后心。

但愿苍生俱饱暖，不辞辛苦出山林。

本诗同样是托物言志，借描写煤炭的开掘过程及其蕴藏的热能，表达诗人为国为民，宁愿赴汤蹈火的自我牺牲精神。

煤是自然界中一种分布很广、储量丰富的化石能源，而我国是世界上最早开采并使用煤炭的国家。煤含有化学元素碳、氢、氧、氮、硫等，其中，碳、氢、氧占95%以上，碳元素和氢元素是煤在燃烧过程中的可燃物，氧气是助燃剂。

燃烧充分时，化学反应为
$$C+O_2=CO_2\uparrow$$
燃烧不充分时，还会有其他化学反应：
$$2C+O_2=2CO\uparrow \qquad 2CO+O_2=2CO_2\uparrow$$
特殊情况下，则会有化学反应：
$$CO_2+C=2CO\uparrow$$

（三）第三首诗

《浪淘沙（九首）》是唐朝著名诗人刘禹锡所作，其中第六、八首描写了古人淘金时的情景。诗人借此或揭露劳作与享受的不平，或抒发自己历经磨难、不改初衷的志向。

浪淘沙

【唐·刘禹锡】

其　六

日照澄洲江雾开，淘金女伴满江隈。
美人首饰侯王印，尽是沙中浪底来。

其　八

莫道谗言如浪深，莫言迁客似沙沉。
千淘万漉虽辛苦，吹尽狂沙始到金。

诗人之所以自喻为金子，那是因为金具有特殊的化学性质。金元素的化学性质非常稳定，很难与其他物质发生反应，具有很强的抗腐蚀性，即使在高温下也不容易和空气中的氧气反应[1]。这就是人们所说的"真金不怕火炼"，正如诗人的高尚情操，只要"吹尽狂沙"，金子总会发光的。

（四）第四首诗

杜甫的《客从》充分体现出化学现象对古人思想情感的影响。

客 从

【唐·杜甫】

客从南溟来，遗我泉客珠。

珠中有隐字，欲辨不成书。

缄之箧笥久，以俟公家须。

开视化为血，哀今征敛无。

"诗圣"杜甫在这首诗中写道：从南方来的客人送给我一颗珍珠。珍珠中间隐隐约约看起来有字，却又不是一个完整的字。我把它久久地藏在家里的竹箱里，等待官家来征收。可过了一段时间后打开箱子一看，珍珠却化成了血水，只能哀叹再也没有什么东西可以应对官府的征敛了。

以往解释此诗，多认为诗人杜甫是借用古时候的传说描述了珍珠的凭空消失，以此控诉当时残暴的统治者对劳苦人民的剥削，表达了诗人对劳动人民的深切同情。但其实，古诗中珍珠消失这一现象并非传说，而是真实的化学反应。

珍珠的主要成分是碳酸钙（$CaCO_3$），以及少量的有机物。碳酸钙这种物质难溶于水，但在潮湿环境中会和空气中的 CO_2 和 H_2O 发生反应。杜甫所住的房子漏雨潮湿，当竹箱受潮时，竹箱里珍珠中的 $CaCO_3$ 遇到空气中的 CO_2 和 H_2O 就变成了碳酸氢钙水溶液，其反应方程式为

$$CaCO_3 + CO_2 + H_2O = Ca(HCO_3)_2$$

溶液中混有红色物质，故而会形成类似血水的红色液体。

三、通过化学反应刻画生活之美

（一）第一首诗

"诗仙"李白的《秋浦歌（十七首）》正面描写和歌颂了古时候的冶炼工人。

秋浦歌

【唐·李白】

其十四

炉火照天地，红星乱紫烟。

赧郎明月夜，歌曲动寒川。

诗人描绘了一幅气氛热烈的工人冶炼图：炉火熊熊燃烧，火星四溅，紫烟

环绕，广阔的天地被热烈的炉火照得通明。在这热火朝天的冶炼图景背后，就包含着一系列重要的化学反应。

古代炼铁一般是以赤铁矿、焦炭等为主要原料，赤铁矿的主要成分为三氧化二铁，其反应过程首先是由焦炭与空气中的 O_2 反应生成 CO_2，然后生成的 CO_2 继续与焦炭反应生成 CO，接下来 CO 还原 Fe_2O_3 生成 Fe 和 CO_2，从而冶炼得到生铁。其中一系列的化学反应方程式为

$$C+O_2 = CO_2\uparrow \text{（点燃）}$$
$$C+CO_2 = 2CO\uparrow \text{（高温）}$$
$$3CO+Fe_2O_3 = 2Fe+3CO_2\uparrow \text{（高温）}$$

（二）第二首诗

唐代大诗人李商隐的这首《无题》，缥缈、深沉而不晦涩，华丽而又自然，情怀凄苦而不失优美。

无 题
【唐·李商隐】

相见时难别亦难，东风无力百花残。
春蚕到死丝方尽，蜡炬成灰泪始干。
晓镜但愁云鬓改，夜吟应觉月光寒。
蓬山此去无多路，青鸟殷勤为探看。

诗词以独特的角度描写女性处于爱情时的心理活动，在哀愁、苦痛之中寓有作者热切的渴望和执着的精神。诗人感情境界深微绵邈，感人至深。特别是其中"春蚕到死丝方尽，蜡炬成灰泪始干"两句，更是千古相传、朗朗上口的名句。

"蜡炬成灰泪始干"写出了诗人甘愿燃烧自己，无私奉献的高尚情操。这句诗中包含了一个化学现象——蜡烛的主要成分是石蜡，石蜡是有机物固体烷烃（C_nH_{2n+2}）的混合物，主要是正二十二烷（$C_{22}H_{46}$）和正二十八烷（$C_{28}H_{58}$）以及硬脂酸，它们在空气中充分燃烧时会生成二氧化碳和水。其化学反应方程式为

$$2C_{22}H_{46}+67O_2 = 44CO_2\uparrow +46H_2O \text{（点燃）}$$
$$2C_{28}H_{58}+85O_2 = 56CO_2\uparrow +58H_2O \text{（点燃）}$$

四、结语

生活中充满着丰富的化学知识，也蕴含着诗意。我们可以一边吟咏古诗词

的抑扬顿挫，一边感受化学的科学原理。无论是感性的诗词赏析，还是理性的科学探讨，都带给我们无尽的感动，无限的思绪、意境和意象。那是诗歌所绽放的绚丽光芒，那是化学所蕴含的永恒魅力！

【参考文献】

[1] 左卷健男，田中陵二. 奇妙的化学元素［M］. 吴宣劭，译. 北京：煤炭工业出版社，2015.

"导引—生成"模式下化学习题课授课策略及操作流程

王仕真

一、背景

(一)"导引—生成"教学模式

维特罗克提出学生也许不明白教师的讲解,但他肯定知道自己的想法。近年来,国内对生成性教学研究越发热情,叶澜、罗祖兵、赵小雅等学者、专家从不同角度对"导引—生成"教学进行了阐述研究。他们的观点有一个共同之处:学生在"导引—生成"课堂中以对话、合作、展示、评价过程融入学习过程,这个过程是学生积极主动的学习过程,更加突出自主性、互动性、生成性[1]。

(二)传统教学模式

传统化学课教学过程中一般比较注重教师的课堂教学而忽视学生的课堂体验,学生的参与度比较低,接受效果欠佳,很多时候在习题课结束之后问题仍然没有得到解决,或者表面搞懂了问题,实际并不清楚问题的实质。传统课堂缺少培养学生的核心素养的活力。

二、"导引—生成"模式下化学习题课授课策略

(一)化学习题课的地位

《普通高中化学课程标准(2017年版)》中提出要建立化学学科核心素养:

关注学生的学习过程[2]，重视教学内容的结构化设计，激发学生的学习兴趣，促进学生学习方法的转变[3]。化学习题课在整个高中化学课堂中是不能被替代的。它可以帮助学生发现问题，解决问题，锻炼思维，构建学科知识体系[4]。所以，习题课能帮助学生深化和提高知识及技能，教师也可借习题课调整教学进度和教学方式、教学的深广度，帮助学生形成学科核心素养。

（二）化学习题课的特征

1. 时效性

对习题课的要求，其中一项就是要有时效性。学生学习中出现的疑问是急需解决而又不能自己解决的。根据记忆遗忘曲线，习题课的讲评要及时，以免问题被遗忘而导致效果欠佳。在教学过程中要尽量安排在新授课之后就开展相关的习题课。因此，本单元新授课完成后即为本单元的总评习题课，以求达到最佳学习效果。

2. 典型性

习题课上需要讲解的题目应具有典型性。讲评中切勿毫无重点，从头讲到尾，这样的习题课是达不到解惑目的的，更谈不上培养学生的学科核心素养。教师要认真批改习题，选择具有代表性的题目。习题课的讲评中要针对不同的典型错误选择恰当的教学手段，以达到习题课的最佳效果。学生常犯的错误有粗心大意，基础知识掌握不牢固，学科术语不规范，分析和解决问题的能力欠缺，思维不够活跃、不够发散。

3. 拓展性

习题课不仅要注重知识的查漏补缺，也要注重知识体系的拓展性。新课程标准中基本理念的第二点指出，通过有层次、多样化、可选择的化学课程，拓展学生的学习空间，在保证学生共同基础的前提下，引导不同的学生学习不同的化学，以适应学生未来发展的多样化需求[5]。化学习题课要抓住课型特点，创设不同情境，改变题设条件，进行问题重组，以此来强化练习、培养审题能力、锻炼思维，达到以点带线、以线带面的目的，最终培养学生的学科核心素养。

4. 自主性

习题课要体现出自主性，这是"导引—生成"教学模式的核心要素。传统习题课通常为教师主导，一讲到底，学生参与度很低。新课程标准要求学生通过自主分析试卷或习题，找出核心问题，并进行自我纠错或小组内互帮互纠；较难的题目分组承担讲评任务，教师和其他小组提出质疑并补充，对重难点和共性问题开展有针对性的分享、讨论、追问、训练，反思得失，拓展思维，提升能力。

(三)"导引—生成"化学习题课教学策略

1. 精选习题

习题的选择要准确、合理，习题要和学生的阶段性认知水平、能力相匹配。我们要思考：哪些知识学生未掌握？教学中讲解是否到位？教学培养了学生哪些学科素养？学生是否达到学习目标的要求？教师要从教与学两个层面思考，选题要有典型性、有效果。同时，习题的选择要注意平时练习和阶段性习题的区分度。初学阶段学生还没有完全掌握知识，因此平时练习要以巩固基础为主。阶段性习题，在平时练习的基础上要适当增大难度。习题宜"少"而"精"，忌"多"而"杂"。

2. 自纠错题

"导引—生成"模式下的化学习题课体现出学生的自主能动性，以生成高质量的教学效果。习题课授课前和授课过程中要落实学生错题的自查自纠，自纠错题可以让学生自行解决问题，其间也可以由教师指定某些典型错题，但应该以解决学生自己的错题为主。典型错题主要留在课堂小组讨论和教师引导过程中完成。自纠错题可以使学生明白自己做错的原因，从自查自纠的过程中改进自己的学习方法、思维方法。过程促发展，自纠错题能充分调动学生的学习能动性，以达到内化知识、强化思维训练的效果。

3. 合作探究

"导引—生成"模式下化学习题课的核心就在于合作探究、引导反思。合作探究中学生之间互相质疑、解疑、分享，整个过程就是思维的大启发、大碰撞。这个过程可以突破教材的束缚，让思维能力得到大幅度提升。在合作探究过程中，教师起到引导作用，因此要善于发现学生探究过程的亮点，在亮点处给予积极评价，在错误处及时给予引领。

4. 引领深化

"导引—生成"模式下的化学习题课，供学生生成性的教学资源较为碎片化、片面化，教师需要捕捉学生探究中的闪光点，引领学生将碎片化、片面化的教学资源生成系统性的、有深度的教学资源，将教学过程推向更高的水平[6]。此外，对于一些有价值的信息，教师和学生应该重新整合，形成并转化为全体学生的核心竞争力。

三、"导引—生成"模式下化学习题课授课流程

"导引—生成"模式下化学习题课授课是建立在评阅精选习题基础上的，教师要归纳总结出讲评内容，做到有的放矢。具体授课流程如下。

(一) 预设学情

预设学情主要是备教材、备学生，为教学中可能出现的情况做准备。

(二) 展示目标

展示目标是向学生明确本堂课的主要学习任务、学习目标、教学重难点等内容。展示目标可分层次进行，对于基础薄弱的学生，要求达到基础知识的过关过手，争取做到可以联系知识对问题进行剖析；对于基础较好的学生，不仅要求能熟练运用基础知识，也要能对问题进行剖析，争取一题多解；对于基础好的学生，除了要求达到前面两个层级，还要具有对问题的探究能力。

展示目标约 1 分钟。

(三) 回顾知识

复习知识点是为"导引—生成"模式下的教学扫去障碍，为有效生成做好前期保障。通过评阅习题、分析错题，教师已经对学生的易错知识点、错误原因有了大概的了解，要在此基础上对知识进行复习。复习知识可以采用教师直接讲解，也可以采用提问、填空、习题等方式，最好辅以学案。回顾知识主要是巩固知识、熟悉方法技巧。

回顾知识一般为 3~5 分钟。

(四) 自纠错题

自纠错题是让学生在一定时间内，自己解决习题中出现的问题。自纠错题是一个完全自主的过程，在这个过程中，学生只能独立纠错，尽量不与同学讨论，也不询问老师。学生独立思考导致做题错误的原因，是基础掌握不牢固、审题不仔细，还是未按要求作答，等等。学生在自查自纠的过程中可以巩固基础知识，思考学习中的得失，强化学习方法。过程促发展，自纠错题能充分调动学生的学习能动性，达到内化知识和强化思维的目的。

自纠错题约 5 分钟。

（五）分组讨论

分组讨论主要是解决前一个阶段（自纠错题）不能解决的问题。分组讨论既要讨论学生的共性问题，也要讨论教师提出的一些典型错题。通过讨论，组内同学可以相互帮助分析错误原因。同学之间的讲解方式更通俗易懂，易于知识的吸收、方法的掌握[6]。在学生分组讨论的过程中，教师不能袖手旁观，要深入其中，起到关键性的调控作用。教师需要主导小组的合作方式与流程，引导学生聚焦问题，合作探究核心问题，深度参与组内合作，适时点拨组间展示。

分组讨论约 10 分钟。

（六）展示归纳

展示归纳过程是将分组讨论这一步得到的结果展示给全体学生。展示的结果包括各小组是否解决了本组成员的相关问题，解决到了什么程度。通过小组展示，教师可以了解各小组的讨论情况，对于未解决问题的小组，可做适当批评，并请已经解决问题的小组来解答相关问题。学生在解答问题的过程中可能有对知识、方法的归纳总结不够完善的地方，这个时候教师要对其进行实时点拨。对于学生都没能解决的问题，教师要重点关注，并督促他们完成。

展示归纳约 15 分钟。

（七）拓展训练

拓展训练以精选错题为模板，选择相关题目加以训练。这个部分主要在学案上体现。拓展训练的目的是进一步巩固知识，提升能力。

拓展训练约 5 分钟。

（八）课堂总结

课堂总结主要是总结本堂课的目标完成情况，表扬优秀的小组和个人，鼓励表现不理想的小组和个人。

整堂课耗时约 40 分钟。

四、结语

目前，我校广泛采用"导引—生成"模式来指导化学习题课教学，让学生自主性探究学习。我们明显感到学生的学习积极性有所提高，思维更活跃，这对于培养学生的学科核心素养是大有裨益的。采用这种方式进行习题课教学已经成为教学主流，也吸引了省内外同行前来学习、探讨，并得到了大家的高度评价。

【参考文献】

[1] 杨勇军，苏俊清，王平. 因导引生 以生为本——高中"导引—生成"课堂教学改革探究 [J]. 新课程研究，2016（12）：4—6.

[2] 杨建华，夏吉鑫. 高中数学实验课教学的认识与思考 [J]. 兰州文理学院学报（自然科学版），2012（S4）：55—57.

[3] 中华人民共和国教育部. 普通高中化学课程标准（2017年版）[M]. 北京：人民教育出版社，2018.

[4] 谢汉新. 捕捉无法预约的美丽，演绎精彩的生成课堂——浅议课堂教学 [J]. 中国校外教育，2018（7）：143.

[5] 林敏. 优化化学习题教学设计，构建动态生成的习题课教学 [J]. 化学教学，2009（11）：26—29.

[6] 王伟然. 基于合作学习的高中化学习题课教学的实践研究 [D]. 石家庄：河北师范大学，2014.

无疑处质疑　探究中求真
——由"铝和硫酸铜溶液的反应"教学引发的思考

吴　娟　雷　魁　刘　静

一、在无疑处质疑——重复教材实验

笔者按照教材的要求，将一根用砂纸打磨好的铝丝立即浸入饱和的硫酸铜溶液中部，观察现象。实验现象如下：刚开始，铝丝表面有少量气泡产生；几分钟后，有很少量的红色固体析出；即使反应持续一天，铝丝表面也只包裹了很少量的红色固体，且一直伴有少量气泡产生。该反应远没有理论预测的那么剧烈，更没有出现如人教版现行九年级化学教材下册图8－13那样的分层现象。

如此简单的实验，其结果却这样反常，让人质疑：为什么打磨后的铝丝还是不能与硫酸铜溶液迅速反应？是铝不够活泼吗？答案是否定的。因为铁能与硫酸铜溶液迅速反应，而铝比铁更活泼，反应应该更剧烈。是硫酸铜溶液浓度不够高吗？也不是。我们用的是饱和的硫酸铜溶液，且反应过程中溶液的蓝色几乎没有变浅，说明硫酸铜的量是足够的。硫酸铜和铝都没有反应完，铝又那么活泼，为何没有剧烈地反应下去？由此，笔者猜测，正是由于铝太活泼，所以刚打磨后的铝在实验过程中又被氧化了，可能在伸入硫酸铜溶液前就已被空气氧化，也可能是被溶液中的氧气所氧化。

二、在探究中求真——改进教材实验

为了验证猜测，笔者查阅了大量文献，发现果然和预测的相符，并从文献中找到了四种去除氧化膜的方法，具体如下：①加热法；②隔氧打磨；③酸浸

法；④氯离子穿透法[1-7]。笔者按照文献的叙述，分别用"酸浸法"和引入氯离子的方法进行了实验，实验设计和结果如下：首先选择熟悉的"酸浸法"除去铝丝表面的氧化膜。其原理是利用酸和氧化铝发生的复分解反应除去氧化膜，再利用酸继续和内部的铝发生置换反应产生气泡的现象，判断氧化膜是否被完全除去了。操作如下：常温下，将酸性相同（pH≈0.2）的盐酸和稀硫酸分别与刚打磨的铝丝反应，结果盐酸反应更剧烈，产生气泡更快，稀硫酸反应很慢，产生气泡很少，如图1所示。结果说明，用盐酸去除氧化膜的效果更好。为什么会出现这样"反常"的结果？经过分析，在酸性相同的情况下，这种差异显然与阳离子无关，它是由阴离子的不同引起的。这与我们查阅的资料正好吻合，即氯离子对氧化膜有较强的破坏力[8-10]。可见，这种"反常"的本质是"正常"的，只不过它超出了中学生的认知范围。

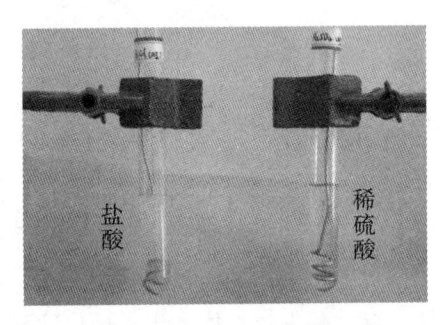

图1　铝分别与盐酸、稀硫酸反应（pH≈0.2）

那么，怎样证明我们的猜想是否正确呢？笔者通过在稀硫酸溶液中加入少量氯化钠固体来引入氯离子，发现铝丝表面立即有大量气泡产生。氯离子破坏氧化膜的效果这么好，让笔者难以置信。于是笔者又重做了一组实验：将未打磨的铝丝伸入盐酸中，结果还是立即出现大量气泡。这也让笔者对教材第9页"一、金属与氧气的反应"中"铝具有很好的抗腐蚀性能"这句话产生了深刻的认识。这种致密的氧化膜很"顽固、特别"，仅靠酸是不容易将其破坏掉的。当然，这是由氧化铝的特殊结构决定的。

从操作简单、高效、节能方面考虑，"氯离子穿透法"就是最好的去除氧化膜的方法。由此我们可以通过引入氯离子的方法改进"铝和硫酸铜溶液的反应"。但是我们加入什么物质来引入氯离子呢？加入盐酸还是类似氯化钠这样的氯盐？分析实验可知，铝在和硫酸铜溶液反应的过程中，不仅会有红色物质析出，而且还伴有气泡产生，这是因为硫酸铜在溶液中水解使溶液呈弱酸性，铝和酸接触就会发生置换反应生成氢气。由此可见，若加入盐酸，铝会被酸消耗，从而不利于铝和硫酸铜反应。于是笔者选择加入氯化钠。那么，加入的氯化钠的量会影响反应速率吗？笔者设计了一组对比实验，结果表明：氯化钠的用量较大时反应速率更快，相同时间内析出的红色固体更多，如图2所示。

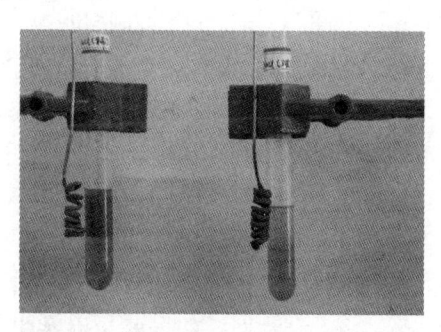

图2　铝和硫酸铜溶液反应时加入氯化钠（左：量少　右：量多）

三、在无疑处质疑——教材分析

如教材所述，铝和硫酸铜溶液反应的操作简单、现象明显。而通过实验笔者发现，按教材的方法进行实验很难成功。对此，笔者将教材课题2"金属的化学性质"仔细看了几遍，有以下两点体会。

从酸浸法去除铝表面致密的氧化膜的过程中出现的"异常现象"，让笔者对教材第10页"探究金属与盐酸和硫酸的反应"的设计方案有了更深层次的理解。首先，在这组探究实验中，教材编者选择的金属是镁、锌、铁、铜，选择的酸是初中考纲指定的盐酸和稀硫酸，然后分别将这四种金属与浓度相同的盐酸进行反应，对比反应的剧烈程度，再将盐酸换成浓度相同的稀硫酸，做同样反应并进行对比，从而比较出这四种金属的活泼性顺序。但是笔者有两点疑惑：①为什么不用铝呢？②此对比实验的逻辑是利用不同金属与相同的酸反应，比较出金属的活泼性，是一种"纵向比较"，而在此过程中，我们有没有注意到"横向比较"呢？即同一种金属与不同的两种酸反应，反应的剧烈程度会不会有明显的区别呢？笔者想，大多数老师都是"按教材教书"，没有注意到这些细节。笔者认为，由于这些问题比较复杂，且超出了考纲的要求，教材编者有意回避，从而为本节课重点知识的学习留下足够的时间。

对铝和硫酸铜溶液的反应，各种初中教参提供的"标准现象"都是：铝丝表面析出红色固体，溶液由蓝色褪为无色。而我们得到的"真实现象"是：剧烈反应，产生气泡，铝丝表面析出大量的红色固体，过一会儿，溶液分层，上层为无色，下层为蓝色，整个过程放出大量的热。笔者认为，教材编者回避反应的剧烈程度、气泡的产生、放热这些问题，也是为了考纲的需要。教材中还有一个设计，从教材的图8-13可以看出，铝丝没有伸入溶液底部，而是中部，这样设计的目的有两点：①在一支试管中对比，不仅节约药品和仪器，而且能带来特别的视觉效果，培养了学生良好的观察能力；②反应后上层溶液褪为无色，下层溶液为蓝色，说明生成的溶液为无色，且密度小于硫酸铜溶液，再根据质量守恒定律，得到反应后固体的质量变大，溶液的质量变小。笔者认为，在新课中，教师可以将这个实验作为演示实验，提前加入氯化钠进行操作，学生只需要观察且准确表达出实验现象即可。对于气泡的产生，可以通过课后查找资料，在课堂上展示成果的形式解决。当然，我们也可以不对此实验进行现场演示，教师直接将提前做好的实验样品展示给学生，学生通过对比分析，表达出"标准的实验现象"。但是，如果要培养学生的科学探究能力和实事求是的科学精神，我们应该让学生亲自做实验，而这样的实验课，只能放在初三总复习中，因为在这个过程中，学生需要把九年级化学的知识学完，才具备应对和解决实验中出现的各种问题的能力。

由此可见，化学教材的编写是科学、严谨的，每处设计、每个细节的处理都有其特殊目的和意义，都紧扣考试大纲的要求，不会随意扩展知识，增加学生的负担。教师只需要利用好教材，将教材提供的资料、知识转化成学科观念、学科思想、学科方法渗透到日常的教学中即可。

四、在探究中求真——整合教材、创新实验教学

对于教材课题2"金属的化学性质"中的各种问题，我们不能视而不见，这是一个科学工作者基本的素养——实事求是的精神，更是做好科学探究的核心——发现问题、解决问题。

因此，笔者以"铝和硫酸铜溶液的反应"为突破口，设计了一堂初三化学实验探究复习课，具体流程如下：学生按教材方法重复"铝和硫酸铜溶液的反应"，观察现象→针对"异常现象"提出质疑及根据→通过反思、查找资料、相互讨论，提出去除氧化膜的方案→通过教师引导，学生分别用盐酸和稀硫酸去除氧化膜，对比现象，得出结论→根据结论，改进"铝和硫酸铜溶液的反应"，观察现象→通过改进后的实验，思考问题（①如何完整表达实验现象？②产生的气泡是什么？说出推测的理由、检验气泡的方法。③从溶液的分层现象你能得出哪些结论？④此反应是放热反应还是吸热反应？⑤将硫酸铜换成哪种铜盐，可以和铝快速发生置换反应？⑥食盐有腐蚀性吗？为什么？）→学生

展示思考结果→学生总结解决问题的方法，教师点评。

对于这堂实验课，最关键的问题有两个：①推测出"致密氧化膜的再生"是对此实验造成干扰的因素；②找到破坏致密氧化膜的最佳方案是引入氯离子。但是，这种方法在中学是不要求掌握的，我们怎样利用现有的认知结构为学生搭建合情合理的支架，发现这个"秘诀"呢？纵观现在的中、高考，对于超出大纲的知识，我们大都是以"信息、资料"的形式直接提供给学生，学生经过简单的分析就能提取出这些信息，直接"拿来"完成实验或试题。笔者认为，这样处理无法激发学生的学习兴趣，也不利于学生化学学科核心素养的培养。因此，笔者就引导学生通过用盐酸和硫酸去除氧化膜的反应，发现氯离子的特殊用途。学生在实验中的意外发现，解决了实验的难题，从一个实验过渡到另一个实验，靠自己的智慧解决问题，获得了满满的成就感，增加了实验的趣味性，激发了学习化学的热情。

五、质疑后的反思——科学探究的核心在过程

"纸上得来终觉浅，绝知此事要躬行"。对于科学知识的学习，我们提倡"做中学"。在科学探究的过程中，掌握科学知识并不那么重要，因为任何知识都是在一定的条件下才成立的，随着环境的改变，知识也要变，并且很多问题没有标准答案。而掌握方法、积累经验、培养实事求是的科学精神更重要，这些素质的培养恰恰需要在探究的过程中进行。

【参考文献】

[1] 人民教育出版社，课程教材研究所，化学课程教材研究开发中心. 化学必修1 [M]. 北京：人民教育出版社，2007.

[2] 刘怀乐. 食盐在化学实验中的几处妙用 [J]. 化学教学，2005 (11)：4-5.

[3] 《无机化学演示实验》编写组. 无机化学演示实验 [M]. 北京：高等教育出版社，1980.

[4] 李耀军，金东升，余新红. 铝与硫酸铜溶液反应的适宜条件探究 [J]. 化学教学，2015 (8)：54-55.

[5] 杨宏慧. 铝与硫酸铜溶液反应实验的改进 [J]. 化学教学，2013 (2)：42.

[6] 胡明盛. 铝与铜盐溶液反应的研究和建议 [J]. 化学教育，2006 (8)：53-55.

[7] 陈磊磊，蔡晶. 铝与硫酸铜反应异常实验探究 [J]. 化学教学，2009 (6)：27-28.

[8] 杨先望，秦夏臻，刘麒. 传导抗扰度测试的信号电平控制方法 [J]. 上海计量测试，2012 (2)：26-37.

[9] 尹恬恬，张晓艳，东乐乐. 浅谈氯离子对不锈钢腐蚀的机理研究 [J]. 投资与创业，

2016（5）：174-175.

［10］王宏智，吴强，张智贤，等. Ni-Sn-P合金镀层在人工海水中的腐蚀行为及腐蚀机理［J］. 化工学报，2013（4）：1360-1363.

走进化学实景课堂
——新情景教学模式初探

马 丽

2019年2月23日,中共中央、国务院印发的《中国教育现代化2035》提出:推进教育现代化,加强信息化时代教育改革,利用现代技术加快推动人才培育模式改革,实现规模化教育与个性化教育的有机结合。随着"互联网+"的积极推进,"互联网+教育"已成为国家教育事业的重要抓手。实景课堂正是"2035教育发展现代化规划"的具体体现,也是"互联网+教育"的实践。

实景课堂指的是在真实场景中实施教与学的课堂。实景课堂可以让学生真实感受情景、回归本真、融入生活,让学生到工厂直接观看化工生产流程,让学生在观察中体会和学习,进而在体验中理解。实景课堂始终以学习对生活生产有用的知识作为教学的基本理念。

接下来,笔者从以下三个方面来谈一谈新情景模式下的实景课堂:
(1) 实景课堂在化学教学中的价值。
(2) 实景课堂的教学实施。
(3) 实景课堂的展望。

一、实景课堂在化学教学中的价值

学生学习化学的现状分析:学生学习化学理论往往与实践脱离,只能通过教师讲授、阅读教材、看图片、查阅资料等解决相关问题,获取的信息量少,准确度不够,想象与实际差距很大。而通过实景课堂教学,学生只需坐在教室里就能学到相应的理论知识,同时又能了解实际生产过程和相关细节。学生在课堂上遇到不清楚的问题,在听取内景教师讲解时还可以及时向工程师或外景教师请教。这种独特的教学方式既能让学生清楚地了解自己需要的知识和技能，又能让学生更深入地认识到自己所学的知识在生产中的应用，极大地提高了学生的化学学科核心素养。实景课堂的具体价值体现在以下几个方面。

（一）实景课堂解决了教学时间、空间的矛盾

实景课堂运用小蚂蚁技术平台，将与所学知识有关的工厂、企业等场所的现场景观和工作过程实时传输到课堂；将教室的真实情况及时反馈到现场，实现教室内的学生与外景教师和内景教师现场互动的"多师"教学模式。

（二）激发学习兴趣，更好地培养学生的科学态度与社会责任感

俗话说"百闻不如一见"，实景课堂能将真实的外景和传统的课堂关联起来，使学生在教室内就可以观看工艺生产流程。通过实景课堂教学，教师根据书本知识进行的传统教学与实景课堂教学在效果上有较大差异。在这之前，我们在准备乙烯实景课堂联系某石化公司时遇到了困难，我们曾有过退缩的念头，但还是坚持下来，把课题改成了化学能与电能，联系了某新能源公司。当进行实景课堂教学后，学生从中学习到化学知识在生产生活中的应用，表现出对化学知识更强烈的好奇心和求知欲。这让我们觉得实景课堂是非常有价值的，之前的坚持是值得的。在实景课堂教学过程中，我们高效利用现场资源服务于教学实践，让学生对所学知识能够做到学以致用。这不仅培养了学生实事求是的科学态度，同时也激发了学生探索知识的好奇心，让学生更深入地认识了化学对社会发展的重大贡献，对与化学知识密切相关的热点问题能做出很好的价值判断，培养了科学态度与社会责任感。

（三）促进了教学组织方式的改革，更新了教师教学理念

实景课堂将自然和社会环境实时引入课堂，具有自主性、过程性与对话性等特征，不是简单地传授知识而是回归教书育人的本质[1]。实景课堂让教师的教学观念转化为培养学生的学科核心素养，开阔了教师的眼界，提升了教师的教学水平，增强了教师的专业素养。课堂让学生对知识能够学以致用，重视学生能力的培养，真实体现了公民化学、公民素养。

二、实景课堂的教学实施

(一) 实景课堂案例解析

目前,全国范围内开展的关于化学实景课堂的研究还比较少,已开展的实景课堂有湖北宜昌外国语学校的"氨"、夷陵中学的"化学电源"、枝江一中的"乙醇"和树德博瑞实验学校的"污水的重生"。

"污水的重生"这一实景课堂教学结合了活动元教学的设计,具体流程如下:活动一——教师让学生观看水污染现象及产生危害的数据和图片,使学生了解世界水资源匮乏的状况,人们所居住的城市水污染现状严峻,从而树立珍惜水资源的意识。活动二——先让学生结合初高中已有知识设计污水处理方案(烧杯中盛有取自污水排放管道的生活污水,已知其中含有泥沙、Fe^{3+}、Cu^{2+}、残余洗涤剂、残余农药、悬浮物、细菌等杂质),接下来连线成都市某污水处理厂,让学生体验实时交流,认识污水处理。外景教师黄老师带领学生参观了三个场景:场景一,即粗格栅、细格栅、曝气沉砂池——物理处理(污水的一级处理);场景二,即生化池——生物化学方法(二级处理的第一步);场景三,即出水口。通过实景体验,学生的实践素养得到培养,可以更好地体会污水处理工作者的艰辛。

为了使学生形成反思、整理所学知识的习惯,积极创新实践的科学素养,教师设计了活动三——角色扮演:假如你是环保局局长或是企业家,你会为水环保做些什么?

本节实景课堂上呈现的画面震撼,给人以身临其境的感受,学生参与度高,趣味性强。相比于观看视频,现场直播的教学模式提升了学生学习的积极性,让学生感受到课堂的真实性。而提问式教学驱动学生从实景中发现和探究。在连线外景的过程中,学生发现的问题能得到内景教师、外景教师、专业技术人员的解答,如此可以激发学生的科研探索精神。本节实景课堂让学生系统了解了水污染现象,掌握了污水处理的一般方法,理解了"绿色化学"的含义,培养了社会责任感、严谨求实的科学态度等学科核心素养。

(二) 实景课堂教学流程

以"化学能与电能"的实景课堂为例,对实景课堂教学流程进行介绍。实景课堂的一个要素是实景工厂,这个工厂应当与相应的教学内容密切相关,这些都需提前了解。(我们本节课选择的实景地是某新能源公司,该公司的主要产品是动力锂电池。公司生产的磷酸铁锂电池在2018年全国卷Ⅰ第七题中曾经考查过，并且磷酸铁锂电池是新能源汽车的动力电池之一。）

联系好实景地后，团队教师先行到化工厂了解生产情况，参观生产的各个环节。回来后，团队教师开始有针对性地备课（备课的关键点是找到课堂上所讲的理论与工厂实际生产的切入点。"化学能与电能"这一课，工厂只呈现电池的生产过程，理论依据不足，所以找好切入点成为一个难点。最后，团队教师以"工厂是怎么增加电能并且使电流稳定"作为理论课堂与实际生产的切入点），确定了自主学习的学案和教学流程。在讨论教学设计的过程中，团队教师选择了正极生产流程作为实景参观点。在整个过程中，团队教师就很多细节问题与实景课堂主讲教师进行了多次沟通。

具体的教学流程如图1所示。课程开始一小时，相关人员提前进行网络调试，确保实景工厂与上课教室间的信号稳定。通过远程直播实景工厂和企业运作场景，学生与一线工程师进行交流，将真实的外景和传统的课堂关联起来，体现化学知识在生产中的应用。（学生通过实际生产流程观察，感叹实际生产对工作人员及环境的要求非常高。工作人员在进入工厂之前必须经过吹淋除去身上的灰尘，原因是灰尘与温度、湿度一样，都会影响电流的稳定。学生再通过实际场景观察压片技术中隔膜的使用和正负极的反复叠加，了解到实际生产是如何增强电流强度以及使电流稳定的。）课后教师总结（本节课限于时间，学生理论学习的广度和深度都不够，课后在这方面需要加强。实景生产与我们本节课的原理联系不够紧密），学生整理笔记，写心得体会。

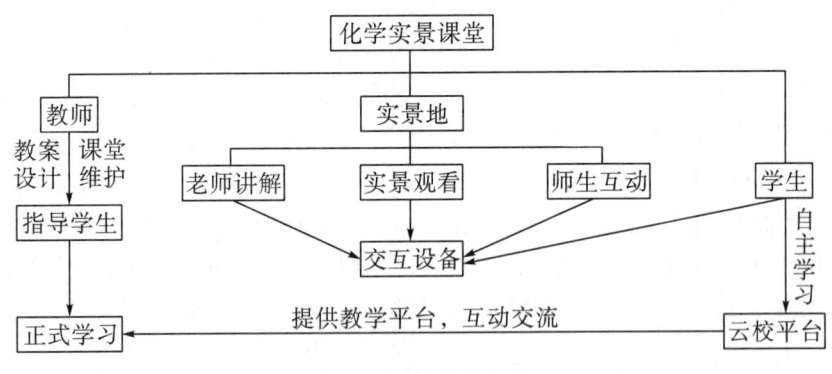

图1 具体的教学流程

（三）实景课堂在高中化学教学中的应用

实景课堂是一种非常好的新情景教学模式，但由于该教学模式投入较大，所以团队教师在教学过程中需要做合理安排。在高中化学教学中，哪些内容适合用于实景课堂教学呢？根据人教版高中化学必修1和必修2，可以选择如表1所列内容用于实景课堂教学。

表1　适合用于实景课堂教学的高中化学教学内容

	序号	教材内容	联系实景地
必修1	1	氯气	自来水厂
	2	玻璃	大型玻璃厂
	3	硅单质	半导体材料厂
	4	硫酸	硫酸生产厂家
	5	氨气	合成氨工厂
必修2	6	原电池	锂离子电池、铅蓄电池厂
	7	石油	石油化工厂
	8	乙醇	酒厂
	9	乙酸	醋厂
	10	环境保护	环保局及监测点
	11	金属冶炼	金属冶炼厂
	12	海水资源的综合利用	海水淡化厂

（四）联系高考看实景课堂

高考题的命题素材立足于实际生产生活。在考题中，学生遇到与生产生活相关素材的题目时往往会感觉非常困难，其原因就是学生在学习化学的过程中理论与实践脱离。接下来，笔者将对部分高考题进行分析，与大家探讨实景课堂是如何提高学生的解题能力和思维能力的。

【2018年全国卷Ⅱ】我国是世界上最早制得和使用金属锌的国家，一种以闪锌矿（ZnS，含有SiO_2和少量FeS、CdS、PbS杂质）为原料制备金属锌的流程如图所示：

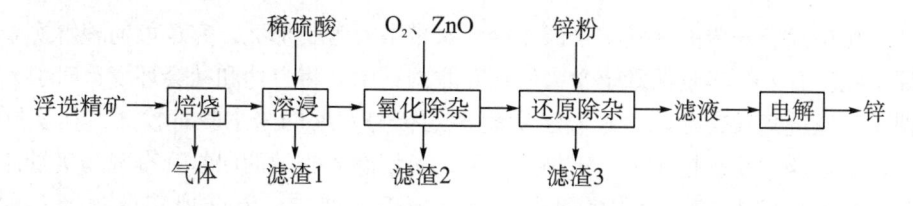

浮选精矿 → 焙烧（气体）→ 溶浸（滤渣1）→ 氧化除杂（滤渣2）→ 还原除杂（滤渣3）→ 滤液 → 电解 → 锌

（稀硫酸 / O_2、ZnO / 锌粉）

【2017年全国卷Ⅰ】$Li_4Ti_5O_{12}$ 和 $LiFePO_4$ 都是锂离子电池的电极材料，可利用钛铁矿（主要成分为 $FeTiO_3$，还含有少量 MgO、SiO_2 等杂质）来制备，工艺流程如下：

【2017年全国卷Ⅲ】重铬酸钾是一种重要的化工原料，一般由铬铁矿制备，铬铁矿的主要成分为 $FeO·Cr_2O_3$，还含有硅、铝等杂质，制备流程如图所示：

从这些工艺流程题中我们不难发现，它们的共同特点都是：首先，将原料进行预处理，比如酸浸、碱浸、煅烧；然后，将物质进行分离提纯或者制取。这些很清晰并且具有一定规律的工艺流程往往让学生感觉很茫然。学生通常以多记多练来提升对这类题的解题能力，但很难把它们与自己的所见所闻联系起来。并且，制取和提纯的物质相对比较陌生，这在无形中提升了试题的难度。从实景课堂教学来说，我们可以找好切入点、典型的代表物质，有目的、有组织、合理恰当地运用。例如，我们在学习金属冶炼时，可以将冶炼铝或铁作为实景课堂的教学内容，如实景冶炼铁的生产流程（展示图片）。学生会发现，实际生产比我们看到的流程图展现出来的工序更为复杂。让学生站在一个更高的地方来解决这类问题，并且看到真实的原料预处理过程、分离提纯在实际生产生活中的应用，不仅可以提高学生的解题能力，还可以让学生认识到化学对社会发展的重大贡献，更好地培养学生的科学态度与社会责任感。

三、实景课堂的展望

相信我们开展的这堂实景课能给大家带来思考。那么，究竟如何理解实景课堂呢？有人把实景课堂定义为依托互联网技术，将自然和社会环境适时引入课堂，通过实景交互体验式教学实现多元智力发展的未来教育模式。但实际上，实景课堂就是把实事、实物、实例、实情融入教学的课堂，有现场实景课堂、角色扮演课堂、远程实景课堂、虚拟现实课堂、混合现实课堂等多种形态。

最早的实景课堂就是现场实景课堂，但是由于与教学有关的一些典型工厂分散在全国各地，让学生到工厂需要时间，也需要资金，还要注意途中及现场安全，而有些企业以保障安全作为第一要务，不愿意接受大批学生的学习及观摩，所以实施起来很困难。

"互联网+"模式下的实景课堂与现场实景课堂相比，既节约了资源，又降低了管理难度，有效激发了学生的探究欲望。但是这种实景课堂的备课难度往往较大，课前准备阶段需要消耗大量时间，不可能代替传统教学。

虚拟实景课堂能够还原真实场景，使每个学生如置身现场，在教室中就能沉浸于实际生产环境。随着VR技术的日趋成熟，将其融入具体学科以提升教学效果是一个很有前景的发展方向。

（一）实景课堂提供的独特时空将改变传统的教学形态

一方面，实景支撑下的课堂不再仅是教室这个物理空间，而是学生全面发展的重要场所，这将使课堂突破固定桌椅和教室的束缚；另一方面，实景支撑下的课堂教学不再被局限为书本知识教授的单一活动，而是在师生合作中学会已知、建构新知、探究未知的过程。

（二）实景课堂创设的主题式教学将让学科得到融合

主题式教学是在培养学生创新思想的指导下，根据教学的需要提炼出一个主题，围绕这一个主题，打破学科壁垒、班级界限，统整学科资源、学校资源和社会资源。实景课堂就是一个典型的主题式教学，这既是学科发展的趋势，也是产生创新性成果的重要途径。

（三）实景课堂支撑的教学活动将真正回归"生活状态"

实景课堂就是引导学生走出教室，走进自然，走入生活，让学生用眼睛、用心、用情感去体验自然生活，从而最大限度地支持和满足学生通过直接感知、实际操作和亲身体验获取经验的需要。

子曰："君子不器。"（《论语·为政》）"实景课堂"就是现代创新教育的一种"器"，即一种手段、一种方式。我们作为教育人，不应拘泥于手段而不思考"道"是什么。子曰："君子务本，本立而道生。"（《论语·学而》）教育之本就是立德树人，就是让学生具备能够适应终身发展和社会发展需要的必备品格和关键能力。在"互联网+"时代，课堂教学正发生着深刻的变化，对这一变化，我们应该敏锐捕捉，主动应对，创造性改变[2]。相信实景课堂只是手段而不是目的，只有遵循教育之本、紧抓教育之道，我们的教育教学才能生效、出彩、持久。

【参考文献】

[1] 熊云贵. 基于"互联网+"模式下实景课教学策略初探——以合成氨为例［J］. 中学化学教学参考，2018（15）：68－70.

[2] 张兴前. 化工流程题中化学反应条件的控制的答题模型构建［J］. 考试周刊，2018（78）：154.

初中生物核心概念的构建
——"实验法是生物学研究的重要方法"

邹海洋　付千武

《义务教育生物学课程标准（2011年版）》[1]描述义务教育阶段的生物课程是以提高学生生物科学素养为主要目的的必修课程。生物科学素养具体是指参加社会生活、经济活动、生产实践和个人决策所需的生物科学概念和科学探究能力。在此基础上确定了10个一级主题，每个一级主题又由若干二级主题及具体内容标准和活动建议组成。具体内容标准规定了义务教育阶段的生物课程所要达到的基本的学习目标，包括50个重要概念，这些就是初中生物教学中的核心概念。

本文根据《义务教育生物学课程标准（2011年版）》的要求，结合实际，尝试对北师大版初中生物七年级上册第一单元"认识生命"的第二章第二节"生物学研究的基本方法"进行核心概念的构建。

一、教材分析

北师大版初中生物七年级上册第一单元"认识生命"的第二章第二节"生物学研究的基本方法"，是初中生开始生物课程学习最先接触到的内容，主要涉及生物的多样性、生物的特征、生物与环境的关系、生物学的发展历程、研究对象、研究方法。学好本节内容，可以帮助学生形成生物学的基本概念，为后面的学习打好基础。本节的主要内容为认识实验法的一般步骤、提出问题、做出假设、制订计划、实施计划、得出结论和表达、交流。

实验法指的就是《义务教育生物学课程标准（2011年版）》提出的10个一级主题中的科学探究，这个主题下包括五个核心概念：

(1) 科学探究是人们获取科学知识、认识世界的重要途径之一。
(2) 提出问题是科学探究的基础，解决科学问题常常需要做出假设。
(3) 科学探究可以通过观察、实验、调查等多种途径来获得事实和证据。
(4) 科学探究既需要观察、实验、调查，又需要推理和判断。
(5) 科学探究需要正确地表达，需要与人交流和合作。

二、学情分析

（一）学生的心理特点和认知规律

初一学生，智力水平发展很快，思维正处在从具体形象思维向抽象逻辑思维发展的阶段，对与现实生活联系紧密的内容较易接受，但是又缺乏丰富的生活经验。这个阶段，学生对问题逐渐产生自主看法，容易接受教师的引导，但学习自主性不强。

（二）学生的知识基础

初一学生往往有了一定的生活经验，但未经总结提炼。由于现代资讯丰富，学生可能从父母、媒体获得一些相关的讯息或指导。

（三）学生可能出现的困难

通常，初一学生的思维逻辑性不够强，推理能力较弱。比如，他们在解决问题时通常凭直觉。这个阶段，学生在日常生活中可以解决难度较高的问题，但是缺乏深入提取和处理信息的能力。比如，他们对问题的理解比较模糊，通常会使用简单试错的方法解决问题。

（四）学生易出现错误的概念

教师通过课堂活动可以了解学生容易出错的概念。比如，一些学生认为单一变量就是实验中每个组都要改变一个量；认为只能改变温度、湿度等条件变量，不能改变操作步骤；认为对照组不做处理，和实验组没有差别。

三、教学目标及教学策略的选择

（一）知识目标

认识实验法研究的一般步骤和实验原则。

（二）能力目标

应用实验法探究问题，包括提出问题、做出假设、制订和实施计划、得出结论、表达和交流。

学会控制实验条件，对不同问题进行探究。在小组活动中培养合作交流和语言表达能力。

（三）情感、态度和价值观

领悟生物科学研究的严谨态度和科学精神。

（四）教学策略的选择

根据建构主义理论，学习是学生自己建构知识体系的过程[2]。教师应激发学生的内部学习动机，使学生主动地学习；运用多种方法和策略，使学生理解知识，联系已有知识结构，批判性地吸收知识，用以解决实际问题，注重迁移运用。

在构建核心概念的过程中，教师可采用不同的方法。比如，可通过专业术语直接传递概念，描述概念的内涵，对概念的内涵不断补充和扩展，达到对核心概念的深入理解。也可以运用不同实例显示概念，总结归纳概念内涵，运用变式和反例深化对概念的理解。

四、教学流程的设计

（一）创设情境，激发兴趣

教师先用问题导入，引起学生的兴趣。问题要明确、简单，能构建一个具体的情境。问题可以是和生活紧密联系的，跟探究有关，有实际操作意义。对于一年级学生来说，要降低材料的理解难度。课程核心概念在于科学探究，教师可按照自己的习惯实行渗透式教学[3]。

例如，教师讲述这样一个情景：某天夜里，你回到家，按动开关想打开客厅的电灯，发现灯没有亮，周围也没有其他人可以帮助你，此时你怎样做才能尽快查明原因呢？

（二）合作讨论，引导分析

教师设置学生活动来讨论如何解决问题。此时需要用一连串的问题来引导学生讨论。安排学生分小组讨论事件可能出现的状况和具体的实施步骤，讨论完成后，让学生分享讨论的结果。进行合作讨论的目的是使学生明确解决问题的一般过程。

例如，教师提问：你觉得灯不亮的原因可能是什么？如果是……的原因，可以用什么方法来验证？假如不是……的原因，而是……的原因，可以用什么方法来证明？

教师认真听取学生的讨论结果，总结解决问题的步骤。通过实际问题，明确解决问题的思路，学生可以体验提出问题和推理判断的过程，明白科学探究的步骤。

（三）概述探究实验程序，解说实验设计原则

教师运用专业术语直接向学生传递概念，明确提出探究实验的五个步骤，然后通过问题使学生进行深度思考[4]。

例如，教师依次提出下列问题：

（1）如果你查出电灯不亮的原因是客厅的灯坏了，你是从哪里确定是因为灯坏了而不是其他原因？

（2）在做对比的两个组之间有几个条件不一样？如果改变其他条件，可以得出相同的结论吗？

（3）如果你只和房间的灯进行了对比，能不能肯定是客厅的灯坏了？

接着，教师解说实验设计的原则，使学生明白设计探究实验必须遵循单一变量原则、对照性原则、平行重复原则，尽量减少、消除过程中可能产生的失误。这样可以加深学生对实验方法和原则的认识和了解，从感性认识上升到理性认识。科学探究不仅需要假设和观察，还需要在严谨的设计下完成实验。

（四）利用实例，变式迁移

教师让学生根据教材中的例子，按照实验法的一般步骤和原则完成一个实验，填写实验报告单，完成从日常生活和浅层概念到科学方法的迁移[5]。

实验报告单：探究影响鼠妇分布的环境因素。

【提出问题】_____。

【做出假设】_____。

【设计实验】

1) 材料用具：培养皿、黑纸、硬纸板、纱布、烧杯等。

2) 方法步骤（用文字分步骤描述，或绘出实验装置简图）：

①在纸盒中放入 10 只鼠妇。

②将＿＿＿＿＿＿＿＿＿＿＿＿＿＿作为实验组，将＿＿＿＿＿＿＿＿＿＿作为对照组。

③将装置放置一段时间，观察＿＿＿＿＿＿＿＿＿＿＿＿＿＿＿。

得出结论：＿＿＿＿＿＿＿＿＿＿＿＿＿＿。

实验装置图：学生在完成实验的过程中需要教师提供辅导。

（五）评价反馈，总结概念

学生交流讨论，完成设计。科学探究除要重视实验过程和设计原则外，还需重视信息收集的过程、合作交流阶段的积极反馈，使学生能将"科学术语"与生活经验等浅层概念变为科学概念，从而更加明晰与本节课相关的核心概念。

【参考文献】

[1] 中华人民共和国教育部. 义务教育生物学课程标准（2011年版）[M]. 北京：北京师范大学出版社，2012.

[2] 侯安燕. 围绕重要概念设计和组织教学活动的尝试——"实验法是生物学研究的重要方法"一课的教学[J]. 生物学通报，2015（1）：24-27.

[3] 王琳. 初中生物围绕核心概念的教学设计实例探讨——以"基因在亲子代间的传递"为例[J]. 中学生物学，2011（10）：42-44.

[4] 雷佩红. 初中生物探究式教学探索与实践[D]. 长沙：湖南师范大学，2013.

[5] 吴迪. 初中生物核心概念教学的策略及课例研究[D]. 长春：长春师范大学，2014.

高中生物课堂问题预设与生成的案例分析

陶秀英　蒋秀华

一、背景

《礼记·中庸》曰："凡事预则立，不预则废。"新课程理念中的"预设"与"生成"是一种新的概念。其中，"预设"是指教师在教学之前备课的计划、安排，主要体现在课前的准备活动中，比如根据教材和学生具体情况设计适合的教案、导学案等；"生成"则是指课堂上，师生互动过程中对某个事物或现象或某个细节的一种动态认识，从而生成新的课堂[1]。精心"预设"是"生成"的必要前提。生物课堂应该以学生为根本，重点在培养学生全面发展，学生是社会自然人，因此课堂教学应该是师生交流融合、知识共享、沟通感情、共同成长的过程，是一个探究过程[2]。然而，目前新课改课堂出现了以下一些情况：①如果教师备课时对课前的问题预设过于精细，没有启发性，开放性不够，就会使学生的思维与想象受到桎梏，学生在课堂上思维既局限于教师也局限于教材。同时，整个课堂教学会变得死气沉沉，学生易对知识缺乏好奇心、思维僵化，师生的教学活性和效果在课堂中得不到展示。②问题生成可以分为两种，一种是意料之中的生成，这和预设紧密相关，是教师早有预料的、能够熟练驾驭的，另一种是随着课堂深入突发的，教师事先没有预料的。如果是后一种，那生成的问题可能与教学内容无关，这时，教师如果不予理睬甚至严厉斥责，就会打击学生学习的积极性；还有一些问题教师自己心中也没有底，由于严重偏离了课前预设，教师往往难以即刻做出正确的判断和应对，这样就打乱了教学计划，影响了课堂教学程序的正常进行。

那么，实际教学中教师应该如何处理好课堂问题预设与生成的关系，使我们的课堂既能达到期望的教学目标，又能提高学生参与课堂的积极性呢？笔者提供几个经典案例分析，期望帮助师生共同理解问题预设与生成的关系，促使高中生物教师进行学习、反思，促进课堂教学改革，探索新的教学模式，同时营造适合生物学科特点的课堂氛围——探究式学习，培养学生的生物科学素养以及提高学生的学习兴趣。

二、经典案例分析

（一）案例1：植物细胞的吸水和失水

1. 教学内容

本节内容在学生学习了细胞的结构，已经建立了一定的宏观和微观思维的基础上，从微观水平探究物质跨膜运输。学习本节内容后应归纳出细胞膜的功能，包括渗透发生的条件，植物细胞结构中可充当半透膜的原生质层，以试验方式探究植物细胞失水和吸水与外界溶液浓度的关系，质壁分离的内因和外因。

2. 预设问题

（1）成熟植物细胞内的液体主要是什么？在教材第61页图4-2标出各部分的名称以及原生质层的组成。

（2）怎样观察植物细胞的吸水和失水？如何体现对照原则？

（3）什么是质壁分离？导致质壁分离的原因与植物本身及外界有什么关系？

（4）选择洋葱鳞片叶外表皮细胞作为实验材料的原因是什么？

（5）为什么选择浓度为 0.3 g/mL 的蔗糖溶液？推想一下，如果改为浓度更高的蔗糖溶液，会出现什么现象？

（6）质壁分离和复原能否用于辨别细胞的死活状态？能否用于测量外界溶液的浓度？

3. 生成问题

（1）能否选择不带颜色的内表皮细胞来观察质壁分离及复原？叶肉细胞呢？

（2）如果将浓度为 0.3 g/mL 的葡萄糖溶液替换成等质量浓度的蔗糖溶液会出现什么样的结果？

（3）针对本实验，教材提出的是采用低倍显微镜观察，为什么不用高倍显微镜呢？

4. 教学反响

本堂课围绕教师预设的这几个问题展开，引导学生探究重难点，将探究过程中的疑惑生成问题，基本达到教学效果。

5. 反思

（1）没有完全达到预设与生成目标的原因。

虽然预设问题考虑了学生已有知识水平和能力，也是以学生为中心设计的，有较好的启发作用，但是，一个真实的课堂教学过程是一个师生及多种因素间动态的相互作用的推进过程，由于参加教育活动有诸多复杂因素，因此教育发展有多种可能性存在，教育过程的推进就是在多种可能性间做出选择，使新的状态不断生成，影响下一步发展的过程[3]。由于学生对显微镜使用不熟练，生成了很多预设之外的问题，如看不到质壁分离的细胞、染色过度、蔗糖溶液使用不当等，而针对预设问题（1），几乎没有同学生成问题。

（2）解决措施有哪些？

教师预设的问题要有指导性，围绕教学核心，这样学生生成的问题才能突破本节的重要考点和难点。巧妙利用这些问题，既能促进师生不断成长，又能激发学生不断探索新知的兴趣。教师的问题设计要能够体现课堂意图、引导学习思路、点拨探究方法等，而学生的问题提出则能够体现探究思维的动态过程，学生质疑的深度与广度可以体现他们对教材知识的领会与把握程度[4]。

（二）案例2：影响酶活性的条件——温度

1. 教学内容

本节内容主要探讨有哪些外因影响酶活性。酶催化具有专一性和高效性，但作用时需要温和的条件。本节探讨影响因素之一——温度。底物有淀粉和过氧化氢可供选择，催化剂有唾液淀粉酶和过氧化氢酶。教学目标要求学生能设置对比实验，并能掌握分析实验误差和变量、记录结果的方法。

2. 预设问题

（1）酶的催化效率的高低受温度的影响。根据实验提示，淀粉酶在60℃左右活性最高，参考教材第84页的材料用具，应该怎样设计一个探究温度对淀粉酶活性影响的实验？

（2）本实验的自变量是什么？用什么方法控制自变量？

（3）本实验的因变量是什么？因变量怎样观察和检测？

（4）对照组怎样设置？是否需要重复进行？

（5）本实验能够得出什么结论？

3. 生成问题

（1）本实验建议不用过氧化氢，而用淀粉酶来探究温度对酶活性影响的原因是什么？

（2）本实验用碘液检测淀粉剩余量，为什么不用斐林试剂检测生成物葡萄糖的量？

（3）生活中使用加酶洗衣粉时，用什么温度的水更好？

4. 教学反响

本节实验很重要的两点就是控制变量和实验步骤的先后顺序，这将直接影响实验的成败。但由于学生缺乏扎实的实验理论基础，所以这堂课的生成效果不理想。

5. 反思

（1）没有完全达到预设与生成目标的原因。

课堂生长的典型标志是学生的发展，是学生自主的进步[5]。根据导学案上预设的问题，虽然经过小组合作讨论和学生独立思考能设计出较为理想的实验方案，但在实验操作过程中，部分学生错误地选择了过氧化氢作底物，导致实验结果在高温组出现误差，由此生成的问题就偏离了正确结论。

（2）解决措施有哪些？

教师要考虑学生的动手能力，预设问题时覆盖面要广，对每一步可能出现的问题都要进行全面预设，在学生操作完成后引导学生得出结论：在一定范围内，随温度升高淀粉酶的催化效率升高，在最适温度淀粉酶的催化效率最高，高于或低于最适温度时淀粉酶的催化效率都降低。本节课生成的前两个问题正是本节教学内容中较难的知识点，教师的引导非常重要。教师引导学生通过讨论总结出：本实验的自变量是温度，底物过氧化氢本身就不稳定，它的分解受温度影响；如果用斐林试剂检测生成物葡萄糖的量，需要水浴加热，这会影响自变量温度的改变，导致达不到实验目的。高中生物课程的主要内容是对生命现象及生物活动规律的研究，和日常生活、环境保护、医疗保健关系紧密[6]。因此，在高中生物教学中，师生将教材知识与实际生活问题相联系进行教与学，能够很大程度调动学生的学习热情，从而提高教学效率。很多时候，课堂上教师预设问题，学生按照教师预设的问题生成问题。但现在教师要调整思路，不能再按照预设问题继续讲解。这种有调整的教学才能调动学生的积极性，使学生成为课堂的主体，激发主动思考而不是被动接受[7]。

三、结语

（一）问题应该如何预设

新课改要求课堂以学生为主体、教师为主导，所以教师预设的问题应该要能指引学生的学习方向。预设问题应该从以下几个方面展开：①围绕教学重点、难点设计问题，在了解学生认知水平的前提下，准确定位课堂重点、难点，将问题抛给学生才能达到教学目的。②内容预设围绕学生思路中可能出现偏差的方面进行，学生不同观点的碰撞往往是教学中的争议点，这是课堂升华的引线，有利于凝聚课堂注意力，培养学生的沟通、反思能力。在教学过程中，教师要能提炼课堂上可能引起争论的问题，从这些问题出发来设计教学方案，让课堂教学更有效[8]。③预设的问题要精炼，语言要准确规范，指向明确，有启发性、有深度，问题之间要有逻辑联系，使之连起来就是教学主线。这样精辟而逻辑清晰的问题预设才能准确生成与课堂教学有关的问题（无论是学生自己生成还是师生共同生成），达到理想的教学效果。

（二）预设与生成的关系

课堂教学过程是一个富于变化的生成各式各样问题的过程，哪怕预设再充分，学生的知识水平、学习能力、心理特点、年龄上的差别，教学过程中教师的驾驭能力等，都会导致意料之外的状况发生。这些不是教师可以主观决定的，也不是都能预料到的。但往往这些导致突发状况的因素有着更高的教育价值，教师应抓住这些机会，将其转化为教学资源[9]。因此，教师备课时预设的问题应高于教材，这样的思路会使课堂教学散发活力。非预设性生成在平常教学中既常见又变化多样，教师驾驭稍有不当，就容易出现课堂开放无序的状态，这对教师来说是另一种严峻的挑战[10]。这对于教师把握课堂、及时调整原有预设、引领课堂、为学生的生成提供有利条件的能力有较高要求。

课堂学习只是学生获取知识的一个渠道，我们应站在生命的高度，让教师的教学能力和学生的成长互为辅助，构成一个统一整体。非预设性生成是高中生物课堂教学的升华，它融合了预设与生成的关系，使课堂更加完善且充满生命活力，是使师生智慧产生碰撞、情感产生共鸣的科学新课堂。

【参考文献】

[1] 沈桂芳. 高中生物课堂教学中预设与生成的探讨[J]. 科普童话，2017（3）：99.

[2] 詹善敬. 浅谈动态生成式生物课堂教学的构建 [J]. 中学研究, 2013 (25): 142.
[3] 叶澜. 重建课堂教学过程观——"新基础教育"课堂教学改革的理论与实践探究之二 [J]. 教育研究, 2002 (10): 24-30.
[4] 葛健锋. 高中生物有效思维课堂的构建策略 [J]. 生物课程改革, 2017 (10): 83-84.
[5] 杜萍. 有效课堂管理——方法与策略 [M]. 北京: 教育科学出版社, 2008.
[6] 王加飞. 提升高中生物课堂效率的有效策略 [J]. 新课程导学, 2014 (11): 44.
[7] 张志晖. 高中生物新课程活动教学"非预设生成"与反思 [J]. 新课程研究, 2011 (1): 58-59.
[8] 陆敏刚. 试论高中生物教学中的话题设计 [J]. 中学课程辅导, 2011 (1): 65-66.
[9] 毛兴贤. 高中生物教学中课堂生成策略初探 [J]. 读写算, 2012 (65): 96.
[10] 张志晖. 高中生物课堂中非预设性生成问题的有效利用 [J]. 中学课程资源, 2014 (10): 6-7.

"导引—生成"教学策略在课堂教学中的创新实践
——以"胡萝卜素的提取"第一课时的教学为例

袁家代　刘治良

一、"导引—生成"教学策略概述

分科教学容易让学科之间相互割裂，无法让学生形成全面的整体性的认识[1]。新课程标准提倡转变学生的学习方式，培养学生主动参与、乐于探究、交流合作的学习态度[2]。这要求新课改背景下的课堂教学必须体现诱导学生思考探究的思想，并促进学生生成知识和能力。因此，生成教学应运而生。现有的生成教学更多停留在理论阶段。

迈克尔·富兰曾经说过："我们不仅需要从教学方面拉响课堂教学变革的引擎，还需要从操作层面为课堂教学的变革提供脚手架那样具体的支持，只有如此，才能鼓励和搀扶教师们迈出艰难却又极为重要的第一步，继而踏上课堂教学改革的破冰之旅。"[3]为了更好实现这一理念，四川省简阳中学将"导引—生成"应用到实际课堂教学中，经过多年探索，逐步建立起高中生物课堂"导引—生成"教学策略实施环节（图1）。

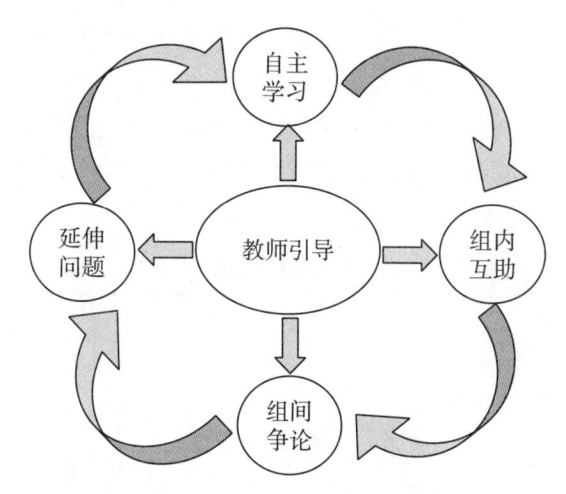

图1 "导引—生成"教学策略实施环节

在"导引"过程中，教师要发挥主导作用。首先，在课前利用导学案摸清学生学情，确立促进学生自觉发展的"最适发展区"。其次，帮助学生真正成为教学的主体。教师要将静态的、抽象的、离学生较远的课本知识加工成具体的、能引起学生兴趣的、学生能自主操作的教学材料。课中，在教师的良好导引下，学生能自主学习，进行组内互助，将组内无法解决的问题在组间进行讨论。学生要在教师的点拨下解决问题，并在此基础上延伸出更多的问题。延伸出的问题就需要学生进行进一步的学习。通过这些环节，学生就可能"生成"知识。而后又生成新的问题及解决方案，生成新的学法，生成新的教法，在反思中不断改进，进而生成能力，以实现师生共同进步、共同发展。

教学是人与人之间复杂的交流活动，具有突发性和不可控性[4]，特别是在采用"导引—生成"教学策略的课堂，学生生成知识并没有唯一标准，所以教师应该摒弃单一标准化的教学目标，并在此基础上设计具有弹性的能给学生新颖观点和独到思维留有发展空间的目标和方案[5]。"导引—生成"教学策略的实施对教师提出了更高的要求，特别是对教学内容、目标方案的设定，对课堂的掌控，对突发情况的处理，对关键问题的点拨等。

二、"导引—生成"教学策略实施方案

为了验证"导引—生成"教学策略的应用有利于课堂效率的提高和学生能力的生成，也为了通过实践完善"导引—生成"教学策略并提出更具体的实施措施，笔者在选修一"胡萝卜素的提取"的课堂教学中采用了"导引—生成"

教学策略。同时，为了更加直观地呈现生物学课堂"导引—生成"教学策略的应用，笔者设计完成了《四川省简阳中学高中生物课堂评价表》。笔者通过听课、观察、记录，比较了"导引—生成"教学策略实施与否的课堂教学效果，了解了相关策略的运用对课堂教学的影响。教师设计、实施的教学流程见表1。

表1 教学流程

教师活动	学生活动	活动目的
展示提取出的胡萝卜素图片，单独提问：胡萝卜素有哪些性质？	学生回答问题	检验学生的自主学习成果
提取胡萝卜素很困难，继续提问：我们为什么要提取胡萝卜素？	学生查阅资料，弄清楚书上课题的背景，并回答问题	
单独向学生提问：目前工业上提取胡萝卜素的方法有哪些？以目前我们学校的实验条件能采用哪种方法呢？	学生思考为什么采用萃取方法而不采用其他方法并回答问题	
展示一部分针对胡萝卜素提取的科研论文		让学生了解科学前沿研究，明白科学研究其实不难，并且引出目前胡萝卜素的提取研究仍未完结，以激发学生的探究兴趣
展示目前科学研究的实验步骤，让学生在此基础上设计实验方案并做改进（在学生讨论的过程中开展小组调查，了解方案的改进情况）	学生分小组讨论实验改进方案	让学生学会思考每一个实验步骤的目的，然后进行改进
针对小组讨论的情况，让小组从第一个实验步骤开始提问或提出改进方案（当学生提出的方案可行时，记录在黑板上）	学生积极讨论并提出自己设计的方案，待其他同学评价	让学生大胆提出自己的想法，锻炼思维能力和语言表达能力

续表

教师活动	学生活动	活动目的
进行到萃取这一步时，向学生提问，让他们说出萃取装置每一部分的作用	学生根据自己已有的化学背景知识回答问题	让学生了解学科之间的联系
提问：影响萃取的因素有哪些？ 如何改进这些实验条件以提升提取效果？原因是什么？	学生阅读资料，以小组为单位讨论影响实验效果的因素	调动学生的积极性，训练学生的逻辑思维能力
询问每个小组想探究的实验条件	小组讨论后，由小组长发言确定自己小组想探究的问题	给学生学习的时间和空间，生成自己的问题和想探究的问题，体现学生的主体地位
要求各小组根据自己想探究的实验条件完善实验方案，提交一份纸质探究方案	学生课后完善	训练学生的实验设计能力，并注意实验设计过程需要注意的问题

本课一开始，教师抛出背景知识问题以了解学生的学情，并做一个基本预判。接着向学生展示提取胡萝卜素的现代工艺，提出这节课最关键的问题——利用现有条件可以如何改进实验，以引导学生从实验装置、萃取试剂、材料处理等多方面进行思考，分组讨论后得出完整的实验方案。在该过程中学生会遇到许多疑问和困难，教师要适时给予指导，如提供大量与提纯有关的资料，让学生自主学习，补充各类化学知识，以便继续讨论、完善方案。整个教学过程遵循"导引—生成"教学策略，让学生在教师引导中，在层层设问中，在相互讨论中完成教学任务，培养学生的创新意识和实践能力，让学生感受生活与生物学科的联系、各学科知识交融的魅力。

三、"导引—生成"教学策略实施结果及分析

根据对"导引—生成"教学策略应用过程的课堂观察，为了更加客观地评价实验班和对照班的教师导学案的设计环节等，笔者特邀请13位生物教师利用评价量表对各项进行评分，然后回收结果，对每一项指标得分计算平均值，并进行单因素方差分析，详见表2。

表2 "胡萝卜素的提取"课堂教学中"导引—生成"教学策略应用评价量表

评价对象	评价内容	评价标准	权重(分)	实验班得分	对照班得分
教师	导学案设计	1. 预设生成目标明确、合理	5	4.68±0.043*	4.32±0.063
		2. 预设教学方法能以问题为主线、以任务为驱动，能启发学生独立思考	5	4.82±0.047*	4.23±0.65
		3. 学生能自主生成问题，并提出思路	5	4.86±0.056*	4.36±0.072
	课堂引导	4. 情境创设新颖，能体现教学目标，符合学生学情	5	4.91±0.071*	4.27±0.063
		5. 课堂提问对学生有导向性、启发性	5	4.77±0.057*	4.41±0.032
		6. 引导方法多样	5	4.86±0.021*	4.45±0.033
		7. 能引导学生自由表达不同想法、观点，群体间能交流协作	5	5.00±0.000*	4.55±0.074
		8. 在活动中对学生的思维、行为及时反馈	5	4.77±0.045*	4.23±0.033
		9. 能把握好引导的"度"，每位学生都有充分的独立思考（或练习）的时间和机会	5	4.59±0.068	4.45±0.081
		10. 能把握好引导的时机，对学生学习中碰到的困难提供必要的启发式帮助	5	4.95±0.023*	4.64±0.048

续表

评价对象	评价内容	评价标准	权重(分)	实验班得分	对照班得分
学生	生成过程	11. 课堂记录充分、合理	5	4.41±0.043*	4.57±0.021
		12. 参与状态：精神饱满，兴趣浓厚	5	4.55±0.079	4.45±0.058
		13. 思维状态：认真思考，积极表达	5	4.59±0.027*	4.41±0.061
		14. 自主状态：独立思考，有主见，能提炼总结学习所得	5	4.73±0.029*	4.23±0.037
		15. 合作状态：有序，讨论积极，互相促进，共同提高，按时完成学习任务	5	4.77±0.086*	4.32±0.042
		16. 展示状态：展示充满自信，发言踊跃	5	4.68±0.052*	4.18±0.028
	生成效果	17. 知识掌握：生成知识正确率高，预设生成目标达成度好	5	4.77±0.029*	4.36±0.057
		18. 方法运用：生成解决问题的方法，生成有效的学习策略，生成良好的学习习惯	5	4.86±0.039*	4.14±0.033
		19. 能力生成：发现问题、表述问题、解决问题、综合运用等能力得到提高	5	4.59±0.065*	4.05±0.038
		20. 情感发展：学生学习过程情绪积极，阳光开朗，积极向上，学科素养得到提高	5	4.73±0.046*	3.91±0.062
总分			100	94.89±1.002*	86.53±0.724

注："*"代表实验班与对照班相比较，存在显著性差异（$P<0.05$）。

表 2 数据显示，应用"导引—生成"策略进行教学一年多以后，实验班总分的平均值为 94.89，对照班总分的平均值为 86.53，实验班得分高于对照班，且存在显著性差异（$P<0.05$）。从表 2 各项指标可以看出，实验班得分均高

于对照班。有的小项对比不存在显著性差异（$P>0.05$），说明传统教学在某些方面存在一定优势。与一年前相比较，实验班总体得分仍在提高，而对照班总体得分无明显提高，尤其是在学生生成效果上，实验班得分提高了很多，说明"导引—生成"教学策略的应用能有效提高课堂教学效率，有助于教师的成长和学生知识、能力和情感的生成。

【参考文献】

[1] 田慧生. 走向核心素养：深度学习 [M]. 北京：教育科学出版社，2018.

[2] 刘恩山. 普通高中生物课程标准（实验）解读 [M]. 南京：江苏教育出版社，2004.

[3] 刘微. 跨界变革的临界点：课堂教学——（突破）精粹解读 [J]. 现代教学，2010 (10)：77-79.

[4] 朱文辉. 生成性教学：困顿之因与落实之径 [J]. 当代教育论坛，2018 (2)：89-94.

[5] 李华君，龚彩云. 教学模式构建的伦理之维 [J]. 当代教育论坛，2014 (2)：120-126.

基于"导引—生成"理念的"预学·思学·固学"课堂教学模式探究

——以"染色体变异"的教学为例

干 茂 何军忠

一、"导引—生成"课堂改革思想

在课堂教学改革成为课程改革核心的背景下,为了体现以学生为中心,师生共同学习、共同进步、共同发展的课堂教学思想,四川简阳中学结合具体实际,提出了"导引—生成"课堂改革思想。"导"是指在进入课堂教学前,教师以导学案为载体对学生的指导和引导;"引"是指在课堂教学过程中,在"导"的基础上教师组织教学时的方式与其他辅助。"生成"对学生而言,是指通过课堂教学过程中的自主、合作、探究、分享、反思、总结等实现动态生成,包括生成问题、生成方法、生成新知、生成知识体系、生成能力、生成发展等[1]。"生成"对教师而言,是指在课堂教学前通过对导学案进行精心设计实现对学生的"导",在教学过程中组织课堂教学的具体方式实现对学生的"引",在课堂教学后反思总结生成的教学方案、教学理念、教学智慧等。

"导引—生成"课堂教学不仅是师生相互导引和双向生成的过程,也是学生核心素养生成的过程,还是学生学科精神、思维品质、学习策略、思想情感生成过程,更是唤醒学生自我生命意识的过程。我校以自主性、互动性、启发性、人文性、社会性和生成性为建构原则,以文化脉络、生活情境和理想梦境为环境支撑,以培养"终身学习者"为己任,逐步建立符合学校特色的以"人生基础、人生定位和社会参与"为主体的核心素养体系。

二、"预学·思学·固学"课堂教学模式

基于"导引—生成"理念，为了进一步丰富课堂教学模式，提高课堂教学效果，培养学生的学科核心素养，发展学生的核心能力，解决具体实践中的教学问题，笔者以导学案为依托，提出"预学·思学·固学"课堂教学模式。

此教学模式具体由"预学·勤学""思学·问学""固学·悟学"三个要素构成。"预学·勤学"环节注重以导学案为主要依据，在教学环节中引导学生自主学习[2]；以教材内容为根本，创设情境，培养学生的自主学习能力，强调教学中学生的主体地位以及教师的主导地位。"思学·问学"环节注重通过导学案中设计的具体任务，在教学环节中采取多种教学方法，挖掘学生的潜能，着力提高学生的自主学习能力，以及利用所学知识解决实际问题的能力，调动学生的课堂积极性，促使学生在独立思考、合作研讨、探索实践等课堂活动中构建知识体系。"固学·悟学"环节注重通过导学案中设计的具体问题，让学生学会自主归纳总结、反思评价。"预学·思学·固学"课堂教学模式的要素结构和操作流程如图1所示。

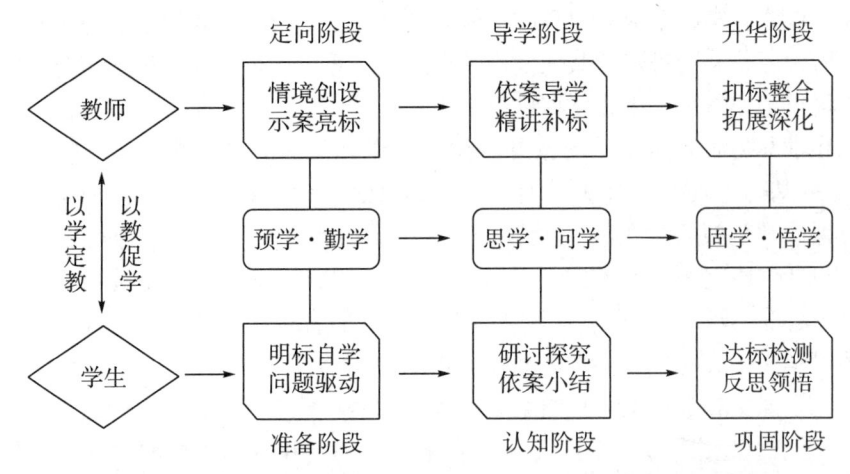

图1 "预学·思学·固学"课堂教学模式的要素结构和操作流程

三、以"染色体变异"为课堂教学实例

(一)设计思想

基于"导引—生成"教学改革思想,按照"预学·思学·固学"课堂教学模式的要素结构,将"染色体变异"这节课分为"预学·勤学""思学·问学""固学·悟学"三个部分。同时,在整个课堂教学过程中始终贯穿"导引—生成"的思想。此外,基于本节课的知识点加入模型构建思想也成为本节课设计的一大亮点。

(二)教材分析

本节课内容为人教版高中生物必修二第六章第二节"染色体变异"的第1课时,主要包括三方面内容:①染色体结构变异;②染色体数目变异;③二倍体、多倍体和单倍体。本节内容之所以放在遗传学最后一节来学习,是因为需要前面所学知识作铺垫。具备了之前教材涉及的减数分裂和受精作用、基因在染色体上、基因突变、基因重组等知识,才能准确地理解染色体变异的几种类型,区分染色体变异与基因突变、基因重组的异同[3],准确地理解染色体组的定义及各种染色体组图像的判断,区分二倍体、多倍体和单倍体。因此,本节课内容是对前面所学知识的一个综合和灵活运用。

(三)学情分析

由于很多学生对之前所学的减数分裂的知识要么掌握不够透彻、要么有所遗忘,因此在判断缺失的时期、区别交叉互换与移接、准确判断染色体组数等方面存在一定困难。为了把一些固化的知识变灵活,教师特地给学生安排了一些互动和自主合作探究环节,以期激发学生的好奇心和想象力。

(四)教学目标

兴趣是最好的老师,本节课的最终目的是让学生通过互动、合作、动手、动脑,在教师设计的问题串下自己构建模型、解决问题,以加深对概念和核心名词的理解,基于教材而又高于教材去升华所学知识,从而培养学生的生物学科核心素养。

（五）教学重难点

第一，能准确判断染色体结构变异的类型及区分各种变异类型与基因突变、基因重组中相似的名词或现象。

第二，理解染色体组的概念，并能准确判断各种图像中的染色体组数。

第三，二倍体、多倍体、单倍体的概念及区分。

（六）教学流程

1. 课前准备——"预学·勤学"

教师根据本节课具体的教学内容精心设计导学案，并于开课前一天发放到每一位学生手中，要求学生结合教材独立完成导学案上的"预学·勤学"内容，并告知学生在课堂教学过程中会随机抽选部分同学展示自己的"预学·勤学"内容。结合本节课的教学实际，以同桌2人为一组，精心设计并制作28套染色体物理模型。

【设计意图】物理模型可以激发学生的学习兴趣，让学生更加主动积极地参与课堂教学活动，达到"学生动起来、课堂活起来"的效果，同时结合物理模型的直观教学加深学生对本节课中染色体相关知识的理解。

2. 课堂"导引—生成"的过程——"思学·问学"

环节一：分组交流，讨论解疑。

【设计意图】学生根据自己的"预学·勤学"情况，在小组中提出自己发现的问题，与同组成员共同讨论，本组内解决不了的问题才提出来，由全班同学共同讨论解决，教师在这个过程中只起引导作用[4]。这样可以让学生体验生产并获取知识的快乐，激发学习积极性[5]。

教师引导：同学们通过课前的自主学习可能已经解决了一些问题，同时也产生了一些新的问题，请大家通过组内交流尝试解决。

环节二：创设情境，导入新课。

【设计意图】温故而知新，从学生熟悉的已学知识入手，巧妙地运用情境设计，让学生主动复习旧知，为知识的迅速迁移做好准备。

教师引导：通过学习前面课后练习中的拓展题，我们知道了"21三体综合征"的患者体内有3条21号染色体；减数分裂产生的精子或卵细胞，染色体数目也可能不是体细胞的一半；人的体细胞中第13号、第18号染色体多一条的婴儿几乎都表现出严重的疾病。以上异常现象都是由什么导致的？（染色体变异导致的。）基因突变与染色体变异有什么区别？（由学生讨论完成导学案

【思考一】的相关内容。）

环节三：微课导学，师生互动。

【设计意图】通过播放其他班级学生提前自拍的微课，开展生生互动，让全体学生参与，准确区分染色体结构变异中的缺失、增加、移接、颠倒四种类型，构建染色体结构变异的概念模型[6]。通过教师创设合乎逻辑、条理清晰的问题情境，层层设疑，引导学生由浅入深地思考和探究，从而得出正确的判断[7]。师生互动，对基于教材而又高于教材的知识点步步深入，引导学生完成导学案中【思考二】和【思考三】的相关内容，升华所学知识。

教师提问：（1）在减数分裂的什么时期最容易观察到染色体的缺失？（减数第一次分裂中期。）（2）中期染色体确实形态稳定、数目清晰，但染色体缺失一个片段后会变短，长短是个相对的概念，是不是有一个比较会更好呢？那么，你们有没有其他想法？（减数第一次分裂联会时。）为什么？（此时同源染色体两两配对，长短一比较便可看出。）（3）染色体结构变异中的缺失（或增加）与基因突变中的缺失（或增添）有何区别？（让学生发表自己的观点，总结：前者基因数量改变，后者基因数量不变。）（4）染色体结构变异中的移接是染色体之间交换片段，与我们前面所学的哪个现象相似？（交叉互换。）那么，移接与交叉互换有什么区别？（让学生纷纷发表自己的观点。）

环节四：展示预学，概念分析。

【设计意图】教师通过引导学生对核心概念进行逐句分析，让学生在构建染色体组概念模型的基础上，独立思考、亲身动手，构建染色体组的物理模型，再进一步结合导学案【思考四】的相关内容，总结出要构成一个染色体组应该具备的条件。

教师引导：随机展示学生"预习·勤学"部分对染色体组相关内容的预习笔记，引导学生逐句分析核心概念，总结出作为一个染色体组的条件。以雌雄果蝇的染色体为例，请同学利用自制的板贴构建染色体组的物理模型（图2），并上台展示。

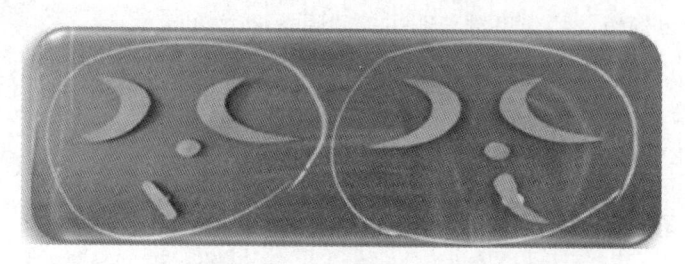

图2 学生自主构建的雄果蝇染色体组的物理模型

环节五：合作学习，研讨探究。

【设计意图】通过合作学习，学生可以在合作交流中弥补自己的不足，暴露出自己在课堂学习中生成的新问题，进而让教师对课前的预设进行调整或补充，从而实现对学生的有针对性的课堂学习指导。

教师引导：结合导学案【思考五】中归纳整理的平时试题中出现的染色体组判定的图片，利用自制的染色体模式图，继续深入构建染色体组物理模型（图3）。在学生活动过程中拍摄有代表性的图片，利用手机投屏功能及时分享在活动过程中拍摄的典型例子，小组之间做对比，找出不同的地方并进行讨论，引导学生得出正确答案，总结易错点。通过对三种类型图片中染色体组的判断，请同学形象地构建出染色体组数与染色体形态数、基因个数之间的数学模型。

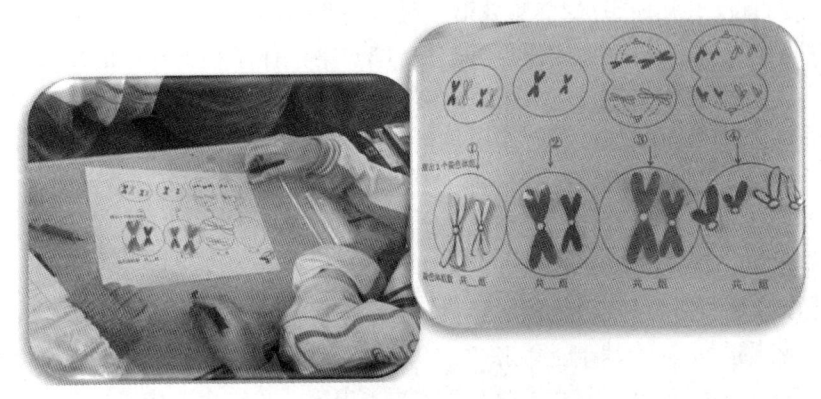

图3 学生自主构建染色体组物理模型

环节六：精讲分析，达标测试。

【设计意图】通过教师精讲，学生可以很好地理解二倍体、多倍体、单倍体这三个核心概念，并在理解的基础上进行区分。要特别注重对单倍体的理解，完成导学案中【思考六】的相关内容。

3. 反思领悟，构建思维导图——"固学·悟学"

【设计意图】学生通过本节课的学习，反思总结，理解所学核心概念，尝试构建本节课的思维导图。学生分享展示成果后，教师认真点评，师生合作共同完善本节课的思维导图。

四、教学体会

在本年度"一师一优课"优质课竞赛活动中，笔者分别在我校两个重点实验班及三个普通实验班上了这堂课，总体效果很好。学生在课堂上提出的问题及所作的回答，反映出不少学生对前面所学的同源染色体的概念较为模糊，需多做一些相关练习，加深对相关概念的理解。同时，也反映出学生对一些专业术语和名词还不能规范运用，需要平时多加练习。笔者也觉得，本节课的课堂教学过程有不足之处，比如知识点的过渡语言需要更精简些，染色体的物理模型可以做得更精美一些，各个环节的时长可以控制得更好些，对学生的点评可以更具体些。

本节课是基于我校"导引—生成"理念设计的"预学·思学·固学"课堂教学模式。笔者认为此教学模式能让学生在构建模型的过程中体验和领悟"提出问题—思考问题—解决问题"的思维过程，有利于培养学生的科学素养；通过教师创设问题情境来引导学生自主思考、小组探究，在课堂活动中进行生生互动、师生互动，有利于学生开展自主、合作、探究性学习[8]；通过合作探究、分组讨论、展示互评等活动，让学生在合作探究中互相启发、分工合作、密切配合，有利于锻炼学习能力、培养协作精神；让学生与教师一起交流、讨论、合作、感悟和反思，有利于师生共同学习、共同进步、共同发展。

【参考文献】

[1] 王平. "导引—生成"课堂教学改革在高中生物教学中的应用——"降低反应活化能的酶"的教学[J]. 中学生物学，2015（1）：21-24.

[2] 孟德军，刘茂华. 学案导学——自主建构课堂教学模式研究[J]. 中国教育技术装备，2016（17）：91-92.

[3] 李言珊. 基因与染色体关系及学习技巧[J]. 发现，2017（12）：137.

[4] 张彩转. 践行生本教育 提高课堂效率[J]. 课程教育研究，2014（33）：270.

[5] 罗度祥. 打造合作学习小组，把课堂还给学生[J]. 中外交流，2016（36）：86-87.

[6] 刘玉东. 高中生物学科课堂教学中问题设计的有效性策略研究[J]. 延边教育学院学报，2018（6）：146-148.

[7] 刘兰平. 浅谈初中生物教学情境的创设[J]. 中国校外教育，2013（10）：60.

[8] 左勤勇. 模型建构课堂活动教学模式的研究——以"生物膜的流动镶嵌模型"教学为例[J]. 福建基础教育研究，2011（8）：59-61.

模型建构在高中生物新授课中的实践应用
——以"血糖平衡的调节"新授课为例

庞小江　刘　国

一、模型建构在高中生物教学中的应用背景

《普通高中生物课程标准（2017年版）》界定了生物学科核心素养的具体内容，为我们高中生物的课堂教学进一步指明了方向，提出了课堂教学改革的新要求，要在平时的课堂教学中落实生物学科核心素养以及学生发展的核心素养，成为我们课堂教学应该追求的目标。特别是在新授课的教学过程中，运用恰当的方法组织学生进行探究活动，是学生生成知识、达成素养的重要措施。

新授课是以促进学生对知识的理解，使其经历探究过程，获得积极的情感体验为主要任务的课型。学习是一个理解的过程，理解是学习的基本特征和重要结果。新授课阶段倘若不能形成对知识的正确理解，即使花费了许多时间和精力用于复习，也难以取得理想的效果。新授课应该突出学生的主体地位，重视学生对知识的理解，为学生的理解而教。

模型是人们为了某种特定目的而对认识对象所做的一种简化的概括性的描述，这种描述可以是定性的也可以是定量的，有的借助于具体的实物或其他形象化的手段，有的则通过抽象的形式来表达[1]。模型建构就是用形象化的具体实物或抽象的语言文字、图表、数学公式等对认识对象进行模拟或简化描述的过程[2]。因此，在高中生物某些内容的新授课教学中运用模型建构的方法，有利于学生明确知识的形成过程，增强对知识的理解，提高学习效率；可以有效促使学生积极探究、勇于创新，提高学生的综合素质。

二、模型建构在高中生物教学中的应用案例

《普通高中生物课程标准（2017年版）》明确提出，学生要能够运用模型与建模的方法探讨生命现象及规律[3]，这是学生"理性思维"这一核心素养的主要内容。高中生物教材中有很多涉及模型和模型建构的内容，如必修1"分子与细胞"中的"尝试制作真核细胞的三维结构模型""利用废旧物品制作生物膜模型"，必修2"遗传与进化"中的"建立减数分裂中染色体变化的模型""制作DNA分子双螺旋结构模型""达尔文自然选择学说的解释模型"，必修3"稳态与环境"中的"构建人体细胞与外界环境的物质交换模型""建立血糖调节的模型""建构种群增长的模型"等[4]，这些模型包括物理模型、概念模型、数学模型。下面以必修3"稳态与环境"中的"血糖平衡的调节"这一课时的新授课为例展示模型建构法在高中生物新授课中的实践应用[5]。

（一）教学背景

教材方面，必修3"稳态与环境"第2章第2节"通过激素的调节"中的"血糖平衡的调节"是本节的重要内容，是在学习了内环境稳态、神经调节和激素调节的发现的基础上，对激素调节在人体稳态维持中的作用的具体实例体现。有关血糖调节的内容抽象复杂，教学的重点和难点在于通过学习建构模型的方法让学生深入理解血糖平衡调节的过程，为学生充分体会激素调节的作用和意义，以及接下来学习神经调节和体液调节的相互关系打下基础。

学情方面，学生在前面的学习以及平时生活中对血糖、胰岛素、糖尿病等血糖调节的相关概念已有了初步了解，但大多限于听到过相关名词，初步了解到这些概念与身体健康有关，对具体原因和机制并不清楚。通过高一阶段的学习，学生对模型和模型建构法在生物学科中的应用已有一定认识。

（二）教学设计思路

血糖平衡的调节是一个非常抽象的过程，对于新授课的学习，学生缺乏相关的知识基础和认知思维，教师若在教学过程中一味地通过讲解、描述来教学，即使有时辅以图片、视频等资料，也很难达到让学生很好地理解和掌握相关知识的目的，不利于学生能力的培养和发展。针对这种情况，本教学过程设计了"建构血糖调节的模型"的活动，通过模拟活动建构血糖调节的物理模型，归纳总结建构血糖调节的概念模型，并创设情境、及时点拨，让学生充分体会和理解血糖调节的知识，形成生命健康的观念；通过科学设计与指导，调

动学生积极参与探究，让学生在学习过程中体验科学探索的乐趣和成功的喜悦。

（三）教学过程

1. 导入新课

教师播放马拉松比赛的新闻视频，吸引学生注意，提取视频中介绍马拉松比赛的相关信息，联系教材第23页的"问题探讨"，激发学生的探究欲望和学习兴趣，导出本堂课的课题，明确学习目标。

2. 血糖的来源和去向

首先，教师结合导入的情景材料，通过提出问题："马拉松运动员在比赛过程中，体内血糖会被不断消耗但却能维持平衡，这说明了什么呢？"引导学生思考血糖的来源和去向，紧接着提出："正常情况下，血糖的来源和去向分别有哪些呢？"引导学生根据课本第25页图2-9自主学习并回答血糖的来源和去向，初步体会通过概念模型（概念图）描述血糖平衡的方法。

接着，为了让学生体会和理解血糖的来源和去向与血糖平衡之间的关系，同时让学生了解血糖调节的另外一种情景——进食后的血糖变化和调节，为后面建构运动后的血糖调节模型和进食后的血糖调节模型做好铺垫，教师引导学生回顾思考前面学习过的"内环境稳态"一节的一个课后拓展题。教师给学生介绍题中涉及的实验探究方法：科学家用高浓度的糖溶液饲喂一只动物，在接下来的3 h内每隔30 min检测该动物血液中葡萄糖的浓度。展示实验结果（表1），要求学生根据表格数据绘制进食后的血糖变化曲线图（图1），让学生根据真实的实验数据感受进食后机体的血糖变化和平衡，同时体会通过数学模型描述、认识生命现象的方法。

表1 某动物进食葡萄糖溶液后不同时间的血糖浓度

食用糖后的时间/min	血液中葡萄糖的浓度/mg·mL^{-1}
0	0.75
30	1.25
60	1.10
90	0.90
120	0.75
150	0.75

续表

食用糖后的时间/min	血液中葡萄糖的浓度/mg·mL^{-1}
180	0.75

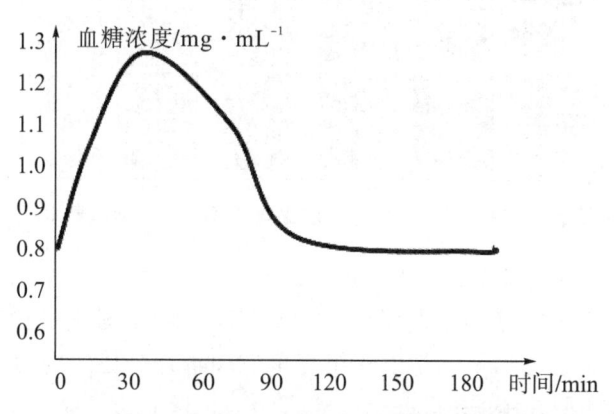

图1 某动物进食葡萄糖溶液后的血糖浓度变化曲线

教师在学生绘制出曲线图后引导学生根据血糖的来源和去向讨论分析血糖变化的原因，得出机体是通过调节血糖来源和去向来维持血糖平衡的。在明确以上问题后，教师随即引出血糖调节的两种重要激素——胰岛素和胰高血糖素。

教师引导学生观察课本第26页图2-10，认识和明确胰岛素和胰高血糖素的分泌细胞，掌握胰岛素和胰高血糖素的生理功能。接着引出胰岛素和胰高血糖素对血糖调节的过程探究。

3. 建立血糖调节的模型

教师介绍教材上的模拟实验，让学生了解模拟材料"糖卡""胰岛素卡""胰高血糖素卡"的含义，理解模拟原理：通过"胰岛素卡""胰高血糖素卡"数量的增减和相应数量"糖卡"的正面翻转或反面翻转表示在不同情况下胰岛素和胰高血糖素对血糖调节的作用过程。然后组织学生以小组为单位思考讨论，分四步建构血糖调节的物理模型和概念模型。

第一步：教师通过课件展示正常人的血糖水平、胰岛素和胰高血糖素水平的相关资料，组织学生进行探究活动，建构正常状态下血糖水平、胰岛素水平和胰高血糖素水平的物理模型（图2）。然后将建构的物理模型以小组为单位进行展示，让全班同学共同完善模型并作评价。

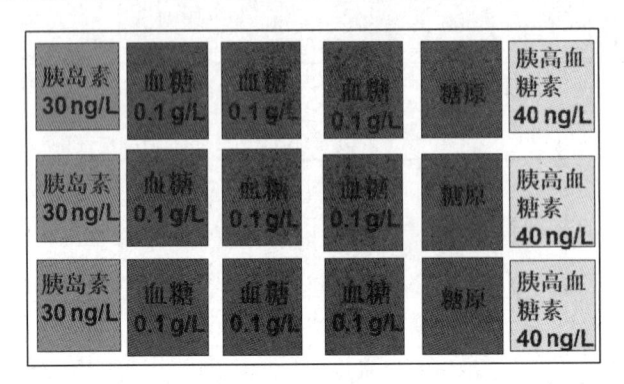

图 2　正常人的血糖水平、胰岛素水平和胰高血糖素水平

第二步：教师向学生展示人吃饭后血糖变化的曲线图，组织并指导学生模拟饭后人体血糖含量的变化以及饭后血糖调节的过程，建构进食后血糖调节的物理模型（图3）。然后请同学以小组为单位展示并描述建构的模型，让全班同学共同完善模型并作评价。

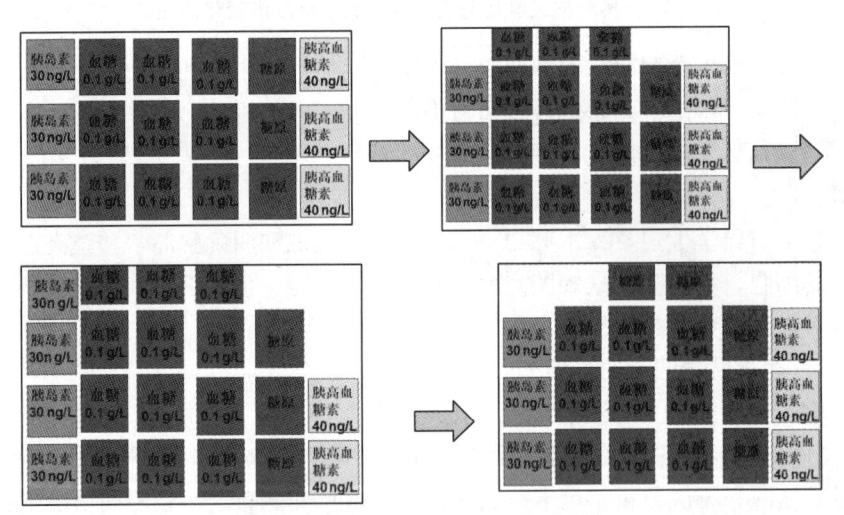

图 3　进食后血糖调节的物理模型

在学生建构出进食后血糖调节的物理模型，认识并体会到进食后血糖调节的过程后，让学生在导学案上归纳总结，建构出进食后血糖调节的概念模型（图4）。

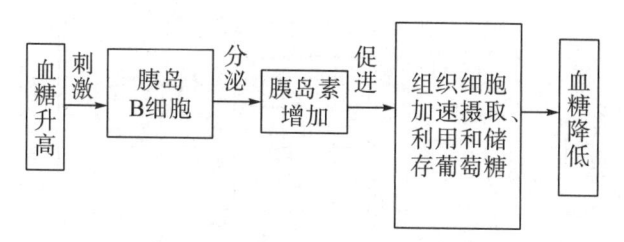

血糖升高 →刺激→ 胰岛B细胞 →分泌→ 胰岛素增加 →促进→ 组织细胞加速摄取、利用和储存葡萄糖 → 血糖降低

图4 进食后血糖调节的概念模型

第三步：在学生建立了进食后的血糖调节模型后，教师随即引出运动时的血糖调节，向学生展示运动时血糖含量变化的曲线，让学生思考讨论，模拟运动时血糖含量的变化和血糖调节的过程，建构运动时血糖调节的物理模型（图5）。然后请同学以小组为单位展示并描述建构的模型，让全班同学共同完善模型并作评价。

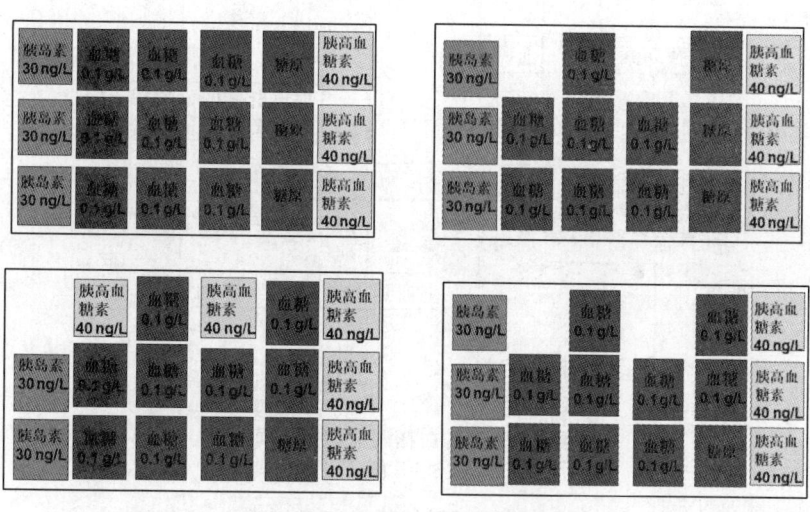

图5 运动时血糖调节的物理模型

在学生建构出运动时血糖调节的物理模型，认识并体会到运动时血糖调节的过程后，让学生在导学案上归纳总结，建构出运动时血糖调节的概念模型（图6）。

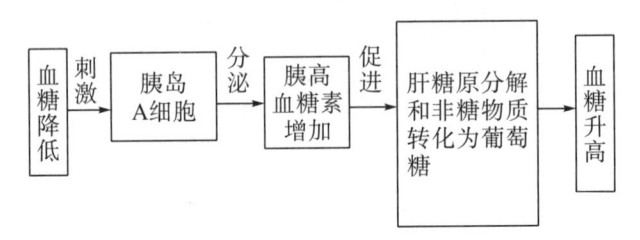

图 6　运动时血糖调节的概念模型

第四步：在学生建构了进食后和运动时血糖调节的模型后，引导学生归纳总结，建构出完整的血糖调节的概念模型（图 7）。然后请学生以小组为单位展示并描述建构的模型，让全班同学共同完善模型并作评价。

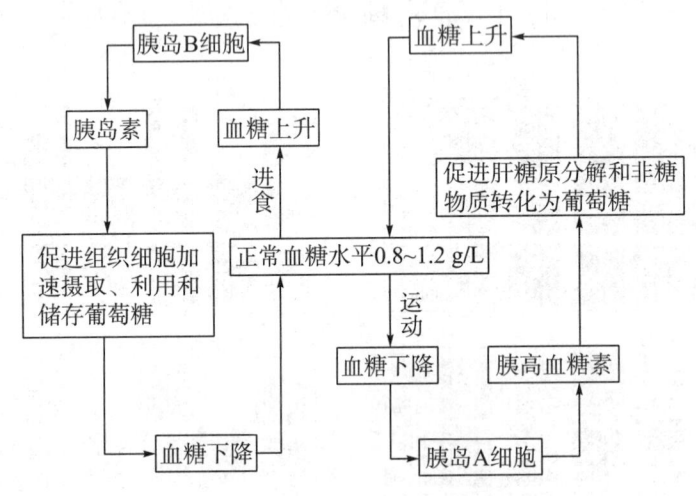

图 7　完整的血糖调节的概念模型

4. 课堂小结

教师借助课件，引导学生回顾本节课的核心知识，让学生自主总结，谈本节课的收获或体会，让学生体验收获的喜悦；同时启发学生提出新的问题——还有没有其他激素参与血糖平衡的调节，有没有神经调节，低血糖症、糖尿病是什么原因导致的，等等，以激发学生进一步探究的欲望，引导学生对机体健康知识进行了解和关注，形成正确的关于稳态与平衡的生命观念。

三、高中生物新授课中模型建构的应用案例分析

在"血糖平衡的调节"这一新授课中，教师通过创设多种情境，以"导引—生成"的教学模式，通过模型建构的方法，充分解释了"血糖调节"这一

高中生物的核心概念，培养了学生的生物学科核心素养。

（一）创设的情境

对马拉松比赛和教材拓展题（进食后对血糖变化的检测）的相关资料做了多次不同角度的提问和应用，分别达到了：导入新课，引导学生思考血糖来源和去向与血糖含量变化的关系，引导学生建构运动时和进食后血糖调节的模型等，前后联系，贯穿课堂；组织学生用卡片模拟血糖调节的过程，将问题探究融于活动情景，增强学生的体会和对生成的知识的理解，同时活跃课堂气氛，增加学习乐趣。

（二）建构的模型

本节新授课首先通过模拟活动建构了进食后和运动时血糖调节的物理模型，然后通过对模拟活动的归纳总结，分别建构了进食后和运动时血糖调节的概念模型，最后综合建构了完整的血糖调节的概念模型。与此同时，还通过绘制进食后血糖含量变化的曲线图，让学生体会和尝试建构数学模型。通过对多个模型的建构，学生充分理解和掌握了血糖调节的过程，在建构模型的过程中训练了科学思维，体验了探究的乐趣，培养了科学探究的能力。

（三）教学效果

通过创设情境，建构模型，教师以问题为导引，在知识生成方面，学生能说出血糖的来源和去向，能说出血糖的来源和去向与血糖平衡之间的关系，能说出胰高血糖素和胰岛素的生理功能，能建构并描述出血糖调节的过程。在能力培养方面，学生能够自主学习课本相关文字和图片，获取信息和知识；能和小组同学合作探究，分析问题、解决问题；能够建构模型，归纳总结。在学科核心素养的达成方面，学生能够对知识进行科学的归纳、概括、推理、模拟等，从而得出客观严谨的血糖平衡调节的过程，培养了理性思维；通过本堂课的学习能认识到血糖平衡对人体健康的重要性，体会"环境和稳态和谐统一"的生命观念；能关注平时学习生活中健康的生活方式，同时承担起宣传健康的生活方式（如吃好早餐、坚持锻炼、规律作息）等社会责任。

四、结语

在"血糖平衡的调节"这一节新授课中对模型建构的方法进行实践应用，能让学生真切地感受这一方法在高中生物教学中的有效性和意义，是提高课堂有效性、取得较好教学效果、落实高中生物学科核心素养培养的一种重要方法。模型建构已经成为当前高中生物教学的重要内容之一，从某种程度上讲，模型建构和理解模型是学生理解和掌握生物学知识的有效工具，建构模型的方法是高中生物课程标准和教材对学生提出的高于初中水平的科学方法和探究能力的要求。模型建构在高中生物教学中发挥着重要作用，高中生物教师应深刻意识到这一点，积极推进这一教学方法的应用。

【参考文献】

[1] 朱正威，赵占良. 分子与细胞［M］. 北京：人民教育出版社，2007.
[2] 于泉. 高中生物学教学中的模型建构实例［J］. 读写算，2013（11）：81.
[3] 中华人民共和国教育部. 普通高中生物课程标准（2017年版）［M］. 北京：人民教育出版社，2018.
[4] 吴菲祎. 物理模型在高中生物教学中的应用和建议［J］. 理科考试研究，2015（7）：85－86.
[5] 人民教育出版社，课程教材研究所，生物课程教材研究开发中心. 生物·必修3·稳态与环境［M］. 北京：人民教育出版社，2007.

以生物学科学史为载体,培养学生科学思维

王玉玲 王 平

一、背景

作为生物学核心素养的一个重要维度,科学思维是一种基于证据和逻辑推理的思维方式。而生物科学史不仅是科学家对生命活动规律不断进行探索创新的历史,而且蕴含着科学家在探索历程中独具匠心的科学思维和巧妙的实验设计方法。因此,生物学科学史正是培养学生科学思维的有力抓手。

新课程标准提出,要注重对生物科学史和科学本质的学习[1]。生物教师在教授生物科学史的相关内容时,往往采用传统讲授法,重知识、轻思维。这种方式不仅不能使学生的科学思维得到锻炼,而且还会使课堂变得呆板、枯燥,导致学生生物学习兴趣降低。其实,科学思维不光是核心素养内容之一,也是新课程标准下全国卷生物试题考查的重要能力。科学的思维方式能有效提高学生的学习效率,因此,教师需要将科学思维的精髓融入生物学科学史教学,突破传统讲授法,创新引导,让学生在体验科学发生、发展的过程中开展关于思维方式的训练,提升科学思维素养。

二、科学思维的内涵

新课程标准提出,"科学思维"是指尊重事实和证据,崇尚严谨和务实的求知态度,运用科学的思维方法认识事物、解决实际问题的思维习惯和能力。学生应该在学习过程中逐步发展科学思维,如能够基于生物学事实和证据,运用归纳与概括、演绎与推理、模型与建模、批判性思维、创造性思维等方法,探讨、阐释生命现象及规律,审视或论证生物学社会议题[2]。

同时，笔者查阅了大量文献资料，发现它们对"科学思维"定义的表述方式不同，但其内涵都很相似，即科学思维至少包含两个维度：一是能力维度，即学会用科学思维的方法分析、解决实际问题；二是态度维度，即尊重事实和证据，主动求真求实的态度[3]。科学思维的形成需要以真实的情境为载体，而科学史内容恰好是科学家探索过程的真实情境体现。学生在学习科学史的过程中可以了解甚至尝试科学家的探究过程，学习科学方法，从而像科学家一样思考和解决问题，使得自己的科学思维得到培养和强化。

三、以生物学科学史为载体培养学生科学思维的策略

在人教版教材中，科学史的呈现形式丰富，如科学家访谈、科学史话、科学家故事、科学前沿、资料分析或章节的正文等。这些生物科学史能够使学生较好地理解科学的本质，体验科学研究的方法，感悟科学探究的精神，是落实学科核心素养中科学思维的优秀素材。因此，笔者将以不同科学史为案例，浅谈如何运用科学史培养学生的归纳与概括、演绎与推理、模型与建模、批判性思维、创造性思维等科学思维能力，以此培养和提升学生的科学思维。

（一）利用生物学科学史，培养学生归纳与概括的思维

归纳与概括是生物教学中常用的一种方法，是指把个别事实抽象成一般原理的过程[4]。归纳与概括必须建立在许多个别事实的基础上，从个别到一般，总结出一般性结论。在科学家探索并总结生物学规律的过程中，归纳与概括是其常用方法之一。在生物科学史的教学过程中，教师不能直接将生物学规律或概念灌输给学生，而应该引导学生重现科学探索过程，根据过程中的个别事实，自主归纳与概括出一般规律。

如细胞学说的建立过程这部分内容，大多数教师在处理时直接将最终结论细胞学说内容呈现给学生，忽视课本所给的关于细胞学说探索过程的资料分析。笔者认为，这部分科学史恰好可以很好地展现科学家在建立细胞学说的过程中对归纳法的应用，因此笔者提出以下教学策略：教师可以采用问题引导的方式，灵活运用课本资料，有序地列出重组细胞学说建立的过程，生成相关结论，锻炼学生的归纳与概括能力。

首先，教师提问：

（1）细胞学说的建立主要经历了哪些阶段？各阶段的代表人物是谁？他们形成的结论是什么？

（2）细胞学说主要阐明了什么？是细胞的多样性还是生物界的统一性？

【设计意图】让学生通过思考并回答以上两个问题,能对细胞学说的建立过程有一个整体性的认识,并且可以锻炼学生从资料中归纳、提炼有效信息的能力。

(3)科学家是如何通过获得证据来说明动植物体是由细胞构成这一结论的?

【设计意图】让学生体会科学家通过对细胞进行观察和比较,从而归纳出动植物体是由细胞构成这一结论的过程,带领学生总结归纳与概括方法的核心,即从多个生物学事实中归纳、概括出具有普遍性的结论或原理。

(4)施莱登和施旺只是观察了部分动植物的组织,却归纳出"所有动植物细胞都是由细胞构成的"。这一结论可信吗?为什么?这一结论对生物学研究有什么意义?

【设计意图】让学生深化对归纳与概括方法的理解,由这种方法得出的结论很可能是可信的,因此可以用来预测和判断事物,不过,也需要注意存在例外的可能。

通过以上问题串的设计,学生可以在学习科学史的过程中体会科学家共同参与实验、共同努力的过程,明白科学发现需要理性思维与实验相结合。

(二)利用生物学科学史,培养学生演绎与推理的思维

演绎与推理是从一般性的原理出发,推出某个特殊情况下的结论。简言之,演绎与推理是由一般到特殊的推理。推理不仅要有真实的前提,还要遵守逻辑规则[5]。生物学是一门逻辑性很强的学科,那么,在高中阶段如何培养学生演绎与推理的思维呢?

在高中生物教材中,演绎与推理的思维是以"假说—演绎法"为核心载体而体现的。"假说—演绎法"的一般过程是"提出问题—做出假说—演绎推理—实验验证—得出结论",而其中演绎推理是其核心步骤。高中必修二教材中的几个经典实验,如孟德尔发现基因的分离定律和基因的自由组合定律的豌豆杂交实验,摩尔根的果蝇杂交实验等,都是学生学习"假说—演绎法",培养演绎与推理思维的好材料。下面,笔者将以摩尔根的果蝇杂交实验的探索史为例,分析如何利用"假说—演绎法"培养学生演绎与推理的思维。

在本案例中,教师可以采用问题引导法,让学生沿着科学家的思维路径,深度体验"假说—演绎法",以此发展学生的科学思维。

首先,教师引导学生观察红眼雌果蝇和白眼雄果蝇的杂交图解。

P　　　　　红眼（雌）×白眼（雄）
　　　　　　　　　↓
F_1　　　　　红眼（雌、雄）
　　　　　　　　　↓ F_1雌雄交配
F_2　红眼（雌、雄）　白眼（雄）
　　　　3/4　　　　　　　1/4

提出问题：摩尔根的果蝇杂交实验与前面的孟德尔遗传规律相矛盾吗？

生：从3∶1的分离比可知，并不矛盾。

师：那这一实验结果有没有特别之处呢？

生：F_2中白眼果蝇全是雄果蝇。

然后，在学生已有知识的基础上，引导学生做出假设：与白眼性状有关的基因位于X染色体上，Y染色体上没有其等位基因。

根据这一假设，让学生写出遗传图解，完成演绎推理。

P　　　　　　X^BX^B（红、雌）× X^bY（白、雄）
　　　　　　　　　　↓
F_1　　　　　　X^BX^b（红、雌）X^BY（红、雄）
　　　　　　　　　　↓ F_1雌雄交配
F_2　X^BX^B（红、雌）X^BX^b（红、雌）X^BY（红、雄）X^bY（白、雄）

教师继续引导：由于这个假设也是通过推理的方法得出的，所以，它尽管合理地解释了摩尔根的实验，但也不能确定结果就是绝对正确的。那么，大家能不能设计一个实验来对这个假设做进一步验证呢？学生结合学习经验，提出测交实验的验证方法，演绎测交过程。

P　　　　　　　X^BX^b（红、雌）× X^bY（白、雄）
　　　　　　　　　　↓
F_1　X^BX^b（红、雌）X^bX^b（白、雌）X^BY（红、雄）X^bY（白、雄）
　　　　1　　：　　1　　：　　1　　：　　1

然后，根据演绎结果进行测交实验，证明假说正确，得出"基因在染色体上"的结论。

这样，改变了传统的科学史讲授方式，让学生能够在教师的引导下重现科学家探索过程中的思维活动，有助于科学思维的提高。

（三）利用生物学科学史，培养学生模型与建模的思维

模型是人们为了某种特定目的而对认识对象所做的一种简化的概括性的描

述，可以分为物理模型、数学模型和概念模型等。模型与建模是高考能力考察的重要内容，如分析光合作用曲线图、认识细胞结构图、计算遗传概率等。学生面对这类考查内容，得分往往不高。究其原因，是学生面对这些问题时缺乏建模的经验。这就需要教师重视建模的过程，在课堂教学中适时地外显思维过程，引导学生独立建模，培养学生建模的思维能力。

必修一教材中科学家对细胞膜的结构的探索历程就是建立细胞膜流动镶嵌模型的过程，教师可以细胞膜成分及结构发现史为线索，引导学生自主合作建构细胞膜的物理模型，培养学生模型与建模的思维。

教师可自制教具，用白色泡沫小球代表磷脂分子的头部，用黄色塑料小棒代表磷脂分子的尾部，用蓝色不同形状的泡沫代表蛋白质分子，用红色六边形小球代表糖类。然后在科学史学习过程中，根据资料，引导学生建构细胞膜的物理模型。具体思路如图1所示。

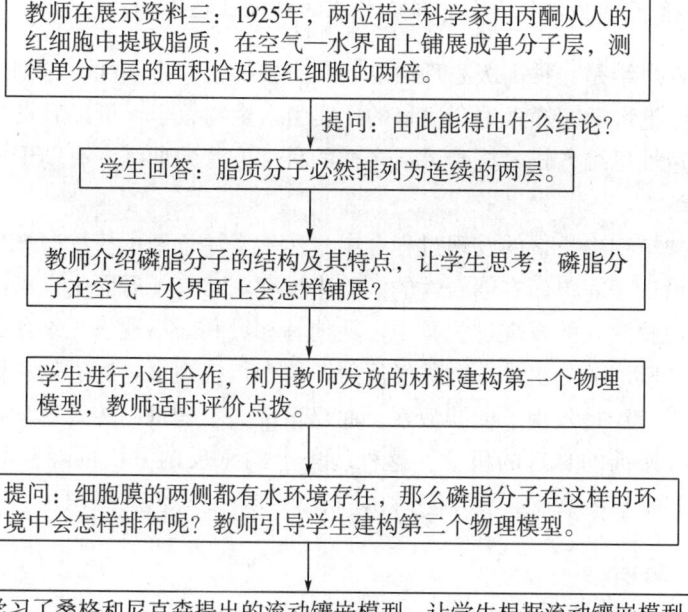

图1 建模的具体思路

学生通过建构细胞膜流动镶嵌模型，体验了模型建构的一般方法，同时，在这个过程中经历了"思考—尝试—错误—再思考—再尝试"的思维过程，思维能力得到提升。

（四）利用生物学科学史，培养学生的批判性思维

批判性思维是指对于事物、现象和主张发现问题所在，同时根据自身的思考逻辑地提出主张[6]。批判性思维要求不盲从既定的结论和观点，要辩证、理性地进行分析和判断，是一种主动的、科学的和质疑的思维方式。

翻开生物学科学史，发现科学家们正是因为具有批判、质疑的精神，才推动了生物学的不断发展。例如，在探索酶本质的过程中，针对巴斯德和李比希的观点，教师可结合教学内容，不时地渗透批判性思维，让学生批判性地对待巴斯德和李比希的观点。如巴斯德认为发酵是整个细胞而不是细胞中的某些物质在起作用，李比希认为引起发酵的物质只有在酵母细胞死亡并裂解后才能发挥作用就是不正确的。在这个过程中，学生学会不盲从，学会辩证、理性地分析问题，学会用科学的思维看待和处理问题。

（五）利用生物学科学史，培养学生的创造性思维

创造性思维是一种高级心理活动，具有独特性、广阔性、深刻性和求异性等特征[7]。把科学家探索生命奥秘的史实引入生物教学，可以启发学生学习科学家的创造性思维方式，接受灵活多样的科学方法的训练，有助于创新思维的开发。

如在"植物生长素的发现过程"中，达尔文注意到了植物向光生长这一现象，并且设计了简单而有创新性的实验来探究，才有了后面生长素的发现。再如，在"促胰液素的发现过程"中，斯他林和贝利斯不迷信沃泰默的实验，大胆地摒弃"胰液的分泌是一种神经反射"这个传统观念，通过创新性实验证实自己的假设，于是发现了促胰液素。而巴甫洛夫不能跳出传统观念，失去了发现一个近在眼前的真理的机会。这种历史上的正反两方面的经验教训告诉学生，不要盲信传统观念，要学会跳出固有思维，要有创新意识。

四、结语

综上所述，生物学科学史不仅是一部科学家的探索史，还是一部蕴藏着丰富科学知识、科学思维和科学方法的历史，其覆盖面非常广。教师应当提高重视度，合理利用科学史培养学生归纳与概括、演绎与推理、模型与建模、批判性思维、创造性思维等科学思维能力。科学思维能力的形成不仅能够使学生更好地掌握生物学知识，而且能提升学生运用科学思维分析问题、解决问题的能力，达到新课程标准的基本要求。

【参考文献】

[1] 中华人民共和国教育部制定. 普通高中生物课程标准（2017年版）[M]. 北京：人民教育出版社，2018.

[2] 张大松. 科学思维的艺术：科学思维方法导论 [M]. 北京：科学出版社，2008.

[3] 宋玉蓉. 生物学概念教学中的归纳法和演绎法 [J]. 中学生物学，2014（7）：16—18.

[4] 甘耀平. 例谈高中生物实验教学中理性思维能力的培养 [J]. 中学生物学，2017（11）：43—44.

[5] 人民教育出版社，课程教材研究所，生物课程教材研究开发中心. 生物·必修1·分子与细胞 [M]. 北京：人民教育出版社，2007.

[6] 钟启泉. "批判性思维"及其教学 [J]. 全球教育展望，2002（1）：34—38.

[7] 卢明德. 论创造性思维的特征及其能力的培养 [J]. 广东青年干部学院学报，2003（2）：38—43.

借助细胞结构模型建构"导引—生成"创意教学

张 蕊 李 静 袁家代

一、模型

（一）模型的概念

新课标教材（人教版）必修一"分子与细胞"模块中对模型的定义是：模型是人们为了某种特定目的而对认识对象所做的一种简化的概括性的描述，这种描述可以是定性的也可以是定量的；有的借助于具体的实物或其他形象化的手段，有的则通过抽象的形式来表达[1]。

（二）模型的分类

在生物学科教学中会用到的模型主要有概念模型、数学模型、物理模型等。概念模型用箭头、符号将关键词或文字串联起来，直观形象、通俗易懂[2]。概念模型的建构贯穿整个高中生物教学，因此在复习课中建构概念模型显得尤为重要[3]。数学模型是能表示事物之间关系的图表或方程式，能让人很直观地看出事物的变化，数学模型的建构过程可以引导学生发现事物之间的数量变化关系，找到变化规律，并形成结论，从而促进科学思维的形成[4]。物理模型是以实物或图画形式直观地表达认识对象的特征，主要强调学生的实践操作和动手能力，体现学生的主观能动性。物理模型的建构有很好的教学价值和意义，能极大地激发学生的学习热情和兴趣，从而对知识的理解和掌握更深刻[5]。

（三）概念形成

将模型用于教育教学过程，可以使复杂的实物抽象化或是使抽象的概念、理论具体化和形象化，进而使零碎的知识系统化[6]。建构模型的过程能真正体现学生的主体地位，有效培养学生的思维能力，帮助学生理解和掌握所学知识，形成概念体系，同时能对学生的学习效果有一个较全面、客观的评价。模型建构的主要流程如图 1 所示。

$$\text{原型（复杂的事物）} \xrightarrow{\text{抽象化}} \text{模型} \xleftarrow{\text{具体化}} \text{原型（抽象的理论）}$$

图 1　模型建构的主要流程

二、物理模型建构

新课标教材（人教版）安排的物理模型建构内容见表 1。

表 1　物理模型建构内容

所属模块	所属章节	模型建构内容
分子与细胞	第三章第三节	尝试制作真核细胞的三维结构模型
遗传与变异	第二章第一节	模拟减数分裂过程中染色体的变化
	第三章第二节	制作 DNA 双螺旋结构模型
稳态与环境	第二章第二节	建立血糖调节的模型

如何在生物教学中运用物理模型建构的方法呢？本文以"尝试制作真核细胞的三维结构模型"为例来具体阐述生物教学中如何建构物理模型。

细胞是生命系统层次中最基本的层次，生命活动离不开细胞，新课标教材（人教版）必修一"分子与细胞"模块的教学内容基本上是在细胞水平展开的，所以认识并了解细胞的结构对于这一模块显得尤为重要[7]。但是细胞体积微小、结构复杂而精巧，内容较为复杂、抽象，需要借助电子显微镜才能看到其亚显微结构，因而学生对于真核细胞内部结构的认识相对空洞、片面。但学生很需要对细胞结构有一个很好的了解，建构细胞的物理模型就是一个很好的选择。教材"分子与细胞"模块第三章的最后一节内容安排了"尝试制作真核细胞的三维结构模型"。

（一）目的要求

尝试制作真核细胞的三维结构模型，让学生体验模型建构的过程。

(二) 模型建构材料用具

泡沫塑料、橡皮泥（各种颜色）、黏土、纸片、木板、细铁丝等。

(三) 模型建构过程

1. 激发学生兴趣，引入课题

教师用PPT展示动物和植物细胞的亚显微结构，同时展示北京自然博物馆展出的细胞模型（放大40万倍的细胞模型照片），激发学生兴趣，从而引入课题——"尝试制作真核细胞的三维结构模型"。

2. 知识准备，完成学案

教师引导学生了解模型方法中模型的概念，让学生对模型有一个初步的认识，并讲解生物学科中常用的模型分类（主要有物理模型、数学模型和概念模型），同时举例沃森和克里克制作的DNA双螺旋结构模型，让学生了解这两位科学家通过建构物理模型将肉眼看不到的DNA分子结构形象地展示了出来。细胞体积微小、结构复杂而精巧，如果要了解细胞的结构和功能，需要借助电子显微镜，这样才能看到细胞的亚显微结构。鼓励学生像前面提到的两位科学家一样，将肉眼看不到的细胞结构借助物理模型展示出来。

引导学生完成导学案中关于细胞结构的知识内容：单层膜的细胞器有内质网、高尔基体、液泡和溶酶体，双层膜的细胞器有线粒体、叶绿体，没有膜结构的细胞器有中心体、核糖体；各种细胞器的具体结构、功能；动植物细胞的区别，如有无细胞壁、有无中心体等；思考各种细胞器之间大小和数量的关系。学生通过完成导学案的相关知识和问题，能对动植物细胞的结构形成一个从外到内的概念性认识，为制作真核细胞的三维结构模型奠定基础。

3. 实物展示

展示兴趣小组课前制作的动物细胞和植物细胞的三维结构模型。同时，由兴趣小组的同学介绍各自制作模型时的材料用具、方法步骤和遇到的困难，比如不清楚细胞器之间的大小关系这类问题。让学生进行模型的观察、研究，并对兴趣小组遇到的困难进行思考和以小组为单位进行讨论，结合导学案给出的细胞器大小的参考数据（表2），计算出各种细胞结构的大小比例，指出兴趣小组制作模型中的不足之处，以及在材料使用上可以改进的地方。

表2　细胞器大小的参考数据

细胞结构	大小
细胞核	直径 5~10 μm
线粒体	直径 0.5~1 μm，长度 2~3 μm
溶酶体	直径 0.2~0.8 μm
中心体	直径 0.2~0.4 μm
核糖体	最小

4. 确定模型，制作方案

让学生以小组为单位进行讨论，确定制作动物细胞或植物细胞的三维结构模型，并讨论、设计出制作模型的方案，包括制作模型材料的选择，如：细胞壁和细胞膜应该选择较硬的材料，细胞质基质可以选择较软的、颜色较浅的材料，各种细胞器可以根据结构、功能等选择不同颜色的材料进行制作；各种细胞结构的大小比例；细胞结构之间应该怎样科学连接；等等。我校高一年级的模型制作课安排在周末进行，这样可以保证有充足的时间让每个同学都能得到锻炼。

5. 成果展示，进行评比

成果展示是了解学生制作模型成果最为关键的一步。高一年级每个教室后面都设有一个放置课外读物的书架，可用于摆放制作好的细胞模型。学生可以在自己制作的模型旁边贴上便利贴（图2）。同时要给学生讲解模型制作的评比细则，在展示的一周中，全班同学可以利用课间时间进行模型参观，为自己喜欢的模型投票。投票方式为在模型旁边的便利贴上写自己的名字，表示投该模型一票，每个同学可以选择三个模型投票。一周后统计每个模型所得票数，每个班级选出得票前6名的同学，再由教师通过实物投影将6个模型进行展示，并作点评。最后，师生共同确定出获得最佳人气奖、最佳制作奖和最佳创意奖的各是哪两名同学，并举行颁奖仪式（图3、图4）。

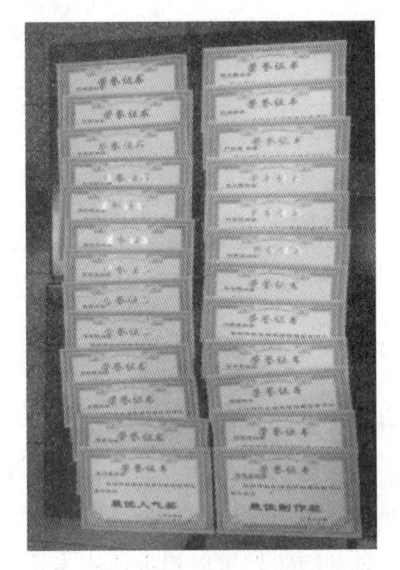

图 2　书架上展示的细胞模型　　　　图 3　专门为模型比赛制作的奖状

图 4　颁奖仪式

在这次模型制作活动中，同学们积极参与，充分发挥自己的想象力和创造力，绝大多数同学都能准确、独立地制作出真核细胞的三维结构模型。学生大多选择用黏土和橡皮泥作为材料，制作出了各种各样的细胞模型，效果也比较好。其中，有很多模型从美观性、科学性、创造性等方面脱颖而出，如图5、图6、图7所示的模型就分别获得了最佳人气奖、最佳制作奖和最佳创意奖。

图5 最佳人气奖之一 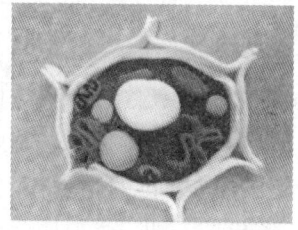　　图6 最佳制作奖之一 　　图7 最佳创意奖之一

但是在模型制作过程中，也有一些学生过于注重模型的美观性而忽略了细胞结构模型中应有的科学性。如植物细胞的绿色应由叶绿体中的色素来体现，而不是细胞质基质为绿色（图8）；高等植物细胞内不应该有中心体（图9）；一个植物细胞与相邻植物细胞间细胞壁的展现出现错误（图10）；动物细胞中高尔基体的囊泡与内质网的关系错误（图11）等。老师在讲评过程中应注意点评学生模型的优缺点，使学生在该过程中能对细胞结构有更深刻、更精准的理解和掌握。

图8 　　图9

图10 　　图11

三、结语

对真核细胞三维结构模型的制作，既可以极大地激发学生的学习动力和热情，又能让学生加深记忆，从而更好地掌握真核细胞的结构，同时还有利于培养学生的空间认知能力。除了课本安排的物理模型建构的内容，在教学过程中，教师也可以适当增加一些内容，如：蛋白质合成的模型，让学生能更形象地感受基因表达中的转录和翻译；制作病毒结构的物理模型和病毒侵染细胞的模型，让学生模拟病毒侵染大肠杆菌的过程；在染色体变异的教学过程中也可以用物理模型，让学生直观地理解染色体结构变异的类型、染色体组等内容；建构细胞膜的流动镶嵌模型，让学生进一步地了解结构与功能相适应的生命观念；等等。

在生物课堂中适当利用模型建构进行教学，能够将复杂、抽象、零散的知识简单化、具体化，达到事半功倍的效果。但是，因为时间、教学安排等，物理模型的建构在高中生物教学中显得比较薄弱，学生的实践操作也比较少，所以在教学过程中教师应有意识地给学生创造条件。

【参考文献】

[1] 朱正威，赵占良. 分子与细胞 [M]. 北京：人民教育出版社，2007.

[2] 吴志强. 围绕概念模型的生物概念教学 [J]. 中学生物学，2015（6）：62-64.

[3] 郝琦蕾，姚灿. 基于核心素养的高中生物模型建构教学研究 [J]. 教学与管理，2019（4）：111-113.

[4] 陈廷华. "细胞增殖"教学中的数学模型应用举例 [J]. 生物学教学，2019（1）：19-21.

[5] 官仕坤. 对高中生物模型教学的几点思考 [J]. 中学生物教学，2018（2x）：37-38.

[6] 邢红军. 论科学教育中的模型方法教育 [J]. 教育研究，1997（7）：53-56.

[7] 张竞丹. 物理模型在高中生物教学中的应用实例 [J]. 科学咨询，2019（11）：147.

"导引—生成"趣味课堂与机器人交互模式

袁 璐 邓静艳 谢德均

一、背景

提问：课堂中谁是主体？回答：学生。人本主义教学理论认为，真正的学习应该以整个人为中心，将学习者作为一个完整的人进行全方位的培养，而不仅仅是提供事实给学习者。要让学习者进行自我发掘，发现自己独特的品质，发现自己作为一个人的特征。从这个意义上说，学习即"成为"，成为一个完善完整的人，是唯一真正的学习。学生是学习的主体，教师成为"导师"。对比枯燥无味的课堂，学生更能够接受具体鲜活的、充满趣味的课堂。教师在趣味课堂中针对学生的性格特点、行为特征和心理趋势，通过趣味性的课堂模式，使学生的注意力效用最大化，避免消极因素的出现或降低其影响。从语言、内容、教法和教学方式等不同方面进行构思和创立，为新课改的进一步推进、教学目标的更好达成铺就一条趣味化的道路。信息技术课堂如何趣味化，以及信息技术与其他学科的融合教学，让人工智能走进了趣味课堂。未来，人工智能的研究成果和新一代人机交互技术将参与制造业的所有关键领域，并对社会、大众产生广泛影响[1]。

人们对人工智能（AI）一词不再陌生，AI技术不再被束之高阁，已经应用到人类生活中。比尔·盖茨在《科学美国人》中写道：不远的将来，机器人将走进每家每户。现如今，机器人正在以意想不到的速度走入我们的生活。近几年，Alpha-go声名鹊起，中国棋手柯洁与Alpha-go的大战引起了人们的思考：机器人已经像人一样开始有"自我"思维，可以开始与人对战或者交互了吗？世界权威IT调研公司Gartner介绍，目前，国际上智能人机交互整体研究方向已从单一智能机器人产品转移到以多种交互模式、多渠道、知识库构建和管理、数据挖掘和分析等综合应用的解决方案上来[2]。交互即交流互动，机器人交互更多的是人与机器人之间的交互。机器人能与人类进行具有情感的和自然和谐的交互是计算机应用领域一项富有挑战性的课题。人与机器的交互研究其实很早就开始了，从键盘输入指令交互、图形化界面触控交互，到现在发展迅速的语音交互、体感交互等，都无时无刻不在提醒着我们机器人已经深入我们的生活。机器人可以帮助我们完成重复性动作和大量重复性工作，各个领域的机器人都在不断涌现。教育机器人迅速发展，其开发的初衷是激发学生的学习兴趣，锻炼学生的逻辑思维能力及其动手操作能力，一般由机器人成品、套装或散件组成。教育机器人基本形成了一套课程体系，包括机器人机体本身，相应的控制编程软件以及教学课本等。如何在课堂进行机器人交互教学或者让学生自主开发交互机器人，是本文探讨的问题。

二、"导引—生成"教学模式下的机器人交互趣味课堂

"导引—生成"课堂教学强调在"以人为本"的基础上突出互动性、共生性和创造性，注重教师的"外导内引"，引导学生在小组学习过程中完成自我定位、自我建构、自我评价和协作学习，以实现师生的多维生成[3]。如何将机器人交互体系与"导引—生成"融入趣味课堂中？

"机器人教育"范围很广，不仅仅局限在学科教学中，而且包含了与传统学科间的相互融合，辅助教师的教以及学生的学，整个教学过程中的预习、教学、测评都能够使用机器人。

从众多中小学机器人教育案例可以看出，当前的中小学机器人教学中均存在认为机器人教学就是让学生设计和制作能够独立运行的机器人作品的思维定式，并没有采用趣味性的机器人交互系统。什么是机器人交互系统？机器人交互系统是一种由用户操作机器人终端与计算机中的软件进行交互的特殊的人机交互系统。事实上，随着人机交互在现实生活中的广泛应用，青少年已经拥有较为丰富的人机交互机会和经验，对人机交互概念并不陌生[4]，对理解机器人交互系统并不困难，这为机器人交互系统进入课堂奠定了基础。为了丰富机器人教学项目类型，可以围绕机器人交互系统的设计与实现开展教学，可以将这种以开发有趣、好玩的机器人交互系统作为主要任务的教学简称为趣味交互型教学模式[5]。如同游戏化教学，机器人交互系统具有趣味性和交互性，既能满足教学效果需求，又能满足学生的"游戏中学习"需求，让学生在提高自身动手实践能力的同时获得精神层面的愉悦体验。从寓教于乐的意义上说，趣味课

堂中的交互型教学模式也拥有其独特的教育价值以及研究价值。

趣味课堂上，在利用机器人交互学习的过程中，与机器人的交互更多的是触屏输入控制，通过人掌握主动性去输入。由教师或学生掌握机器人的搜索，让机器人在课堂中成为学生的学习管家，可以引导学生根据不同的学习进度或者更愿意接受的学习特长去学习，让教学中不再只有教师、学生两种角色，还有"机器人管家"的角色。在学习中，学生可根据设定的学习目标自由组成小组，小组内可以是理论化知识的共同学习，也可以是集合各个学生特长的综合性项目实践。这样的课堂中，教师成为"幕后者"，机器人成为"实施者"，学生在前面两方的引导下成为"生成者"。教师可以借助信息技术，尝试线上教学活动。教师可以尝试以下网络教学：其一，录制微视频。以微课教学的方式，将重点内容的精华浓缩在几分钟的短视频里，按照字幕＋旁白、理论＋例子、说明＋演示的方式进行教学活动。其二，网络资源共享。可以在网络上选择精品教学案例与教学课件，并上传到班级共享里，供学生查看与学习。其三，远程教学方式。有条件的学校可以与其他学校或教育机构合作，邀请专家在线上开课，这样做可以帮助学生打破地域的限制进行学习，让学生足不出户也可以享用学校以外的优质学习资源[6]。

学生自主开发交互式机器人，在教育机器人的材料中，利用各类传感器控制机器人与人进行交互，如触控传感器可控制机器人行走，也可利用各大语音库进行语言识别，对机器人发出语音指令，机器人在语音库中进行最大匹配度搜索从而给出一定响应。教师在课堂中可以"我的交互机器人"为项目主题让学生进行机器人的设计、实现，整个过程中，教师更多的是激发学生的想象力、创新力、实践力。"导引—生成"教学模式中，教师在课前准备导学案中基础知识的内容，学生课前完成导学案的学习。课堂中，学生在教师的引导下进行小组合作探究，实现自我想法，从而达到协作学习中自我知识的建构；也可在项目中找准适合自己的分工，通过自我评价与小组成员间相互评价的结合，更加准确地认识自我。这样的过程符合建构主义学习理论与人本主义学习理论，学习者在一定的情境即社会文化背景下，借助其他人（包括教师和学习伙伴）的帮助，利用教师提供或者自我查找的学习资料，通过意义建构的方式获得知识。

现在，信息技术课堂不再是简单的计算机知识或计算机操作学习，更多的是融入 AI 技术的课堂。在简阳市引入人工智能项目——机器人的项目中，初步启动阶段是"学生 AI 上 robot"，引入人形机器人以及积木机器人走进课堂，小学、初中、高中不同阶段设置不同难易度的学习。如小学阶段更多的是动手搭建积木机器人，利用元器件图形化编程实现功能；初中阶段开始接触人形机器人以及更深层的积木机器人；高中涉及利用 Python 语言进行程序编写。课堂中利用元器件进行机器人组装的过程不是简单的拼图，而是要利用相关的物理组装原理、简单的化学原理以及计算机软件设计和硬件组装原理，让学生在整个操作过程中综合运用各个学科的知识，考虑机器人外形、物理装置是否能够正常运行。此外，学生在组装过程中可能会发现新的机器人组装方式，改进原有的组装形式，使机器人的构造更加科学合理[7]。这些不仅是对学生动手组装能力的锻炼，也是对学生在组装过程中创新能力的培养和提高[8]，考验了学生的创新能力以及动手实践能力。软件编程考验了学生的逻辑思维能力，让学生实现自我想法，使其在这个过程中思考问题、解决问题。

三、结语

信息技术是不断发展、不断更新的，机器人教育正逐步进入信息课堂。机器人教育课堂打破了传统的教学模式，运用"导引—生成"教学模式让课堂更加趣味化，充分调动学生学习的积极性、主动性、探究性。教师成为"导师"，导引学生进行探索学习；学生通过各项任务活动提高自主能动性，实践完成知识以及能力的自我内化。在机器人课堂中，要进一步体现信息意识、计算思维、数字化学习与创新以及信息社会责任的学科核心素养，让学生具备适应终身发展和社会发展需要的必备品格和关键能力，从而成为全面发展的人。

简阳的机器人教育正处于起步阶段，还有很多需要探索研究的地方。"导引—生成"趣味课堂与机器人交互模式初步探索了机器人教育模式，既能实现利用机器人教学，又能让机器人成为教学内容。"导引—生成"教学模式实现了师生的多维生成，趣味课堂也能打破传统课堂教学模式，激发学生学习的能动性，机器人交互模式更是能有效提高教学效果。

【参考文献】

[1] 于继栋，Joy Weiss. 工业 4.0/机器人：人工智能和人机交互技术将会起到至关重要的作用 [J]. 电子产品世界，2016，23（1）：10－11.

[2] 盛德公司. 小 i 机器人——用人机交互技术打造智能生活 [J]. 机器人技术与应用，2013（3）：40－42.

[3] 王平. "导引—生成"课堂教学改革在高中生物教学中的应用——"降低反应活化能的酶"的教学 [J]. 中学生物学，2015，31（1）：21－24.

[4] 周晶. 基于人机交互理论对乐高机器人玩具的研究 [D]. 南京：南京师范大学，2013.

［5］钟柏昌. 中小学机器人教育的核心理论研究——机器人教学模式的新分类［J］. 电化教育研究，2016（12）：87－92.

［6］汤雪峰. 注入趣味因素 催生高效课堂［J］. 初中数学教与学，2018（20）：8－9.

［7］余晓芳. 机器人教育对中小学创新能力的培养探讨［J］. 课程教育研究，2018（36）：16.

［8］张红良. 中小学教育中的机器人教育创新研究［J］. 黑龙江科学，2018（3）：126－127.

沉浸式教学法在初中地理课堂中的应用
——以七年级地理教学中"美国"一章为例

曾聪颖　谭　勇　袁志彬

一、引言

1975年，美国著名心理学家米哈里·契克森米哈提出了沉浸（流畅）理论，随后心理学、教育学、体育运动、电子竞技等领域对此理论进行了深入研究和应用，并取得了丰硕成果。在教育领域应用最广泛的是"沉浸式外语教学"，即为减小母语影响，学生只能在一个相对独立的环境中使用目标语言进行所有活动，以达到迅速学会目标语言并灵活运用的目的。

除了外语教学，沉浸理论还可以应用在地理教学中。课标要求，地理教师应根据实际情况，采用不同教学方法，改善地理课堂教学效果。

初中生的记忆方式偏向无意识记，即对有兴趣的材料记得较好，对一些困难材料记得较差。记忆内容仍偏好形象识记、抽象识记，抽象逻辑思维等较弱。沉浸式教学法十分符合初中生的认知特点，能有效调动其对地理知识的学习兴趣，提高学习效率。

二、沉浸式教学法概述

（一）沉浸式教学与沉浸体验

沉浸式教学，是指教师在施教过程中巧妙地运用多种教学手段，激发学生的学习兴趣，使学生进入一种"沉浸"体验的学习状态，从而提高教学水平与成效[1]。

沉浸式教学最主要的判断标志是学生是否产生了沉浸体验。

沉浸体验（flow experience），是指个体将精力全部投注在某种活动当中以至于无视外物的存在、甚至忘我时的状态[2]。沉浸体验能让个体生成稳定而强烈的内部动机，驱动个体进行高效学习[3]，并促进个体的自我发展和产生持续的幸福感[4]。

（二）沉浸体验产生的条件

米哈里·契克森米哈认为，沉浸体验的产生需要三个前置条件[2]：①个体技能与挑战的平衡；②活动的结构性特征——明确的目标、清晰的规则和评价标准等；③个体自身特点。有研究表明，个体的尽责性与沉浸体验呈正相关，而神经质与沉浸体验呈负相关[5]。成功欲望较强的人更容易产生沉浸体验[6]。

景娟娟认为，团队管理者可以设置共同目标、给予及时而清楚的反馈以促进团队成员产生沉浸体验，从而提高团队的整体表现[7]。

三、沉浸式教学法在初中地理课堂中的应用

参照 Susan 和 Herbert 于 1996 年提出的沉浸体验模型[8]，本文将沉浸因子分为沉浸条件和沉浸效果两大类，见表1。

表1 沉浸因子分类及内涵

	沉浸因子	内涵
沉浸条件	清晰的目标	学生清楚地知道学习的目标，并能确定其在学习中的结果和意义
	明确的反馈	学生通过获得清楚而迅速的反馈，产生一切按计划进行的感受
	挑战与技能的平衡	任务或问题设置应具有弹性，尽量使更多学生感知挑战与自身技能的平衡，以产生沉浸体验
	潜在的控制感	教师将任务目标、规则等融入活动中，学生在任务中亦能体验到潜在的自主权和控制感
沉浸效果	高度专注	高度集中的精神注意力，紧张而透彻的专注感——这既是沉浸体验产生的条件，也是沉浸体验的一种表现
	时间感扭曲	时间过得更快或更慢，个体甚至没有意识到时间的流逝
	丧失自我意识	自我消失了，学生与活动融为一体
	行为与意识的融合	学生对任务太投入，以至于产生了自动化的行为
	自觉体验	这是沉浸体验的最终效果，即学生自觉的学习和生成

参照表1，本文认为要设计一堂沉浸式地理课：第一，应明确目标，教师应在课标和考纲的基础上预设学生在沉浸体验中的生成目标。第二，根据教学内容选择适当的沉浸载体，如角色扮演、户外考察、地理实验等。第三，根据学情设置任务难度、问题形式等，尽量使更多学生感知到自身技能与任务挑战的平衡，以产生沉浸体验。第四，对照问题在教学过程中设置反馈点以不断吸引学生注意力，促使学生保持高度专注。第五，减少教学设计和教学语言中的不必要干扰，增强学生在活动中的代入感、参与度、自主性。

下面以七年级地理教学中"美国"一章（自然地理部分）的教学设计为例，谈谈沉浸式教学法在初中地理课堂中的应用。

表2　地理沉浸式教学案例（虚拟设计）

教学环节	设计意图	教师活动	学生活动
课前小游戏：我说你猜。学生根据教师的描述猜测人物姓名	奠定轻松的课堂基调	描述某老板的若干特征	很快猜测出人物姓名，并能补充其他特征
老板来电，显示本课教学内容即帮其搜集美国自然地理方面的信息	瞬间调动学生的兴趣，引出本节课内容	展示和该老板的微信聊天图片（通过软件制作而成）	有些不可思议，但很快进入角色：该老板手下的信息收集人员
简介任务目标，进行分工，各信息收集小组组长上台领取各自任务卡（清楚的目标）	清晰的学习方向和详细的学习内容，组内合作，高效学习	展示课标要求，并安排各信息收集小组组长上台抽取各自任务（信封内包含相应图文材料）（明确的反馈）	各小组组长抽签并向组员传达本组任务
飞往美国	场景转移，提高教学情境的代入感	播放飞机飞往美国的动画	继续查看小组任务
临行嘱托：此次前往美国并非游玩，而是收集相关信息	增强故事情节的代入感。强调行动的保密性，即要求学生保证自主学习中的纪律性	故作神秘和庄重地进行临行前的嘱托，并告知任务完成后的集合地点：纽约唐人街	欣赏唐人街景观，了解在美华人的情况

续表

教学环节	设计意图	教师活动	学生活动
各组开始收集信息	自主学习，生本课堂	巡视，监督，指导	（高度专注）小组成员分工合作，收集地形、位置、范围、河流、气候等相关信息
（技能与挑战的平衡）各小组信息展示与汇总	锻炼学生的语言组织、表述等能力，生本课堂	（明确的反馈）组织各小组展示的顺序并进行适当点评	小组展示，其他小组补充或提问
回国途中的围追堵截	为故事增添情节。通过制造紧张氛围，再次聚焦学生注意力	播放情节过渡的图片	（高度专注）感觉紧张，好玩。提出将信息转移到大脑
（技能与挑战的平衡）转移信息	巩固当堂所学知识	巡视	进行知识的背诵与记忆
回国	场景的转移，保证故事的完整性	播放飞机回国动画	（高度专注）松了一口气
通过思维导图再现信息，因为给老板的报告要简洁明了	情节再次起伏，让人欲罢不能。培养学生整理知识的能力	简单介绍思维导图绘制方法，巡视和指导	小组合作绘图
老板的奖励	整节课首尾呼应，保证教学情境的完整性	（明确的反馈）展示与该老板的微信聊天图片（通过软件制作而成），表扬的同时公布下次任务	看见有奖励，皆大欢喜。着手课后练习

247

在表2所示的案例中，教师以角色扮演为沉浸载体，通过信息收集、信息记忆、信息还原等环节，充分创造了沉浸体验的产生条件。绝大部分同学都沉浸在了收集信息这一任务中，自觉地进行美国自然地理相关信息的收集，并以思维导图的形式生成该节知识网络。整堂课以跌宕起伏的剧情、自然流畅的环境切换、简洁凝练的语言组织等，让学生在高度专注中忘却了时间的流逝，达成了课标的既定要求。

地理教师在进行沉浸式教学设计时应注意：第一，牢记沉浸过程中的教学目标与能力达成，切勿本末倒置。沉浸式教学作为一种手段，其目的是让学生在沉浸体验中自觉地学习和生成。第二，在教学中加强对学生沉浸体验的诱发与保持。地理教师可以在教学过程中积极创造沉浸条件，诱发学生产生并保持沉浸体验。学生长时间沉浸在某项任务中时更容易生成新的知识、能力或感悟。第三，积极借助实物道具创设沉浸条件。道具的作用在于诱发和加强沉浸体验。若无道具辅助，仅凭教师语言表述和肢体表演，很难激发学生的沉浸体验。在成本（时间、精力、资金）允许的前提下，地理教师可以通过VR软件、地理实验、角色扮演等形式开展沉浸式教学。

四、结语

沉浸式教学可以极大地激发学生的创造性和潜能，能更有效地使课程内容转化为学生的认知结构、个性品质与社会行为等，使学生更好地迎接挑战，服务于社会[1]。在初中地理课堂中开展沉浸式教学，将极大地提高学生对地理的学习热情。强烈的沉浸感能让师生享受教学的每个过程，从而达到学生乐学、教师乐教的效果。

当前，沉浸式地理课堂中学生沉浸体验的连贯性和深入度还不足，个体因性别、年龄、人格特征等因素差异的影响，在同样的沉浸条件下不一定能产生相同的沉浸体验。但相信随着个体对沉浸体验需求的增加和VR等支持技术的发展，沉浸式教学在课堂中的应用将越来越广泛。

【参考文献】

[1] 余璐，周超飞. 论我国高等教育中的沉浸教学模式与实践［J］. 河南社会科学，2012 (6)：78-80.

[2] Csikszentmihaiyi M. Beyond Boredom and Anxiety：The Experience of Play in Work and Games［M］. San Francisco：Jossey-Bass Publishers，1975.

[3] Mannell, Roger C, Jiri Z, et al. Leisure States and "Flow" Experiences：Testing

Perceived Freedom and Intrinsic Motivation Hypotheses [J]. Journal of Leisure Research, 1988 (4): 289-304.

[4] Deci E L, Ryan R M. The "What" and "Why" of Goal Pursuits: Human Needs and the Self-Determination of Behavior [J]. Psychological Inquiry, 2000, 11 (4): 227-268.

[5] Fredrik U, Örjan de M, Rita A, et al. Proneness for Psychological Flow in Everyday Life: Associations With Personality and Intelligence [J]. Personality and Individual Differences, 2012 (2): 167-172.

[6] Stefan E, Falko R. Flow, Performance and Moderators of Challenge-Skill Balance [J]. Motivation and Emotion, 2008 (3): 158-172.

[7] 景娟娟. 国外沉浸体验研究述评 [J]. 心理技术与应用, 2015 (3): 54-58.

[8] Susan A J, Herbert W M. Development and Validation of A Scale to Measure Optimal Experience: The Flow State Scale [J]. Journal of Sport and Exercise Psychology, 1996 (1): 17-35.

"导引—生成"理念下的高中地理复习课策略研究
——以高中地理一轮复习"交通运输"为例

廖红梅

基础教育的新一轮课程改革，以提高学生的素质为中心，"以人自身的完善和解放为最高目的"[1]。我校课堂教学改革认为，"导引—生成"教学活动的过程不仅是师生相互导引和双向生成的过程，也是学生知识与技能生成的过程，还是学生思维品质、学习策略、思想情感、人生追求等核心素养生成的过程，更是唤醒学生自我生命意识的过程。高考地理注重考查考生的地理学习能力和学科素养，即考生对所学课程基础知识、基本技能的掌握程度和综合运用所学知识分析、解决问题的能力[2]。这与我校"导引—生成"课堂教学改革的目标不谋而合。如何在复习课教学中引导学生厘清知识间的逻辑关系、自主建构有机的知识体系，培养学生的思维能力及运用知识的能力[3]，并使各层次的学生都能得到较大的发展呢？我们将以高中地理一轮复习"交通运输"为例，研究"导引—生成"理念下的高中地理复习课策略，帮助学生学会复习[4]。

一、高中地理复习课的教学目标

复习的目的是"温故而知新"。这里的"新"不仅包括知识和技能，还包括合作探究、复习、反思、知识的运用和创新、深度学习。高中地理复习课在整个高中阶段起到举足轻重的作用，复习课的策略直接影响学科思维品质，复习课的质量直接影响高考成绩。所以，高中地理一轮复习课中，教师要做好引导：第一，要引导学生对基础知识进行回顾和梳理、查漏补缺，把知识系统化，形成知识结构图；第二，要引导学生对教学大纲、考纲要求的基本知识与技能进行巩固，在此过程中，教师可以通过讲解精选例题，让学生进行讨论，加深学生对知识的理解和应用；第三，要引导学生总结和归纳知识的应用方法，对解题的规律进行整合，从而提高运用所学知识分析和解决实际问题的能力。

二、高中地理复习课教与学存在的问题

（一）教学中的"再授课"

由于对学生缺乏了解，一些教师在进行地理一轮复习时，从自己的立场出发，采用传统的"灌输式"教学模式，把复习课上成了新授课。

（二）教学中的"再组合"

一些教师为区别于新授课，在课堂上融入了高考联系、知识拓展等相关的上课环节，但是由于各个环节处理不当，仅仅把重要环节进行了组合，并没有起到复习课各环节该有的作用。

（三）教学中的"再练习"

由于复习课更注重学生能力的提升，一些教师在上课时让学生一题题地做练习，忽略对知识的回顾和做题后的反思，使学生陷入"题海战术"，把复习课变成了练习课。

三、高中地理复习课"五步法"复习策略

（一）考纲解读

高考大纲的作用是指明高考范围、简要指出高考的知识点，师生可以根据高考大纲看出高考侧重于对哪方面知识点的考核。但是高考大纲只是一个方向，一般学生不易从中看出具体的内容，所以教师要对高考大纲进行细致而全面的解读，明确告诉学生本节复习课的要求、目标以及本节复习课的重难点。例如"交通运输"这一部分的相关考纲为：
（1）生产生活中地域联系的重要性和主要方式。
（2）交通运输方式的布局和变化对聚落空间形态和商业网点布局的影响。
解读：
（1）主要地域联系方式和主要交通运输方式的特点。
（2）主要交通运输线与站点的区位因素及交通运输布局特点。
（3）交通运输方式的布局和变化对聚落空间形态和商业网点布局的影响。

通过解读我们发现,"交通运输"这一部分的复习要求是注意交通运输的区位、交通运输方式的选择及影响等。

(二) 高考再现

从高一到高三,学生做过的题不计其数,但是可以说,都没有高考题来得严谨。作为要参加高考的学生,应认真做一套高考真题,不仅可以作为平时练习,更重要的是将其中的真题作为范本进行研究。对于学生而言,应该从研究每道题的考点以及针对这个考点的出题形式开始。本环节需要教师前期准备相关内容的导学案以及2011—2019年全国卷中涉及相关内容的高考题,以小组合作探究为主进行学习。这种形式既能调动学生的学习积极性,同时也能集思广益,开拓学生的思维。以"交通运输"为例,结合2011—2019年全国卷高考题,找出关于"交通运输"的试题,然后认真读题、审题,归纳出"交通运输"的考点和出题形式,见表1。

表1　2011—2019年全国卷高考题考点和出题形式

题型	年份和题号	考点	出题形式
选择题	2011大纲卷:6、7、8	交通运输的区位及布局变化的影响	景观图
	2013课标卷Ⅰ:2	交通运输方式的选择	区域图
	2014课标卷Ⅰ:4、5	交通运输的区位及布局	等高线地形图,铁路线分布图
	2014课标卷Ⅱ:5	交通运输线的选择	区域图
	2015课标卷Ⅱ:4、5	交通运输的区位	区域图
	2017课标卷Ⅱ:3	交通运输布局变化的影响	区域图
	2018课标卷Ⅰ:9	影响交通运输速度的因素	区域示意图
	2019课标卷Ⅰ:8	影响交通运输方式的因素	区域铁路线分布图
	2019课标卷Ⅲ:9、10	交通运输的自然区位	材料、无图
综合题	2012课标Ⅱ:39	交通运输布局变化的影响	材料、流域图
	2015课标Ⅱ:36	铁路建设与布局,交通运输的区位及布局变化的影响	铁路线分布图
	2016课标Ⅲ:36(2)	交通运输区位选择的原因	区域图
	2017课标Ⅱ:37	交通运输布局	材料、区域图
	2018课标Ⅰ:36(3)	交通运输线的作用	区域图

(三) 命题趋势

高考题都是独一无二的，高考时再见到做过的题的概率几乎为零。那我们做那么多高考题，研究那么多高考题究竟有什么用呢？其实我们就是要通过对高考题的研究，分析热点，预测趋势。下面将以"交通运输"为例，进行简要说明。

1. 热点预测

高考主要通过各种交通运输方式的特点比较图或区域分布图考查交通运输方式的选择，结合某具体线路，考察交通运输线、点的区位因素，结合具体的案例考查交通运输方式和布局的变化对聚落空间形态与商业网点分布的影响。

2. 趋势分析

今后高考仍然会侧重考查交通运输方式的选择及交通运输布局的影响因素，主要形式仍然会以高铁、地铁、航空运输等发展作为背景（要特别注意港珠澳大桥、世界规模最大的暗挖高铁车站——京张高铁八达岭长城站、世界在建难度最大公铁两用跨海大桥——平潭海峡公铁两用大桥、中国最长铁路隧道——高黎贡山隧道、"一带一路"倡议等），以区域图、交通线路示意图及文字材料等信息呈现解题要素。

(四) 知识建构

当我们对高考题的出题形式、出题内容、出题方向有了基本认识以后，对知识的复习就能更具针对性。在复习过程中，教师要教会学生充分挖掘知识的外延和内涵，能够从一个知识点联想出更多的知识，并利用知识之间的联系来理解和记忆自己还没有掌握的部分[5]。这个过程可以采取教师引导建构、学生自主建构和合作建构相结合的方式，先让学生进行讨论，尝试建立基本、简单的知识网络，再由教师给予适当指导，最终形成完善的知识网络。"交通运输"的知识网络如图 1 所示。

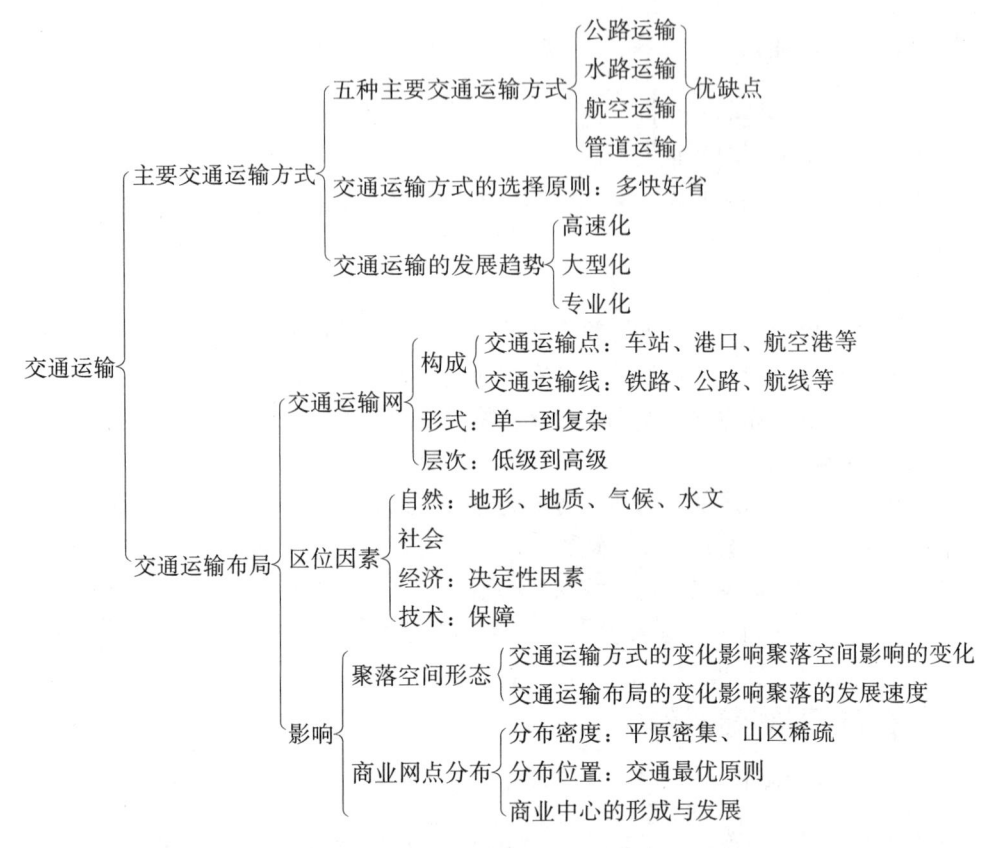

```
                              ┌ 公路运输 ┐
                              │ 水路运输 │
              ┌ 五种主要交通运输方式 ┤ 航空运输 ├ 优缺点
              │                │ 管道运输 ┘
主要交通运输方式┤ 交通运输方式的选择原则：多快好省
              │                ┌ 高速化
              └ 交通运输的发展趋势┤ 大型化
                              └ 专业化
交通运输┤
              ┌ 交通运输网 ┬ 构成┬ 交通运输点：车站、港口、航空港等
              │          │     └ 交通运输线：铁路、公路、航线等
              │          ├ 形式：单一到复杂
              │          └ 层次：低级到高级
              │          ┌ 自然：地形、地质、气候、水文
              │  区位因素 │ 社会
交通运输布局 ┤          │ 经济：决定性因素
              │          └ 技术：保障
              │          ┌ 聚落空间形态┬ 交通运输方式的变化影响聚落空间影响的变化
              │          │            └ 交通运输布局的变化影响聚落的发展速度
              └ 影响 ┤   │          ┌ 分布密度：平原密集、山区稀疏
                         └ 商业网点分布┤ 分布位置：交通最优原则
                                      └ 商业中心的形成与发展
```

图1 "交通运输"的知识网络

（五）反思总结

复习课认真听了，高考题认真做了，知识认真建构了，考试的时候却仍然得不到令人满意的成绩，那就说明能力还有待提升，而提升能力的主要途径就是反思。对于一堂复习课，学生应该从这几个角度去反思：我的收获（知识收获、技能收获、情感收获）、我的问题、我的措施。通过这样一个反思过程，学生不仅能对每一个知识点进行排查，一一过关过手，还能提升应对高考的能力。

在高中地理复习课中采用"五步法"教学策略，能让学生明确考点涉及的考试目标、要求及重难点，考题再现可以为学生的复习提供严谨的参考资料，命题趋势分析可以为学生指明复习的方向，知识的建构过程是学生巩固知识以及知识之间的内在联系的过程，反思总结能让学生总结知识、方法和问题。由此可以看出，"五步法"教学策略的实施不仅充分发挥了教师的主导作用，还充分发挥了学生的主体作用，同时提高了学生的复习效率。

【参考文献】

[1] 刘婧婧. 新高考·新课程·新理念［J］. 教育科研论坛，2009（9）：55-56.

[2] 刘红. 关于高中地理新课程理念与备考取向整合研究［C］//中国教育学会. 中国教育学会地理教育学研究会 2007 年学术年会论文集. 上海，2007.

[3] 秦树林. 初探思维导图指导下的基础年级高效课堂［J］. 新课程，2016（1）：148-149.

[4] 陈冰. 思维导图在新课标高三地理复习中的应用探索［J］. 课程教育研究，2013（13）：211.

[5] 朱烨. 如何上好高中地理复习课［J］. 课程教育研究，2018（41）：169-170.

"交通运输方式和布局变化的影响"课堂教学案例研究

——以简阳市为例

王代光　黄龙艳

区域性是地理学科最主要的特性,学生只有在把握不同区域特征的基础上,才能对区域有更深入的了解[1]。《普通高中地理课程标准(2017年版)》对区域认知素养水平划分的第四个要求是：能够对现实中的区域地理问题,运用认识区域的方法和工具进行分析；能够较全面地评析某一区域决策的得失,提出较为可行的改进建议[2]。分析总结历年高考试题我们发现,新高考的各类题型和各种知识点都是在材料题的基础上进行考查的,这些材料往往贴近生活,联系区域。我们应以课程标准为蓝本,将区域认知素养贯穿整个地理教学。

一、课堂教学设计思路

在教学中,要结合课程标准的要求及学生现有的区域认知水平,采用有效的教学方式,培养学生的区域认知素养[3]。在课堂教学中,选择贴合学生实际的案例将更有助于学生知识与能力的培养。本课堂设计通过分析简阳市在交通运输方式和布局方面的变化,研究其对简阳市聚落形态发展的影响,把课本中的知识点迁移到生活中的实际案例之中,让学生通过实际生活理解课本知识,从而实现学生能力的提升和区域认知素养的培养。

在此过程中,笔者首先查阅和收集了大量简阳市的相关资料,包括简阳市发展历史、简阳市空间形态结构变化、简阳市交通运输方式和布局变化、简阳市城市规划等。同时,在课前让学生通过调查讨论了解简阳市的变迁历史,激发学生学习和探讨的兴趣。学生学习内容和自身熟悉的情景越贴近,自觉接纳知识的程度就越高[4]。让学生融入生活实际,在课堂中有所感悟和收获;以交通运输方式和布局的变化为线索,通过对简阳市"忆往昔""看今朝""展未来"的对比分析,提升学生的区域认知能力、地理实践能力和综合思维能力。

二、忆往昔,寻找老城

(一)教学设计

"交通运输方式及布局对聚落形态的影响"的教学设计见表1。

表1 "交通运输方式及布局对聚落形态的影响"的教学设计

内容	教师导引活动	学生生成活动
活动一:简阳的兴起	文字资料:简阳市石桥镇素称全川四大名镇之一。此处有沱江流经,江阔水深且水流平静,使得水运便利,自清末到中华人民共和国成立初期,简阳市石桥镇以此为利,修建港口,货物运输繁忙,使之成为简阳全境的商业和政治中心。 图片资料:简阳石桥古镇图与简阳市卫星遥感影像图。	思考并解答: 1. 结合材料,说出简阳城市的形成因哪种交通运输方式?找出简阳市石桥码头与古镇的位置。 2. 思考码头与聚落(石桥古镇)的关系。 3. 观察此时期聚落形态。

(二)设计意图

乡土案例教学可以充分调动学生的多种感官,促进学生多样化学习方式的运用,培养学生的动手实践能力[5]。该设计(表1)旨在通过教师提供的简阳历史资料和地图资料,让学生融入创设情境,结合生活实际,合作探究,加深对知识的理解。

通过简阳市卫星遥感影像图(图1),学生可以明显观察到沱江形态和地形地势。由于石桥古镇兴盛于水运,在此也可让学生回顾知识点:河流港口选址的区位条件。学生运用河流凹岸侵蚀、凸岸堆积原理,并根据港口应选择建设在水深、泥沙不易堆积处,在简阳市卫星遥感影像图上标出石桥码头与古镇的位置,形成解决实际问题的能力。

图1 简阳市卫星遥感影像图

石桥古镇的形成是简阳市早期水运代表的典范，依靠沱江水运优势、港口码头的建设，石桥古镇自清末到中华人民共和国成立初期一直是简阳全境的商业、政治中心，工商业、金融业蓬勃发展。由于交通运输点——港口的发展和地形的限制，学生得出石桥古镇在地图上呈现明显的点状特征。

三、看今朝，探索新城

(一)教学设计

"交通运输方式及布局的变化对聚落形态的影响"的教学设计见表2。

表2 "交通运输方式及布局的变化对聚落形态的影响"的教学设计

内容	教师导引活动	学生生成活动
活动二：简阳的现状	图片资料：简阳市区卫星遥感交通线路影像图、简阳市石桥老码头现状图、石桥古镇现状图。文字资料：目前，简阳市沱江河段水运作用消失，主要体现水源作用于城市景观。	思考并解答： 1. 哪种交通运输方式能促成新聚落的形成？ 2. 交通运输方式及布局的变化对聚落(简阳市区)形态的影响。 3. 观察此时期聚落形态与石桥古镇的聚落形态。

(二)设计意图

对区域的地理分布特征、地理成因、地理过程、地理联系进行认识和描述并归纳就是学生区域认知素养的培养过程[6]。该设计（表2）旨在通过展示简阳市区目前的卫星遥感交通线路影像图（图2）和石桥古镇现状图等生动、直观且富有启发性的学习材料，让学生以小组为单位进行实践探究，对比分析、认识并归纳交通运输方式及布局变化与区域发展之间的地理成因、地理过程和地理联系。用发展和辩证的观点去看待区域的变化，生成地理知识和地理核心素养，以提高学生的综合思维能力。

在不同历史时期，交通的变化会对聚落空间形态产生深远影响，简阳市区形态的发展变化就深刻地体现了这一观点。随着简阳市的成渝、成安渝高速公路和成简快速通道公路、成渝铁路的修建通车，在石桥古镇下游的沱江冲积平原，简阳市区沿火车站、汽车站、公路沿线发展起来。

图2 简阳市区卫星遥感交通线路影像图

参与是个体投身认识与实践活动的过程与基本形式[7]。让学生参与课堂，参与对简阳市交通运输方式变化和布局的调查与实践，从中得出造成简阳市水运地位衰落甚至消失，在原来的沱江凸岸处建设陆路交通和简阳市区沿火车站、公路沿线形成新的聚落形态的原因。学生可总结生成教材结论之一：新的交通方式的发展会带动聚落空间形态的变化，该地聚落会沿交通线发展。同时，对比原来的石桥镇，在沱江水运衰落甚至消失后，原来的聚落形态扩展较慢，基本保持原有聚落形态不变。学生可总结生成教材结论之二：交通运输方式的衰落使原有聚落形态基本保持不变。通过观察目前简阳市区城市聚落的形状（条带状）和规模，学生可总结生成教材结论之三：聚落沿交通发展轴呈现条带状（线状）分布，聚落数量和规模增加。

在教学过程中，教师不必将知识点"全盘托出"，可以通过探究活动、情境设置、实际案例等课堂活动让学生在不断挖掘中生成知识与能力，让知识与实践相互作用，这样不仅能吸引学生参与课堂、主动学习，而且会使学生准确而深刻地生成知识与能力，促进地理综合思维的发展。

四、展未来，预测变化

（一）教学设计

"交通运输方式及布局的变化对区域发展的影响"的教学设计见表3。

表3 "交通运输方式及布局的变化对区域发展的影响"的教学设计

内容	教师导引活动	学生生成活动
活动三：简阳的未来	图文资料：成都天府国际机场落户简阳，成都市东进发展战略，简阳市城市总体规划图，简阳市高铁建设。	思考并解答： 1. 依据新的线索，推断简阳市新的聚落位置，预测简阳市未来发展方向。 2. 思考交通与区域发展的关系。

（二）设计意图

根据成都市东进发展战略和简阳市城市总体规划图（图3），提出规划天府国际空港新城和现代产业基地，发展先进制造业和生产服务业，开辟城市发展的永续空间，打造创新驱动发展新引擎。东进战略结合新机场机遇，将使简阳出现新的人口集中区（成都天府国际空港新城）。

图3 简阳市城市总体规划图

区域经济发展是交通运输影响区域结构变化的空间体现[8]。新机场修建使简阳实现跨越式、立体化的发展。简阳市已经形成三城同建的格局，聚落面积增大，数量猛增，聚落形态多样化发展。当今城市聚落分布已经不再仅仅依托于传统的水运、铁路，而是依托于现代深水港、高铁、地铁、高速公路、空运等组成的现代化的综合运输系统。同时，交通运输的发展将带动新农村建设和特色农业发展，农村聚落沿乡村线路进一步发展，促进工业结构的优化升级，打造空港经济新城，大大提高简阳工业实力。

五、结语

在众多的区域划分中，学生对家乡这个区域是最熟悉、认知最全面的，采用乡土地理，有助于学生对区域地理特征、地理过程、地理联系有更深入的了解，促进学生主体参与课堂，提高其地理综合思维能力。

为更好地落实新课程标准，促进学生核心素养的形成，在我校"导引—生成"课堂教学改革的推动下，本节课教学设计通过乡土地理案例，把课堂教学知识点与实际地理现象相结合，从而实现对学生区域认知素养的培养。结合学生实际生活环境，拓宽师生视野，丰富教学内容。在地理教学中，让学生科学地认识人地关系，以区域某一要素为线索找到与之相关的因果关系，从而实现对区域整体的认识与研究，生成地理核心素养，促进综合素质的提升。

【参考文献】

[1] 陈荣祥. 地理课堂教学如何提高学生区域认知能力 [J]. 中学课程资源，2018（2）：47-48.

[2] 中华人民共和国教育部. 普通高中地理课程标准（2017年版）[M]. 北京：人民教育出版社，2018.

[3] 钱燕红. 核心素养下初中生地理区域认知的培养探究——以《西北地区》的教学为例 [J]. 学周刊，2017（29）：57-58.

[4] 张文艺. 生活化地理课堂的构建与反思——以"交通运输方式和布局变化的影响"为例 [J]. 中学地理教学参考，2016（23）：34-36.

[5] 石培军，余平，阎浩. 乡土地理教学案例开发中存在的问题及对策——以"交通运输方式和布局变化的影响"为例 [J]. 中学地理教学参考，2018（13）：45-47.

[6] 李云娇，白舟. 浅议区域认知素养及其培养策略 [J]. 地理教育，2017（S1）：98-99.

[7] 王丹. 主体参与型教学模式在地理课堂教学中的实践与思考——以"交通运输方式和

布局变化的影响"为例[J]. 地理教学，2011（24）：28，37-38.
[8] 王瑞军. 基于省域视角的中国交通运输对区域经济发展影响研究[D]. 北京：北京交通大学，2013.

"导引—生成"教学模式与传统教学模式的对比分析
——以高中区域地理"澳大利亚"的教学为例

黄 燕 肖安方

在新课程改革教学理念的指导下,传统教学模式与新课程改革教学模式的碰撞衍生出一系列教学问题。本文将对地理教学现状和"导引—生成"教学理念在课堂教学中的实际应用进行分析。

一、"导引—生成"课堂教学理念

高中地理新课程标准提倡问题式学习与探究式学习,目标中明确要求尝试从学习和生活中发现地理问题,提出探究方案,与他人合作,开展调查研究,提出解决问题的对策。高中地理新课程改革背景下,为了更好地开展地理课堂活动,充分发挥学生的主观能动性,调动学生的学习积极性,将课本知识融入课堂活动,鼓励学生积极参与、主动合作、善于探究,有利于学生在三维目标上的进步和发展,其教学效益是非常大的[1]。2007年,崔国荣就提出了要将课堂活动中的地理知识与实际生产、生活联系起来,培养学生的地理基本技能和能力,这和"导引—生成"理念不谋而合[2]。

为了确保新课程改革的顺利推进,课堂教学模式的创新层出不穷,"导引—生成"教学模式即引导学生学,生成学习成果。"导引—生成"教学应遵循"指向问题解决的教与学"的思路,走问题式教学的道路[3]。"导引—生成"教学模式以学生为主,引导学生生成学习成果,使学生自己发现知识、掌握技能,培养学生的实践能力和创造能力。地理课堂"导引—生成"教学模式包括学案导学、问题引领、体验探究、巩固完善和反馈评价,进而围绕导学案设计、导引式问题设计、体验情境创设、教学预设展开。王平老师在高中生物教学中提出,"导引—生成"是以导学案为载体、问题为引导,在学习过程中实现师生之间的交流、合作、讨论,真正实现课堂上的交流合作[4]。

"导引—生成"教学模式的目的是使课堂由"教师中心"转向"学生中心",让学生主动学习,使他们从知识点的"不会"逐步过渡到"会学",从而提高课堂教学效益[4]。"导引—生成"课堂教学理念重视对课程资源的开发,坚持"以生为本",更加突出自主性、互动性和生成性,注重教师的"导引"和师生的双向"生成"[5]。

二、高中地理教学现状分析

对高中文科生而言,地理学科是六大主科之一,分值为 100 分(高考总分为 750 分),地理学科的重要性不言而喻。但是,高中阶段地理学科的教学还是遇到了一些困难。

(一)高中阶段文科生的地理基础

首先,在初中阶段,由于中考原因,中考地理折合分数仅 20 分,初中阶段的学生和教师对地理学科不够重视,导致学生地理基础差。其次,文科生在高考填报志愿时会受到学校的限制,导致高中阶段很多成绩优秀的学生在文理分科的时候选择理科,在一定程度上给地理教师的教学带来挑战。部分学生地理常识的缺失,导致一些教师不放心将课堂交给学生,一味地给文科生补基础、讲理论,课堂教学模式较为陈旧。

(二)高中阶段地理教学现状

首先,一些教师一味追赶教学进度。由于初中阶段四川省成都地区中考地理折合分数只有 20 分(中考总分为 700 分),仅占总分的 2.86%,一些教师对地理教学的重视度不高,这就导致高中文科生的地理基础较差。为了应对高考,高中阶段需要学习的地理知识点较多,每个阶段的考试都有一定的范围,为了完成教学进度,一些教师往往没有时间为学生进行知识的拓展和训练。布置的作业往往只停留在批改层面,缺少评讲的过程,这样会使学生来不及整理学习的知识点。其次,一些教师课堂教学方法单一。从笔者的实际教学经验来看,目前高中阶段的教学融入了多媒体和教学器具,但是课堂教学还是以教师为主。在课堂上,依然以教师讲授为主,学生被动学习,难以调动学生的学习积极性,进而影响课堂上学生对知识的吸收。高中阶段的教学更需要多元化,为学生营造轻松愉快的学习氛围。新课程改革的进程中,由于课堂教学中教师想传授更多的知识，又担心学生自主学习效果差，从而不敢放手，这也就导致课堂教学方法较为单一，已经严重影响了课堂教学的有效性。这需要引起学校和教师的高度重视。

三、同课异构模式下以"澳大利亚"为例的教学分析

对于地理教学中遇到的问题，教师可以通过运用新的教学方法——"导引—生成"，让学生学会运用理论知识去解决文字材料中遇到的问题。本文以高中区域地理"澳大利亚"的教学为例，从传统和"导引—生成"两种教学模式对其进行教学分析。

（一）传统教学模式下的教学分析

在传统教学模式下的区域地理教学中，教师通常会告诉学生学习模板，一般从以下三个方面入手：第一，位置和范围；第二，自然地理特征；第三，人文地理特征。有了学习模板，学生就可以根据地图册和文字描述，逐一分析澳大利亚的各个方面，这样条理比较清晰。在传统教学模式下，教师会对重要的知识点进行板书，帮助学生构建知识体系，以便于学生对知识点的理解记忆和复习。这样一来，很多学生会感觉学习区域地理很简单，但是由于教学手段较为单一，又会感觉过程乏味。

基于传统教学模式下的"澳大利亚"的教学是教师把整堂课进行充分挖掘，备好各个层次的知识，然后将所有知识"塞"给学生。这样的教学过程是填鸭式的，课堂是不灵动的。在这种教学模式下，笔者认为教师的语言表达能力成为学生能否快速接收新知识的关键。传统教学模式下的"导入"往往只是单纯的引起学生对这节课的兴趣，与知识的学习和应用关联不大。这样的教学模式下，很多学生被动在学。这部分学生如果养成了被动学习的习惯，一旦离开老师就会无所适从，所以自习效率往往很低。

（二）"导引—生成"教学模式下的教学分析

从学习的各个环节来讲，基于传统教学模式的课前预习对很多学生来说是无效的，因为多数学生是不知道如何预习的。而"导引—生成"教学模式很好地解决了这个问题。导学案的制定可以帮助学生解决课前不会预习这个问题。通过填写导学案，学生可以熟悉澳大利亚的相关基础知识，例如澳大利亚的位置和范围、自然地理特征和人文地理特征。学生在课前对基础知识有初步了解，为他们在课堂上知识点的延伸拓展提供了条件。

在"导引—生成"教学模式下的"导入"不仅能激发学生学习这节课的兴趣，还能让学生主动探究其中的知识原理、因果关系。例如，在"澳大利亚"这一课的教学中用案例导入的方法开展课堂教学。

案例1:《考拉的独白》。

我一天能睡 20 个小时左右，其实不是因为困，实在是因为醒着比较消耗热量啊……我不喝水，不是因为桉树叶子里面水分多，实在是外面的水不好找啊……我每天抱着个树干，真的不是在卖萌，其实是因为这样比较凉快……我的一生也很艰难的，为了适应澳大利亚这片"热土"，尽管脑袋很大，但我的大脑体积只占体重的 0.2%，其他全是水。因为我常常从桉树上掉下来，脑子里的水可以作为缓冲，让我不至于变傻。

那么问题来了，"傻白甜"的考拉是怎么活到今天的？这个让学生感兴趣的话题并不仅仅是为了兴趣，而且能激发学生思考：考拉这个性情温和的"傻白甜"物种为何能在澳大利亚大陆生存下来？学生可以由此联想到澳大利亚独有生物存在的原因是与地理位置特征相关的。

案例2:《澳大利亚人口的分布》。

澳大利亚的人口总数和中国北京的人口数相当，大约为 2000 万。案例中向学生展示澳大利亚的人口分布图、地形图、河流图、气候类型分布图，请学生结合图示信息分析澳大利亚人口分布与自然地理环境的关系。北京人口数相当于澳大利亚的人口总数，这就可以引起学生的学习兴趣。总体来说，澳大利亚地广人稀，人们喜欢居住在有水、地形平坦、气候舒适、经济条件好的地方。这就让学生通过自学和合作探究的方式完成对澳大利亚自然地理环境的分析，并对导学案中预习的知识点进行巩固和深入探究。一个个问题的出现和一个个问题的解决，就是学生在主动学习。在这个学习过程中，学生能获得成就感。在整节课教学中，各环节环环相扣，以导学案穿针引线，教师就像导演，学生就像演员，都在为拍"澳大利亚"这部大片而努力。学生在"导引—生成"的教学模式下，通过自主学习构建知识，使自身的能力得到培养和锻炼。但是在"导引"的过程中，有的学生停留在对导引材料的肤浅认识上，缺乏对知识点的提炼和归纳。如果教师在整个过程中没有做适时点拨，引导学生思考问题的角度和方向，就容易造成课堂时间的浪费和教学效率偏低，达不到导引材料的知识迁移和升华。

四、结语

著名教育家叶圣陶先生曾说过："教学有法，教无定法，贵在有法。"新时代的教师必须秉承终身学习的理念，在不断的教学过程中探索适应当下教育背景、适合学生发展的教学模式和方法。"导引—生成"教学模式是目前比较适合我们课堂教学的一种教学模式，应该大力提倡。教学内容不同、针对的教学班级不同、学生学习能力和接受能力的差距，都要求我们对传统教学模式取其精华、弃其糟粕，使我们的课堂教学效果朝着科学、高效的方向发展。

【参考文献】

[1] 张金萍. 如何提高地理课堂学习活动的有效性 [J]. 地理教育，2006（4）：11.

[2] 崔国荣. 基于新课改下的中学地理教学策略研究 [D]. 大连：辽宁师范大学，2007.

[3] 杨小洋，张爱群，申继亮. 从观念到行为：对教学中的问题观及问题式教学行为的调查与思考 [J]. 课程·教材·教法，2005（10）：34－39.

[4] 王平. "导引—生成"课堂教学改革在高中生物教学中的应用——"降低反应活化能的酶"的教学 [J]. 中学生物学，2015（1）：21－24.

[5] 杨勇军，苏俊清，王平. 因导引生 以生为本——高中"导引—生成"课堂教学改革探究 [J]. 新课程研究，2016（12）：4－6.

构建高中地理"生态"课堂 拓宽核心素养发展之路
——以海洋渔业资源时空观培养为案例构建自主养成课堂

陈 进 管利丽

一、"生态"课堂的构建基础：高中学生地理核心素养培养在海洋渔业资源时空分布的培养要求和方向

高中地理学科核心素养要求培养学生人地协调观、综合思维、区域认知和地理实践力等。在对高中海洋渔业资源时空分布进行教学时，如何实现以上要求呢？

第一，建立人地协调观。通过海洋渔业资源的学习，让学生了解当今海洋渔业资源的时空分布特点，明白海洋渔业资源的时间分布差异和空间分布的不均，通过分析总结渔场渔业资源分布的一般化规律，给海洋农业发展提供指导，解决目前中国近海海洋渔业资源枯竭与海洋鱼产品消费需求进一步提升的矛盾。这旨在建立良性发展的中国海洋农业。

第二，锻炼和建构综合思维。通过海洋渔业资源一般分布特点找到关键因素——"鱼饵"，反复追寻"鱼饵"这把解决海洋渔业资源矛盾的钥匙。通过分析一般化的特点建立规律，让学生分析特殊化的海洋渔场分布，从而从整体上构建海洋渔业资源的时空分布特征，为以后高考题的解答提供线索和方向。这旨在提高高中生的基本应用思维和实践能力。

第三，建立区域认知。在学习渔场相关知识的过程中，首先要建立海洋空间区域认知，通过洋流的运动与渔场的关系建立对大洋水体运动的大洋表层水体的区域认知，通过不同种渔场的形成原因构建对索马里海域的不同时间洋流变化的区域认知。通过渔场学习，帮助学生建立从不同角度观察、分析、解决问题的能力，锻炼学生运用空间—区域的观点和方法认识地理环境的思维品质和能力。

第四，建立地理实践力。通过对地图册和基本洋流、河流、海底地貌等的学习、模拟实验、地理实践活动等，锻炼学生学习的意志品质和实践的行动能力。学生在地图上寻找全球洋流的分布，找到可能存在渔场的位置，然后通过海底地貌图来分析位置分布的可能性，并利用陆地河流的流量大小和带来营养物的多少判断渔场渔业资源的丰歉，最后通过寒暖流、陆地河流、温带位置、大陆架来找到补偿流型渔场产生的原因，并通过对所有渔场的学习来解决高考中和渔场相关的问题。通过地理实践力素养的培养，学生的行动意识和行动能力都能得到提升，能更好地在具体情境中学会观察、感悟、理解地理环境及其与人类活动的关系，增强对社会责任感的理解。

总之，四个学科核心素养之间有着密切的关系。人地协调观构建是渔场教学内容蕴含的最为核心的价值观，它包含正确的人口观、资源观、环境观和发展观等。综合性和区域性是地理区域学习中的两大突出特点，由此形成的综合思维和区域认知让学生具备分析和理解地理过程、地理规律、人地关系系统等重要的思维品质和能力。地理课程具有很强的实践性，在实践活动中运用综合思维和区域认知，是学生感悟、体验现实世界中人地关系的重要途径。

二、"生态"课堂的构建模型：以世界渔场分布一般化规律探讨为例，探索如何开展自主养成的深度学习课堂

自主养成的深度学习课堂的教学设计应区别于常规的课堂教学。①基于"生态"课堂的教学会围绕主题进行教学内容的选择和组织，形成更具功能性的知识结构，强调在知识获得的基础上发展学生的核心素养；常规教学活动设计是知识导向的，更关注知识的结构性，以知识为逻辑顺序来确定教学顺序，强调知识结构。②基于"生态"课堂的教学会围绕主题形式形成驱动性任务系列，综合考虑问题解决、学生认知、知识逻辑顺序。③基于"生态"课堂的教学会依据驱动性问题设计学生活动和评价方案。④基于"生态"课堂的教学会以教师引导为主，采用合作探究、交流展示等多种教学方式，让学生独立或者以小组为单位进行任务分析、解决问题、相互质疑研讨、评价及改进等，以发展高级思维活动。

海洋渔业资源的学习需要一个循序渐进、由浅入深的过程。学习一开始，由教师组织学生分析渔业资源形成的一般化规律，让不同小组的学生展示成果并建立相应的评价机制。渔场形成一般化规律中，学生通过教师提供的图片寻找海底地貌分布最合适的位置——大陆架。教师引导学生认识大陆架，接着提出问题：大陆架从空间上到底能对海洋渔业资源的形成产生怎样的影响？

案例1：首先让学生认识大陆架。教师提供资料，让学生认识大陆架。

大陆架定义：环绕大陆的浅海地带，简称陆架，也称大陆浅滩、陆棚（图1）。其范围自海岸线（多指低潮线）开始以极缓的倾斜延至海底坡度显著增加的陆架坡折处止。陆架可分为邻近的内陆架和远离海岸的外陆架，二者之间并无明确的界线，有时可按陆架中间水深的等深线来划分，也有按沉积物性质划分的。通常，内陆架的坡度稍大于外陆架。大多数岛屿也被类似的平缓浅海区所环绕，一般宽度较小，称为岛架。

大陆架地形特征：陆架地形总的来说比较平坦，但也可有起伏20米左右的丘陵、盆地和谷地等。波浪、潮汐和海流可掀起泥沙，形成沙丘和沙脊。河流将其三角洲推展至陆架上。陆架外缘常有浅滩或岛屿发育。陆架上展布着多级水下阶地，阶地面宽窄不一，前后缘为明显的坎坡。陆架上的水下谷地最引人注目，高纬度地区多见底部宽阔平坦的槽谷，是更新世冰蚀作用的产物。海峡附近及岛屿之间潮流强劲处有潮流冲刷而成的水下谷地，谷底可由基岩或粗粒物质构成。

大陆架地质特征：陆架上除局部基岩裸露外，广大地区被泥、粉砂和砂所覆盖。陆架上有现代沉积物，也有第四纪低海面时形成于海岸环境的砂质残留沉积物。现代沉积多分布于内陆架上，近岸以砂质为主，远岸以泥质占优势。而在陆架的中部和外部，早期形成的残留砂一般未及为现代沉积所埋藏，而出露于海底。不同气候带的陆架沉积物也有差异。在极地寒带常见砾石，也多见基岩；其余地带以砂较为常见，尤其是中纬度地带；在湿热的低纬度地带多见淤泥及钙质沉积。

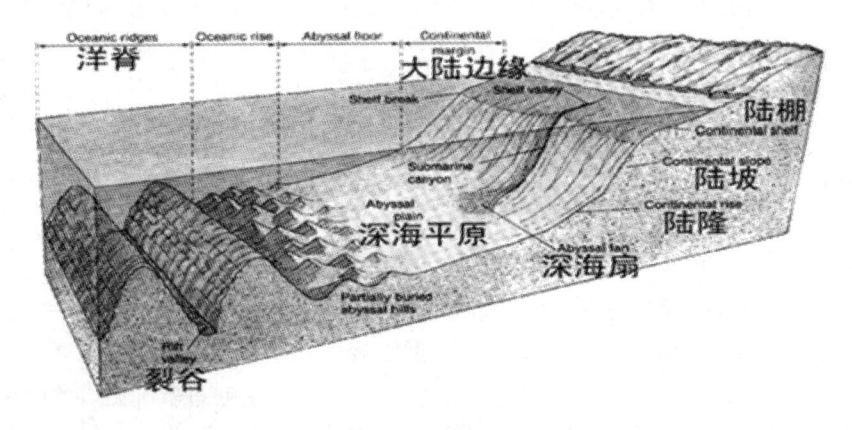

图1　大陆架示意图

教师引导学生分析发现，原来大陆架在海洋中比较浅，多分布在陆地边缘。结合基本生活规律"鸟为食亡，鱼为饵亡"，从大陆架空间位置如何影响饵料的分布，分析得出以下原因：第一，大陆架的深度一般不超过 200 m，海水较浅，太阳辐射能到达海洋底部，有利于鱼类饵料（浮游生物）的生长和繁殖。第二，大陆架底部沉积着大量由大陆河流冲积而带来的泥沙，为鱼类的产卵发育提供了家园。第三，大陆架与大陆相毗连，坡度小，有利于沉积物堆积，由大陆江河带来的各种有机物质为鱼类和浮游生物提供了养料。

分析大陆架后，用同样的方法"导引—生成"出其他海洋渔业资源分布的一般化形成条件。

教师引导学生依据渔场分布图寻找海洋渔业资源的一般化规律。除了第一点地理环境因子——宽广的大陆架（海底地貌），大家还得出第二点水文因子〔位于温带海区（水温季节变化）、洋流因素、大江大河入海口〕、第三点生物因子〔叶绿素、饵料生物、敌害〕。找到这些一般化规律后，就要引导学生分析具体原因。

下面让学生分析温带海区对渔业资源的影响。空间上，温带海区主要位于温带地区，那么，温带地区如何影响鱼饵呢？其实温带地区海洋有一个季节性的泛动，主要发生在冬季。冬季表层海水容易受低层空气影响，而冬季温带地区容易受到高纬度的冷气团影响，表层海水温度迅速降低，导致表层海水冷却收缩下沉，这样使表层海水和底层海水发生对流，搅动了底部的营养物质，把底层的营养物质带到表层，使表层海水的浮游生物得到充足的营养（图 2）。这就促进了鱼饵的迅速生长，使鱼有充足的食物促进其生长繁殖。通过分析我们发现，冬季海水有泛动，而夏季则很少。让学生讨论该问题，得出的结论是：夏季由于海水表层温度高于底层，不具备对流的条件，海水多以平流的方式交换。通过分析这个问题可以发现，问题的落脚点还是在营养物质对鱼饵的作用上，这为后面的深入分析提供了线索和思路。同时也为我国沿岸渔场休渔时间安排提供参考，比如我国的伏季休渔制度安排。

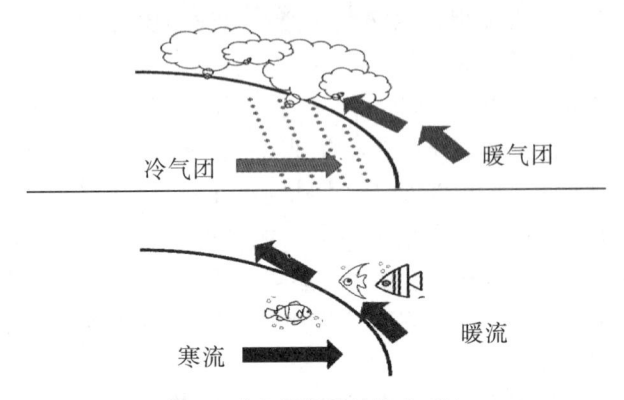

图 2　冷气团导致的海水对流

分析第三点时，我们的学生会自然地向鱼饵和营养物质的思路靠拢。洋流按性质可以分为暖流和寒流。暖流一般由低纬度流向高纬度，由于温度比较高，密度相对小一些，处于海水的上层；而寒流由于温度低，相对会处于海水的下层。寒暖流相遇，首先会带来强烈的海水搅动。这种海水搅动类似于我们学习的冷暖锋面，用已经学过的知识迁移就可以理解寒暖流海底相遇的情况。

寒暖流交汇可产生"水障"，就好像冷暖气团相遇形成准静止锋一样，寒暖流交汇处洋流流速受到极大抑制，几乎停滞不前。对于习惯于随洋流游动的鱼群来说，寒暖流交汇处简直是乐园，因为寒暖流相遇会大规模搅动海底的营养物质，而且会带来大量的适应较高水温的低纬度鱼类和大量适应较高纬度的冷水鱼类，不但丰富了鱼的种类，而且为这些鱼类提供了充足的鱼饵。其实这种渔场在专业的海洋学中被称为锋面型渔场，寒暖流两侧巨大的水平梯度产生的局部涡流、辐散或辐合现象，锋面两侧要素（如水温、盐度、溶解氧）的巨大差异可汇聚不同的鱼群，在交汇区形成的涡流可以使海底的营养盐类涌升到上层，交汇区辐合可以使鱼群聚集成生物密集集群，例如世界级的大渔场北海道渔场、纽芬兰渔场、北海渔场等。

三、"生态"课堂生成实践：分析北海道渔场成因，总结指导其他渔场成因分析

案例 2：以世界第一大渔场——地处亚洲东部的日本北海道渔场为例，让学生依据下列材料分析该渔场成因。

寒暖流交汇可使海水发生扰动，上泛的海水将营养盐类带到海洋表层，使浮游生物繁盛，进而为鱼类提供丰富的饵料，渔业资源丰富。另外，寒暖流交

汇可产生"水障",阻止鱼群游动,而且因为捕鱼业科技发达,国家的养殖渔业发达,所以日本北海道渔场成为世界第一大渔场。

日本暖流潮又称"黑潮",是太平洋北赤道洋流遇大陆后的向北分支。起源于菲律宾群岛的吕宋岛以东海区,流经我国台湾一带,东到日本以东,与北太平洋西风漂流相接,为世界著名的暖流。其特点是:高温、高盐、水色高、透明度大。其形成有三方面的因素:第一,北赤道暖流遇大陆而偏转北上。第二,夏季海洋风的吹拂和东南信风越过赤道形成的西南风的吹拂。第三,地转偏向力的影响。

日本暖流是赤道暖流在菲律宾群岛东部向北偏转而形成的。它的主流沿台湾岛的东岸、琉球群岛的西侧向北,直达日本群岛的东岸,在北纬40°附近与千岛寒流相遇,在西风吹送下,再折向东,成为北太平洋暖流。日本暖流是北太平洋西部流势最强的一股暖流,它在台湾岛东面的外海处,其宽度为100~200千米,深200米,最大流速每昼夜可达60~90千米,平均流量每秒约2200万立方米。由于日本暖流来源于北赤道暖流,因此水温和盐度均较高。水温夏季达29℃,冬季为20℃,二者向北逐渐降低;盐度在150~200米层达到最大值,为3.48‰~3.5‰。日本暖流是整个东中国海环流的主干,对该海区的水文气象条件有重大影响。

千岛寒流,称亲潮,为北太平洋西北部寒流。源于白令海区,自堪察加半岛沿千岛群岛南下,在北纬40°附近,日本本州岛东北海域,与黑潮相遇,并入东流的北太平洋暖流。亲潮主干流速在每秒1米以下,表面水温低、水色浅、透明度小。寒流密度较大,潜入暖流水层之下。在其前缘与黑潮之间形成"潮境",鱼类饵料极其丰富,成为世界著名渔场。

依据一般化规律和上述材料得出结论:①北海道渔场日本暖流与千岛寒流交汇处,海水发生垂直搅动,把海底沉积的有机质带到海面,为鱼类提供了丰富的饵料。②处于日本列岛东部的大陆架宽广,为鱼类和饵料的生长提供了合适和广阔的空间。③处于大陆岛屿边缘,大陆淡水河流带来丰富的无机盐。④温带海域,海水季节性泛动,利于把海底的无机盐带到海水表层。

通过对日本北海道渔场的分析,我们可以让学生继续分析纽芬兰渔场和北海渔场并展示成果,生生之间进行评价。

通过对案例2中材料的分析我们可以发现,纽芬兰渔场和北海渔场形成的主要原因类似。学生通过案例分析,可以掌握分析的方法和思路,借鉴分析同类的其他渔场,这个过程实现了对学生知识迁移能力的培养。

除了寒暖流相汇形成的渔场,还有另外一种上升补偿流形成的渔场。教师可以让学生依据材料探讨这种渔场的成因，如案例3。

案例3：秘鲁渔场成因分析。

表面海水的溶氧量一般都近饱和，随深度而递减，到中层海水而达最小。上升流带上来的次层海水含氧较少，所以上升流存在的区域，其表面海水的溶氧量自然较少些。以秘鲁洋流地区的上升流（图3）为例，其表面海水的溶氧量仅为饱和时的65%，这对海洋生物没什么影响，但是我们可以利用这个特性作为辨识上升流的指标。不过要注意的是，受污染的海域溶氧量也会变低，所以发现表面海水溶氧量较低的区域，千万别立刻断言有上升流。

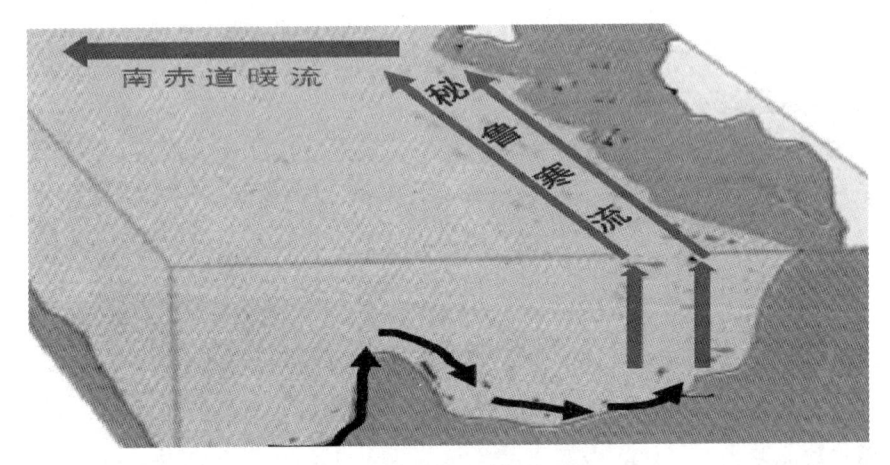

图3　秘鲁洋流地区的上升流

营养盐：此处所说营养盐主要是指磷酸盐，其含量在表面海水中较少，随水深而逐渐增加。所以发生上升流的区域，其表层海水含较丰富的营养盐，这些丰富的营养盐会带来大量的浮游生物，最后引来了大量的鱼群，世界上主要的大渔场都是在上升流的区域，就是因为这个缘故。所以在美国西部沿海，春、夏上升流旺盛时，渔产极丰，秋、冬上升流没了，渔产则遽减。

气候：沿岸上升流带上来的冷海水令海面空气变冷，而影响了当地的气候。海风吹经上升流的区域，遇冷而将空气中过多的水分凝结成小水滴，所以上升流区域的海面常雾气朦胧，如果它靠近陆地的话，往往造成陆上多雾的天气。美国旧金山市春、夏多雾，就是这个原因；伦敦是最有名的雾都，也是因为它附近海域是有名的、广大的上升流区域。靠近上升流区域的陆地，因久吹这种湿气重、含盐分多的海风，植物不易生长，建筑物也较易受侵蚀，所以沿岸上升流往往造成海、陆的强烈对比，海中渔产极丰，而陆上则相当贫瘠，秘鲁海岸就是最好的例子。

在学生分析案例材料的过程中，教师要提醒学生把握"鱼饵"这个核心要素，最后得出结论：①离岸风导致表层海水远离海岸。②底层海水上泛补充表层海水的空间，带来海底大量的无机盐。③位于大陆架，光合作用较强。

学生对秘鲁渔场的分析不再是简单的知识迁移，而是对渔业资源分布的核心要素的应用。

四、结语

通过案例，教师可以有效引导学生进行分析，掌握知识生成的方式，让学生真正成为课堂的主体；通过核心知识——海洋渔业资源时空分布规律，让学生掌握分析渔场的关键能力。整个课堂以分析海洋渔业资源形成的原因展开，丰富了学生的知识和探索的能力，让学生有了更加深入的体会和深度的思考，最后可以用这堂课所学知识解决实际问题。教师要努力把自己的课堂打造成：①更为"聚焦"的课堂——核心知识—关键能力、必备品格与价值观念。②更为"整合"的课堂——核心统整—整体建构。③更有"内涵"的课堂——深切的体验、深入的思考—深度的理解。④更有"活性"的课堂——实践参与—问题解决。

通过努力、反思、总结，我们一定能让课堂教学越来越好。

基于区域认知的区域地理版块模型教学初探

肖慈凤　谭勇

当今教育提倡培养学生的核心素养，而区域认知是地理学科四大核心素养之一。区域认知素养的培养不仅仅局限于学生对知识面掌握的宽度和深度，还要求学生具有科学探究的思维习惯、思维认知和思维能力，而模型教学是一种培养学生"空间—区域"视角思维能力和思维方式非常有效的途径，因此，我们应重视区域地理模型教学。

一、区域地理版块引入模型教学的必要性

（一）引入模型教学，利于培养学生的区域认知素养

如何有效培养学生的区域认知素养，是每一个地理教师都很关注的问题。传统区域地理教学仅仅依靠地图册和教材，很难让学生真切地感知不同区域之间的差异，特别是区域位置与特征。而模型教学通过让学生自主制作模型，激发学生兴趣，内化书本知识，让学生对所学知识记忆深刻。同时，在传统的区域地理教学中，部分教师按照教材编排的不同区域依次进行教学，很少会与其他同尺度区域进行对比，部分教师虽有对比教学，但局限于有限的教材和地图册。如此，学生很难全方位把握区域间的异同与联系，因此不利于培养学生的区域认知素养。模型教学课上，教师可以地理要素（如地形、气候等）进行主题教学，尤其注意让学生对比同尺度下不同区域模型的异同性，分析区域间的联系等。课后，教师布置的学习任务主要是让学生分析不同尺度下的区域模型的某一地理要素的异同性、发展趋势、发展存在的问题、可持续发展建议等。因此，模型教学有利于学生明确区域定位、分析区域特征、把握区域关联、预

测区域发展，有效帮助学生养成"空间—区域"视角的思维方式、思维习惯和思维能力。总而言之，引入模型教学，有利于培养学生的区域认知素养。

（二）引入模型教学，区域地理教学"化茧成蝶"

在传统的区域地理教学中，学生基本处于被动接受的状态，学习相对枯燥且繁杂，因此学生的学习动力较小。新课程改革背景下的区域地理教学不仅仅要求学生掌握教材知识，还要求学生具有探究新知的能力。将区域地理教学引入模型教学，在教师的带领下，学生可以切实参与课堂观察和探究，不再局限于传统的被动接受的教学方式[1]。在教师引导下，学生积极主动按照由现象到本质、由具体到抽象的维度去认识、分析、评价区域。模型教学中，学生成为课堂的主动参与者，不仅充分调动了学习积极性，更加深刻理解和整合所学知识，还能树立运用"空间—区域"视角分析、解决地理问题的思维方式和习惯，切实提高区域分析能力。因此，引入模型教学，有效提升了区域地理教学的成效，使区域地理教学"化茧成蝶"。

二、核心概念界定

（一）模型教学

模型是指一种通过主观意识借助实体或者虚拟手段达到表达目的的物件。模型可分为实物模型和虚拟模型、平面模型和立面模型，而本文的模型教学是指教师引导学生动手制作立面实物模型，结合实物模型进行相应课堂教学。

区域地理版块模型教学过程中需要制作区域模型。区域模型主要以地形为"底板"，可在地形模型上填充经纬线、气候类型、河流、主要城市、资源等内容。因此，区域地理版块模型教学是指为了直接表达区域某些特征，教师指导学生采用一定的模型材料制作出实物模型，紧接着引导学生结合模型完成相关区域地理知识学习的教学。

（二）区域认知

《普通高中地理课程标准（2017年版）》指出，区域认知素养是人们运用"空间—区域"视角认识和分析地理环境的思维方式和能力[2]。区域认知素养的培养主要指学生具有分析区域特征、比较区域间异同、掌握区域间联系、分析和预测区域发展中存在的问题及提出区域可持续发展建议的认知和能力。由此可见，培养学生的区域认知素养就是让学生善于用"空间—区域"视角去全方位把握一个区域或者区域之间的异同与联系，增强区域发展的预测能力。

三、区域地理版块引入模型教学的优势

（一）于乐趣中定位置

纵观历年高考试题，出题者经常选取承载最新热点和焦点问题的区域命题，要求学生能够根据题中已有信息如经纬度、区域轮廓灯进行区域定位[3]。因此，教师在教学时需注重提升学生的空间定位能力，构建心理地图。传统构建心理地图的方式无非是经常读图、记图，做填图、绘图练习，这不仅让学生感到枯燥，而且教学效果一般。教师可以购买一些模型材料，让学生根据各区域相关资料（海陆位置、经纬位置、地形特征等）亲手制作区域模型。学生通过查阅区域资料制作模型，利于激发学习兴趣，提高学习专注度，还能在无形中识记区域，极大地提高识记效果，更好地构建心理地图[4]。

（二）于观察中识区域

培养区域认知素养，最基本的是要了解和掌握区域的基本特征。模型教学课上，教师引导学生观察地图和自己制作的区域模型并提出问题，再利用观察地图和区域模型把问题引向深入，鼓励学生结合地图和区域模型解决问题。模型教学可以充分调动学生的脑、眼、口、耳、手相结合，利于强化知识记忆，开拓地理思维，引导学生对区域地理信息进行深层次思考和分析[5]。

（三）于对比中生思维

地球表层按照不同的标准和要求可划分成不同种类、不同功能与不同尺度的区域。不同区域之间既具有差异性也具有相似性，区域间相互联系。学生通过观察区域模型，不仅利于归纳区域间的异同，确定区域开发的方向和条件，也利于探究区域异同的成因，整合原有知识建构完整的知识结构，把握区域联系。例如，学生可对比观察欧洲和南美洲等区域地形模型，比较区域地形存在的差异，认识区域的独特性。紧接着，教师要求学生让其在对应区域粘贴箭头指示盛行风向，并结合已有气候知识深入探究地形对气候的影响，加深对区域特殊性的认识。学生在学习过程中可以进行直观立体的观察，有利于理解区域地形对气候的影响，生成逻辑推理思维、求证思维、求异思维和横向思维。

四、区域地理版块模型教学流程

新课程改革背景下，高中地理课堂不再是让学生单纯学习知识和掌握方

法，还需要培养学生的地理学科综合素养。因此，区域地理版块模型教学以区域意识为引导，让学生成为课堂的主体，通过自主探究学习、教师适当点拨引导，培养区域认知素养[6]。

（一）具体流程

1. 制作区域模型——课前感知区域，课后强化巩固

课前，教师提供一些区域的地形、河流、经纬度等相关资料给学生，学生也可自行查找区域相关资料，以小组为单位合作完成区域模型。教师提出相关制作要求：在模型上绘制经纬线、河流、重要城市等。学生通过绘制经纬线、河流、重要城市等，不仅可以简单认识区域，而且提高了空间定位能力，有利于在以后考试时能准确识别区域。

课后，学生可在整合课堂所学知识与课前已有知识的基础上确定模型主题，根据主题灵活运用相关知识再次设计和制作区域模型。学生在制作区域模型的过程中不仅可以强化巩固课堂所学理论知识，还可以整合书面知识并内化为学习能力。

2. 结合区域模型进行主题教学——课上探究区域

相较于依照教材编排进行传统区域地理教学，模型教学则是选取某一地理要素作为主题，分析同一尺度的不同区域或者不同尺度的同一区域。通过主题教学，教师不仅能将区域地理琐碎分散的知识进行有效整合，同时在课堂中适时点拨引导，还能让学生成为课堂主体，成为学习的主动探索者[7]。下面将以"气候"为例，对模型教学进行讲解。

（1）对比信息，总结分布规律。

教师确定某一气候类型，让学生自行对比课前制作的不同区域模型（地形和气候要素叠加），总结出该气候类型分布规律并找出分布具有的差异性。学生通过对比不同区域，深刻认识区域间既具有共性也具有个性。

（2）建立联系，分析区域特征。

教师引导学生回忆气候的影响因素，选择某一分布特殊区域进行分析讲解，让学生掌握区域分析的思路和方法。然后分小组合作讨论导致其他区域气候分布特殊的原因。教师引导学生建立自然地理、人文地理与区域地理知识之间的联系，掌握区域特征分析方法。

（3）综合要素，评价区域发展。

对历年高考试题进行分析，我们发现出题者逐渐加强了对区域发展的考查，要求学生用发展的眼光评判区域决策，提出区域可持续发展建议。因此，

在课堂最后一个环节，教师要多引导学生用多角度、发展的眼光深入剖析区域发展；引导学生在认识区域气候分布差异的基础上，结合必修二经济活动区位原理，评价气候对于区域人类活动的影响[8]。学生要尽力综合考虑各种因素，评析区域发展，做到学以致用。

3. 迁移延伸区域——课后收获能力

课后，教师既可选取相对于所学区域而言尺度更大或更小的区域让学生从相同角度评价该区域，也可让学生从其他角度评价所学区域。学生在完成任务时需要迁移延伸所学知识，同时还需要运用"空间—区域"视角去观察、思考、分析和解决地理问题，因此有利于学生区域认知素养的培养。

（二）注意事项

（1）教师需掌握模型制作方法。

绝大部分高中生对于模型制作过程和方法知之甚少，基本上没有实际操作经验。因此，教师需要熟练掌握模型制作方法，向学生展示模型制作过程，这是实施模型教学最关键的一步。

（2）模型制作花费时间长，需合理安排时间。

模型制作环节较多，即使是制作简易模型也需要花费较长时间。而地理课堂教学时间有限，课程内容较多，教学安排紧凑，由此，教师可开设课余地理兴趣课，让学生在课余时间制作模型，既不耽误常规教学，也能让学生切实动手制作模型，达到模型教学的预期效果。

（3）模型材料花费较多，需得到学校资金支持。

制作模型的材料类型较多，某些材料单价较高，同时材料消耗大，从而导致模型材料花销大。如若由教师自行承担费用，可能会超出其承受范围。因此，教师要采用模型教学需要得到学校资金的支持，切实保证材料充足，让学生都能够获得亲手制作区域模型的机会。

【参考文献】

[1] 彭娟. 高中生物模型建构教学的理论和实践研究 [D]. 长沙：湖南师范大学，2008.

[2] 毕欣蕊. 心理地图构建对高中生区域认知素养培养的实践探索 [D]. 石家庄：河北师范大学，2018.

[3] 徐岩石. 高中生区域认知能力培养现状及提升对策研究——以开封市 F 中学为例 [D]. 开封：河南大学，2018.

[4] 秦亮. 模型法可在教学中广泛应用 [N]. 中国教师报，2019-04-17.

[5] 叶莉. 浅谈初中区域地理的教学方法 [J]. 科学咨询, 2015 (14): 36-37.
[6] 袁利国. 基于区域认知的高中地理"问题研究"深度教学探讨 [J]. 中国校外教育, 2018 (2): 28.
[7] 曾卉妍. 区域地理"主题探究式"教学实践与探索 [J]. 地理教学, 2014 (21): 25-26.
[8] 聂桐彤. 基于地理核心素养的高中生"区域认知"培养研究——以"必修3"为例 [D]. 武汉: 华中师范大学, 2017.

论课堂建模教学对高中生地理学科核心素养的建构意义

郑 琦

一、课堂建模教学与高中地理课程的关联

(一)课堂建模教学概述

课堂教学模式是构成课程和作业、选择教材、提示教师活动的一种范式或计划[1]。选择不同的教学模式,既是不同性质学科的要求,又是教师对于教材内容的重组,目的都是指向如何更好地帮助学生建构知识与能力。

课堂教学建模是一种重要的科学操作与科学思维方法[2]。它是为解决特定的问题,在一定的抽象、简化、假设条件下再现原型客体的某种本质特性;它是作为中介,从而更好地认识和改造原型客体、构建新客体的一种科学方法[3]。目前,课堂建模教学被广泛用于理科思维比重较大的学科,其中数学和物理学科尤甚。越是逻辑性强的学科,越是能体现课堂建模对于抽象知识的具化,避免教学过程形而上的空泛,让学生能更好地接触、习得新知识。

提高课堂效率是教师追求的目标,美国的学校早在世纪之交就开始进行"紧抓教学计划、形成性评价、实施教务、团队建设"的教学策略实践研究[4]。近些年,结合新课程改革,我国许多地方对如何进行高效的课堂教学展开实践,形成了山东杜郎口中学"10+35"模式、江苏灌南新知学校"自主交流"学习模式等众多具有推广借鉴价值的模式[5]。笔者所在学校也历时十年,开展了新课程改革,推出"导引—生成"课堂教学,受到教育界的肯定[6]。

（二）高中地理课堂与建模教学

地理学科具有多元性，这使高中生在学习地理课程中容易遇到困难：地理是文科还是理科，高一的自然地理部分为什么最难，现有的知识体系理解不了过于抽象的地理概念（如三圈环流、气候、洋流等），课堂上听懂了但是课后不会做题，等等——这些问题值得教师深思。高中地理的学科属性导致其教学过程中往往遇到类似理科学科的教学困惑，一部分一线地理教师借鉴了其他学科的建模教学，在地理课程中进行了积极探索：河南新县中小学教学开展了包括教师教的思维建模、学生学的思维建模、师生教学互动的思维建模教学[7]，江苏新区一中也在地理教学中进行了变量思维建模的教学实践[8]，等等。总体来说，目前笔者所在地区将这种教学模式引入课堂的先例较少，课堂建模与地理学科的内在联系值得深入研究。

二、课堂建模的实践

（一）课堂建模的设计思路

地理学科最重要的是探讨地理事物的空间分布以及地理现象的成因。课堂建模教学需要解决的是地理现象类的过程理解、现象说明、成因分析等，对于高中学生来说，这些内容通常内在逻辑复杂，理解起来有一定难度，并且很难进行自我知识结构的建构。

为此，课堂建模教学设计的核心是紧紧抓住课程要解决的关键问题，在地理核心素养的要求之上，结合学生知识储备与现阶段理解能力，选择适合的教学类型，进行有效的课堂结构设计。

课堂建模绝不是制定好一种方案，就将所有的教学内容往上套，这明显不符合新课程改革的理念，也与地理学科的内在属性相矛盾。所谓建模，是指为学生松散的思维提供必要的脉络，将在课堂中学到的知识与本身的知识储备进行有效联结，既能更快地习得新知识，又能学以致用，学会用地理的眼光看待世界。课堂建模的设计思路如图1所示。

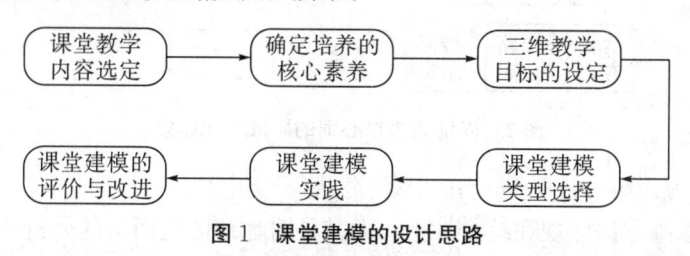

图1 课堂建模的设计思路

(二) 课堂建模的实践

1. 知识系统类——思维导图建模

高中地理知识在组成上既相互联系又相对独立，大致可以分为三个部分：自然地理、人文地理和区域地理。自然地理是对构成世界最基础的地理要素的探究，人文地理是研究人类社会中地理事物的空间分布规律，区域地理则侧重对世界上某个地区进行全面的认识与研究。

如何构建知识系统对于高中生来说是一个挑战。课堂建模教学旨在培养学生思维的逻辑性，不单单要求学生背一个知识大纲。目前，一线教学中常用并且得到较好反馈的是思维导图。思维导图最重要也最为关键的是选定核心词，它不一定是某一章节的标题，它应该由学生自己进行选择，从而围绕选择的核心词对所学知识进行有机整合，构建自己的知识体系。这样做的好处是使学生具有自主选择性，让教学内容不再一贯到底，能产生个体化差异，加深学生的印象。

图2为以地貌为核心词的思维导图建模。

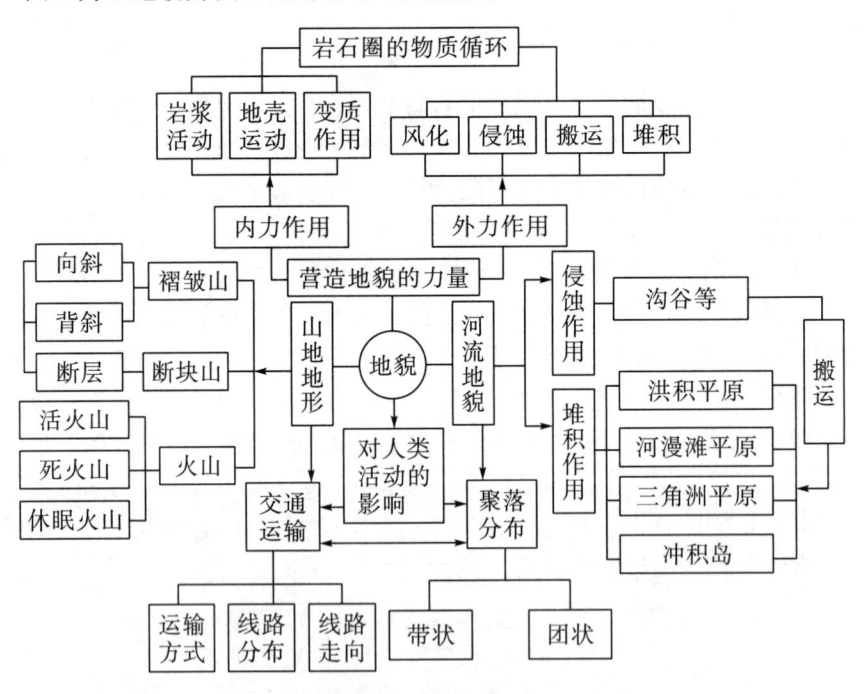

图2　以地貌为核心词的思维导图建模

2. 学习思维方法类——五"W"建模

地理思维方法体现在综合性上，尤其是对地理区位因素的分析，更具有宏观性。美国学者拉斯维尔早在1948年便提出了传播学的五"W"模式，即谁（who）通过什么渠道（in which channel）向谁（to whom）说了什么（what things），有什么效果（with what effect）[9]。将其结合地理学科特征，能够很好地形成学习地理的思维方法，进而锻炼学生的地理思维能力。地理学科的五"W"如图3所示。

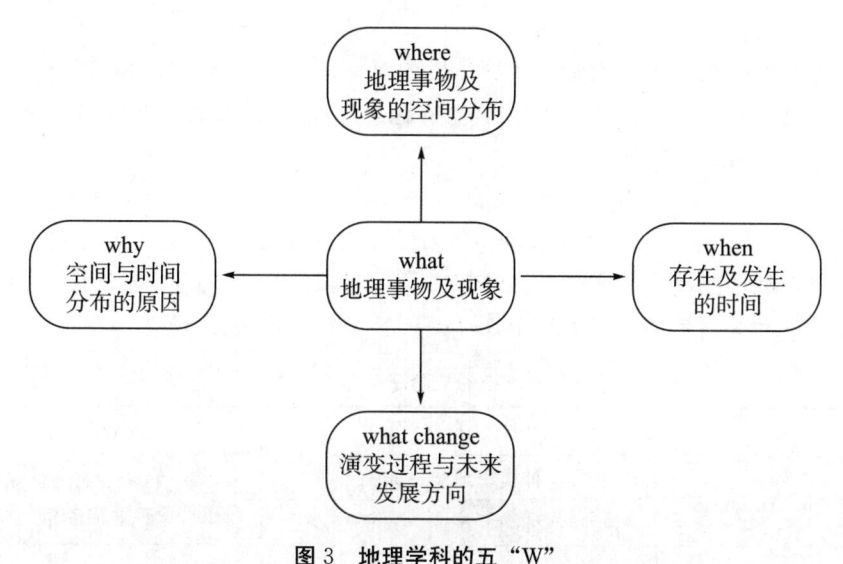

图3　地理学科的五"W"

运用五"W"建模对河流整治进行探究，某条河流整治的思维过程如图4所示。

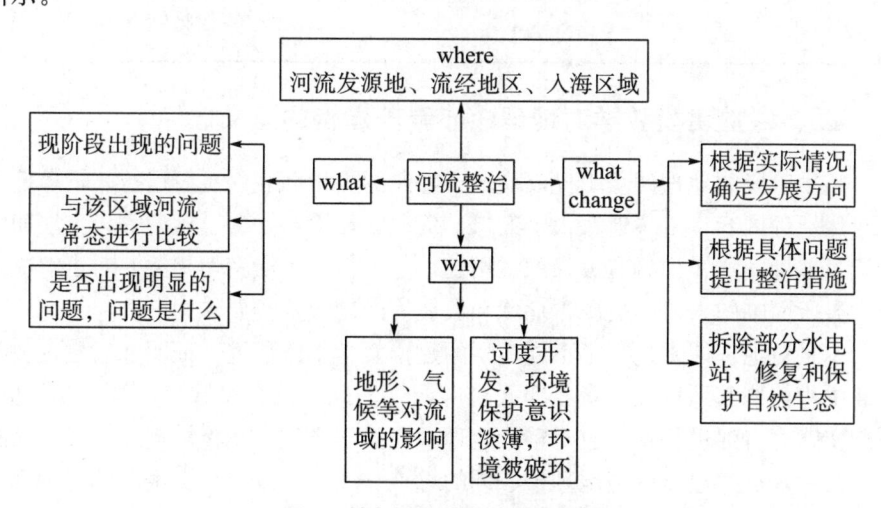

图4　某条河流整治的思维过程

3. 答题技巧类——"套路"与"反套路"建模

学生高中阶段学习的地理知识最后仍然要应用于高考，因此无法回避答题技巧这个问题。在地理高考复习中，部分一线教师会总结一些答题模板"套路"，在一定程度上为学生提供基本的答题思路。但总结近年新高考趋势，越来越呈现"反套路"——脱离传统答题模板，考得越来越生活化，强调学生地理实践力的体现。

课堂建模教学中，教师应指导学生如何答题，这具体体现在对现行教材的思考，结合实际高考例题，训练学生解题思维与答题规范，进行"套路"与"反套路"的课堂教学。

例：2018年全国地理3卷36题（1）（2）。

1991年，博茨瓦纳在索瓦建立纯碱厂，采盐沼地下卤水，入蒸发池，再用蒸发后的浓缩卤水生产纯碱。纯碱产品主要销往南非。近年来，由于采取环保新工艺和来自美国产品的竞争，纯碱厂处于亏损状态。

表1 例题中的"套路"与"反套路"

题目	"套路"	"反套路"
地形和气候条件	地形：种类、地势、倾斜	结合题目中提到的纯碱制作条件反推所需条件
	气候：种类、特征、分布	
有利和不利的社会经济条件	社会经济条件：原料、市场、交通、政策、技术等	有利：接近原料产地；可用地广，地价低
		不利：交通不便，距离市场远，基础设施不足，投入高

三、课堂建模教学对地理核心素养建构的意义

高中阶段的地理课程不仅仅局限于经典的山川面貌、星辰运行、气象地质等自然地理内容，更多地融入了人口、资源、环境与发展、旅游等人文层面的印记。地理学科知识具有极强的实用性，与人们的生活密切相关，对于解决当今世界所面临的人口、资源、环境和发展等问题起着重要作用。

本文对地理课堂进行了不同类型的建模教学实践研究，证明课堂建模教学对高中生建构其地理核心素养即人地协调观、地理综合思维、区域认知能力、地理实践力有促进作用，也对整个地理一线教学产生了积极影响。

第一，通过建立围绕地理核心词的思维导图，可以整合学生在学习中散碎的知识点，构建地理学科知识体系的基本脉络，提升学生的地理综合思维，加

深学生对地理各个部分内在联系的理解。

第二，通过探讨地理事物及现象（what）、地理事物及现象的空间分布（where）、存在及发生的时间（when）、空间与时间分布的原因（why）、演变过程与未来发展方向（what change），深刻理解地理事物及现象产生的机制，理解区域之间的变化，从而训练学生的地理思维，提升地理综合素养。

第三，通过深入理解研究教材中的活动，厘清新高考的考察方向，正确理解答题模板与地理实践力之间的联系，跳出模板对思维的束缚，让学生能够学习生活中的地理，使用生活中的地理。

四、结语

地理教学改革仍在路上，面对日新月异的世界环境变化，紧抓地理核心素养要求，正视当下新环境对地理学科教学提出的挑战，培养更能够适应新环境的具有地理素养的公民，是落在每一位教师肩上的责任。为此，不断改善教学、完善新课程内容是每一个一线教师的终身事业。

课堂建模教学源于理科学科，与地理教学有着紧密联系。对不同类型的地理课程内容进行建模教学，具有可操作性，且在学生整个学习过程中起到了良好的思维训练、知识巩固、素质培养等作用。

无论何时，教学的核心始终都是提升学生作为一个公民的地理素质，做一名有地理素养的人。同时，使学生在面对一门具体的学科时，具备学习新知识、新技能的能力，才能真正将教育化作使学生终身受益的力量。

【参考文献】

[1] 布鲁斯·乔伊斯，玛莎·韦尔，艾米莉·卡尔霍恩. 教学模式［M］. 8版. 兰英，等译. 北京：中国人民大学出版社，2014.

[2] 彭娟. 高中生物模型建构教学的理论和实践研究［D］. 长沙：湖南师范大学，2008.

[3] 黄秀琼. 初中思想品德课程资源在开发和利用中的教学模式［J］. 四川师范大学学报（社会科学版），2005（S1）：304－306.

[4] 吉姆·奈特. 高效教学：框架、策略与实践［M］. 方彤，罗曼丁，译. 上海：华东师范大学出版社，2017.

[5] 李炳亭. 高效课堂九大"教学范式"［M］. 济南：山东文艺出版社，2010.

[6] 杨勇军，苏俊清，王平. 因导引生　以生为本——高中"导引—生成"课堂教学改革探究［J］. 新课程研究，2016（12）：4－6.

[7] 周东升. 5W思维建模在中学地理教学中的应用研究［J］. 地理教育，2018（9）：4－6.

[8] 陈蕾. 地理教学中的变量思维建模 [J]. 中学地理教学参考，2014（7）：56-58.
[9] 哈罗德·拉斯韦尔. 社会传播的结构与功能 [M]. 何道宽，译. 北京：中国传媒大学出版社，2013.

"导引—生成"理念在心理学科创意教学中的应用
——以"规划点亮人生——高中生生涯规划之职业初探"课堂教学为例

李 红 陈占军

一、问题研究背景

（一）中小学心理健康教育课问题探究

在中小学开设心理健康教育课是中小学教育改革发展的趋势，是社会和教育现代化的必然要求。教育部颁发《教育部关于加强中小学心理健康教育的若干意见》（1999年）和《中小学心理健康教育指导纲要》（2002年）等文件之后，教育行政部门、教育研究部门和各中小学校普遍提高了对心理健康教育的认识，也逐渐意识到在中小学开设心理健康教育课的重要性。但目前很多中小学心理健康教育课的设置仍存在不少问题。

1. 课程不合理

《中小学心理健康教育指导纲要》规定：学校要根据本地、本校教育教学实际，保证心理健康教育时间，课时可在地方课程或学校课程时间中安排。各中小学既要开设心理健康教育课，也要保证开课时间。一般每周安排1课时或每两周安排1课时。但很多学校并没有开设心理健康教育课，即便有的学校开设了该课程，其在各年级的设置也很不均衡，未能根据学生生理、心理发展特点和要求给予相应课程安排。

2. 教材单一化

各级部门和领导越来越重视心理健康教育课，有关心理健康教育课的教材也越来越多，各类书籍充斥市场，但真正适合的教材却很少。很多心理健康教育课教师无论是教材选择还是课堂内容设计都凭自己摸索，有一定目标性，但又缺乏针对性、系统性和科学性。

3. 形式简单化

由于心理健康教育的教学条件有限，教师自身的心理专业素养和技能仍有欠缺，有的教师在心理健康教育课上以传统的讲授方式为主，将心理健康教育课变成了心理知识的简单灌输和说教课，容易让学生产生厌倦心理；有的教师将心理健康教育课上成了简单纯粹的游戏与拓展活动的体验与分享课，学生参与度不高，就不会有深刻的体验和感悟，自然也达不到促进自身心理健康发展与提升的目的。

4. 评价盲目化

在新课程改革中，没有对心理健康教育课做正确评价的统一标准，所以目前中小学心理健康教育课仍缺乏科学的评价机制和统一的评价体系。部分学校不了解心理健康教育课与其他课程的区别，直接用其他学科的课堂教学评价标准来衡量心理健康教育课。

个性化、创意性、生动性的心理健康教育课应围绕心理素质和心理品质展开，内容一定要符合学生实际年龄的发展特点和需要，还要符合现实社会和时代发展的需要，应具有很强的积极性和前瞻性。

（二）高中生职业生涯规划课开设背景

《国家中长期教育改革和发展规划纲要（2010—2020年）》提出，高中阶段是学生个性发展、自主发展的关键时期，应该建立学生发展指导制度，加强对学生理想、心理、学业等方面的指导。同时提出，高中阶段教育要采取多种方式，为在校生和未升学毕业生提供职业教育。教育部颁发的《普通高中课程方案（实验）》中第一次确切提出，要培养学生初步具有独立生活的能力、职业意识、创业精神和人生规划能力，这对高中阶段的教育工作提出了新的要求，中学生职业生涯规划教育也显得极为重要和迫切。

但在职业生涯规划教育方面，很多教师和家长的观念未能与时俱进：学生的职业生涯规划教育应该是大学毕业之后的事情，中小学教育的目的主要是升学，重心在考试学科的教学和提高学业成绩上。在此思想的指导下，学生缺乏科学而长远的学习目标，缺乏对自己兴趣、性格与能力等方面的了解，更谈不上对社会需求和行业发展的探索了。

高中生职业生涯规划课是一门运用心理学、社会学、人力资源管理学、教育学等学科的研究成果，帮助学生进行职业观学习、职业选择分析、职业生涯发展规划和职业素质拓展的交叉学科课程，可以帮助高中生参与职业生涯规划，学习职业生涯发展的相关理论，获得职业发展规划的技巧，从而实现正确的自我认知，并结合自身特点和社会需求，确立自己的职业目标，以目标为导向，进行合理的自我塑造，走向成功的职业生涯[1]。

二、"导引—生成"理念下的心理学科创意教学实践

创意教学是教师在教学设计和实施过程中提出的具有创造性的教学构想或独具匠心的教学举措，对于创设教学情境、调动学生兴趣、激活学生思维、促进师生对话、捕捉教学机智、提升教育品质等都具有相当大的实践和指导意义[2]。心理健康教育课堂的创意教学要求教师深刻认识教学本质，整合驾驭教学素材，从而让心理健康教育课堂更有效、更精彩。

下面笔者根据五年多的心理健康教育教学实践体会，谈谈"导引—生成"理念下开展职业生涯规划课堂创意教学的几点做法。

（一）课堂的生活化，让教学更生动

在教学设计时，教师要用慧眼去发现当代高中生校园生活、家庭生活、社会生活和网络虚拟生活的素材，并提炼出更有效的教学内容，把职业生涯规划相关知识与学生的现实生活联系起来，启发学生发现知识的逻辑链，培养学生选择生活的经验点，提示学生寻找素材的拓展面。

在"高中生职业规划"部分，笔者先通过网络搜寻与学生生活息息相关的图片和视频，从大学生生活、学习状态入手，描述高三学生报考志愿时漫无目的的状态，让学生思考"为什么会选错专业？""怎样了解自己的兴趣、性格与能力？"整个课堂生动有趣、循序渐进、步步为营，学生的自主探究由浅入深、由表及里，自动生成。

（二）课堂各类联系，让素材更鲜活

在设计课堂教学时，教师要充分建立各类教学素材的联系，如人际联系、理论联系、生活联系、社会联系、网络联系、材料联系，让课堂形象、学术语言、思想方向、观点表现、情境演绎更加鲜活。

在"我的职业兴趣"部分，笔者给学生讲述《选择与放弃》中刘立早第二次高考的故事，并通过调查报告向学生展示当前很多大学生对自己专业不满意的情况，由此展开探讨，让学生体会职业兴趣对职业规划的重要性，启发学生了解自己的兴趣与特长，并将自己的职业兴趣与职业认知、现实生活、社会实

际、网络观点、经典案例建立联系。课堂贴近学生心理发展和实际经验，将知识与学生的生活、情感相联系，关注个人兴趣与职业本身的内在关联。

（三）课堂观点再现，让思想有碰撞

在"导引—生成"理念下的课堂教学中，小组讨论是一道亮丽的风景线。要提高讨论的有效性，教师除了要运用合适的教学组织和管理外，还要选择相关的教学材料、学术观点、前沿动态，让学生在比较中选择、在讨论中思考，让生与生经历真正的头脑风暴、师与生进行思想的有力碰撞。教师必须设计一些有价值、具可辨性的问题，联系学生生活，联系社会现实，引导学生进行有广度和深度的思考，参与师生对话、生生对话，允许学生思想的百家争鸣、观点的和而不同，鼓励学生敢于质疑，提出创新见解。

在"职业选择"部分，笔者课前编排短剧——《辩论：大学生应该先就业还是先择业》，课堂上呈现短剧后请小组讨论：小组成员分别支持哪方观点，并请每位同学谈一谈自己支持该观点的原因。组长概括讨论结果，分别记录在白纸上，结束后在全班分享讨论结果，引发学生深刻思考。这堂课让学生知道了职业选择会受很多因素的影响，可以通过"职业 PLACE 决策法"来评估自己的多个理想职业，从而为今后的职业生涯规划打下坚实的基础。

（四）课堂选择比较，让理解更深刻

常言道"有比较才有鉴别"，一味灌输单一观点，学生自然会觉得学习乏味，对知识的理解也会相对较浅。在课堂教学中，教师需要努力创设情境，帮助学生选择与比较。

在"透视生涯规划"部分，为了让学生明白做好职业生涯规划不仅与自己人生道路这个长远规划有关，还有助于提高自己当前的学习动力、学习兴趣，增强学习意志力和面对各种诱惑的抵抗力，笔者运用"数字故事：规划前与后"，让学生感受到有规划的人生的精彩。

（五）课堂体验教学，让情感有共鸣

在以往的教学中，教师习惯告知，学生缺乏思考，教学缺失创意，学生缺少探究。在体验式心理课堂上，教学设计要有留白，要让学生有机会体验、有时间体验，并能在开放的课堂氛围里大胆说出自己的体验。

为了介绍"职业价值观"，笔者设计了"条件选择"的南极遇险活动，通过趣味情境设计，让学生对职业价值观有所认识；再通过"职业价值知多少"

小品展示，让学生了解什么是职业价值观，不同的职业价值观会怎样影响职业选择；然后通过"职业价值观大拍卖"，帮助学生修正自己的职业价值观，尊重不同的职业价值观。在整个教学过程中，学生自主、合作、对话、探究、欣赏、反思，感受互动思维，享受发现奥秘，交流审美情趣，感悟学习真谛，体验成功快乐，提高学习效率，不自觉地增强了学习的动力和兴趣。

（六）课堂学习方法，让能力得落地

创意教学就是通过多种教学方法让课堂教学更形象生动、更创新高效。笔者的具体做法是：把心理游戏引进课堂，让学生参与角色扮演，把典礼带进课堂……

在"我的职业能力"部分，笔者首先将"假如你喜欢上一位异性，你们会成为恋人吗？"这一问题引入课题，引起学生的兴趣，使学生有话可说。学生发言后，笔者话锋一转，从"恋爱"和"职业选择"的相似性切入，很自然地导出主题——"避免职业单相思"；再通过活动"夸夸我自己——你有什么样的能力"，让学生认识了解一般能力和特殊能力，并且懂得自己还需要提升哪些职业能力；然后进行"假设15年后你是公司的主管，你准备招聘一名员工，以小组合作的形式拟一份招聘海报"的课堂活动，充分运用头脑风暴和合作意识，让学生以管理者的身份体验一个职业对应聘者的能力要求。这堂课充分体现了新课程改革倡导自主、合作、探究的学习理念，让学生的能力培养得以落地。

（七）课堂学习用心，让领悟有生成

创意教学就是引导学生把学习当成自己的事，这样学生才会用心。这需要教师用智慧设计课堂教学，用智慧引导学生学习。

在"职业生涯报告"部分，笔者让学生在业余时间自制"我的职业生涯报告"演示文档。这要求学生整理对之前开展的职业生涯规划课的探索与思考，设计提纲，制作自己的职业生涯报告，以更好地促进自己朝着理想的目标前进。课上，各小组推荐优秀的职业生涯报告并向全班同学展示。在这个用心活动的过程中，学生自发地质疑、提问、比较、论证，从而获得了领悟的释惑、顿悟的开朗、渐悟的升华、觉悟的自觉。

（八）课堂自由选择，让学习更自觉

让当代学生常常犯难的是课业负担过重的问题。笔者认为，重与不重有时候是感觉判断问题，有趣于学、有志于学，就不觉得是负担；被迫学习，坐在教室里如同"坐牢"，这样的学习肯定会觉得"负担过重"？

在"我的职业性格"部分，笔者首先展示林黛玉的照片，进行小组活动探究——"林黛玉的烦恼"，然后让学生讨论：假如你是林黛玉，来到现代社会，你会找一份什么样的工作呢？进而让学生通过探索自我性格优势和劣势，自由选择适合自己的职业，发现、保持、提升自己的优势，并把优势转化为职业竞争力，从而树立职业规划意识。

三、"导引—生成"理念下的心理学科创意教学范例

新课程标准指出，课堂教学是师生之间、学生之间交往互动与共同发展的过程，要让学生在生动现实的情境中体验和理解知识，创设生动有趣的情境，为学生提供活动的机会。这是激励学生主动参与学习的重要保证。在"导引—生成"理念下的"规划点亮人生——高中生生涯规划之职业初探"课堂教学中，情境真实感人，学生思维活跃，教师方法多元，课堂效果明显。

（一）教学设计理念

美国著名职业指导专家金斯伯格对青少年职业选择的过程与问题做了深入研究，他提出了职业生涯发展阶段论：青少年职业生涯发展分为幻想、尝试、现实三个发展阶段。高中学生的职业生涯发展正处在从尝试阶段向现实阶段转变的关键时期，在需求上不仅呈现出尝试阶段的理想主义色彩，开始考虑职业的社会地位、社会意义，以及职业的社会需要、行业发展，而且受高考后对大学专业抉择的影响，呈现出现实阶段的特点，把对职业的愿望或要求与自己的主客观条件、能力、性格、兴趣以及社会现实紧密联系起来，寻找适合自己的职业。

高中阶段的学生，由于长期在校学习，对社会和行业发展、职业和专业变化等缺乏了解，他们中的一部分对职业生涯规划欠缺认识，职业生涯规划动机薄弱；一部分虽然具有强烈的职业愿望和需求，但因为对社会和行业发展、职业和专业变化等缺乏了解，无法科学地进行职业生涯规划，容易产生生涯困惑和由此而引发的学习焦虑情绪。

（二）教学程序构建

1. 课前热身

课前热身即心理课课前环节。笔者设计了"轻松健康＋巧手"的热身活

动，充分利用现下最新的"脑科学与教育发展"理论，既锻炼身心，也活跃气氛。

（1）环节一：生涯起航。

这是发现问题阶段，主要任务是教师通过创设生动有趣的情境，启迪学生思维活动，明确学习方向。通过小组对自制"职业海报"和关于理想职业的调查问卷两个课前活动的展示和汇报，引发思考——影响职业选择的因素。

（2）环节二：生涯体验。

这是研究问题阶段，主要任务是放手让学生做问题探究，自主学习。该环节是本堂课的主题活动之一，围绕《我的理想职业单》第一栏"理想职业"，引导学生根据课前活动自主探索"职业选择的主要依据"。

（3）环节三：生涯探索。

这是规范认知阶段，主要任务是让学生通过自主探究，把认知从感性上升到理性，使得对新知识的理解更加深刻、透彻，扩展构建和获取新的认知。该环节是主题活动的第二、三、四部分，主要通过观看视频——《世界上最最理想的工作》，让学生自主探索并完成《我的理想职业单》第二栏"我选职业"和第三栏"职业选我"。再通过榜样人物——四川省简阳中学知名校友李治中博士实现理想职业发展的简介，激励学生为理想职业不懈奋斗，并完成《我的理想职业单》第四栏"现在需要做的准备"。最后让学生模仿"写给理想职业的三行情书"，来激发学生的职业兴趣，最终达到引导学生为理想职业做好当下行动规划的教学目的。

四个课堂主题活动让学生一步步明确职业探索的特点，知道恰当的职业选择需要对职业进行综合分析，认识到个人职业选择评估标准的认定和个人与职业相应实力的增强这两个方面是相辅相成的。这是学生职业意识的发展过程。

（4）环节四：生涯典礼。

这是一个深化课堂教学的阶段。本堂课以生涯典礼的形式将心理课堂推向高潮，增强学生在心理课堂上的仪式感和获得感。

2. 生涯在线

这是课后作业阶段。教师联系学生的生活实际，给学生留下课后可操作、形式多样的作业：课后查阅《中华人民共和国职业分类大典》，网上查询新兴职业及其发展，登录中国心理学家网，免费测试自己的职业兴趣、职业能力、职业性格等，并完成《我的职业探索单》。这样的设计可以持续引导学生的认知冲突，尽可能地让他们进行课后"再创造"。

（三）教学内容处理

这堂职业生涯规划课，教师用取材于现实生活和身边的案例让学生感受问题的存在，学会利用所知的有效信息进行分析、思考，展开讨论、探究，得出结论。在教学内容上，师生抓住"职业选择"这条主线，整堂课层次分明，思路清晰，重点突出，讲练适度。根据职业探索的特点，师生重点在"理想职业""我选职业""职业选我""现在需要做的准备"这些主题活动上进行探索。主题活动控制在20分钟左右，做到调查、看视频、思考、讲解、体验、互动、交流、展示的有机结合。

（四）教学方式选择

这堂职业生涯规划课，学生在学习的时间、内容和方式上拥有较大的自主性，教师没有束缚学生的手脚，给学生更多的展现自我和评价自我的机会；鼓励生生之间、师生之间互助合作，共同对疑难问题进行探究，获取知识，提高技能，形成科学的学习态度，让学生真正从接受性学习转换为自主性学习；充分调动学生学习积极性、主动参与性，发挥学生在教学中的主体作用，使学生在激励、鼓舞和自主中学习；根据学生个性特点、认知能力、思维类型等的差异，分层设计、分层教学、分层指导、分层训练，使每个学生在原有基础上获得更充分的发展[3]。学生通过观看视频、自主探索、分组交流、活动体验、互动模仿、举办颁奖典礼等，做到人人参与、个个体验、处处收获、事事有感，使课堂呈现出不拘一格、博采众长的良好局面。

（五）教学效果展示

在"导引—生成"理念下的心理学科创意教学——"规划点亮人生——高中生生涯规划之职业初探"课堂教学中，学生的职业探索知识丰富了，学习能力增长了，创新精神和实践能力增强了；学生掌握了职业探索方法，获得了积极的情感体验。

这堂课成为学生焕发成长力和生命力的场所，自由对话的、开放而富有张力的多彩舞台。这堂课活跃、有序，师生平等交流，形成了民主、平等、尊重、温暖、理解的师生关系。这堂课也因此而获得了成都市第五届中学心理健康教育优质课（生涯主题）现场赛课一等奖。

（六）教学课堂实录

授课时间：2018年10月9日上午第三节课。
授课地点：成都市新津中学。
授课对象：高二·四班全体学生。
授课过程：

课前热身：轻松健康十巧手。

师：同学们刚刚上了两节课，在座评委和听课的老师们也连续听了两节课，一定都很累了，现在请全体起立跟随PPT示范和快乐音乐一起来做这套"轻松健康十指操"，活动活动我们的十指，锻炼锻炼我们的大脑……

谢谢大家的参与，请坐！明天10月10日是世界精神卫生日，主题是"健康心理，快乐人生"，首先祝大家身心健康，生活愉快！

一、生涯起航

师：目标引领人生，规划成就未来。欢迎加入"红姐梦想工作坊"！

有请各组"梦想执行长"（原学习组组长，重新命名，以示提升身份的认同感）展示各组课前自主设计、集体制作的"职业海报"……

你们的作品太有创意了，红姐都被你们感动了！

接下来请各组"梦想执行长"简单汇报一下各组课前关于理想职业的调查问卷的基本情况，谈一点与众不同的地方即可。

执行长1：我们组男生主要倾向于理工类，卫生、体育和科研类的工作。

执行长2：我们组大多数同学的理想工作在一线城市。

执行长3：我们组大多数同学选择理想职业的影响因素是工资福利。

执行长4：我们组大多数同学选择自己理想职业的目的是满足自己的兴趣和实现自我价值。

执行长5：我们组大多数同学喜欢比较稳定的工作，比如企事业单位的工作，有部分同学喜欢自由职业，比如做旅游和美食达人。

执行长6：我们组大多数同学能够为理想职业不懈奋斗，意志力较强。

师：好的，谢谢各位执行长的汇报！现在我们就开启今天的职业探索新旅程吧！请结合两个课前探索活动，思考"在做职业选择时，你会考虑哪些因素"。

生1：社会就业的压力、家庭的压力、家长的建议等。

生2：考虑自己职业认识的变化，职业的要求，自己的能力、兴趣、性格等。

生3：要看工作好不好找。

PPT展示：影响职业选择的因素——自身条件、家庭情况、重要他人、社会需求、行业发展等因素。

二、生涯体验

师：刚才我们分析了影响职业选择的因素，请在各组的"职业海报"中选出三个职业作为你的理想职业，填在《我的理想职业单》第一栏"理想职业"中。

问：(1)在填写时，你是否会下意识地排列顺序？

(2)你排列顺序的主要依据是什么？

生：我想当一名教师，还想当一名医生和工程师。我对这些职业进行排列的依据首先是我的兴趣，然后是收入，还有将来实现的可能性。

PPT展示：职业选择的依据——个人兴趣、收入情况、理想职业实现的可能性等。

三、生涯探索

(一)《世界上最最理想的工作》

师：现在就有一份《世界上最最理想的工作》（视频），引起了全球各行各业的人们前来应聘，我们一起来看看吧！

播放视频：

问：(1)视频中这份工作有哪些吸引人的地方？

生1：只需工作6个月就能获得11万美元。工作时间短，报酬丰厚！

生2：每天巡视海岛并通过微博、视频等向外界通报自己的工作成果。工作轻松！

生3：可以免费住海景房和享受各种交通福利等。工作福利好！

生4：工作地点是在环境优美的大堡礁，被称为"人间天堂"。工作环境好！

PPT展示：我选职业——工作时间、工作内容、工作福利、工作环境、工作强度等。

追问：请看《我的理想职业单》，思考"你选择的这些理想职业有哪些吸引你的地方"，并完成《我的理想职业单》第二栏"我选职业"。

生1：我想当一名美食家。享受美食是一件令人快乐的事。我的理想是尝遍天下的美食。我希望能通过我的双手创造出更多的美食，为大家带来快乐。

生2：做医生一直是我的理想。医生是一个非常热门的职业，能够满足我救死扶伤的愿望。医生这个职业能够给我带来丰厚的收入。

问：（2）要胜任视频中的这份工作，需要具备哪些条件？

生1：年龄在40岁以下。

生2：有游泳和其他与护岛有关的技能，此外还需要一定的写作能力等。

生3：喜欢这样轻松自在的工作方式，性格外向等。

PPT展示：职业选我——年龄、兴趣、能力、经验、个性、受教育程度、身体素质等。

追问：请看《我的理想职业单》，思考"要胜任你的这些理想职业，你需要具备哪些条件"，并完成《我的理想职业单》第三栏"职业选我"（准入资格）。

生：我想当媒体人，如记者、编辑、编导、影视表演、播音主持、媒体策划与媒体管理等。通过网上查询，我了解到这是个热门职业，急需三个层面的人才，即有营销素养的人才、复合型人才、媒介管理人才。要学习新闻学、文学、导演、表演、播音、文艺等，入职薪水3000～5000元，有突出能力者工资更高。工作量和压力都挺大。台前人员的外形、声音、语言水平等要求高，幕后人员的沟通能力、统筹能力、应变能力、创作能力等要求高。

师：这位同学的理想职业很美好，她的职业规划做得很充分，谢谢她的分享，并预祝她的理想早日实现！

视频中的这份工作被称为"世界上最最理想的工作"，但像这样的工作未必适合每个人，也不是每个人都能胜任。我们在选择职业的同时，职业也在选择我们，我们必须综合权衡，才能成功选到适合自己的理想职业。

（二）《写给理想职业的三行情书》

师：有这样一个人，他的职业选择十分成功，我们一起来认识他。

PPT展示：四川省简阳中学知名校友李治中博士实现理想职业的经历……

师：从高中算起，李治中博士的生活似乎是按照八年规划在运行：2001年到2009年，他用八年时间读书，从简阳中学的高中生转变成美国癌症生物学博士；2010年到2018年，他用八年时间科研，从象牙塔中的研究者转变为美国顶尖医药公司的新药科学家。他说，下一个八年，他将在国内癌症科普公益和教育中体会不一样的精彩！

师：了解李治中博士实现理想职业的经历之后，红姐想跟你们说，不必只是羡慕，相信自己，科学规划，你的未来也不是梦。

问：请同学们再看看《我的理想职业单》，想想要实现它，你从现在开始需要做哪些准备，并完成《我的理想职业单》第四栏"现在需要做的准备"。

PPT 提示：高中阶段、大学阶段、其他准备等。

生：我的理想职业是医生。医生的主要工作就是在医院上班，救死扶伤。在我国，医生的需求量很大。医生的收入较为可观。在医院上班，工作条件较好。医生工作强度大，工作内容精细，要善于沟通，有爱心，工作细心；除了身体健康，还需要性格开朗，有耐心；要求医科大学毕业，还要有职业医师证。因此，高中阶段我必须努力学习，争取考上一所好的医科大学，以后成为医生的可能性才更大。并且，我要在大学阶段争取更多的锻炼机会，学习更精湛的医学技能。业余时间，我可以通过网络查询更多相关职业信息，并向从事相关职业的人了解更多更详细的信息。

师：这位同学说得很好！要实现自己的理想职业，就要了解自己，了解职业，从现在起做好职业生涯规划，做好相应的职业准备。

我以李治中博士实现理想职业的经历编写了这则《写给理想职业的三行情书》，请大家一起朗读。

写给理想职业的三行情书
2001，我要：
实现科学研究的梦想，
清华大学，等我。

2005，我要：
拿到出国深造的 offer！
美国杜克大学，等我。

2010，我要：
专注抗癌新药的开发，
美国诺华制药，等我。

……

师：请同学们参考样板，也为自己的理想职业创作一则《写给理想职业的三行情书》，完成任务单。

师：请执行长组织各组成员在组内分享，并评出一篇最佳"三行情书"。

请六位最佳写手一一分享。

四、生涯典礼

（一）最佳"三行情书"写手颁奖仪式

师：谢谢"最佳写手"的分享！感恩过去，收获现在，展望未来，为了理想，我们勇往直前，现在有请"最佳写手"上前，接受我们最美好的祝福，祝福他们的理想早日实现！有请各组"梦想执行长"为他们颁发"最佳写手"奖状和奖品……

（二）《我的理想职业单》盖章生效仪式

师：恭喜大家已经拥有了自己初步的理想职业和美好蓝图！现在我们一起来为它盖章生效吧！有请各组"梦想执行长"带上《我的理想职业单》上前，"红姐梦想工作坊领航人"——我将为你们的理想职业盖章！……

（三）理想职业宣誓仪式

师：请在座的老师作证，请全体同学起立，左手拿《我的理想职业单》，右手握拳齐耳，齐声跟我宣誓："我将用高效的行动实现我的理想职业！宣誓人×××。"

师：课后请同学们查阅《中华人民共和国职业分类大典》，查询新兴职业及其发展，登录中国心理学家网，免费测试自己的职业兴趣、职业能力、职业性格等，并完成课后作业单——《我的职业探索单》。

好的，今天的课就到此结束。谢谢各位同学的参与！谢谢各位老师的聆听！

四、结语

"导引—生成"理念下的心理学科创意教学范例——"规划点亮人生——高中生生涯规划之职业初探"，是教师构思教学的思想结晶，是教学智慧的集中体现，也是教学水平的标志之一。本堂课教学创意的形成，重在生活积累，贵在理论解读，难在创新思维，功在有效教学。

这堂职业生涯规划课的成功展示激发了教师开发创意教学的热情：创意课程内容研发，课堂教学环境优化，心理教学模式创新，从而激发学生学习的主体意识和探索精神，让学生在创意教学课堂中快乐成长。

【参考文献】

[1] 钟梅.《职业生涯规划》课程教学大纲［EB/OL］.（2017-04-08）［2020-08-20］. https://max.book118.com/html/2017/0328/97537968.shtm.

[2] 张仁贤，孙洪波，刘丽娟. 做有创意的教师［M］. 北京：世界知识出版社，2016.

[3] 杨勇军. 普通高中"导引—生成"课堂教学改革探究［J］. 教育家，2017（39）：52-54.

关于初中生早恋问题的几点思考

王春艳　陈才英

一、案例

初一新学期开学后两周，笔者收到了小薇（化名）爸爸的一条微信。

王老师您好，我是小薇爸爸，我有些话想跟您讲却一直犹豫。孩子网恋了，不能自拔。事情发生在孩子小学六年级，我是从日记里知道这些情况的，震惊的同时无计可施。（孩子内向、固执、偏激且自尊心强）初中以来，（由于性格内向）陌生的环境、陌生的老师和同学给她带来一些不适（小孩喜欢戴高帽子）和种种不如意吧，孩子开始厌学、懒散、拖拉……我们看在眼里急在心头啊！

小薇在笔者的印象中是一个非常文静乖巧的孩子，没想到会出现这种情况。而且，以往的经验告诉笔者：女孩早恋更容易深陷其中，无法自拔，特别是像小薇这种性格沉稳内向的孩子。多年前笔者有过一次惨痛的教训。

当时笔者所教班级中有一个非常优秀的女孩——萍萍（化名），初二的时候成绩突然下滑，经过一番询问后得知：萍萍早恋了。笔者想都没有想，火急火燎地找到萍萍，首先质问她是不是恋爱了。她先是回避，闪烁其词，后来还是承认了。但在她承认的那一瞬间，笔者分明在她眼睛里看到了一抹坚定和无畏，觉得自己好像取得了阶段性胜利。接着，笔者对萍萍进行了一系列深入、深刻的思想教育，萍萍也配合着不断点头。笔者以为自己成功地把她拉了回来，没想到不久之后看到的却是这个女孩彻底的沦陷。最后她连普通高中都没有读，而是读了一所职业学校，而她的那位男朋友初中没毕业就辍学了，女孩毕业不久，两人就走进了婚姻的殿堂。在笔者的"帮助"之下，他们的爱情竟然开花结果了！

这件事情就好像一记闷棍，打得笔者好几年都回不过神来，以至于在此后很长一段时间里，只要面对这样的教育问题都畏首畏尾。可面对小薇爸爸的短信笔者知道，作为一名教育工作者，有些问题无法逃避。

思考了良久，笔者给小薇爸爸回了信息：

今晚我一直在思考小薇的事，针对小薇的具体情况，我打算明天下午在班上上一节关于早恋的班会课，具体的思路还要再整理一下。

接着这位父亲又给笔者发了一条很长的信息，表露出焦虑的情绪。

笔者回复：

我想这个时候我不能够直接跟她交流这件事，只能说这是我每届学生都会上的例行班会课，先这样间接地敲打一下她，后面再根据她的反应来制定方案吧！

笔者把本来安排在初一下学期进行的关于早恋的班会课提到这学期的艺体节之前。上课前，笔者首先强调这是每届初一孩子在艺体节之前都会上的一堂课。接着，笔者给孩子们读了一首舒婷的诗——《致橡树》，然后用非常平静的语调对孩子们说，这是笔者非常喜欢的一首诗，而且这首诗也深深地影响了笔者。接着谈到自己的家庭、自己的同学，特别是初中时校花早恋辍学的故事，还谈到了她现在的生活状况。孩子们听得很认真，而在笔者讲故事的过程中，小薇始终侧脸低头，一声不吭。笔者没有打扰她，接着又讲了一个真实的案例——一个为了爱情放弃大学学业的女孩，多年以后在自己的QQ日志中反复质问：是谁惊扰了我的流光？讲完案例后，一节课也差不多到了结束的时候，笔者便给孩子们留了一个问题：是谁惊扰了她的流光？并以此作为本周周记标题之一（另外一个标题是《我的艺体节》）。

星期一的周记本交上来后，笔者迫不及待地翻了小薇的，看到标题赫然写着"是谁惊扰了她的流光"。文笔虽算不上特别惊艳，但里面的内容却让笔者特别欣慰，摘录如下：

我只想告诉她，没有谁能偷走，包括你自己，与其说是偷走，不如说是你自己浪费了。这谁也怪不了，只能恨当时的自己年少轻狂。当一颗果子还是青涩的时候，你就把它摘了下来，味道绝对是苦涩的。如果经过时间的沉淀再摘下它，味道是否会更加香甜？爱情本是美好的东西，为什么要在它没有成熟时就去品尝它。青春期的幻想与爱慕不是一种罪恶，但千万不要深陷其中。如果在年轻的时候爱慕一个人，就不能仅仅只是爱慕，你还得优秀，不优秀，你只能幻想……我不知道随着年龄增长，我的看法会不会改变，我只知道，只有优秀才有资格选择自己想要的东西。

王老师的字字句句都使我终生难忘，这堂课对我来说不仅仅是艺体节来临前的思想教育，而是让我明白了未来三年的目标是什么，实现它的动力是什么。

后来的日子里，笔者经常跟小薇谈学习、聊生活，但从来不谈"早恋"。整体而言，现在的小薇状态不错，如果不出意外，三年后可以顺利地进入她理想的高中学习。

二、案例分析

（一）早恋发生的原因

如今我们面对的是一个信息爆炸的时代，学生接触外部世界的途径多样化，而且学校和家长对孩子的监管难度也非常大。对我们的学生来说，除了学习，还有很多事物吸引着他们。进入了青春期，他们的生理和心理都发生了巨大的变化，会出现各种心理现象，比如独立意识增强、逆反心理出现、性意识觉醒等。尤其是性意识觉醒，如果没有正确的引导，很容易滋生"早恋"。心理需要是中学生早恋的本质特征。

心理学认为，男女发生恋爱并不是因为有什么不可捉摸的神秘力量使他们相互吸引，而是因为彼此的某些占上风的心理需要通过对方得到了满足[1]。当然，除去这些生理及心理的原因，学校、家庭及社会也是学生发生早恋的重要因素。因此，班主任在处理学生早恋问题时必须综合考虑这些因素，否则可能适得其反。案例中的萍萍在家里排行老大，父母长期在外打工，家里只剩下她和一个比她小两岁的妹妹。作为姐姐，她理所应当要承担一部分家庭责任，这使得这个孩子比其他孩子更早熟，也更渴望得到他人的爱与理解。小薇的父母长期以来关系紧张，父亲因此长期外出工作，小薇同母亲生活，但母女之间沟通不畅，导致小薇孤独感愈发强烈。于是她迷恋网络，渴望在虚拟世界找到情感寄托。不难看出，一段早恋的形成基本都是家庭、社会与孩子青春期特殊的生理与心理需要相互作用的结果。

(二) 早恋的危害

早恋的危害是毋庸置疑的。

(1) 分散精力，影响学业[2]。陷入早恋的孩子，很难将精力集中在学习上，甚至可能荒废学业。

(2) 损害学生身心健康并造成与他人人际关系紧张[3]。有些学生因为好奇会模仿影视作品中的行为，或受社会风气等影响，有的女生和"恋人"早早发生性行为，导致早孕、流产等，这些都严重影响了学生的身心健康。恋爱是一种排他的行为，在确定了"恋爱关系"后，双方就会刻意逃避老师、家长的视线，争取二人共处。如果其中一方与其他异性来往稍密切一些，就会引来另一方的猜忌，发生口角甚至打架斗殴等恶性事件。不仅如此，早恋还会导致学生胡乱花钱、追求刺激，甚至走上犯罪道路。

(三) 处理学生早恋问题的策略

(1) 班主任面对学生的早恋问题，首先要做到冷静。

一些班主任在面对学生早恋时，会立马揪住学生不放，仿佛学生犯了天大的错。其实这是非常错误的做法，这不仅会给学生的心灵造成巨大的伤害，更可怕的是孤立早恋的学生反而会让这些学生在早恋的对象身上寻求慰藉，这下非但没有解决问题，还会造成了更大的麻烦。笔者在处理萍萍早恋问题的过程中就犯了这样的错误，硬性的干预反倒促成了他们的恋爱。在处理学生的早恋问题时，要贴近学生的生活，分析他们早恋的原因，而不是胡乱下定义。早恋的原因有很多，一定要根据实际情况酌情处理。案例中的萍萍本身是一个品学兼优的学生，因为父母长期不在身边，才让她有了寻找灵魂伴侣的想法。如果冷静下来找出根源，问题或许能够得到很好的解决。

(2) 营造良好的班级氛围，正确引导舆论[4]。

班会课是教师营造班级氛围、引导班级舆论的宝贵平台，笔者认为：把班会课拿来完成学科任务的行为是得不偿失的，就核心素养的形成而言，班会课的作用是无可替代的。

(3) 家校合作，共建沟通平台。

在处理早恋问题上，家长和班主任要紧密配合，不能把早恋当成一件不可饶恕的事，而是互通信息、全面关注、双向关爱，满足孩子心理上对爱的需要。在案例中，笔者和小薇家长的配合就取得了很好的效果。

(4) 早恋问题宜导不宜堵。

"堵"的方式不能从根本上解决孩子的心理问题，也不利于孩子核心素养的形成。初中生，特别是八年级的孩子，或多或少都有逆反心理，总觉得家长和老师不理解自己，凡是老师和家长反对的就想去试一试。面对早恋问题，老师和家长如果只是一味地批评教育，甚至检查监督，就可能激发孩子的"斗志"，造成严重的后果。比如案例中的萍萍，恋爱中的她势如洪水，笔者一开始只想生生将其堵住，结果便是洪水泛滥。作为教师，应该积极疏导，根据学生早恋的具体原因，有针对性地做学生的工作，疏通学生的心理才能真正地解决问题。

三、结语

处理初中生早恋问题，要及时分析学生早恋的原因，从学生心理、生理、学校、家庭以及社会环境等方面入手，给予学生充分的尊重，刚柔并济，让学生尽快步入正轨。

【参考文献】

[1] 任玉平. 如何预防初中生早恋［J］. 榆林科技，2015（1）：32.

[2] 倪韬. 对中学生"早恋"现象的思考与对策［J］. 成功：教育，2009（3）：296.

[3] 李海洋. 处理中学生早恋问题的对策［J］. 理论观察，2007（3）：187－188.

[4] 朱克万. 初中生早恋问题分析及策略研究［C］. 国家教师科研专项基金科研成果（一），2016.

如何在音乐教育中对中学生进行心理疏导

鄢 丽

中学阶段是一个人成长过程中非常关键的阶段,不仅身体会发生巨大的变化,心理、智力、情感、意志也会发生很大变化。在这个阶段,保持正常的心理状态对学生的成长具有举足轻重的作用,良好的心理状态可以促进学生形成良好的世界观、人生观和价值观,积极向上的情感态度及坚定的意志品质,从而进入良性循环,让身体和心理均健康发展;反之,则可能因为各种各样的心理问题阻碍学生的健康成长,严重的甚至会毁了孩子的一生。有关专家调查统计:我国有心理和行为问题的中学生占15%~19%。在近二十年的工作经历中,笔者也屡屡遇到这类学生。如何帮助遇到心理问题的学生克服障碍,让他们进入正常的成长轨道,笔者在音乐教育工作中不断思考、探索、实践,找到了一些对学生进行心理疏导、解决心理障碍的方法。

一、中学生常见心理障碍

(一)能力与目标任务、压力与动力对中学生的影响

压力是一个人面对有一定难度的任务时产生的。心理学研究认为,人很难对高难度的任务产生行为动机。难度过高的任务通常会给人造成巨大的压力,使人失去解决问题的动力[1]。因为失败会带来挫折感,拒绝任务便等于避免可能产生的挫折感,因此,任务难度过大就会降低行动能力。太过容易的任务也不能让人产生行动力,因为解决容易的没有一点压力的任务不能让人获得成就感和价值感。有压力才有动力,但这个压力一定是与个体能力相匹配的压力,压力过高或过低都可能变成任务完成过程中的阻力。如果把压力看成篮球当中

的气压,气压过低,篮球蹦跳不起来,气压过高,篮球可能一时蹦跳得高,但随时都有炸裂的危险;只有合适的气压才可以让篮球既蹦跳得高,又不会让自身受到损伤。而不同的人具有不同的能力,同一个人在不同的年龄阶段也具有不同的能力。同时,能力又是不断发展的。所以,同样一项任务,不同的人会有不同的压力感受,一个人处于不同年龄阶段也会有不同的压力感受。中学阶段是一个人身心剧烈变化的阶段,心智和能力都会发生巨大的变化。在这个阶段,中学生将会面临两项对自己的一生有重大影响的任务——中考和高考。其目标任务能不能与自己心智能力的发展相匹配,决定着其所受压力的大小。

(二)能力、目标的动态平衡是积极动力输出的良好保证

能力是不断发展的,但能力的发展是点点滴滴、日积月累形成的,逐步由量变到质变。目标任务与能力匹配才能化压力为动力,因此任务的制定也应随能力的发展而发展。任务过于超前,会产生过大的压力,一旦超过人的承受力,就很容易带来心理问题,而不是完成任务的动力;任务过于滞后,人的潜力将得不到最优的挖掘和发挥。人应该随着能力的发展动态优化自己的目标任务,让二者始终处于动态平衡的状态。要做到这一点,准确的自我认知、自我评价是基础,因为只有准确地把握了自己的心智与能力状况,才可能设定合适的目标。这种用力"跳一跳就够得着"的力所能及的目标,才能维持合适的压力,从而产生持续不断的行为驱动力;反之,压力成为阻力,进而产生各种各样的心理问题。

二、如何利用音乐教育对学生进行心理调节

音乐教育在学生能力与目标、压力与动力的动态平衡管理中发挥着重要作用。音乐教育在学生的能力建设、压力疏解方面都可以找到着力点。能力是指一个人的综合能力,既包括感知觉能力、记忆力、思维能力、联想和想象能力等智力能力,还包括耐力、意志力、情绪控制力等非智力能力。音乐教育作为一门艺术教育、一门美育、一门情感体验教育,不但可以在学生的能力建设方面发挥作用,而且在某些能力特别是非智力能力方面有着不可替代的作用。此外,音乐活动在调节情绪、疏解人的压力方面也发挥着重要作用。

以下是笔者在教育实践中遇到的三个心理、行为问题方面比较典型的案例:A学生,女,性格强势,穿着打扮男性化,常和一群行为不良的同龄人混在一起,藐视老师,顶撞父母,不屑与老师沟通,不耐烦与父母交流,反感各种各样的说教。B学生,女,以优异的成绩考进重点高中,高一时文化成绩

能保持六百多分,高二开始厌学,学习成绩一落千丈。她对父母说自己得了抑郁症,父母带她去医院看了医生,也开了药,她又觉得吃药对自己的身体有影响,每次医生开的药都不吃。她一直说自己有抑郁症,不想读书。C学生,男,高中入学成绩优秀,高一一开始学习成绩也不错,但不久开始厌学,经常请假、不到学校上学,逐渐变得自卑、敏感、烦躁,甚至有自残行为,后停学一年。

如何解决这些学生遇到的问题?

(一)以音乐为桥,在师生间构建沟通交流的通道,抵达学生真实的内心世界

只有了解学生,才能更好地帮助学生。有心理问题的学生常常表现出自卑、自闭等性格特征,如何才能走近他们的心,真正了解他们?音乐作为一种承载着美、蕴含着丰富情感的声音艺术,天生就是开启一个人内心世界的金钥匙。通过自己的观察,笔者发现一些学生可能拒绝学习、可能拒绝交流,但绝大多数都不会拒绝音乐。如何走近不屑与老师沟通,不愿与父母交流的A学生,帮助她解决存在的问题?通过观察和了解,笔者发现这名学生非常喜欢唱歌,并且唱得还不错。于是笔者找到该学生,说发现她歌唱得很好,能唱出歌曲本身要表达的情感,又有自己的个性特点。听完这一番话,该学生一改往日与师长交流时对立或不屑的态度,对笔者敞开心扉,让笔者逐步深入地了解了她。同样,音乐也成了笔者走近B、C学生,和他们建立起良好师生关系的媒介。

(二)将学生的能力建设渗透到音乐教育中,提高学生的心智水平,全面提升综合能力

1. 以自我认识为重点的认知能力建设

(1)学习与目标任务规划的辅导。

学习辅导的内容包括指导学生适应中学学习环境,培养积极的学习态度,掌握学习方法,根据学习任务自觉合理地安排学习时间,培养良好的学习习惯,发展符合自己职业规划的学习兴趣。教师要在音乐教学过程中利用音乐鉴赏、实践活动培养学生的发散思维能力,培养学生敏锐的洞察力、良好的记忆力、丰富的想象力、持久的注意力和较强的动手操作力,辅导学生全面地了解自己,客观地进行自我评估,准确地给自己定位,根据自己的专业特长与兴趣点制定一份合理且可行的发展规划。B学生实际上是因为刚进高中时学习成绩很好,就给自己制定了一个比较高的高考目标,随着学习难度的增加,发现这

个目标对自己来说越来越可望而不可即，于是开始寻找各种理由逃避学习。针对她这类情况，笔者在音乐教育中对其进行目标与任务规划辅导，让其逐步认识到自己的特长，准确地给自己定位，制定出合理、可行的职业规划，从而激发了她的学习兴趣和动力。

（2）生活辅导。

教师可通过音乐教育对中学生进行生活态度指导，包括采用与教学内容相结合、在教学活动间隙单独进行的方式，引导学生热爱生命、热爱生活，以形成有责任心、积极进取、乐观豁达的生活态度；对中学生进行生活目标指导，帮助学生适应生活、管理生活、丰富生活，形成一套对人、对己、对社会均有价值的生活目标；对中学生进行生活技能指导，引导学生掌握生活节奏、调整生活内容、改变生活方式，培养良好的卫生、劳动、饮食、作息、健身和休闲等生活习惯。

（3）挫折教育。

引导学生正确认识挫折产生的原因，树立正确的挫折观，用理智的态度面对挫折；进行挫折适应性训练，用正确的策略方法对待挫折，以积极的反应方式和积极的行动战胜挫折。同时进行意商培养，发展学生良好的意志品质，充分发挥意志调节在情绪情感调节中的作用，鼓励学生用顽强的毅力提高应对和承受挫折的能力。

2. 以人格教育为重点的心理能力建设

人格又称个性，是个人素质最重要的组成部分，反映了一个人的心理全貌。人格是个体知、情、意、行的复杂组织，包含对过去记忆的影响，对现在和未来的憧憬和构建，它通过个人生活的倾向和模式表现出来[2]。

中学时代是人格形成的重要时期，教师可将人格教育融入音乐教育活动，通过各种形式的音乐实践活动培养学生积极的人格，培养学生的独立性、进取心、耐挫折能力、自信心、自尊心、自控力。同时，帮助学生矫正性格偏差，克服人格弱点，形成积极、主动、健全的人格。在音乐教育教学中，笔者尽可能给学生提供展示才艺的机会，在课堂、在学校艺体节上，在各级各类的比赛中，让学生走上舞台，经受挫折与成功的历练。

3. 以情商培养为重点的能力建设

（1）情商培养。

情商又称情绪情感智商，是指一个人对情绪情感的自我认知、自我管理、自我激励，以及认知、管理和激励他人情绪情感的能力[2]。通过情感教育实现道德教育是情商培养的重要途径之一。音乐教育是一种艺术教育、一种美的教育,同时也是一种情感教育,在学生情商培养方面有着天然的优势。亚里士多德的"净化说"[3]和孔子的"兴、观、群、怨"[4]说对此早有论述。教师应把情商培养融入音乐教育过程,通过音乐体验活动和音乐实践活动,让学生在对音乐作品的审美和情感体验过程中完成道德认识、情感、意志力的提升,树立正确的道德观念,培养道德控制能力,抗拒外界诱惑,学会用道德观念调节自己的需要和行为。

(2) 成功心理训练。

成功心理训练是丰富学生积极体验的最好方式,无论是生活中的小事件的成功,还是学习和人生规划上的大事件的成功,这些成功、快乐、愉悦的体验都能对学生的情绪情感的体验起到至关重要的作用。在音乐课堂教学、音乐表演、音乐比赛活动中培养学生正确面对成功的态度,训练学生在学习、生活、实践中达成目标的能力,培养其勤奋努力和坚持到底的精神,体验愉悦和善于表达愉悦的能力。

(3) 创造能力的培养。

智力发展状况是影响学生学习成效的基本心理条件,在音乐教育过程中,教师应结合教学内容发展学生的自学能力、创造能力和实践能力,培养学生创造的动机、兴趣、愿望,认识自己创造的潜能,发展创造性思维,进而培养创造意识和创造能力。音乐鉴赏活动是高中音乐教育的主要内容,旨在提高学生的音乐鉴赏能力。音乐鉴赏活动不是被动接受的活动,而是一种再创造活动,学生通过音乐感知能力、想象力及发散思维等创造性思维能力,在头脑中建立审美意象,既让音乐作品表达的意象在头脑中显现,又赋予自己的理解和体验。所以对学生音乐鉴赏能力的培养和发展,就是对学生学习能力和创造能力的培养和发展。

(三) 通过音乐体验和音乐实践活动对学生进行心理疏导

1. 音乐体验——一种良好的情绪调节方式

音乐心理学研究认为,音乐能直接触及人的心灵深处,影响情绪、身体及行为,对人身心压力的缓解大有帮助[2]。

合适的音乐对生理也会产生影响,比如,可以刺激和增加人体激素物质,可以调节植物神经等[2]。

音乐作为一种声音的艺术,通过旋律和节奏打动人心。古今中外的音乐作品汇聚而成的音乐海洋蕴含着蔚为壮观的人类情感。音乐教育的任务就是让学生去理解、感受、体验这些情感。教师应教会学生如何去选择适宜的音乐,如何去倾听适合自己的音乐，让自己沉浸其中，与作品产生共鸣，与作曲家进行交流。在欣赏音乐的过程中，学生封闭的内心将打开，郁闷、孤独、焦虑逐渐消减；在音乐的感染下，学生痛苦的情绪体验和生活经历逐渐转化为一种悲剧式的审美体验而得到升华，最终成为自己人生不可多得的精神财富，其人格也因此而走向成熟。

2. 歌唱——宣泄情绪，平衡内心

如果说听音乐是一种被动的情绪疏导，那么唱歌就是一种主动的情绪调节了。说到歌唱的产生，有一句话——"情动于中而形于言，言之不足咏歌之"，当我们的情感不能用语言来表达的时候，我们就会自然地去歌唱，在歌唱的过程中，我们的情绪得到了释放，内心也能慢慢归于平静。

在音乐教育中，笔者针对 A、B、C 学生所存在的心理问题，综合运用以上方法，帮助他们走出了心理阴霾，进入了良好的学习及生活状态。A 学生越来越尊敬师长，减少了与一些有不良习惯同龄人的交往，积极参加音乐方面的学习，通过高考进入了一所艺术院校。B 学生重新给自己制定了切实可行的目标，慢慢克服了畏难情绪，学习越来越主动，性格也越来越阳光。C 学生在停学一年后重新回到了校园，积极参加各种活动，不再厌学、不再自卑，学习成绩目前名列前茅。

综上所述，音乐教育于学生进行心理疏导、指导学生管理个人情绪，可以在两个维度上发挥作用：一是学生能力建设方面，通过音乐教育让学生变得更坚强、更耐压；二是当学生承受的压力实在过大的时候，可以通过音乐教育中学到的方法，用音乐体验的方式让过多的压力得到疏解，让身心保持一种平衡状态，让压力真正转化成为动力，推动自己不断前行，跨越一个个小目标，最终实现人生的大目标。

【参考文献】

[1] 沃尔夫冈·马斯特纳克. 音乐心理学理论与应用 [M]. 杨燕宜, 译. 上海：上海音乐学院出版社, 2014.

[2] 向前. 积极心理学视角下的发展性心理健康教育 [M]. 北京：中国书籍出版社, 2014.

[3] 李醒尘. 西方美学史教程 [M]. 北京：北京大学出版社, 2005.

[4] 叶朗. 中国美学史大纲 [M]. 上海：上海人民出版社, 1985.

生涯规划教育中自我认知环节的设计与运用
——以高一新生生涯意识唤醒为例

袁丽娟　王冰原　孔登贵

一、背景

（一）政策背景

2014 年，国务院发布的《国务院关于深化考试招生制度改革的实施意见》中明确提出，新高考的目的是增加学生选择权，促进科学选才[1]。

2017 年 8 月，教育部印发了《中小学德育工作指南》，明确提出心理健康教育和理想信念教育、社会主义核心价值观教育、中华优秀传统文化教育、生态文明教育并列成为德育的五大内容之一。

从 2019 年起，有多个省份实行"3＋X"的高考科目选择和合并录取批次。这就要求生涯规划教师对每个学生进行有针对性的学业、职业规划指导，以满足学生个性化发展的需要。

（二）理论依据

1. 心理理论

高中生正处于青年初期，他们与初中生相比具有以下不同的心理表现：

（1）高中生开始考虑自己的人生规划，过于关注自我、忽视他人，自尊心较强。

（2）高中是世界观、人生观、价值观形成的重要阶段，但高中生在三观形成过程中缺乏相对稳定性和持久性。

(3) 高中生自主意识较强，希望能自主决定自己的事情以及拥有个人自由空间。

2. 生涯理论

(1) 20 世纪 80 年代初，韦里克提出了能准确进行自我评估的技术——SWOT 分析法。SWOT 四个英文字母分别代表优势（Strength）、劣势（Weakness）、机会（Opportunity）、威胁（Threat）。

(2) 多元智能理论。

多元智能理论是霍华德·加德纳在 1983 年提出的。它可以用来发掘学生的优势，制定对学生来说更合适的学习方法。

(3) 霍兰德职业兴趣理论。

霍兰德于 1959 年提出职业兴趣理论，认为职业兴趣与人格之间存在很高的相关性，将人格分为现实型、研究型、艺术型、社会型、企业型和常规型六种类型[2]，从而促使人们积极愉快地从事该职业。

3. 现实意义

高中阶段在学生的整个人生生涯中起着至关重要的作用。他们在高中时期将面临人生的重大抉择——升学和就业。

生涯规划教育不仅帮助学生进行自我人生规划，还兼顾了学业规划和职业规划，引导学生将学习与社会联系起来，并积极为二者的适应匹配做努力。学生在生涯规划的指引下能提高自我认知和探索能力，积极地探索自我、探索世界、探索职业，对未来的专业和职业的选择更加清晰，能用更广阔的视角看待当下所处的位置，最终把自己放在合适的位置，实现终身成长。

二、存在的问题

（一）高一新生

大部分高一新生在刚进校园不久时容易出现目标不清晰、学习缺乏动力，自我认知不足、现实的自我与理想的自我断裂现象严重，自控能力不足等问题。

（二）学校发展

虽然在新高考背景下生涯规划教育的地位有所提升，但区域之间、学校之间的差异仍然较大。上海、浙江、江苏等地的生涯规划教育在高中阶段已经形成了成熟的体系，开始向初中、小学进行延伸。但有些中学由于升学考试的压力，并没有正式开设生涯规划教育课程[3]，即使开设了也没有将生涯规划教育课程落实到位。

（三）家校关系

家校资源在学生选考及志愿填报决策中应发挥关键作用。但在现实中，原高考制度的考后志愿填报模式却让学校置身事外，导致出现学生为选择结果患得患失以及因信息不对称而造成志愿填报失误等结果。

（四）亲子关系

父母是孩子的第一任老师，也是最了解孩子兴趣、个性、特长的人[4]，但目前存在的问题是，大部分父母关心最多的是孩子的物质生活以及学习情况，对孩子的精神需要及未来理想关注度不够。

三、设计与运用

自我认知是生涯规划教育中最重要的内容，包含对自我兴趣、能力、性格、价值观等方面的探索，也包含对外在职业、专业等方面的探索，从而认真思考自己的人生，并付诸行动。

最好的唤醒是唤醒学生内心的梦想，最好的成长是在自身基础上的成长，长成学生自己想长成的样子。为了提高学生的生涯自我认知能力，笔者从以下三个方面进行教学设计。

（一）认识自己

主要采用以下三个环节，通过层层递进的方式唤醒学生对"现实自我"与"理想自我"的探索意识。

1. "我是谁"

通过描写至少15个"我是——"的活动，让学生尽可能透过表象的自己挖掘出深层次的自己。

比如一个女生写的"我是谁"：

我是一个乐观向上的人，我是一个外向的人；

我是一个较细心的人，我是一个敏感的人；

我是一个爱玩电脑的人，我是一个爱唱歌的人；

我是一个无法坚持到底的人，我是一个会和父母顶嘴的人；

我是一个喜欢美食的人，我是一个会做饭的人；

我是一个视力很好的人，我是一个爱阅读的人；

我是一个爱搞怪的人，我是一个比较爱美的人；

我是一个喜欢聊八卦的人，我是一个爱做白日梦的人；

我是一个为了朋友可以两肋插刀的人，我是一个不会安慰人的人。

教师可以引导学生分析以上信息，可以得出这是一位乐观、外向、有广泛兴趣、热爱生活、重情重义，但又心思细腻敏感、缺乏自制力、不善于表达自我的女生。

2. 我的兴趣

人生最幸福的事就是把时间花费在对自己最有意义的事情上，兴趣的产生和发展有三个层次：有趣——乐趣——志趣[5]。

在学生初步剖析我是谁的基础上，利用兴趣岛游戏及霍兰德职业兴趣测试表帮助学生更深层地了解自己的兴趣、性格、能力、价值观等，帮助学生解答"我现在在哪里""我为什么要在这里""我该如何更好地在这里生存"三个最基本的问题[6]，为他们提供人生价值观的指引；并且调动学生的积极性，让他们学会探索、学会规划、学会自我成长与发展。

3. 职业理想

分析现实自我后，需要展开对理想自我的探索。设计"遇见未来的自己"和"职业理想卡片"活动让学生认真思考个人的理想，探索基于个人兴趣的人生奋斗方向，达到自我构建"个人内驱系统"的目的。

活动一："遇见未来的自己"。

引导学生根据舒伯的"生涯彩虹图"（图1）[2]，创造性地描绘出自己在"3、7、10、20"四个节点中的理想状态。

生涯规划教育中自我认知环节的设计与运用

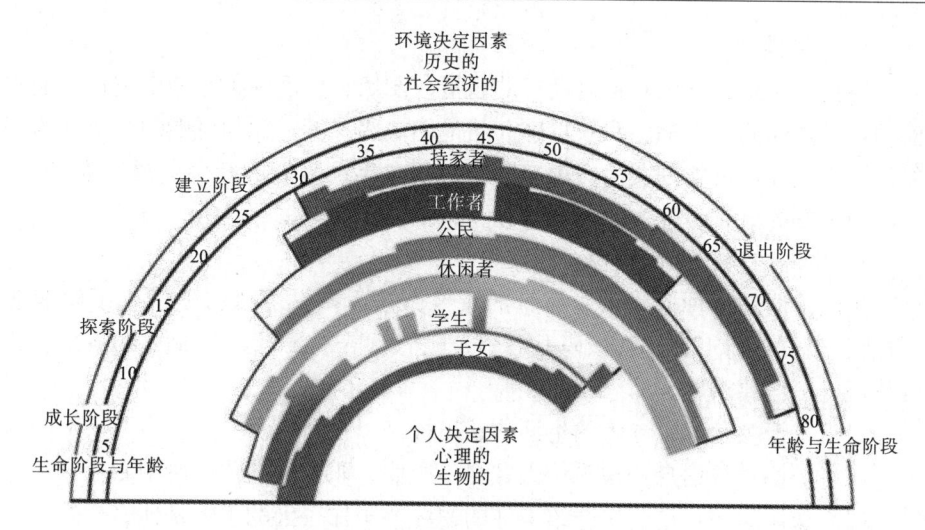

环境决定因素
历史的
社会经济的

建立阶段　持家者
工作者
公民
休闲者
探索阶段　学生
子女
成长阶段　　个人决定因素
　　　　　　　心理的
生命阶段与年龄　生物的　　　　　年龄与生命阶段

图1　舒伯的"生涯彩虹图"

比如一个学生写的"未来的自己"：

3年以后，我考上了向往已久的武汉大学金融系。

7年以后，我大学毕业找到了一份银行职业的工作或继续深造攻读研究生。

10年以后，我有一所大房子，面朝大海，春暖花开。

20年以后，我创业的公司上市了，换了一个大房子，爸爸妈妈搬来和我们一起住；我养了很多猫狗，给他们创造了一个乐园。

教师可以引导学生分析以上信息，可以得出这是一位自我定位清晰，有爱心和责任心，懂得平衡家庭与事业，热爱家人、热爱生活的人。

活动二："职业梦想卡"。

让学生基于霍兰德职业兴趣测试表的结果，将现阶段自己认为最理想的职业写在卡片上并说明理由。

比如某同学写的梦想卡：

我的职业理想是当一名职业旅行家。我期望在旅行中思考自己的生活和理想的意义，通过旅行怡情养性，增广见闻。

（二）认识环境

主要采用四个活动模式，帮助学生在认识自己的基础上探索外部环境，寻找到最适合自己的发展方向。

1. 寻找阳光

寻找阳光是让学生对自己拥有的亲情、友情、生活中美好的事进行发现和梳理，增强他们的幸福感和获得感。给他们一些参考，比如可能的亲情资源有父母、亲人等，可能的友情资源有同学、朋友等，可能的社会资源有老师等，生活中美好的事有阅读、游戏、听歌、旅游、发呆等。

2. 生涯访谈——优秀校友及家长

生涯访谈是一种搜集职业信息的重要方法[5]，它可以帮助学生了解职业（行业、岗位）特点、了解该职业对个人能力素养的要求、职业发展前景、薪资待遇、工作要求等。

以下是提供给学生参考的生涯访谈模板：

（1）访谈对象信息：被采访人姓名、职业、职位或岗位、所学专业。

（2）访谈问题：请简单介绍下你的职业——你一天的工作是什么样的——这个职业吸引你的地方是什么——这个职业让你感到不满意的地方是什么——进入这个职业领域所需要的教育是什么——能推荐一些网站或书籍帮助我了解你的职业吗？

3. 校内外职业体验活动

职业体验活动需要将学生置身于各种职业活动相关情境之中，从而加深对自我世界、生活世界、职业世界和社会发展的理解，并将这些理解与自身未来的发展相联系。

通过校内德育活动，将整个校园开放为职场体验平台[7]，在校园内提供各种社会实践机会，比如跳蚤市场、小小图书管理员等。

每年寒暑假，学校还要组织学生参观博物馆、纪念馆、科技馆、规划馆、名人故居等，或组织学生参观父母的工作单位，深入了解父母的工作。这样可以帮助学生提高人文素养、科学素养和艺术素养，形成科学的职业观。

4. 研究性学习

研究性学习的目的是为学生在探索中寻找人生职业方向奠定良好的基础，学生可以自己组队，利用周末时间对自己感兴趣的方向或专业进行研究性学习，同时找一个相关专业的老师作自己团队的指导老师，形成研究性报告。学校每年对这些报告进行评比审定，并在学校内部相互学习和推广，使学生的职业探索成为一种自觉行为，帮助学生更好地找到人生方向。

（三）自我与环境相匹配

SMART原则即明确性（Specific）、可测量性（Measurable）、可实现性

(Attainable)、相关性（Relevant）、时限性（Time-based）[5]，可以帮助学生朝着更适合自己的方向制定更明确的规划。

在SWOT分析法的基础上，运用SMART原则，结合下列三个问题修正目标：我想上一所什么样的大学？从现在开始，我要朝着哪些方向努力？除了学习，我可能还需要做些什么？需要注意的是，"别做太完美的规划"[8]，需求在不断变化，规划也需不断修改和完善。

在经过认识自我、认识环境的各类环节后，学生需要将自己的能力、兴趣、性格、价值观等与未来的职业、专业进行匹配，制定出短期、长期目标。然后用规划书的形式将其规范化，使其具有仪式感。这些规划也应随着学生的不断变化而有所调整和完善。

某学生高一入学成绩在年级300名左右，经过一系列探索和认知，在新高考政策的指导下，进行了如下生涯规划设计。

1. 确定目标和路径。

近期生涯目标：高一第一学期考试排名进入年级200名左右，高一下学期考试排名进入年级150名左右（保底150名，冲进130名）。

长期生涯目标：高三成绩总体保持稳定，高考志愿目标是四川大学历史系。

2. 制订行动计划。

短期计划：

（1）发挥优势学科作用，提高英语成绩15分左右，每天完成一篇英语阅读、一篇完形填空，每周完成两次听力训练。

（2）每两天阅读20分钟课外书籍，周三、周六定时背诵古文，坚持每周写一篇周记，积累作文素材。

（3）历史课堂笔记要整理规范，从宏观上把握知识结构，厘清历史事件的来龙去脉，多和历史老师交流课堂教学外的历史事件和相关书籍。

（4）锻炼身体，让自己拥有健康体魄，在天气允许的情况下一周跑步两次，每次一小时。

（5）每月假期安排一天去参观四川周边的各类历史博物馆和名人故居；每次寒暑假安排一周左右时间，用自己积攒的零花钱去喜欢的大学研学体验，增长见识。

长期计划：进入自己心仪的学校，选择心仪的专业，在大一开始为自己争取保研名额做足准备，理想就业是在故宫博物院做一名研究员。

3. 动态分析调整——最佳目标方案和预备生涯目标方案

为了更好地掌握主动权，适应千变万化的世界，拟定两套备选方案十分必要。备选方案1——若分数能进入四川大学但进入历史系可能性不大，志愿填报时选择调剂，为换专业增加可能性；备选方案2——若分数未达到四川大学录取线，按照正常成绩填报四川师范大学历史系，然后考研进入四川大学历史系。

四、反思与总结

（一）学校方面

（1）学校要转变教育观念，从过于关注学生成绩转变为关注学生个人的生涯成长，为学生的终身成长奠定基础。

（2）学校要提供相应的软硬件设施，科学开发生涯规划教育课程。

（3）学校所在位置造成区域资源有限，实际参与度不高。

（二）教师方面

（1）学科重视程度不够，无法实现人人都是生涯指导师。将生涯规划教育融入课堂，应加强教师的组织与引导能力，通过不断学习，提升管理和应变能力。

（2）教师创设的生涯游戏和测试环节要符合学生的认知水平和心理特点，不能把生涯规划教育课程变成完全理论化的课程。

（3）教师要注重体验式学习，帮助学生达到知行合一。

【参考文献】

[1] 李妍."体验式教学"在高中生涯规划课"自我探索"部分中的实践［J］.中小学心理健康教育，2017（30）：31－34.

[2] 金树人.生涯咨询与辅导［M］.北京：高等教育出版社，2007.

[3] 罗扬，赵世俊.我国普通高中生涯教育的现状与问题［J］.江苏教育心理健康，2017（6）：31－33.

[4] 郝从容.高中生职业生涯规划浅议［J］.吕梁教育学院学报，2010（2）：24－26.

[5] 北京师范大学附属实验中学.高中生涯规划［M］.北京：北京师范大学出版社，2015.

[6] 董晓立.基于霍兰德类型理论的高一生涯教育探索［J］.中小学心理健康教育，2018（9）：33－34.

[7] 韩秀.新高考背景下高中生涯规划课程的实践与思考［J］.中小学心理健康教育，2015（19）：38－41.

[8] 古典.拆掉思维里的墙［M］.北京：北京联合出版公司，2016.

生涯咨询案例之学习动力不足

刘　倩　付千武

一、咨询起因

1月3日下午5:00，我准时来到简阳市心理成长中心。打开暗红色的大门，收拾桌椅，坐下，静待一位来访者。离约定还有一点儿时间，于是我打开咨询笔记，慢慢回忆起这次咨询的起因。

一天晚上，一位学生的妈妈给我发微信，说："刘老师，孩子一诊成绩出来了，又退步了好多，怎么办啊？我说他又不起作用，小雷（化名）还挺喜欢你的，你帮忙想想办法吧。"

小雷是我原来所教班级的生物课代表，坐最后一排。我上课时他和同桌老是抢着举手回答问题，是一个活泼开朗的大男孩，和我关系很好。

接着家长发了成都市一诊成绩单过来，开始叙说孩子的现状。"哎，成绩下滑得厉害，学习动力不足，不知道咋学习，他还是很想学，但就是行动不起来，还有一点……"家长有点委婉地说："他可能想谈恋爱了。"

了解了孩子的具体情况，我先安慰她："你也不用太着急，我先给孩子做一次心理辅导吧。"

"好的，太谢谢你啦！"

二、咨询过程

思绪回到现在，我整理了一下本次沟通的重点：①学习动力不足——要解决目标问题。②不知道咋学习——要解决行动问题。这两点解决了，成绩上升是迟早的事。③想谈恋爱——这个问题如果处理不好，容易适得其反。孩子一定已经听了很多道理和反对的话，我再反对可能完全不起作用，反而会让孩子的逆反心理越来越严重，由此产生"你们不要我做我偏要做"的心理——这在心理学上称为禁果效应。所以该问题只能先旁敲侧击，宜疏不宜堵。

不多时，一位高高大大的男生垂着头有点腼腆地走进来。

"刘老师，您好。"

我赶紧站起来迎接他，说道："小雷，你来啦，请坐。好久不见。这段时间过得还好吗？"

"呃，就那样吧。"小雷说道。

短暂的寒暄过后，小雷慢慢靠在椅背上放松下来。心理咨询的第一步是关系建立，只有先建立良好的咨询关系，对方才会认可你，咨询才会有效果。小雷和我已经很熟了，这一步可以省略，直接进入下一步——问题澄清。

"小雷，跟我说说你的困惑吧。"

虽然已经跟家长提前了解了小雷的情况，但那是站在家长的角度看问题，有必要跟孩子再重新确定一下。

"就是成绩下滑，不知道怎么学习。"孩子说了前面两点，却不太想说谈恋爱的问题。

问题澄清了，下一步是建立方案，解决问题。

我接着说道："我已经看到你的一诊成绩了，我来帮你分析一下。这次总分是 470 分，虽然成都市教育科学研究院公布的划线分数是 470 分，看起来刚上一本线，但实际学校内部的划线分数是 481 分，没上一本。"（表 1）

表 1　成绩情况

总分	班序	校序	变化
470	17	922	−314

科目	语文	数学	外语	物理	化学	生物
分数	102	106	95	57	52	58
校序	1043	909	975	1158	567	554

我观察了一下小雷的反应，他眉头紧锁，有点担心。

我接着说："你这个分数预估成全省的位次是 87106 名（志愿填报网站上查询的），也就是说把考生的成绩从高到低排，你排在第 87106 位。这个方法类似于学校的校序，但是却更准确。去年高考相同的位次对应的是 535 分，也就是说，你这次一诊的 470 分相当于去年高考的 535 分。而去年理科的一本线是 546 分，差了 11 分。"

只了解一个分数还不够,还要再具体点。我接着问:"你想知道目前这个分能上什么大学吗?"

小雷眼睛一亮,说:"想知道。"

我接着说:"对应去年的院校录取线,省外的院校太多,我们就先看看四川省内的院校。上四川理工学院和成都工业学院这两所学校分数刚够,你回去后可以搜索一下关于这两所学校的介绍。这两所学校离得很近,你可以趁放假的时候实地考察一下,看看那里的环境。"

我偷偷看了一下孩子的反应,他有点意动了。我趁机说:"当然这两所学校是二本院校,如果你多考11分就能上一本院校了。你觉得呢?"

孩子想了想,坚定地说:"我还想考得更好点,争取上一本院校。"

"非常好!有决心。接下来我们分析一下成绩该怎么提升。先说说你目前的学习状态吧。"

小雷的脸一下子苦了:"老师,我也想学,但晚自习的时候明明有那么多作业要做,心里就是不愿意做啊,上课也老是走神,怎么办呢?"

"慢慢来,不急。"我先安抚他:"我们先看一看你的单科成绩,你想先提高哪一科?"

"物理,但是落下的内容太多了,不知道怎么补起来。"小雷小声说道。

我开始支招:"很好,先从弱科下手,对成绩提升的效果往往是最显著的。建议你去找物理老师谈谈物理这科的重难点以及学习方法,也可以让老师帮你圈几道典型例题。你放心,老师其实很乐意看到自己的学生如此上进。"

接着我又支了两个促进行动的小招。"万事开头难,当你晚自习不想学习的时候告诉自己,我先做1分钟,1分钟看起来很短,会让我们的大脑觉得这么简单,那就做吧。一旦开始行动,我们就会忘记时间,不知不觉做过20分钟,甚至更久。"

"你看看,这是你们班的成绩单,你想超过前面哪个同学?"

说着,我把成绩单递给小雷。小雷看着成绩单,想了想,说:"小雪(化名)同学吧。"

我看了一眼小雪同学的校序是867名,小雷是922名,问道:"为什么选她呢?"

小雷说:"她之前没我考得好,感觉超过她比较容易。"

"她的学习状态如何?"我问道。

"她还是很勤奋的,一天到晚都在学习。"

听到这里我就放心了,这目标选得不错,目标定得不高,不然达不到反而打击自信心，而且对方的学习状态也很好。

"告诉你第二个方法，当你不想学的时候，你就看她在做什么，她在学习，你就告诉自己，我要超过她，然后也开始学习，总而言之，她干什么，你干什么。"我说。

"好的。"小雷点头道。

我接着问："最晚什么时候超过她，你来定个截止日期。"

"下次月考吧。"小雷想了想说。

定目标一定要有截止日期，不然可能无限期拖延，拖到最后不了了之。

"你预估一下超过她的概率是多少？"我继续问。

"80%~90%。"小雷肯定地说。

定一个大概率能完成的目标才有意义。

我接着问："如果完成了，想要什么奖励，可以跟妈妈提要求。"

"要一双运动鞋吧。"小雷说。

相信妈妈为了鼓励孩子学习，肯定会同意买一双运动鞋的要求。

"如果没完成，你也会受到一些惩罚，要狠点的，想一想就心痛的那种。"

"一个月不打球吧。"

"很好！"接下来我拿了张纸，让小雷把刚才说的要点写下来，然后郑重地签上自己的姓名（图1）。然后，我说道："你把这张纸保管好，回去贴在显眼的地方，可以时时督促自己。你现在感觉怎么样？"

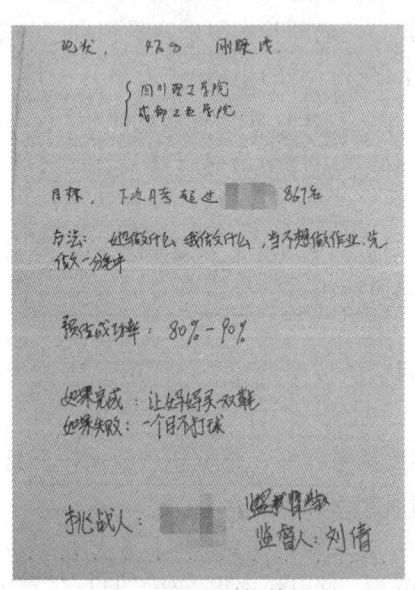

图1 写了目标的纸

"老师，我感觉有点动力了，今天晚上我就要好好安排一下，好好补补物理。"

最后我旁敲侧击了一下："你妈妈说你想谈恋爱。"

小雷一听脸唰地一下就红了，支支吾吾地回答："有喜欢的女生。"

我说："不要紧张，老师也是过来人，青春期有喜欢的人很正常，也很美好。但是现在是学习的关键时期，老师希望你能暂时放一放，等高考过后再考虑这个问题，这样不光对你自己的人生负责，也是对她的人生负责。"

小雷"嗯"了一声。

时间不早了，时机也不太合适，于是我们结束了这个话题。我最后鼓励他："小雷，你这么聪明，回去好好加油，老师相信你一定会进步的。"

"好的，谢谢老师。"说完，小雷离开了。

转眼到了1月15日，有位专家受邀来小雷班上参加一场恋爱主题的讲座。我负责接待专家，组织场地和物资，也很期待这次讲座的内容。感觉小雷恋爱问题的解决时机到了。

专家真不愧是专家，她没有直接说恋爱不好、影响前途之类的说教的话，而是设计了一些小问题，比如"有个异性喜欢你跟你表白，你答应吗？"让学生匿名写答案，然后收上来老师念答案，比如"不会，因为现在是学习的关键时期"，"不会，因为没心思谈恋爱，而且影响前途"。全班50多个人，只有两个同学写了同意。其他同学写的是各种各样反对的理由，比老师自己说的还要好，还要全面。其实道理学生都懂，关键在于他听不听得进去。很多时候家长、老师说得孩子都麻木了，反而不如从孩子自己口中说出来效果好。

讲座过后，我问小雷："这场讲座下来，感觉怎么样？"

小雷表情严肃，郑重地说道："谈恋爱不好啊！"

我笑了，问道："这次月考目标达成没呢？"

"达成了，妈妈给我买了一双运动鞋！"小雷笑道。

"恭喜你！老师真高兴，继续努力。你可以重新找个想超越的同学了。"

"好的，谢谢老师。"小雷说道。

时间飞逝，二诊结束了。4月9日我约了小雷，做了第三次咨询。

这次小雷的状态明显不一样，脸上带着自信的笑容，步伐轻快地走过来。双方坐下后我直奔主题："我看到你这次二诊成绩了，进步很大，恭喜。"

小雷挠挠头，憨厚地笑道："谢谢老师。"

"相信你也很期待，以目前这个成绩能上什么学校吧。"

"是的，老师，快帮我分析一下。"小雷急切地说道。

我给他展示了两张表格（表2、表3）。

表2　小雷的成绩和排序

	总分	班序	校序	预估位次	和一本相比
一诊	470	17	922	87106	−11
二诊	504	4	607	55684	+20

表3　往年各高校录取分数

批次	高校	最低录取分数（2018年）
更好的一本	成都理工大学（全国162名，理工类54名）	589
	四川师范大学	572
	西南民族大学	572
	西南石油大学	573
	成都中医药大学	575
能上的一本	成都信息工程大学（全国324名，理工类120名）	565
	西华大学	557
	西南科技大学	555
	西华师范大学	554
	成都大学	553
上一次的二本	四川理工学院	524
	成都工业学院	521

"这次你的二诊成绩是504分，预估位次是55684，换算成去年的分数是566分，比上一次进步了31分，超去年一本线（546分）20分。这样就可以选一些更好的大学。比如成都信息工程大学、成都大学、西南科技大学等。我比较推荐成都信息工程大学，这个学校在全国排324名，理工类学校排120名。"

小雷看到可以选择的学校多了好几所，开心地笑了。

"当然，如果我们的分数能进一步提高的话，就可以上更好的大学，比如成都理工大学、四川师范大学、西南民族大学、西南石油大学、成都中医药大学。成都理工大学在全国排名162，理工类院校中排名54，就业非常不错。你觉得呢？"

小雷盯着表格，下定决心般说道："我还想进一步提高，上更好的学校。"

"很好，有斗志！顺便问一句，还想谈恋爱吗？"我问道。

小雷急忙摆摆手，郑重地说道："我暂时放下了，现在学习最重要。"

我听到他说这句话很欣慰："小雷，回去继续努力加油吧，老师相信你会继续进步的！"

"好的，谢谢老师。"小雷说道，转身离开了。

我看着他离去的样子，在心中默默祝愿他在接下来的时间里继续努力，最终考上心仪的大学。

三、咨询总结

生涯咨询的流程有四步：第一步，关系确立；第二步，问题澄清；第三步，建立解决方案；第四步，促进行动，跟踪反馈[1]。针对高中生学习动力不足这个问题，咨询重点应放在：一是帮助学生树立清晰可行的目标。比如本次案例中的高校介绍，让学生了解自己当下的成绩能上哪些大学，如果分数提高几分又能上哪些大学，由此可以激发其学习动力。二是尽量减少学生行动过程中的心理阻碍。比如先补弱科、适当奖励惩罚、先做一分钟等方法[2]。三是及时、多次跟踪反馈[3]。比如这次咨询是三次，及时的跟踪反馈能增强咨询效果。生涯咨询是一门复杂的艺术，讲究方法与时机，更考验咨询师的积累与人格魅力[4]。长路漫漫，吾将继续努力！

【参考文献】

[1] 金树人. 生涯咨询与辅导 [M]. 北京：高等教育出版社，2007.

[2] 吴增强. 学习心理辅导 [M]. 上海：上海教育出版社，2012.

[3] 邵瑞珍. 学与教的心理学 [M]. 上海：华东师范大学出版社，1990.

[4] 杨希燕. 浅谈教师如何增强学生的学习动机 [J]. 长春工业大学学报，2004（4）：77-78.

"导引—生成"理念下的美术几何形体的联想创意教学

史霓洁 李一

一、初中美术教学的现状

在我国教育教学实践中，中小学美术教学处于边缘地位，主科的课程时间远远超过美术学科的授课时间，美术学科的学习也不与学生的成绩挂钩。推行素质教育后，此状况得以改变，但是效果仍不理想。在初中美术教学中往往存在以下一些问题。

（一）美术教学不受重视

因为初中美术课程并不属于普通初中学业水平测试的范围，所以学校和教师并没有将过多的精力和时间放在美术教学之中。学校开设的一周一节美术课并不能满足学生对美术学科的知识诉求，每个人都有追求美的潜意识，美术就是在人们追求美的过程中发展起来的一种手段，供人们将心中的美外现出来。它来源于生活又高于生活，为人们的平凡生活增添美妙的色彩[1]。

（二）教学方式单一

传统的美术教学，教师往往直接将知识传授给学生，这种教学方式对学生使用自己的认知理解不同的艺术形式产生了限制，教师所提问题得不到学生的反馈，整个课堂氛围不佳。

（三）学生美术素养不足

由于学生的升学压力较大，他们很少有时间能够真正深入学习美术这门学科。所以说，大部分学生对美术教学并没有一个准确的定位，有些同学认为美术教学仅仅就是教学生画画。但是，美术教学并不只是单纯的教画画。美术教学是要教会学生去认识美、发现美、创造美，用自己手中的画笔描绘出自己眼中的美。学生自身不了解美术，自然就无法对美术产生兴趣。

二、改进策略

（一）激发创意，熟悉技法

对于学生这一个群体来说，在美术学习中需要把握的关键是什么呢？排在第一位的是思想，没有思想就没有创造力。学生只有拥有自己独特的思想和看待世界的角度，才可能具备创造新作品的能力。专业技巧排在思想之后，只有掌握了娴熟的专业技术，才能将自己的想法"跃然纸上"，使之成为现实。

（二）情境创设的烘托

教师要成为学习情境的创设者。课堂是一个综合环境，需要教师利用自己已有的经验，充分发挥聪明才智，努力为学生提供一个真实有效的学习情境，让学生以主动的姿态投入课堂教学，使其创造力被有效引导出来。

（三）多项互动、动态生成

新课程改革实施之前，主要教育教学活动的开展都依赖于教师，课堂氛围通常较为严肃，学生缺乏主动性和自主学习的动力，知识的传授效率较为低下。随着社会对人才的多样化能力提出新的要求，以及课程改革力度的逐渐加大，课程教学活动应真正做到以学生为中心，教师要以引导性角色为主要任务，引导学生自主思考、团队交流、得出答案，学生的主动性空前增强[2]。所谓"授人以鱼不如授人以渔"，在课堂教学中，教师要通过设置活动等方式引导学生自主学习，能够逐渐培养学生的多种能力，比如创新能力、社交组织能力等。

三、实践探究

（一）尝试导入新课

在分析把握中学生教学现状的基础上，我们以新课程标准为指导，在不变动教学方针的前提下，以创新的姿态引入新的教学方式。艺术来源于生活又高于生活，学生的学习不仅是课堂上的 40 分钟，更多的是对日常生活感悟、对历史长河中优秀作品欣赏的积累，以及对瞬息万变的大自然的感受。教师在课堂中应联系实际，使设计的教学活动有吸引力，加强学科与日常生活的联系，为学生的兴趣提供发挥的空间。

在对"几何形体的联想"这一课进行教学时，可以选用实物导入方式。学生面对具体实物，好奇心容易被调动。教师可以让学生进行触摸研究，使学生的联想能力也被调动起来[3]。教师先拿出一个橘子，问学生这是什么，这样学生的注意力很容易就会被吸引过来，激起听下去的兴趣。教师进一步提出问题，完成下一步的引导任务："这个橘子是什么形状的？"学生可能答："圆形。"教师继续引导："那么你能联想到什么？"学生开始七嘴八舌地回答："篮球、足球、包子、弹珠、碟子、气球……"教师要尽量引导学生多说，从学生的回答中大致了解哪些同学的思维变通性比较好，哪些同学的思维流畅性比较好。教师对此有个简单判断后，就可针对不同的学生进行个性化指导。

"非指导性"课堂教学的引入，其实质是"悬念"。悬念是激发学生好奇心的重要手段，使学生产生疑问是引导其自主学习的第一步[4]。接下来较为关键的一步是，打破学生的常规思维，将手中的橘子剥开，让学生观察里面的形状，并问学生："你能联想到什么？"学生再次思考。教师总结："有一位著名的建筑设计师根据橘子剥开的外形联想设计出举世闻名的建筑（展示图片）。其实联想在我们的生活中无处不在。一个黑点是什么？种子、满月、井口。一条直线能够代指什么？雨点缀成的线、缝合的伤口……一个面可能是什么？一张脸、一片天空、一张纸或者是叠加的纸张……其背后的每个答案都是无穷无尽的想象力，每一个人都展开思考获得各种各样的猜想结果。联想的王国让我们得以一窥其神奇，但是里面还有无穷的乐趣等待我们去探寻。"这一部分的教学设计的目的是引导学生展开联想的翅膀，感悟联想的魅力。在理论上，联想指的是以一定的关联性为依据，由一个事物关联到另一个事物的思考方式，两者之间或存在相似之处，或是有着相反的特性。事物之间或许在表面上毫无关联，但是联想允许了这个世界所有事物都息息相关，联想的神奇之处在越是无稽的地方越是能显现出来。

（二）"外导内引"的弹性教学

课堂教学是教师创设文化情境、激发学习动机、组织学习方式、指导学习评价、主导教学过程、引导人生方向的过程，它强调教师在教学过程中的主导地位，强调教师对学生的"外导内引"。设计"几何形体的联想"这门课程时，教师可收集不同的创意图形画面加以筛选,有意识地引导学生触及悉尼歌剧院、鸟巢这类图片之外的抽象概念,突破空间和时间的限制是这种教学方式的魅力之一。接下来,播放建筑设计和家居设计类别的图片,将极强的生活气息注入课堂教学,让学生在欣赏赞叹的同时体会图形联想与生活的密切联系及其在日常生活中发挥的重要作用,使学生理解知识不仅是一个概念,还应广泛应用于生活,感悟建筑与自然相和谐的奇妙构想,体会"美"的存在。

传统的教学方式容易忽视学生个体间存在的差异。个性化教学改善了这一状况。教师会在前期调查了解学生的个体差异,允许学生发挥自己的特殊才能,同时努力激发学生的创造力[5]。在学生自主探究中,坚持将外在的技术"导"与内在的思想"引"相结合,借助"问题导"的方式,尊重学生的个体差异,实施分层教学、分类指导,指导学生自主设计图形,发挥自己的创造力。教师展示范例"水杯",请学生思考:"水杯成了什么新的事物?有哪些图形在转变中发挥了关键作用?还能加入哪些图形转变图形?"展示"水杯创意图",在学生自主思考的前提下,提问:"其'奇'在何处?"学生提交答案:"杯子变形为有跳台的游泳池。"教师对学生的猜想做出总述:"杯子内的水成为池子里的水,杯子的作用发生改变。"进一步引导学生思考:"要是我们去游泳,怎样做能使画面变得更加和谐呢?"学生思考回答:"杯子变大或者人变小。"教师引出知识点之一,联想创意需要运用夸张手法。巩固知识点,展示变大、变小、变长、变短等图片。

教师随后展示范例"尺",目的是引导学生掌握图形研究的基础手段和办法。将学生分成小组,在团队配合的前提下提出猜想。教师最后总结:"图形联想的基本方法是,提取两个或者多个物体之间较为相似的部分,并将其进行组合,得出与原物不同的图形。"分析讲解以上案例后,教师进一步引出图形设计的关键在于把有联系的物体巧妙地组合在一起。这一环节使学生的思维暂时脱离了传统范式的束缚,加强了学生的联想思维能力,同时要向学生展示这种方法在现实生活中的运用案例,让学生掌握真正的设计技能而非知识的概念。另外,以一问一答的方式,加上小组分配的模式,培养学生自主学习的能力和团队合作的能力,发展学生的发散性思维,提升学生的观察能力。

(三)师生、生生互动,创设宽松环境

美术学科与其他学科一样,具有自己的特点。美术学科教学内容的丰富性在一定程度上决定了教学环境设计的多样性[6]。教师可以引入思考、交流等环节,缓解严肃的课堂氛围,以创造性的方式重新运用美术知识,设计美术实践活动。笔者认为，初中美术课堂教学获得新的发展，可以交给教师更多的主动权设计学习环境，激发学生的学习积极性。同时，教师应革新传统的教学手段，将"寓教于乐"的教学观念贯穿于实际的教学活动。创设宽松环境的最好方式是设计游戏。设计游戏，可以拓展学生的形象思维空间，将内在的创造潜力最大限度地激发出来，为真正开展图形设计提供思维基础。游戏可以帮助学生积极地投入学习，更好地理解几何形体的联想创意。

初步尝试后，让学生正式进入创作环节，要求教师明确任务，学生大胆表现。学生自由创作，教师巡回辅导。规定学生在将自己的图形联想付诸现实的同时展开想象力，以大胆的态度进行创作。在这个过程中，教师应给予学生适当的鼓励，激发学生的自信心和积极性。并且，应该就发现的问题，比如构图的大小、形象呆板等给予一定启发，避免学生的思维走入死胡同，引导学生的想象力以合理的方式展现出来。美术课堂教学一般有用情感性原则构建环境的特征，这一特征对教师的教学能力要求较高，需要教师将三个层面的内容合理交织——以情施教、寓教于乐以及师生之间情感共鸣[7]。

课堂教学中，教师要有目的地制造一些满足学生情感需要的环境，让学生体验到自信、满足，使之处在最佳情绪状态。

(四) 展示评价，体验乐趣

在评价阶段，把学生作业展示在"图形联想园"，引领学生以设计主体的身份从多个视角分析作品，从作品的造型、色彩等方面提出个性化意见。并且，提问学生最为欣赏的作品，让他们剖析欣赏的原因。以学生自评、学生互评以及教师点评的方式，突出学生的主体地位，同时尽量发挥教师的引导作用，提高学生的审美品位。在课程进行的最后阶段，笔者向学生询问：这节课有哪一个方面带给了你们欢笑？学生的回答各异，但是都会从创作、成功、交流等方面给出评价。这一个环节的设计既是对这个课程的"欢声笑语"的回忆，加深了课程对学生的影响，同时又是对这节课的总结和梳理。

四、结语

在教育教学理论的指导下，充分发挥主观能动性，开阔思路，采用多种教学手段，充分利用各种美术资源，积极主动地建构创新、多元、开放、和谐的美术课堂教学环境，在最大限度上实现美术教学环境能够起到的特殊以及优势功能，使教学目标得到完美实现[8]。

我们需要时常鼓励甚至要求学生以不同的视角看待问题，学会看到一件事情的不同方面，学会以多种方法解决问题。学生的自由联想空间是无穷的，对其进行培养可以取得非凡的效果。举例来说，在欣赏某些抽象派作品时，学生由于经验积累不足或者想象能力有限，往往无法获得审美趣味。但是学生可以在教师的指导下，尽量充分发挥自己的想象能力，并且创造出带有鲜明个人色彩的图形画面作品，或根据某一主题创作画面。

整合全文，我们可以得出，审美是不存在统一范式的，审美的多元性应该得以解放，学生丰富多彩的审美联想应该得到鼓励与培养。对同一审美对象，每个审美主体的人生体验不同，触动的心境与情感等可能具有极大差异。"标准答案"式的美术教学应该尽早摒弃。在实践教学中，教师应指导学生向内挖掘自己的想象力，提高自己的审美水平，在美术和联想的王国里尽情欣赏美。

【参考文献】

[1] 傅雅洁. 中学美术教育现状之我见 [J]. 美术教育研究，2011 (5)：162, 164.
[2] 赵国瑞. 创新服务理念 提升责任担当——对"美育最基层——全国中小学美术教师作品展"的策划探析 [J]. 中国中小学美术，2012 (6)：39—41.
[3] 刘永生. 中学美术课堂导入教学法的运用 [J]. 黑河教育，2014 (10)：77.
[4] 石唯. "非指导性"美术课堂教学的关键三五分钟——中学美术"非指导性"教学课堂导入策略探析 [J]. 美术教育研究，2012 (16)：92.
[5] 王大根. 美术教案设计 [M]. 上海：上海人民美术出版社，2007.
[6] 许琼慧. 初中美术课堂中个性化教学模式的应用解析 [J]. 中学课程辅导，2014 (35)：300—301.
[7] 朱建华. 试论美术教育中的情感体验 [J]. 海南师范学院学报（社会科学版），2006 (5)：117—120.
[8] 刘景艳. 关注个性，尊重差异——谈美术教学活动中的学生个性培养 [J]. 中国校外教育，2012 (Z1)：463, 489.

服饰艺术的创意教学
——基于核心素养的"导引—生成"学科创意教学

胡小芳　曾　玲

一、研究的背景

（一）研究现状

近几年，在教育研究领域提到最多的就是"核心素养"，任何教育问题都不免与核心素养扯上关系。"核心素养"这个概念来源于国外，英文词是"Key Competencies"。"Key"在英语中有"关键的""必不可少的"等含义；"Competencies"也可以直译为"能力"，但从它所包含的内容看，译成"素养"更为恰当[1]。

美国、日本等国家和联合国教科文组织相继投入对核心素养的研究。我国在实践当中探索出了不同的模式。2014年，教育部颁布了《关于全面深化课程改革　落实立德树人根本任务的意见》，第一次在文件中提出"核心素养体系"，进一步说明现今社会需要培养具有核心素养的人才[2]。

中国作为世界上最大的服装生产国和消费国，很多服装并不是本土品牌。服装生产的价值绝大部分来自品牌的附加价值，所以要提高服装生产的价值，就要重视自主品牌的研发和设计。为此，我国的服装设计教育在全国得到普及。而目前我国的服装设计教育与西方一些国家相比，仍有许多不足，特别是高等学校的服装设计教育体系在很多地方还不完善。因此，要普及服装设计教育，我们需要从学生一开始接触美术的启蒙时期就培养学生对于美的表达及创新精神和实践能力。

（二）初中美术课程教学现状

在初中的教育教学工作中，音乐、美术等学科的受重视程度相对其他学科存在不足，无论是师资力量建设、课程标准执行、教学教研投入还是资源开发整合等，都存在薄弱环节。现在仍有很多人认为初中教学工作应当以中考应试科目为重点，其余学科是次要的[3]。本文就以人美版美术七年级下册第十课"学习服装的色彩搭配"为例对此进行简要分析。

二、教材分析

（一）指导思想

"学习服装的色彩搭配"一课属于"设计·应用"学习领域，主要涉及服装色彩搭配的设计。所以，这节课的重点应该放在色彩搭配上，而不对款式、面料等设计因素做过多讲解。人美版美术七年级下册的第3、4、5课已经让学生学习了同类色、邻近色以及色彩对比与调和的知识，为"学习服装的色彩搭配"这节课打下了基础。这节课在教材上的内容主要以设计服装色彩关系为主线，涵盖色彩知识的应用和对生活中着装的审美评价，对提高学生将色彩知识应用于生活的能力、提高学生着装的文化素养起到良好的推进作用[4]。

（二）教材版面分析

"学习服装的色彩搭配"这节课共有四个教材版面，分为六个部分。

1. 导入部分

教材第20页上半部分为导入部分，包括两幅范画、图注和课文，旨在通过学生最熟悉的校服和色彩丰富、对比鲜明的民族服装作导引，使学生印象更为深刻，更容易进入学习情境。

2. 搭配方法

这部分包括教材第20页下半页和第21页上半页，用搭配实例直观地向学生介绍协调色搭配和对比色搭配的方法。其中对比色搭配相对较难，学生必须联系"色彩的对比"一课所学知识，按照对比色协调法来进行搭配。

3. 基本要求

教材第21页下半页以举例说明服装搭配的基本要求，即和谐统一，包括佩饰和服装的统一、美观与功能的统一两个方面。

4. 服装搭配小技巧

教材第 22 页上半页列举了学生经常穿着的花色衣、牛仔衣，讲解一般搭配方法。

5. 学习活动

教材第 22 页下半页为学习活动部分，用图片形式展示学生在一起讨论服装搭配，以合作学习、共同探究的方式深入学习，巩固学习成果。

6. 学习建议

教材第 23 页介绍了几种学习实践的形式。"思考与讨论"栏目为学生设计了两道讨论题，目的是将课上所学知识与生活实际联系起来，是知识的延伸与拓展。

三、"导入—生成"教学

（一）课堂组成部分

按照"导引—生成"这一教学理念，将"学习服装的色彩搭配"这节课分为四个部分进行教学。

1. 情境导入

创设情境，自然导入。由教师提供不同的照片，学生直观欣赏并做出选择，使学生对本课产生兴趣。

2. 讲授新课

由教师教授知识，提出问题，引发学生讨论，使学生了解本课的基本知识。

3. 探究分析

让学生以小组为单位探究分析服装的款式、服装的种类、服装的色彩搭配、服装的配饰，使学生对服装的搭配知识更加熟悉，为后面的课堂练习打下基础。

4. 活动实践

学生进行服装色彩搭配练习。

（二）"导引—生成"的过程

1. 创设情境，导入新课

【设计意图】兴趣是最好的老师。提高美术教学的质量，激发学生对美术课的兴趣是关键[5]。教师应充分发挥学生的主动性，让学生自主学习、发现学习和合作学习，成为课堂的主角。

欣赏图片，教师提问：周末与朋友去踏青，有四套衣服，穿哪一套比较好？提供 A、B、C、D 四种款式的衣服让学生做出选择并给出理由。教师揭题：时代在快速变化发展，人们越来越重视自己的穿着搭配。穿着搭配是我们给别人留下的第一印象，而且服装不仅是个人审美和素质的体现，也反映了一个民族的发展。

教师板书课题"学习服装的色彩搭配"。

2. 学生自主探究、合作学习

【设计意图】苏霍姆林斯基说过，在人的心理深处都有一种需要，就是希望自己是一个发现者、研究者、探索者。而在儿童的精神世界中，这种需要特别强烈[6]。因此在课堂教学中，最好的方法就是引导学生发现和积极探索，使学生在体验中发现知识、运用知识和交流情感。

讲授新课，学生讨论：打开课本，带领学生分析前两例校服和民族服装的色彩关系。

分组研讨两组服装色彩搭配的异同点，得出结论：实际上这两个例子是校服在统一中求变化，而民族服装是在变化中求统一，都服从于形式美的法则。

播放视频：不同场合人们的着装和大街上行走的人的穿着。教师指出画面中搭配不协调的服饰有哪些，怎样搭配才算美，搭配和谐的服饰有哪些？为什么？（从这几个方面启发、引导学生继续讨论）

学生分组讨论，得出结论：服装搭配的形式美主要受不同年龄、不同性别、不同种类、不同款式、不同色彩、不同场合、不同职业、不同个性、不同配件等因素的影响。

教师讲解服装色彩搭配方法：协调色搭配的方法、邻近色搭配的方法、对比色搭配的方法[7]。

学生交流讨论服装色彩搭配的基本要求：①整体和谐，风格统一；②美观与功能统一。

3. 活动实践，发挥学生主观能动性

【设计意图】为学生创设学习条件，为学生创造一个良好的学习情境，使学生身临其境[8]。创造学习条件不一定要特别复杂的物质条件，有时教师进行巧妙的构思也能带来事半功倍的效果。

教师自制衣形纸板，利用不同材料，让学生分组用不同的材料画上不同的颜色，在衣形纸板上做不同的造型。最后全班一起探讨哪组的着装搭配更好，好在哪里，不足的地方在哪里。

四、结语

我国的服饰文化有着悠久的历史，也创造出了许多有着民族特色的服饰，但是就服装设计的教育教学而言，我国许多学校还没有形成足够成熟的教学理念，且开设的服装设计等相关专业对学生思想创新方面的能力重视不足，教育手段不健全，导致学生自身的创新意识不强。我们需要从学生美术学习的启蒙时期就培养学生对于美的表达、创新精神和实践能力。要想培养学生的创新能力，就要开展美术创意教学，把课堂还给学生，使学生成为课堂的主体。基于"导引—生成"理念的教学模式能最大限度地开发学生的创新精神和实践能力。

【参考文献】

[1] 褚宏启. 核心素养的概念与本质 [J]. 华东师范大学学报（教育科学版），2016（1）：1-3.

[2] 杨九诠. 核心素养与深化课程改革 [J]. 教师教育论坛，2016，29（12）：12-15.

[3] 倪娟. 对当前初中美术教学困境的分析研究 [J]. 成才之路，2012（35）：51.

[4] 路遥. 以跨学科学习实现初中美术教学对学生"艺术素质"的培养 [D]. 武汉：华中师范大学，2016.

[5] 范景华. 激发中学生对美术课兴趣之我见 [J]. 课程教育研究，2014（5）：95.

[6] 金梦蝶. 儿童教育由"重知识"到"重智慧"转变——论儿童哲学课程的价值与意义 [J]. 科学咨询，2017（10）：5-6.

[7] 任晓波. 色彩搭配技巧在服装设计中的应用 [J]. 山西青年，2016（7）：33.

[8] 严玉龙. 神思飞扬，爱上写作——小学语文作文的创新指导 [J]. 作文成功之路，2015（3）：77.

以美入心　以艺入魂
——"导引—生成"理念下的高中美术教学

黄　科　蒲俊宏

一、背景

我国新的现代教育理念的实施给传统艺术的展现提供了新的平台和机遇。教师应利用现代教育理念的核心素养让民间艺术走进学生内心，让学生发现民间艺术的美、挖掘民间艺术的魅力。教育授课方式转变，"导引—生成"的教学模式进入各科课堂，通过学生自主探究学习和小组相互探讨式学习，单一的美术课堂发展成为更加活泼、开放的课堂，学生思维方式的深度和广度得到拓展。

（一）民间艺术是广大劳动人民在生产生活中创造的文化瑰宝

民间美术是人民生活、风俗文化的反映，其大部分来源于对美好事物的感知和美化自我的现实和精神生活的诉求。民间艺术的功能为简洁的造型、审美，在生产生活中满足劳动者在精神、物资上的需要；其通俗易懂的表现形式得到广大劳动者的认可和接受，进而涌现出一大批民间艺术的精湛作品。纵观民间艺术的发展历程，其是中华民族文化不可或缺的重要部分，真实地映射出质朴的审美情趣。民间艺术既是艺术的源头，也是艺术的传承，是珍贵的民族艺术瑰宝，于现在，则是更深层次的精神和生活的艺术体现以及民族文化艺术的传承。

民间艺术凝聚着劳动者的智慧和对生活的一腔热情、对美好精神世界的追求，在艺术作品当中，我们可以看到创造者的表现欲望和各种各样的表现形式与人民的生活和情感深深交融在一起，而这样的作品来源于生活，又为劳动人民所反馈，一脉相承，源远流长。民间艺术课程的重点是，教师要让学生了解民间艺术的原生性特征，在生活中感受它们的特点，培养淳朴、朴实的审美眼光；找到其民族特征，体会生活的智慧，通过对社会的探究、对风土人情的解读认识到风土各异的民族气节，了解美术作品中透出的文化内涵；通过发掘艺术作品本身的人文历史、时代背景，体会作品的深厚底蕴，透过简约、质朴的艺术品质，揭开它醇厚的美术意义和艺术价值。民间艺术展现出几千年中国劳动人民的文化结晶和中华民族审美的历史脉络。

（二）情境共鸣，深层次的审美领悟

新课程标准指出，美术的基本品质是情感性，同时又是美术学习活动的最基本的一个特征，培养和提高学生的审美能力是其主要任务。特殊的、客观存在的也是最活跃的一种反映形式就是情感，它既是审美的来源、介质，又是审美的感官体验和效应。假如审美没有自主的获得共鸣的情感，就是一种没有客体参与的被动活动，那就无法形成深刻的主观体验，也就没有主动的创造性的形成，更没有深层的领悟。美术教学中，我们除了发掘教材本身包含的思想内容，还要融入情感教学手段，营造与教学内容相应的学习氛围，从而引起学生在情感上的共鸣，有效地达成德育目标。

传统文化的艺术美随处可见，生活中常见的一块石头或几片树叶都可以被劳动人民赋予艺术的生命力。在这些风格不一的艺术中蕴含了劳动人民的创造力，浓缩了劳动人民的聪明智慧。这些都成为学生在生活中发现和欣赏美及创造美的源头，能培养学生热爱生活、热爱劳动人民、热爱民间传统艺术的思想感情。比如泥塑和剪纸、年画在我国流行甚广，剪刀、纸、泥巴、笔是早期劳动人民仅有的创作工具，但他们通过艺术形式的转化创作出许许多多多姿多彩、生动、活泼，深受群众喜爱且极富感染力的艺术形象。在教学中，学生通过动手绘画、雕塑，不仅可以掌握艺术的基础知识、基本的操作方法，同时也更能明白和体会艺术作品可以传递人们的情感、对生活的美好愿望，以及对环境的美化作用。通过对美术的学习，学生可以提高修养和文化积累，了解更多的传统文化。在课程教学过程中，笔者提倡自主、合作探究的方式，建设以自主学习为主、教师引导为辅的美术课程，在实践过程中传递传承精神。

二、指向"导引—生成"的课堂设计

教师要调整以往的教学方式，增加课堂教学的趣味性，创设轻松的课堂氛围，提倡学生自主、自由学习，将教学过程视为一个师生共同发现、探讨、解决、总结问题的过程。教师必须从原来的讲授者、传递者的角色向引导者、组织者的角色转变。角色转变后的主要任务：学生是课堂的主体，要充分调动学生的积极性，启发学生发现问题，主动参与到学习中来；引导学生发现问题、讨论问题、解决问题、总结问题，以提升学习能力，养成良好的学习习惯，增强求知欲。这样教师才能有效引导、感染学生主动发现问题和知识，培养学生的创新意识，提升学生的思维能力，培养学生的审美情操。

（一）将课堂打开，走出去

美术课堂的教学不应局限于教师，极具艺术内涵的民间艺术也不是通过课堂教学就能完全传达的，这要求美术教师在适当的时候带领学生走出课堂、走进民间，通过实地考察等方法切身感受民间艺术的文化内涵。同时也可以邀请民间艺术家走进学校、走进课堂，实现校外合作、管校合作，从而加深学生对民间艺术美的理解。

（二）因地制宜，整合教材

教师可以搜集、整合当地的文化资源，通过实践等方法将其编进教材。例如，在四川，可以将川剧与版画相结合，让"空洞的"戏曲文化以可操作的版画为载体，再与高中美术教学课程相结合，帮助学生了解传统，理解传承的意义。美术教师在编制教材时，首先要明确教学目标，选取民间艺术中的典型案例，举一反三，使美术课堂更具趣味性，与此同时，达到最佳的教学效果。

（三）合理使用多媒体网络技术

美术是一门具有创造性且必须通过操作让学生产生切身体验的学科。我们可以运用多媒体技术辅助教学，让学生学习到更多元化的知识。并且，多媒体技术可以实现远程教学，与异地的学生也能进行文化交流。

（四）深入风土人情，发觉本地素材，提升审美情趣

美术教师在教学过程中要积极引导学生自主探索、主动参与，通过多媒体、实地考察等方式了解、搜集民间艺术的有效素材，然后选择并整合有效素材，以小组为单位进行交流，达到资源共享的目的。如此，学生往往能对民间艺术有更深刻的体会。如剪纸、刺绣等，学生可以动手操作，并在课堂中相互交流、评价，在这个过程中提升自己的审美情趣和文化素养。

三、实践深入，创设情境共鸣

本文以"中国民间美术"一课为例，让学生以自己的语言描述民间泥塑的造型、色彩、花纹、材料等，体验民间泥塑的地方文化艺术特色，增加审美趣味，培养健康向上的审美情趣。

（一）导引课题，焕发内在情感

（1）播放视频《探索发现：塑造记——泥的故事》。泥塑，俗称"彩塑"，是最常见的中国民间传统手艺之一。陕西泥塑又叫"泥玩"，是一种中国常见的古老民间艺术。它以泥土为原料，通过手工捏制成型。关中地区的泥塑以素面为主，不以色彩取胜，讲究的是捏制泥偶的神态逼真传神，表情夸张而有感染力。

学生在观赏泥塑的过程中能切身感受传统泥塑的趣味性。教师在课前让学生从色彩、花纹、材料三个方面对泥塑进行分析探究，并提出问题：有感情的泥塑作品需要具备哪些条件？

（2）学生分小组讨论，提出自己对泥塑的不同理解和看法；教师从民俗婚礼的泥塑作品出发，激发学生的好奇心，让学生透过视频中的风土人情深入探究艺术家制作的这些泥塑的表情、颜色搭配的因果联系和特定的历史背景。这样往往能达到意想不到的效果。

（3）教师通过引导学生体会作品蕴含的情感，让学生学会如何通过各种艺术语言来表达自己。

由于中学生的年龄和心理特征，趣味教学情境共鸣是提高学生学习兴趣十分有效的一个途径。用学生喜欢且具有艺术代表性的内容调动学生的情感经历，让学生大胆畅谈体会，可以有效激发学生的学习主动性和兴趣，使学生产生继续探究的欲望。

（二）角色互换，体会感受

（1）教师展出实物泥塑——泥塑人物、十二生肖泥塑、小泥人、木偶泥塑，并邀请几位同学上台看一看、摸一摸。教师邀请几位同学上台，让他们每个人拿一个泥塑回到自己的小组，观察、触摸泥塑，体会泥塑的造型美、线条美。让学生以小组汇报的方式总结泥塑的主要特点，发现纹样的对称性。通过比较分析民间泥塑的造型和我们生活中常见雕塑的区别，发现泥塑更为夸张、生动传神。

（2）通过分析比较和讨论，让每个小组用简短的语言表述民间泥塑的特点。教师提出新的问题，以"时代的婚礼"为题，让学生扮演泥塑所表现的人物，引导学生自己定义时代背景，自己设计动作、表情、内心活动，以此感受角色。最后让学生分别阐述对作品本身的理解，将课堂生成活动推向高潮。

（3）回到多媒体课本的内容，让学生更好地了解民间泥塑的历史背景。以小组讨论引导学生发现民间泥塑不仅可以传递情感、娱乐、表演，而且可以用于观赏和收藏，具有很高的艺术价值。

（三）体验创造，感受细节

教师分发泥塑材料，让学生自己动手，试着捏出自己心中的泥塑造型。在实践过程中，学生发现泥土的质地会因为材料的不同、湿度的不同而表现出不同的延展性和可塑性；在和泥、造型的过程中，体会创造者的精湛技艺需要通过不断的练习积累而成。

（四）收获反思

在课堂上，学生表现出很高的参与积极性，通过学习，也对中国民间的传统泥塑有了更深入的了解。学生通过亲手塑造泥塑作品，感受到民间泥塑浓厚的传统文化和强烈的装饰风格。泥塑造型生动，颜色、花纹漂亮，学生经过思考，几乎都能用简单的肢体语言来传达泥塑的造型、色彩、花纹，这让学生的立体思维得到了启发。不足点是学生在创作泥塑的过程中对泥土属性不够了解，造型不够大胆，无法脱离书本上的插图。在今后的教学中，教师要更加注重对学生想象力和个性的培养，鼓励学生大胆创作。上课前，教师可以让学生做好预习，搜集有关资料；课堂上，可以请学生根据自己搜集、了解到的资料，带领其他学生进行欣赏，最后给予点拨，培养学生的自学能力和表现力。

民间艺术来源于生活，在设计教学时，教师要充分考虑学生的学情，以学生身心健康及发展的角度作为出发点，选择富有活力、积极向上的题材，将具有代表性的民间艺术作品展示于课堂。如果条件允许，教师还可以邀请当地的泥塑手艺人走进课堂，或带着学生走进艺术家的工作室，让学生切身感悟和领会民间艺术的魅力。根据学生的爱好，让学生学习相关美术作品的制作工艺，从而更加深刻地了解中国传统文化。

四、传承传统艺术的文脉

民间艺术是一种带有强烈民族色彩的美术形态，是中国民族文化的重要组成部分，具有极为丰富的美学、历史和人类文化等方面的内涵，是中国民族文化的宝贵结晶。如今，一些民间艺术岌岌可危，作为美术教育工作者，我们有责任去保护这些瑰宝，将它们独特的艺术价值传承下去。

高中美术是培养学生的审美能力、提高学生的艺术文化修养、锻炼学生的鉴赏能力不可或缺的课程，因此在传统文化的传承及提升青少年审美、创新等能力上，将民间艺术与高中美术课程相结合是十分重要的。

（一）开阔眼界，提高格局

新的美术形式的出现及社会的飞速发展都要求美术教学不再局限于美术课本，教学内容必须创新且与社会实际相结合。传统美术课本是根据学生的平均学情编制的，因此很多当地文化及新的美术形式都没有被收纳。而民间艺术饱含劳动人民的智慧、情感，涵盖地理常识、民俗文化等内容，要求教师在课前准备更多课本上没有的知识，通过引导学生领略地方民族文化，激发学生的爱国情感和对我国丰富各异的民间艺术的喜爱，培养学生对民间艺术的喜爱及认同。艺术源于生活而高于生活，教师可以鼓励学生留心观察身边的事物，发现一些平时容易被忽略的细节，慢慢激发和培养学生的审美情趣。

（二）融入风土人情

一个国家乃至一个民族都是在饱含挫折和磨难中成长、发展的，这其中包含着广大劳动人民对历史丰富、质朴的思想感情。在对生活的创造中，劳动者将思念、喜悦或悲伤、惆怅寄托在传统民间艺术中。从浓眉大眼、胖墩富态的福娃造型，到以剪、刻、凿等技艺为主制作的手工剪纸，无不包含着劳动人民丰富多彩的思想感情。在美术教学中，对民间艺术进行讲解可使学生不断地感受传统文化质朴、真实的感情，加深学生对传统文化的认识和理解，利于学生内心世界的塑造和发展。

教师可以设计活动，引导学生了解民间艺术，再让学生根据了解到的相关知识，根据在生活中所能接触到的民间艺术，动手给身边的人制作艺术作品，以此亲身体验作品的魅力，尝试以艺术作品表达对身边人的情感。

（三）多方面培养学生的艺术素养

课堂教具仅靠教师收集和制作是远远不够的，因为民间艺术题材十分丰富，材料多样，所以在整个教学过程中，教师应强调学生自己参与、自己动手，并鼓励学生创新。在课程进行的前期，教师应引导学生收集材料，提前预设学生在制作过程中可能会遇到的问题并想好解决方法。在教具制作过程中，教师要给予适当指导，使最终作品能以最佳的形式呈现。

五、结语

民间艺术在中国有着几千年的历史，是智慧的结晶，是经过时间沉淀的艺术瑰宝。"导引—生成"理念下的高中美术教学要致力于增强学生对民间艺术的理解，掌握民间艺术的现实状况，以身作则将民间艺术的衣钵传承下去。这种教学与传统文化（民间艺术）的结合，有利于美术资源的整合，丰富了校园的美术教学，推动了人民大众对深层次审美需求的满足。

"导引—生成"理念下初中健美操教学研究

刘 倩 林佚宇 鄢 静

健美操是一项深受各年龄段群众喜爱的、普及性极强的,集体操、舞蹈、音乐、健身、娱乐于一体的体育运动项目。健美操不仅需要良好的身体协调性,还需要配以音乐才能完成,带给人们不少新鲜感,所以这项运动也被越来越多的人所接受并喜爱。为了满足不同学生的需求,很多学校已经开设了健美操课程。有的学校不仅开设了相关课程,还将健美操作为学校大课间活动的一部分进行创编与推广,可见国内学校对此项活动的重视程度在不断提高。同时,各地区也开展了相关比赛来推动健美操课程的开展。因此,寻找有效、有趣且创新的教学模式,对初中健美操的教学至关重要[1]。

一、初中健美操教学中存在的问题

(一) 方式方法较为单一

目前,在健美操教学中,教师使用的方式方法较为单一。在课堂教学中,热身活动仍然采用传统的跑步加简单的拉伸。教师教授动作时,往往采用传统的老师讲解、学生模仿的方法,没有将健美操的理论与动作相结合,更缺少与学生的互动。在教授完成后,很少采用合理的考核方式对学生的学习成果进行检验,甚至不进行考核。这就造成教师容易忽视健美操运动的特殊性及初中学生的学习特性,导致初中健美操的教学方式方法过于单一。

(二) 教师主导过多

对于传统的体育课堂,大部分人都认为体育教师应该占主导地位,认为教师"教"、学生"学"是理所当然。受这种认知的影响，大多数学生接受的都是传统的模仿式教学。在课堂中，很少有教师将动作的发力点、运动轨迹讲解得十分清楚，学生在学习后往往无法对体育课或体育运动产生兴趣。

（三）课堂导入滞后

在以往的体育教学中，教师在导入课堂教学内容时一般都会直接明了地告诉学生本堂课的学习内容，而不会像其他科目的课堂教学那样有情境的导入。这样，既会让学生对教学内容失去兴趣，也会导致教学过于死板。

二、"导引—生成"理念下对初中健美操教学的思考

（一）改进教学手段

在传统的体育课堂上，很多人认为只要老师做了动作，学生进行动作的模仿并且加以练习就可以了。但是现代课堂越来越先进，学生的学习兴趣也会随着科技的进步而改变。在我们的健美操课堂当中，合理运用教学设备显得尤为重要。教学应该和先进的多媒体技术有效结合，以此增加学生的学习效率和学习兴趣。首先，在教学开始时不要急于将动作传授给学生，而要通过视频让学生观摩高水平、有趣味性的健美操比赛，以此吸引学生的注意力，提高学生对健美操的认知。其次，在教学过程中通过制作PPT课件来展示动作的变化过程以及动作的发力点。最后，在健美操教学过程中让学生通过慢动作回放、动作分解来学习，特别是对于一些难度较大的动作，可以让学生先通过分解动作进行学习，之后再由教师给学生进行动作精讲[2]。学生在学习一段时间后，可以通过录像回放和视频对比来发现自己的优点和不足，这一步是非常重要的。学生通过观看动作视频可以发现自己的优缺点，有效地提高自己的学习兴趣和自信心，并改正错误。

（二）完善教学方法

在传统的教学模式中，教师一般会采用口头讲解与动作示范的教学方法，学生学习的时候只是根据教师的口令对动作进行模仿，很难掌握健美操动作的精髓。因此，在教学时我们可以采用更加科学的方法，在有限的时间内使学生学习到更多的内容。在课堂教学开始时，我们可以采用视频导入或提问等比较有趣的方法导入内容。在准备活动部分，我们可以提前让学生自行创编几个八拍的准备动作，内容不设限制，但必须符合课堂要求，给予学生充分的创编条

件，让学生对课堂充满兴趣与信心。并且，教师可以通过这个过程了解学生的能力。体育课的基本部分是整堂课的关键部分，教师在开始教授动作时可以采用金字塔法、串联法等，让学生在不断运动中将动作记牢。在大多数学生学会动作后，可以采用分组练习法，让已经记熟动作的学生帮助那些还没有记住动作的学生。之后，教师再进行动作的精讲，让学生再次练习后进行分组展示[3]。展示后由教师和学生互相点评，这样做可以提升学生的自信心。这种有针对性的教学方式不仅可以提高学生学习健美操的积极性，还可以提高学生的学习效率。

（三）教学内容应与其他课程相结合

健美操是一项融体操、音乐、舞蹈为一体的大众健身项目运动，音乐是健美操运动的灵魂，音乐的选择对于学习和创编健美操动作来说至关重要。很多学生在开始接触健美操这项运动时对音乐的节奏始终把握不好，这就需要在体育课上进行音乐节奏的练习，此外还要加强对音乐知识的学习。教师可以带领学生一起数节拍或用其他方式如鼓掌、敲鼓等让学生感受音乐的节奏。在健美操运动中，美是健美操的关键。在成套动作中，对音乐的选择要美，对动作的编排要美，对队形的变化等都要美。这就需要我们运用相关美学知识对健美操进行赏析。例如，让学生将美术课堂中教师对美学的讲解转换运用到体育课当中。所以，美术课也可以和体育相结合。健美操的健、力、美，以及对体操、舞蹈和音乐的完美融合，是健美操的本意所在，而这只依靠体育课和体育教师是无法完成的。因此，将体育与其他课程相结合，教学才能更有效。

（四）教学应以学生自主练习为主

在现代课堂的教学中，应该加大学生练习时间的占比，教师只是起辅助作用，把主导权交与学生。例如，在健美操成套动作的教学中，教师在讲解完一个方向的动作时，可以让学生自行练习相反方向的动作，使学生能够有效发挥主观能动性。而在学生自主练习时，教师可以根据学生的实际练习情况提出意见，或让其他同学评价并提出动作纠正意见。

（五）建立完善的课后评价体系

合理的教学评估体系不仅能对教学结果进行评价，还能对教师的教学工作、学生的学习结果进行评价[4]。对健美操进行课后评价是为了让健美操更好地在中学体育课中开展起来，课后评价可以对学生的学习态度、学生对健美操知识的运用能力以及对体育运动、体育课等的态度进行评价，尤其是对学生的体育锻炼意识进行评价。课后评价还要注重学生的个性差异，不能笼统地计算最终成绩，应该有所对比，看学生与以前的学习相比是否有进步，这样能有效提高学生的学习自信心。另外，评价是相互的，不仅可以采用教师评价的方式，还可以采用学生自我评价、相互评价的方式。对于教师来说，可以通过学生对教师的评价来完善健美操的课后评价体系，以此促进健美操教学质量的提高。

三、结语

近些年，健美操的发展已经逐渐趋于成熟，但是在中学教学中还有很多提升空间。中学生的基数大、学习压力大、学习任务重，但学生的思维活跃且性格活泼，教师在教学时需要借鉴一定的经验与方法。并且，健美操的教学不仅需要教师的引导，更需要学生的主动配合。在新时代课堂中，健美操不仅可以提高学生的运动能力，培养学生的体育锻炼意识，还可以有效提升学生的合作精神以及欣赏美的能力。而在"导引—生成"理念下，最重要的是使教师改变传统的体育课堂中教师主导过多的教学现象，使体育课真正地成为有趣、有效、让学生主动参与的课堂[5]。

【参考文献】

[1] 张梦颖. 试析健美操教学中学生创新能力的培养 [J]. 文化创新比较研究，2018 (23)：124-125.

[2] 姜立俊，王有光. 关于多媒体技术在初中体育健美操教学单元中的实践探讨 [J]. 中国教育技术装备，2013 (28)：119-120.

[3] 费淑艳. 分组练习法在高校健美操教学中的应用研究 [J]. 辽宁工业大学学报（社会科学版），2018 (5)：140-142.

[4] 陈伟龙. 论普通大学健美操课程特色互动教学新方法 [J]. 内江科技，2019 (1)：112-113.

[5] 邱永生. 做有效教学的导引者与智慧生成者——浅谈初中数学合作学习中存在的问题及实施策略 [J]. 中学数学，2016 (12)：73-74.

"导引—生成"理念下提升初中学生在田径耐久跑复习课中参与度的实施路径研究

林用彬 钟陈勇 康宇衡

初中阶段对于学生而言是一个身体成长和发育的关键阶段。随着中考体育政策的不断调整与完善,很多地区已将中长跑项目列为中考体育考试的必考项目之一,由此可见,中长跑在初中田径教学中有着非常重要的地位。但是受耐久跑项目枯燥乏味、单调、又苦又累的影响,初中学生对耐久跑项目的学习兴趣、学习动力、课堂及课后的参与度都不足,由此也导致了初中耐久跑教学困难重重。特别是初中学生在经历了耐久跑的初次教学之后,对耐久跑有了一定的认识和感受,更容易加深对耐久跑的抵触情绪,因此出现偷懒、不愿参与、不愿学习、不愿练习等课堂表现,进而导致初中田径耐久跑复习课难以开展。

一、影响初中学生参与耐久跑课堂练习的因素探析

(一)抵触情绪造成学生对耐久跑的错误认知

在耐久跑的新课教学中,学生虽然大多表现出一定的学习激情与参与度,但是也有一些对耐久跑内容有排斥情绪,而这种排斥和抵触在耐久跑复习课中展现得淋漓尽致[1]。受这种排斥与抵触情绪的影响,当教师在讲授耐久跑的技术动作时,学生很难集中注意力听,课堂秩序不能得到有效保证,甚至对那些原本想学耐久跑的学生也产生了不利影响。

耐久跑需要学生掌握跑的节奏与呼吸,而当学生不想学习时,就不能保障自身有足够的激情和动力对技术动作进行深入学习,从而产生耐久跑就是"随意跑""使劲跑"等错误认知。一些学生还会产生"跑步谁都会,不需老师教"

的心理，从而导致他们在练习耐久跑的过程中呼吸节奏乱、快速产生疲劳感，进而加剧对耐久跑的排斥和厌恶情绪。

（二）"被动参与"让学生敷衍课堂

虽然很多学生从心里对耐久跑有强烈的排斥和抵触情绪，但是碍于中考体育考试压力和家庭、教师及体育课堂的要求，大部分学生还是能参与进来。只是他们大多都是"被动参与"课堂练习，对耐久跑练习次数、练习密度敷衍了事，不能很好地根据耐久跑的要求进行[2]。这不仅不能提升耐久跑的水平，反而会对身体和心理造成一定的负面影响。

（三）"三无"现象严重，耐久跑复习课效果难以体现

随着当代生活条件及教学条件的不断提升，很多初中学生已经拥有了优越的生活条件和丰富的教育资源。认为体育课不是技术课，而是玩耍课的初中学生大有人在，并且个别学生还形成了在丰厚的资源面前"尽情"享受，不费体力、不费精力就能完成大事的思想。带着这种思想进入耐久跑复习课，就会演变成"无勇气、无意志、无体力"的"三无"现象。

面对耐久跑复习课上高强度的耐久跑练习安排，大部分学生表现出无勇气挑战、无意志坚持、无体力完成，如此很难提升耐久跑水平，也让耐久跑教学难以开展，进而对学生身体素质、综合能力的提升带来阻碍[3]。

二、引导初中学生参与耐久跑复习课的路径探析

初中学生对耐久跑复习课"爱不起来"的原因有很多，不仅有学生自身认知不足的原因，也有教师的教学方法及策略不适宜的原因。但不管如何，耐久跑对初中学生的重要性是不言而喻的，不仅对身体健康重要，更是对学生意志品质的提升有非常积极的作用。因此，改变学生在耐久跑复习课中的参与度，需要当代体育教师另辟蹊径。

（一）幽默图示引导学生转变对耐久跑的认知

随着社会经济的发展，很多初中学生热衷于手机聊天、网游等，对文化成绩缺乏正确的认识，对身体健康的重要性缺乏理性认知，更对耐久跑的重要性不屑一顾。因此，教师可以通过对学生生活习惯、兴趣爱好、学习情况的了解，以图示从侧面引导学生对耐久跑学习的重要性及作用建立正确的认知[4]。因为学生只有从思想上接纳耐久跑，才能转变对耐久跑复习课的态度。

在初中耐久跑复习课教学中，专业讲解及术语解释很难吸引学生的专注力。教师可以利用学生喜爱的游戏中的语言，引导学生充分认识耐久跑对勇气、魄力、坚忍不拔、顽强等意志品质形成，以及参与耐久跑对团队协作能力的提升、自身肺活量的提升等的积极作用。图1为耐久跑网络语解释示意图。

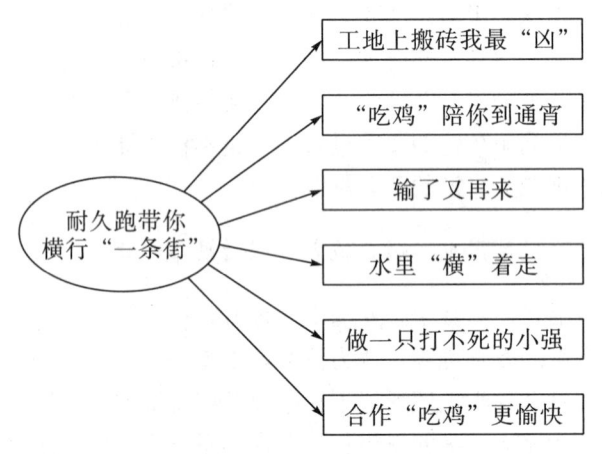

```
                    ┌─────────────────────┐
                    │ 工地上搬砖我最"凶"  │
                    └─────────────────────┘
                    ┌─────────────────────┐
                    │  "吃鸡"陪你到通宵   │
                    └─────────────────────┘
   ╭─────────╮     ┌─────────────────────┐
   │耐久跑带你├────→│     输了又再来      │
   │横行"一条街"│    └─────────────────────┘
   ╰─────────╯     ┌─────────────────────┐
                    │    水里"横"着走     │
                    └─────────────────────┘
                    ┌─────────────────────┐
                    │  做一只打不死的小强 │
                    └─────────────────────┘
                    ┌─────────────────────┐
                    │   合作"吃鸡"更愉快  │
                    └─────────────────────┘
```

图1　耐久跑网络语解释示意图

（二）"坐着跑"引导形成正确的耐久跑姿势

初中学生由于腿部力量发展的不足，在耐久跑练习过程中不自觉地出现"坐着跑"的情况，而在纠错过程中，学生对"坐着跑"概念不清楚，也不愿主动改进[5]。因此，可以反其道而行之，引导全班学生感受"坐着跑"，让学生自主认知"坐着跑"的姿势。通过教学实验发现，初中学生觉得这种姿势很怪、很搞笑，当全班都采用"坐着跑"姿势的时候，学生就会不自觉地改变这种错误的跑步姿势，通常往后在练习过程中也不会再出现"坐着跑"的姿势。

（三）引导学生体验、记录、分析"极点"状态下的身体反应

耐久跑让学生感到讨厌、排斥的一个重要原因就是"极点"所带来的痛苦、难受。很多初中学生正因为在"极点"出现时不能很好地控制和调整呼吸及动作，从而出现心理上的错误认知。针对"极点"所带来的不良身体反应，在教学过程中引导学生感受"极点"的快乐，是降低"极点"带来的不良感受的有效路径之一。

教师可在初中耐久跑复习课练习环节中，让学生在"极点"出现时停止练习，记录此刻自己的身体感受、脉搏，以此来分散学生的注意力，并且通过连

续记录多次"极点"的身体感受和脉搏，让学生自主分析几次"极点"状态下身体的不同反应[6]。通过引导学生探寻在"极点"状态下的身体反应，促进学生参与耐久跑练习的次数，让学生在不知不觉中提升耐久跑水平。并且，教师可以根据学生"极点"的记录情况，引导学生采用正确的呼吸和摆臂来缓解自己的身体反应，提升"极点"状态下的各项身体指标。

（四）让呼吸常伴耐久跑左右

在耐久跑过程中，呼吸节奏至关重要，不仅能够帮助学生渡过"极点"，还能够减轻学生在整个耐久跑过程中的感受和身体反应。教师在教学生掌握呼吸节奏时，可以引导学生在原地踏步过程中找寻两步一呼吸、三步一呼吸的节奏，感受两种不同呼吸节奏之间的差异；随后引导学生在慢跑过程中感受这两种呼吸节奏带来的不同，并在全班分享；最后让学生自主选择一种更适合自己的呼吸节奏，并自主在耐久跑过程中进行尝试和感受。教师可以采用三种不同的跑步方式，引导学生认识两种呼吸节奏的不同之处，让学生在探寻因呼吸节奏不同而带来的不同身体感受的同时，增加参与耐久跑的次数[7]。同时采用定距数呼吸、定呼吸次数比距离、定时定距数呼吸等方式，引导学生分散注意力，增加耐久跑练习量。

（五）以非跑练习方式提高学生的耐久跑参与度

耐久跑不仅需要学生克服"极点"、掌握正确的呼吸节奏，还需要学生具有一定的身体素质，特别是对学生的腿部力量有较高要求。对于初中学生而言，身体各方面还处于发育阶段，仍需要通过不断的练习增强腿部力量，因此在学生进行耐久跑练习时，教师可以引导学生进行各种有趣的非跑练习，以此来强化学生的腿部力量，减少学生耐久跑的实践练习时间。这也能从侧面增强学生的耐久跑能力和水平。教师要多引导学生完成定量的高抬腿、后踢腿、纵跳、深蹲跳、起踵、立卧撑等，让学生在非跑的情况下强化腿部力量，为耐久跑水平的提升奠定基础。同时，可通过非跑练习方式逐渐让学生转变对耐久跑的认识，提高学习的积极性[8]。

大部分初中学生认为耐久跑就是简单的跑步，需要不断地进行大量的练习，由此造成很多学生一听到耐久跑练习就从心里产生强烈的抵触情绪。而通过其他途径和手段强化学生身体素质，奠定学习耐久跑所需的身体基础，能够让学生很好地感受到耐久跑练习不会带来太大的身体反应，进而让学生在耐久跑复习课中保持一定的参与激情。

（六）以非耐久跑方式促进学生耐久跑能力的提升

初中学生由于身体和心理都处于发展阶段，对新鲜事物有着强烈的好奇心，因此，教师可以借助初中学生的心理特征，采用其他非耐久跑的方式来引导学生参与耐久跑练习[9]。例如，采用配乐的莱格尔跑，先慢后快，既解决了学生对长距离跑练习的恐惧，又很好地锻炼了学生的耐久跑能力。折返跑让学生在短距离间不断往返，多加练习，同样能够减轻学生对长距离跑的恐惧，增强学生长时间耐久跑的能力。并且通过在折返过程中设置障碍、每次折返设置不同距离等，引导学生自主参与折返跑练习。同时在折返过程中设置个人、团队竞争机制，引导学生转移注意力，在竞争过程中锻炼自己的耐久跑能力、团队协作能力。牵引跑不仅能够锻炼学生的心肺功能，还能够锻炼学生的腿部力量，同时转移学生对身体反应的注意力。

综上所述，教师可以通过引导学生参与非耐久跑的练习，减轻学生对耐久跑的恐惧，提升学生自主参与的兴趣、动力，在一定程度上有效提升耐久跑参与度。

三、结语

受耐久跑项目特征的影响，初中学生对耐久跑的兴趣及参与度普遍不高，即使学生明白身体健康的重要性以及耐久跑对提升身体素质的重要性，仍无法对耐久跑产生足够兴趣，这无疑阻碍了学生身体、心理的健康发展。同时，教师在耐久跑课堂中增加耐久跑训练，不仅不能提升初中学生的参与度，反而会加剧学生对耐久跑的排斥和抵触情绪[10]。

因此，作为初中一线体育教师，我们应该借助当今教学辅助技术、训练学原理与学生心理特征的关系，抛开传统教学理念的束缚，巧妙运用"导引—生成"理念，发展学生的耐久跑能力，提高初中学生在耐久跑复习课中的参与度。虽为耐久跑课堂，实则在耐久跑课堂教学及练习过程中另辟蹊径，引导学生认识耐久跑、感受耐久跑、发展耐久跑，让学生在不经意间自主强化耐久跑能力，同时提高初中耐久跑复习课的效率、学生的喜爱程度和学生的参与度。

【参考文献】

[1] 林崇权. 初中学生耐久跑厌学心理的成因及消除方法[J]. 文教资料，2006(19): 167.

[2] 王竹林. 耐久跑教学中学生恐惧心理形成的原因及对策[J]. 教育艺术，2006(12):

70—71.

[3] 李辉."莱格尔跑"在初中耐久跑教学中的应用性研究[D]. 乌鲁木齐：新疆师范大学，2017.

[4] 潘静洁. 趣味体育在初中女生耐久跑教学中的应用研究[J]. 当代体育科技，2013（27）：78—80.

[5] 李燕林. 初中耐久跑教学创新方法探究[J]. 雅安职业技术学院学报，2015（2）：102—103.

[6] 焦现伟，尚晓华. 将趣味田径引入初中体育课的实验研究及分析[J]. 北京体育大学学报，2006（11）：105—107.

[7] 吴亚香. 改善情意因素对提高初中女生耐久跑教学质量之实验研究[J]. 体育世界，2006（5）：9—11.

[8] 鲁帆. 无痛苦跑步法对增强初中学生耐久力与改善跑步认知实验研究[D]. 长春：吉林大学，2008.

[9] 杨婕. 浅谈如何提高初中学生耐久跑的能力[J]. 中国教师，2013（Z2）：123.

[10] 白鹏，白艳丽. 浅谈提高初中生耐久跑成绩的教学策略[J]. 当代体育科技，2015（5）：101—103.

以"学与练"为核心的初中体育课堂设计与运用

张 斌 卿 虎

近年来,全国各地掀起了校园体育锻炼热,学校体育在教学环境及教学条件方面都有了较大提升。但通过调研笔者发现,初中学校体育课的开展情况仍然不理想,初中学生体质健康状况持续下降的问题仍然没有得到根本性改变。通过实地调研,并凭借多年在一线教学的工作经验,加上新课程改革要求,笔者从学科特点出发,认为当下体育课应改革教学方式,激发学生的学习积极性,引导学生尝试体验和合作探究,并创设和谐、宽松的学习氛围,使学生掌握运动技能。在对体育课堂进行设计时,教师应对教学过程中可能出现的问题进行预测,思考对策,从而达到最佳的教学效果[1]。

一、以"学与练"为核心的体育课堂设计理念

(一)注重素质教育,培养健康体魄

学校体育要坚持"健康第一"的指导思想,促使体育课堂设计更加贴近教学实践,以促进体育课堂设计理论的快速发展[2];要重视学生的体育品德培养,发展学生的运动技能,养成学生的体育习惯,培养学生健康的体魄。

(二)以学生为主体,突出"学与练"

当前体育核心素养的提出,改变了传统的教育教学方式,其更加重视培养学生的主观能动性,要求学生积极主动,培养创造性思维。但是,有的体育课堂忽视了学生体育技能水平的提高,导致较多中学将体育课堂中负荷大、难度大的内容删掉,导致青少年的体质健康水平逐年降低。因此,要将"学与练"

作为体育课堂设计的重要理念,注重学生技能水平的提高;要将"学与练"贯穿整堂体育课,使学生真正掌握技能,增强体能,锻炼意志。

二、以"学与练"为核心的体育课堂目标

(一)体现知识与技能

以"学与练"为核心的课堂目标的设定一定要能够明确知识与技能的学习内容及要求,这是教学的基础目标,也是体育教学的核心目标。根据现行的课程标准要求,教学要通过"学与练"让学生掌握运动技能。因此,教师要努力让学生在掌握运动技能的过程中体验运动的乐趣。

(二)重视过程与方法

体育课是掌握体育知识与技能,实现情感态度与价值观的桥梁,是保障学生学习态度及效率的重要体现。因此,必须高度重视过程与方法目标的制定,让学生主动参与,积极、欢快地体会、学习教师所讲的内容。学生在学与练的过程中,通过科学、有效、合理、多样等方法,享受乐趣,体验成功,掌握体育知识与技能。

(三)强化情感态度与价值观

情感与态度是前两个目标的升华。情感又可划分为心理与社会适应两方面,当学生将所学知识技能通过有效的方法参与实践升华为情感态度的价值观时,教学就实现了让学生终身学习的目标。因此,以"学与练"为核心的课堂目标必须三者互相渗透、互相融合,让学生在乐中学、学中练,充分享受运动的乐趣,体验成功的快乐,增强自信心,促进身心健康发展。

三、以"学与练"为核心的体育课堂内容设计

(一)确保内容的灵活性与结构性

体育课堂是实现教学目标的主要载体,是使学生获得体育知识技能的主要途径[3]。但是,对于初中体育,其开展受到多方影响,而设计的内容多以考试为准,表现为内容单一、枯燥,影响学生的学习热情。因此,以"学与练"为核心的体育课堂内容设计应以学生的身心特征为出发点,安排灵活性、娱乐性强的教学内容,并对教学内容进行加工、创新,将抽象的理论知识转变为直

观、具体的内容传达给学生，确保教学内容的系统性、结构性、创新性，提高初中体育教学的质量。

（二）丰富体育课堂的内容

在深化教育教学改革，全面提高教育质量的背景下，体育教学应以学生发展为中心，重视知识与技能的学习，进行启发式、互动式、探究式教学，丰富初中体育课堂教学内容，提高学生的学习兴趣，加强学生的体能训练，提高学生的身体素质，创建学校体育文化特色内容，争创体育特色品牌学校。例如，成都簇桥小学将空竹运动、川师附中将奥运项目射箭运动纳入体育课堂教学，形成"教学—训练—竞赛"的良性循环，促进学生自觉参与体育锻炼，运动氛围良好，体育文化课程内容丰富多样。这样的体育课堂，学生参与度高，能起到立德树人的良好效果。

四、以"学与练"为核心的体育课堂教学方法

（一）摆脱陈旧性灌输，注重自主性学练

有的体育课堂教学不顾学生的实际需求，导致学生参与的积极性不高，仍然是教师讲解示范，学生模仿学习，而且在教学过程中师生间缺乏交流、沟通，久而久之，教师的态度也慢慢发生改变，形成放养式教学。因此，当下的体育课堂应顺应新课程改革的要求，厘清课堂的主次顺序，通过实地调研，开发适合学生生理及心理发展的教学内容；课堂上，以学生为主体，教师为主导，加强师生间的交流、沟通，尽可能迎合体育考试内容的多样化，注重学生的自主学习，提升课堂训练强度，保证所有学生都能动起来、学起来、练起来。

（二）针对学生的学情合理分层教学

传统教学的弊端在于教学模式的单一性，忽略了学生的个体差异[4]。以"学与练"为核心的体育课堂应全面分析学生的基本情况，了解学生身体素质的差异、学生对体育项目的兴趣，以此为参考进行分层教学。针对不同的运动项目，可以实施体育项目模块分层教学，充分调动学生的主观能动性。充分尊重学生的个体差异，通过分层课堂教学，激发学生的学习主观能动性，促进不同层次、不同需求学生身体素质的提高，运动技能的提升，从而提高体育课堂的教学质量[4]。

（三）利用信息技术提高学生学习效率

初中体育教育应充分利用信息技术带来的便捷，将其运用到体育课堂教学中，突出个性化、互动性以及多元化的特征[5]。有资源及条件的中学应充分利用现代网络技术搭建新型教育平台，创建与教学内容相关的网络资源，以引入和巩固为核心，有效改善初中体育教学模式单一的局面，拓宽学生学习的知识面，实现以"学与练"为核心的教学目标，促进体育教学与信息技术的融合应用。学生可通过数字化教学资源，随时随地进行学练，有效提高学习的积极性和效率，发展体育核心素养。

五、以"学与练"为核心的体育课堂评价体系

教学评价是教学有效性的保障，是教学过程中必不可少的环节，可以对教学实施情况和学生学习状况做出反馈，以指导下一阶段的教学改进和开展，以此提高课堂教学水平[6]。对于体育课堂教学设计，应注重学生个性和思维能力的培养[7]，充分发展学生的个性，让学生享受体育的乐趣。初中学生体育素质综合评价考核是检验学生在完成初中学段体育与健康课程时具备的基本体育素养，即学生在运动能力、健康行为和体育品德三个方面表现出来的学科核心素养发展水平。笔者告诉学生：学习的目标就是超越自己，有进步的孩子就是最棒的孩子。以"学与练"为核心的体育课堂要采用多元化评价体系，对学生的学习态度、学习能力、学习习惯等方面进行综合评价，不仅要反映学习效果，还要对学生的生理及心理做出相应评价。因此，要充分树立以素质教育为本的教育理念，通过多元化评价体系，尊重学生的个体发展，提高教学质量。

六、结语

初中体育课堂的教学应谨遵课程标准的要求，摆脱传统教学理念及模式的束缚，创建以"学与练"为核心的体育课堂教学模式，设计有效的体育课堂，真正体现学生的积极主动参与、合作探究学习，享受运动乐趣、增强学生体质、健全学生人格、锤炼学生意志品质。除此之外，各个学校应根据自己学校的师资配备、地理环境等特点，创建独具特色的校园体育文化品牌。

【参考文献】

[1] 周登嵩. 学校体育学 [M]. 北京：人民体育出版社，2004.
[2] 陈德俊，朱瑞红. 谈体育教学中的课堂设计 [J]. 山东教育，1996（Z2）：81.

[3] 刘佐露. 高中体育课堂教学设计研究［J］. 当代体育科技，2015（12）：133－134，137.

[4] 孙海云. 基于分层教学的高中体育课堂教学［J］. 当代体育科技，2013（35）：68，70.

[5] 刘俊. 促进学生体育核心素养发展的教学改革与实践研究［J］. 运动，2008（12）：116－117.

[6] 刘强. 关于初中体育课堂有效教学策略探究［J］. 当代体育科技，2014（30）：92－93.

[7] 刘红健，孙庆祝. 混沌理论视角下的体育教学设计［J］. 体育学刊，2008（11）：54－57.

核心素养视域下初中学生体育素质综合评价考核策略研究
——以 2022 年成都市初中毕业升学体育考试实施方案为例

郑 敏 卿　虎　付方良

一、背景

实施初中毕业升学体育考试是全面贯彻党的教育方针，坚持"健康第一"指导思想，促进学生健康成长的重要举措。初中学生体育素质综合评价考核是学生在完成初中学段体育与健康课程时应该具备的基本体育素养以及应达水平的明确界定和描述，即学生在运动能力、健康行为和体育品德三个方面表现出来的学科核心素养发展水平（图1）。学科核心素养为初中学生体育素质综合评价考核办法的制定提供了具体的方向，初中学生体育素质综合评价考核是学科核心素养的具体表现。学校要从实际情况和学生特点出发，把核心素养和学业质量要求落实到体育学科教学中。因此，改革初中毕业升学体育考试实施方案，建立科学合理的学生体育素质评价指标体系，对有效促进学生的体质健康有一定的理论与现实意义。

2022 年成都市初中毕业升学体育考试实施方案的制定是对初中学生体育素质综合评价进行预测或研究的前提和基础，是将初中学生的体育素质按照其学习目标（图2）和学科核心素养的目标逐一分解成行为化、可操作化、多元化的指标结构体系，结构体系中每一个构成元素（即指标）都被赋予合理权重。方案由统一考试和体育素质综合评价考核两个部分组成。其中，统一考试又分为必考项目和选考项目，以体育核心素养的运动能力、健康行为、体育品德三个维度为一级指标，体现出体育素质综合评价的全面性；以包括①体能、②技能、③认知、④习惯、⑤道德、⑥精神、⑦品格、⑧能力、⑨身心九个体育核心素养的二级指标体现体育素质评价的多元化，并对各指标进行科学的权重分配。

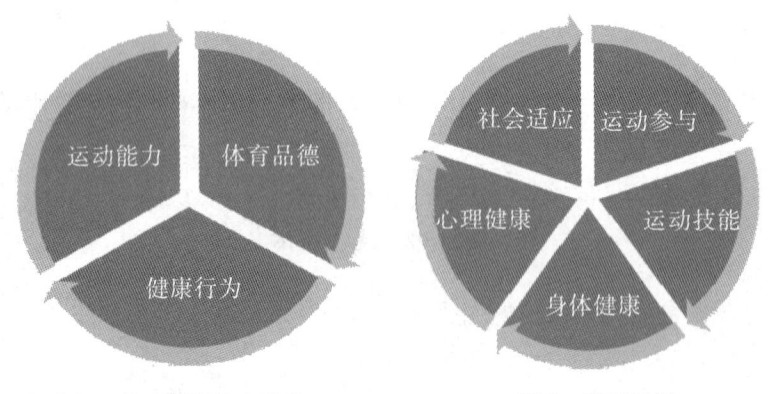

图1 体育学科核心素养

图2 学习目标

二、初中学生体育素质综合评价考核现状

近年来，全国各地掀起了校园体育锻炼热，但初中学生体质健康状况持续下降的问题仍没有得到根本性的改变。青少年体质健康的下降是多方面因素共同作用的结果。其成因有个人因素、社会因素、教育因素、管理因素等[1]。主要原因是初中学生、家长的体育锻炼意识存在偏差，学业压力较大，日常锻炼的时间和强度严重不足[2]。随着年龄的增长，青少年对体育锻炼的积极性和实际的锻炼水平呈逐渐下降的趋势[3]。

现在的初中毕业升学体育考试只注重运动能力的考核，即耐力素质（男子1000米、女子800米）、力量素质（立定跳远）、柔韧素质（坐位体前屈），而忽略了对学科核心素养中的体育品德及健康行为等的评价考核。这样的评价考核作为指挥棒势必会导致学校体育工作应试化，也容易导致中学生的学校体育生活陷入乏味的体能训练之中，难以实现传授体育技能、传播体育文化、发展学生心理和社会适应的教育目标。初中阶段是个体向成人生活方式转变的重要时期，这个时期的学生行为具有极强的可塑性，采取有效的行为干预措施可帮助学生养成积极锻炼的健康生活方式[4]。因此，学生体育素质评价标准改革必须在强调体质的同时，重视学生运动技能的发展，注重二者的协同发展。2022年成都市初中毕业升学体育考试立足体育"育体"和"育心"的功能，完善了初中学生体质健康评价考核体系，加快了初中毕业升学体育考试工作的科学化进程，成为激励学生积极进行身体锻炼的有效手段，进而帮助学生正确认识自身的不足，全面提高健康水平，构建健康的生活方式。

三、核心素养视域下初中学生体育素质综合评价考核策略

（一）发展技能，全面育人

"人的全面发展"是马克思主义的基本原理之一，也是我国教育方针的理论基石[5]。因此，要求教师转变教育观念、更新教学思想，培养学生体育学科核心素养的课堂教学是主阵地，课外锻炼是重要渠道，教师的专业素养是关键。在增强体质的同时，不能忽视对运动技能的学习。运动技能是体育文化最根本的载体，也是学生进行体育锻炼最大的兴趣所在。运动技能在体育与健康课程中占有重要地位，对学生的全面发展具有重要意义。因此，核心素养视域下初中学生体育素质综合评价考核策略要体现学生体育学科核心素养"健身育人"的目标，关注每一个学生的全面发展，关注每一个学生的个体差异，以人为本，改革体育教学的组织形式，分技能选择考试项目（篮球、足球、排球），使学生享受乐趣、增强体质、健全人格、锤炼意志。

（二）多元评价，提升素养

学生体育素质综合评价体系主要由以下几个方面构成：体育态度、兴趣与习惯、体育技能、体育知识、体质与体能、心理健康与社会适应能力、体育文化素养[6]。2022年成都市初中毕业升学体育考试实施方案包括耐力素质和力量素质、柔韧素质等身体基本素质的考核，篮球、足球、排球技能的选考，体质健康测试考核，体育课程教学、其他体育活动中的过程性评价考核等。从教育评价的功能来看，强调体育素质评价的教育功能应是从"甄别"走向"发展"、从"单一"走向"多元"、从"静止"走向"动态"[7]。2022年成都市初中毕业升学体育考试实施方案使学生能够对体育与健康课程有一个更加明确的认识和理解，并结合自身实际情况进行科学有效的体育锻炼，发展体育学科核心素养，促进身心全面发展。

（三）健康行为，健全人格

体育作为人实践活动的精神产物，作为完整人格教育的基础，能够更好地体现人的自我实现、自我创造和自我超越的生命本性[8]。初中毕业升学体育考试实施方案的改革，就是要求学生上好每一节体育课，积极改变体育意识，以养成良好的体育参与及体育锻炼习惯；引导学校体育教学改革，促进课堂教学与课外体育锻炼的衔接。初中阶段是青少年人生观、价值观、生活习惯建立的

黄金时期，体育与健康知识是学生进行科学体育锻炼的理论支撑，能够帮助学生了解自己在生活和运动中的身体状况，制定合理的锻炼计划，避免过度运动及预防运动损伤。2022年成都市初中毕业升学体育考试成绩由学生每学年的体育与健康知识考试成绩和平时的体育品格表现组成，体现了体育学科核心素养中的健康行为和体育品德，有利于更加全面、科学地评价学生的体育素质。

四、结语

笔者通过参与研究、制定2022年成都市初中毕业升学体育考试实施，以"人的全面发展""体育核心素养""教育评价"等为理论基础，针对初中学生体育素质综合评价考核的现状展开调查研究，探索核心素养视域下初中学生体育素质综合评价考核策略，优化体育素质提升的干预策略，以期真正帮助个体在良性循环中不断发展，不断提升体育素质，推进学校体育整体改革，评价学校体育工作，促进学生身心全面发展，有效增强学生体质，发展学生体育学科核心素养。

【参考文献】

[1] Ming L, Michael J D, David W S. Physical Activity and Sedentary Behavior in Adolescents in Xi'an City, China [J]. Journal of Adolescent Health, 2007 (41): 99-101.

[2] Shi Z, Lien N, Kumar B N, et al. Physical Activity and Associated Socio-Demographic Factors Among School Adolescents in Jiangsu Province, China [J]. Preventive Medicine, 2006 (43): 218-221.

[3] Barnett T A, O'Loughlin J, Paradis G. One- and Two-Year Predictors of Decline in Physical Activity Among Inner-City Schoolchildren [J]. American Journal of Preventive Medicine, 2002, 23 (2): 121-128.

[4] Licence K. Promoting and Protecting the Health of Children and Young People [J]. Child: Care, Health and Development, 2004 (6): 623-635.

[5] 唐健. 人的全面发展理念下的学校体育改革 [J]. 体育学刊, 2005 (2): 82-85.

[6] 唐静萍. 健康体育下的学生体育素养评价 [J]. 安徽工业大学学报（社会科学版），2003 (11): 149-150.

[7] 汪晓赞. 我国中小学体育学习评价改革的研究 [D]. 上海：华东师范大学，2005.

[8] 冯霞. 人学视野中的人文体育观研究 [D]. 广州：华南师范大学，2004.

体育学科核心素养理念下的高中武术特长生培养策略研究

郑 敏 张 斌 毛文莉

武术是中华民族的智慧结晶和文化凝聚的体现，蕴含中国文化内涵和气势，具有强身健体、提高运动技能、健全人格的功能。教育传播是武术文化传承的重要途径，而学校是武术教育的"主战场"。武术不仅具有体育的功能，同时兼具促进人的个性发展与完善社会文化教育的功能。武术特长生的培养是中华优秀传统文化教育的重要组成部分，是普及和开展武术教学，构建武术教学新体系，传承中国武术文化的关键。

四川省简阳中学对高中武术特长生的培养一直高度重视。简阳中学高中武术特长生在全国、全省比赛中屡次获得金牌。简阳中学开展武术教学，进行"武化"教育，旨在增强学生的民族认同感、自豪感、民族气节和文化自信，提振学生的民族精神，以助力实现中华民族的伟大复兴。学生可以通过武术活动学习有关武术的知识和技能，体验武术的乐趣，感受武术的魅力，并且可以强身健体、自卫防身、健全人格。

培养体育学科核心素养是核心素养的重要组成部分，是学生在体育学习过程中形成的基本知识、技能、方法和情感、态度、价值观的综合表现，包括运动能力、健康行为、体育品德三个方面[1]。武术特长生的培养不单单以让学生学练武术技能为目标，更重要的是帮助学生在学练过程中享受乐趣、增强体质、健全人格、锤炼意志，培养德智体美全面发展的社会主义建设者和接班人。高中是人成长中的一个关键时期，也是核心素养形成的关键时期。本文旨在整合运动能力、健康行为、体育品德三个方面的内容（运动能力是基础，健康行为是重要保障，体育品德是根本），对体育学科核心素养理念下的高中武术特长生培养策略进行研究。

一、简阳中学高中武术特长生培养现状

（一）优良传承，成绩斐然

简阳中学对高中武术特长生的培养，传承了简阳中学的优良传统，取得了令人瞩目的成绩。2016年，简阳中学高中武术特长生获得全国体育传统项目学校联赛武术竞赛金牌，学校获最佳表现奖；2018年，获全国青少年武术套路冠军赛铜牌；2019年，获全国青少年武术套路锦标赛暨第十届亚洲青少年武术锦标赛选拔赛铜牌；2019年，获第二届全国青年运动会武术比赛决赛金牌……共计6枚全国武术比赛奖牌，53枚四川省武术比赛金牌。此外，简阳中学还为四川省武术队和复旦大学、成都大学、成都中医药大学、三峡大学、成都体育学院、云南民族大学等高校输送了39名高水平武术人才。

（二）人文管理，保障有力

学校在招生政策、训练条件、参赛经费、后勤服务、管理及奖励等方面都有相应的保障。学校制定的管理细则涵盖行为纪律、运动成绩、学习成绩、请假制度、运动精神状态等内容，有相应的奖惩制度。其中对违纪特长生的处罚主要有三种形式：写检讨书、通告批评、开除；奖励制度则从运动能力、健康行为、体育品德三个核心素养维度对特长生进行综合评定，包括体能、技能、认知、习惯、道德、精神、品格、能力、身心九个核心素养元素。这样就确保了简阳中学高中武术特长生德才兼备、综合素质过硬。

（三）素养引领，共同成长

影响高中武术特长生实现自我人生目标的关键因素是其自身对健康行为和体育品德的重视程度不够，要改变这一现状，需要家庭、学校、老师三方面共同努力。学校和老师对武术特长生的专业技能、文化课程和思想品德非常关注，确保在稳步提升训练成绩的同时，保障文化成绩，提升综合素养。家庭方面，对学生进行正确引导，让学生清醒地认识到竞争的残酷，必须是身心健康、德才兼备的人，才能适应社会的发展。老师要给予学生更多的关爱和帮助，让学生规划好自己的人生蓝图，帮助学生提升训练效果，培养刻苦锻炼、坚韧不拔的体育精神，发展良好的心理品质、合作与交往能力，养成终身锻炼的好习惯[2]。

二、简阳中学高中武术特长生培养策略

（一）发挥武术传统项目优势，创建武术校本特色课程

简阳中学作为全国体育传统项目（武术）学校，将中华武术作为传播中华文化的重要载体，长期坚持在学校开展武术教育，弘扬优秀中华传统文化，让学生亲近传统，将中华优秀传统文化融入学生的心灵。简阳中学加大了对武术校本课程的开发，吸纳了一些优秀的武术内容，针对本校的实际情况，抓住新课程标准推行和实施的良好时机，对武术课程进行充分挖掘利用。学校在大课间体育活动中引入自编武术操，创建武术社团和武术俱乐部，举办武术比赛和演出，促进学生了解武术文化、增加武术技能，发展学生的体育学科核心素养。此外，学校还全面挖掘、整理了武术传统文化教育的内容，合理吸取与借鉴了国外武技在传播传统文化时的经验，如韩国跆拳道包含的礼仪在内的传统文化教育，日本剑道的精神修炼，自由搏击的顽强拼搏精神[3]。

（二）加强武术教师队伍建设，提高武术教师综合素养

对于简阳中学来说，加强武术师资队伍培养工作，首先要加强体育教师的武术课程意识，明确武术特长生的培养方向，以求真务实的态度，勇于创新，传承中华文化，深刻领会体育核心素养的理念，提高武术专业教师的综合素养。教研组和备课组通过各种形式的研讨活动，以期帮助体育教师学习掌握体育学科核心素养；积极开展训练研讨课，丰富体育教师的武术教学实践经验，增强信心，全面提高体育教师的综合素养。如何实施学生核心能力的培养，主要体现在教师的专业素质和课堂教学设计上[4]。要让学生认识武术运动的本质，加深对武术运动的了解，在武术的学练中收获快乐、收获自信、收获健康。

（三）构建培养新思路，探索发展新路径

在对高中武术特长生的培养中，学校要不断改革和创新。首先，要以人为本，立德树人，突出体育学科核心素养的理念，根据学生的不同身体条件和性格特点因材施教，引导学生寻找适合自己的武术项目，挖掘自身潜力。学生通过学习武术文化，可以提高自己的人文素养，提高个人素质，培养勇于竞争的意识，并保持良好心态，促进自身身体、精神和谐状态的养成，帮助克服以自我为中心的自大心理，学会尊重他人。武术文化所追求的终极目标就是和

谐[5]。其次，培养学生独立思考问题的能力，促进和发展学生的自我创新意识，满足学生的不同需求，探寻适合学生的武术项目和锻炼方法。再次，指导学生自主学习，改变原有注入式、被动式的知识技能传授方式。基于培养学生自主、合作、探究学习能力的愿景，适时调整课堂决策链[6]。学生主动参与，通过教师的指导，观察、模仿、分辨、归纳、总结等能力可以得到不断提高，有利于更好地掌握和提高武术的基本技术和能力。教师根据武术各项目的特点，把握学生的身体条件与心理情况，据此实施分层次教学；采用"导引—生成"的教学策略，通过体育课、课外锻炼、校外拓展等多元途径确保学生核心素养的养成和发展[7]。

（四）完善体系提素养，建立机制促发展

学校要尽快完善武术特长生的激励机制、竞赛机制、选拔机制，解决学训矛盾，建立有效的管理机制。通过校报、校园广播站、学校公告栏、网络等方式进行推广与宣传，让更多的学生了解与认识武术运动的概念、内涵、功能。实行终结性评价到过程性评价的转变，注重对学生体育核心素养的综合评价，构建科学的评价体系[8]。为武术项目持续健康的发展提供有力保障，力求在比赛中取得优异成绩，在活动中展现良好风采，打造学校名片。

三、结语

简阳中学对高中武术特长生的培养得到了各方的大力支持，取得了令人瞩目的成绩。学校通过创建武术校本特色课程，加强武术教师队伍建设，探索武术特长生发展新路径，建立管理保障长效机制，让高中武术特长生不仅学会了武术的技术动作，更重要的是在学练武术的过程中提升了自己的体育学科核心素养，真正实现了"术道融合，德艺兼修"的教育目的。让学生以武术之力增强身体素质，收获强健"体格"；以武术之美浸染处世为人，拥有健康"性格"；以武术之魂塑造坚韧勇敢，成就完美"人格"，真正实现"以德为先，通材树人"的学校理念。

【参考文献】

[1] 裴绍志. 中小学体育核心素养培养策略与方法[M]. 北京：中国人民大学出版社，2016.

[2] 姜勇，王梓乔. 对体育与健康学科核心素养内涵特征与构成的研究[J]. 中国学校体育，2016（10）：39-43.

[3]《关于学校武术教育改革与发展的研究》课题组. 我国中小学武术教育状况调查研究[J]. 体育科学, 2009 (3): 82-89.

[4] 赵学昌. 把核心素养内化于课堂[J]. 教育理论与实践, 2016 (32): 51-53.

[5] 张国栋. 中华武术现代传承困境研究[D]. 重庆: 西南大学, 2011.

[6] 郝晓亮, 季浏. 体育课堂决策的演进: "集权"到"赋权"——基于培养学生多种学习能力的愿景[J]. 西安体育学院学报, 2017 (4): 509-512.

[7] 于素梅. 学生体育学科核心素养培育的基本思路与多元途径[J]. 体育学刊, 2017 (5): 16-19.

[8] 罗芬. 体育学科核心素养体系构建及评价[J]. 当代体育科技, 2017 (10): 240-242.

中小学足球特色校园发展模式研究

何春晓　毛文莉　杨　桃

一、研究对象与方法

（一）研究对象

简阳市中小学足球特色学校发展模式。

（二）研究方法

1. 社会调查法

对简阳市足球特色校园进行走访调查，对简阳市足球特色校园场地设施、训练的时间及次数、课程设置等内容进行实地调查。

2. 访谈法

笔者针对简阳市中小学足球特色校园开展组织管理、竞赛、师资、经费、宣传推广等方面的访谈，以了解简阳市足球特色校园足球课及课余训练、师资等情况。

3. 数理统计法

利用网络收集各项数据，对相关数据进行统计处理。

二、结果与分析

（一）相关概念

1. 足球特色校园

足球特色校园与以往的足球培训体系不一样的地方在于，它既不是造就专业足球运动员的地方，也不是专修足球的运动技术学校，更不是充满商业气息的足球俱乐部。

足球特色校园具有以下特点：一是学校应体现以足球文化为体育重点或主旨；二是办学特色应与足球核心价值观紧密相连，并融入学校教育；三是作为一种深受学生喜爱的运动，在学校中普及开来；四是学校的体育校本课程应以足球课程为核心。目前，足球特色校园只在各中小学打造[1]。

2. 发展模式

发展模式是由现状模式向目标模式过渡转型的一种动态过程模式，是发展战略的具体化[2]。

（二）影响简阳市中小学足球特色校园发展的因素分析

1. 足球教练的专业水平和工作积极性

简阳市范围内足球专业教师所占比重太小，大部分学校的足球训练都是由非足球专业的教师担任。这些教师往往不善于运用科学的足球训练方法和手段。在教学实施过程中，这会降低足球的魅力和乐趣。另外，目前大部分学校对足球运动的开展不够重视，这使得足球教练在学校开展业余训练的积极性不高。

2. 课程资源

简阳市打造足球特色校园的中小学多采用普通体育课教材和统编足球教材，只有 1 所学校使用校本教材；足球学习和练习进度全靠教师掌控，缺乏一个完整的计划；另外，也有学校教师利用网络来制订教学计划。由此可以看出，简阳市打造足球特色校园的中小学对校本课程开发还不够重视，课程资源不足，这对校园足球运动的开展、学生参加足球训练都有很大影响。

3. 足球活动频度

足球课是学生课后日常训练和自主活动之外可以接触到足球运动的主要方式，是一种成体系的具有规划性的培养过程。笔者从对教师的调查结果可以得出，小、初、高各个年级的足球课基本上没有开展起来，多数足球课采取散养模式，让学生自由组队比赛。离开足球课，很多学生受到器材、场地、时间的限制而没有办法接触足球运动。另外，现在大部分学生学业繁重，许多家长还给学生报了大量的课外辅导以及兴趣培养班，不看重学生的体育锻炼，导致学生在课余时间也没有机会接触足球运动。

4. 参与规模及日常训练

从简阳市中小学校园足球联赛的开展情况来看，参赛男女队伍仅有16支，其中三所学校同时参加了小学组和中学组的比赛，这样一来，实际只有13所学校的队伍参加比赛，而简阳市范围内共有78所中小学，参赛的规模可见一斑。通过访谈得知，参赛的队伍每周训练情况很不乐观，大部分中小学在有比赛时才临时组建队伍进行训练，缺乏训练保障，这大大降低了比赛的质量。

(三) 简阳市中小学足球特色校园的发展模式

首先，要实现简阳市中小学足球特色校园良好发展的目标，需要采取有效的发展模式。足球特色校园的发展目标是足球特色校园发展的宏伟蓝图，而蓝图的实现需要有效的发展模式，以引导各项实践活动。

其次，要促进足球特色校园的发展需要采取有效的发展模式。足球特色校园在发展过程中需要将涉及的各种要素进行相互协调，并借助足球特色校园发展模式，不断推动校园足球运动的发展[3]。

再次，在足球特色校园的发展过程中会出现各种各样的问题，需要采取有效的发展模式来帮助解决这些问题。简阳市中小学足球特色校园正处于快速发展期，其发展过程中必然会出现一系列问题，要解决这些问题，就需要依据一定的方法和原则，采取相应的措施。

(四) 简阳市中小学足球特色校园发展模式探索与构建——以简阳中学为例

1. 构建长期有效的发展机制与管理制度

简阳中学始终把实施素质教育和提高学生体质健康水平当作学校体育工作的中心任务来抓，成立了以校长为组长的专门领导小组，建立了高效机制和制度体系。主要举措有：①建立足球立德树人机制，形成学生品行教育的制度与方法，提高道德品行教育实效。②制定并完善《中小学校园足球课余训练和竞赛规章制度》等系列文件，保障校园足球运动的开展。③创建模块教学课程模式，建立"足球选修""足球必修"的足球课程体系和"体育走班制"教学制度。④建设完善运动员的教学与学籍管理制度，创建"教、训、赛不冲突"的教学和考试管理制度[4]。⑤创新有活力的和针对全体性的足球校园联赛制度，丰富校内各年级足球比赛的形式。

2. 建立有效的课程教学体系

简阳中学始终坚持深化学校体育改革，严格按照国家要求，开足开齐体育课，保证初中每周 3 节体育课中有 1 节为足球课；高中年级体育课采用模块教学；开设足球选修课，编制足球校本课程，建立有效的课程教学体系[5]。基本思路如下：第一层足球课程教学，让 100% 的学生通过"足球普修课"（以了解、体验、理解、好感为主要目标的足球课）成为对足球有知、有感的足球好感群体；第二层足球课程教学，让 30% 左右的学生通过"足球选修课"（以掌握、爱好、享受、乐趣为主要目标的足球课）成为热爱足球的终身足球运动参与者；第三层足球课程教学，让 5% 左右的学生通过"足球训练课"（以准备参加各种比赛、为校争光、进行系统训练，达到较高竞技水平为主要目标的足球课）成为优秀的青少年足球运动员[6]。

3. 建立学科融合的足球校园文化

要建立起"学科融合的足球校园文化"，首先要让全校师生深刻地理解：足球特色校园不仅仅是培养学生打好足球比赛，更是通过足球运动的开展促进青少年的身心健康和全面发展[7]。具体做法为：①将校园足球德育化，充分利用足球活动、比赛等契机对学生进行独特的德育教育。②定期开展足球特色校园主题征文活动，将校园足球文学化，鼓励学生将参与足球运动的独特经历写成作文，并编制成册，做宣传展示。③将校园足球绘本化，学校每年艺体节举办"大地彩绘"活动，让学生用绘本画足球、分享足球。④将校园足球音乐化，让学生欣赏足球音乐，自己谱写队歌[8]。⑤将校园足球影视化，让同学拍摄有关足球的微电影、宣传片，并开展足球摄影大赛。

4. 开展全员参与的联赛与艺体节

学校开展的联赛可谓独具一格，具体表现为：①全员参与性，班级联赛与每个人都息息相关，从组织赞助、拉横幅到现场呐喊助威，每个人都要参与进来。②连续性，先是班级联赛，再是年级联赛，从五人制到八人制，再到十一人制，全年足球比赛充裕校园。③文化性，学校德育处社团联合，利用班级联赛的契机举办足球特色摄影、足球艺术展览、作文展览、"最佳足球射手"评选、足球优秀班集体评选等活动，将班级足球开展活动列为评学校选优秀班集体的重要依据。④教育性，将足球联赛作为生动的教育场所，严格规范联赛和学生所有品行，对赛场内外的不良行为进行全面检查与纠正[9]。⑤宣传性，在艺体节开幕式上组织师生进行足球友谊赛，包括校长致辞、校长与学生赠球仪式，跳足球啦啦操、开球仪式等，在全校师生面前展现足球的魅力，丰富艺体节的内容，宣传校园足球。

5. 建立足球校队，落实训练

学校自2015年就成立了校男子足球队，经过两年的足球课程教学，2017年组齐初中男女、高中男女足球队，学校足球队伍也逐渐庞大。学校将足球纳入艺体招生范围，每年计划以8名足球特长生的名额来补充学校足球队伍。两年来，足球梯队建设逐渐得到完善。根据不同类型学生，灵活规范训练次数，每次训练按照教练组制订好的计划落实到位，并做好训练考勤、训练记录。及时探讨训练情况，努力提高训练质量。对因训练和比赛造成成绩下滑的学生，采取停训、停赛等方法，以保障其文化课成绩；对教练员进行严格管理。此外，还配备了安全、医疗等应急方案。

针对艺体生比赛时间不定、日常训练和文化课学习时间有冲突，以及艺体生心理方面的特殊情况，学校组建了艺体班。这样既方便管理，又能保证艺体特长生的训练和比赛时间，还能及时帮扶外出比赛的同学。尤其是在高三专业考试结束后，学校能组织教师对这部分学生进行更有针对性的文化课学习指导，让他们文化与技能齐飞、知识与能力共赢。

6. 构建复合型足球教师团队

简阳中学经过多年的校园足球发展，始终坚持使用校内体育教师进行日常教学。目前，简阳中学配备了28名体育教师，其中11名是可以从事足球训练的教师。为提高教师综合素质，学校经常组织教师参加校外培训，紧抓个人学习，实现了足球专业与教育专业的完美结合[10]。学校还定期组织开展体育教学工作研讨交流活动，不断提高体育教师的教学技能。

7. 准备满足教学的训练场地和器材

足球场地与设施是足球特色校园发展的难题，但也不是完全不能解决和改善的。就简阳中学而言，拥有可容纳近万人的体育场，场地不用愁，难在学校庞大的班级数量和学生人数规模及有限的场地器材间的矛盾。制定方案如下：①提高场地效率。学校新增8人制足球门4对，新增5人制足球门8对，在有限的空间内设置满足不同赛制的专用场地，有效地分散学生的活动面，提高场地利用效率。②分类别使用足球器材。常规体育课使用普通足球，专项足球训练使用标准比赛用球。③合理安排教学和训练时间。教务处和体育组对体育课、课外锻炼时间做了有效分流，将不同年级、不同模块教学做了科学安排，有效错开了学生活动场地使用的高峰期。

8. 形成示范作用

简阳中学始终致力于足球社会宣传，组织协办简阳市中小学生足球联赛，并为其提供人力、物力帮助，对各类足球比赛提供经费赞助和裁判支持，极大地提升了足球社会宣传力度。举办大型足球公益推广活动，在足球公益推广活动中以"运动奏响生命　运动点燃激情"为主题，助力学生快乐学习，健康成长。这些公益活动是学校引领足球社会宣传的起点，始终坚持推动简阳市青少年足球运动的普及和发展，在扩大足球社会影响力中起到了应有的带头作用和责任，也更好地丰富了学生的社会及校园文体生活。

三、结语

简阳市中小学足球特色校园处于快速发展阶段，其发展过程中必然面临一系列问题，解决这些问题需要依据一定的方法和原则，并采取相应的措施，所以必须依靠足球特色校园发展模式加以解决。简阳中学从"机制管理—分层教学—文化建设—训练竞赛—后勤保障—示范引领"构建了一套具有足球特色的校园发展模式，为简阳市中小学校园足球运动的普及提供了借鉴，有效推动了校园阳光体育运动的蓬勃开展，从而使校园足球更有特色、学校足球文化更有内涵。

【参考文献】

[1] 牛一任. 北京市校园足球特色校发展研究［D］. 北京：首都体育学院，2018.

[2] 邓勇. 苏州市校园足球发展模式研究［D］. 苏州：苏州大学，2017.

[3] 刘延焕，钟林，张春根. 校园足球发展模式研究［C］//十三五规划科研成果汇编（第六卷）. 十三五规划科研管理办公室，2018.

[4] 席连正，毛振明，吴晓曦. 论"新校园足球"的顶层设计（7）——论校园足球的十大成功标志和实现关键［J］. 武汉体育学院学报，2019（3）：76－80.

[5] 王长权，毛振明，席连正."新校园足球"的顶层设计（6）——论校园足球的机制创新和制度建设［J］. 武汉体育学院学报，2018（11）：77－81.

[6] 沈钟. 中小学校园足球良性发展模式研究——以苏州市四个行政区中小学校为例［J］. 体育世界，2019（2）：197－200.

[7] 杨珊珊. 我国青少年校园足球特色学校的探究和思考［J］. 青少年体育，2019（1）：44－45，47.

[8] 赵建新. 高中校园足球特色教育现状分析与发展策略探讨［J］. 当代体育科技，2018（24）：105－107.

[9] 李晨. 我国校园足球制度建设研究［D］. 西安：陕西师范大学，2018.

[10] 刘桦楠，季浏. 上海市校园足球"一条龙"培养体系的集聚、辐射效应［J］. 武汉体育学院学报，2012（7）：84－90.

体育学科核心素养下乒乓球校本课程开发与实施的策略分析

林佚宇 邓洪玲 鄢 静

随着学科核心素养的提出，各中学越来越重视体育学科。体育与学生的身体发展与心理健康发展息息相关，而乒乓球作为我国的优势项目，在中学就受到大多数学生的喜爱。乒乓球有着轻盈、技巧和竞争性的特点，并且是一个团队项目，能够培养学生的团结合作能力，培养学生的竞争意识。校本课程要求结合学校与当地的特色和实际，从自身实际情况出发编写教材，不仅适用于学校与地方性教学，更能够体现课程的灵活性和同一性。

一、体育学科核心素养下的乒乓球教学

高考对于每一个高中生来说都很重要，因此需要拿出敢于吃苦和拼搏的勇气。高中三年，学生的身体和心理承受的压力都很大，需要有适宜的让自己放松的方式方法。因此，学会放松身心也是一个高中生必须具备的技能，特别是压力更大的高三学生。而乒乓球运动作为一项能够较快学会的体育运动，对于学生来说再合适不过。

运动是一件能够让人放松的事情，除了让学生的身心得到放松，还能够提高学生的身体素质。学生在得到放松后，往往能以一个轻松的身心去学习，进而起到事半功倍的效果。同时，乒乓球是一个团队项目，教师在教学过程中可以通过小组合作的方式加强学生之间的沟通与交流。

二、乒乓球校本课程开发的基本要素

(一) 保证场地和器材充足

体育是一项课外活动,对于喜欢乒乓球的人来说,场地是一个大问题。我们在学校经常会发现有很多人围着一张乒乓球桌"排队"打球的现象,就是因为场地不够。一节课下来,一个学生一般只能打几次,这让学生对于乒乓球这项运动的体验不是很好。因此,要开发乒乓球校本课程,首先要保证场地和器材充足,让学生可以尽情地使用器材设施进行练习。

(二) 提高教师专业素养

教师对于学生的学习指导是毋庸置疑的,那么,对于乒乓球这样一项运动的学习,教师在课堂上的指导是很重要的。这就要求教师有较高的专业素养,懂得如何培养学生对乒乓球的兴趣与爱好,能够从简单到困难、从基础到技巧,进行递进式教学[1]。同时,虽然这是一门体育课,但是仍需要有理论支撑,因此,教师需要加强自学,多补充理论知识。积累了足够的理论知识,教师在课堂上才能够更好地给学生讲解知识,帮助部分基础薄弱的学生尽快掌握这项体育运动。保证教师的专业水平,也是为了能够满足不同水平不同阶段的教学。学生对于乒乓球的喜爱程度不同,水平能力也就存在差异。有的学生从小就喜欢乒乓球这项运动,接受过相关训练,水平自然高一些;有的学生因为不太喜欢打乒乓球,之前没有接受过训练或者接触时间不长,水平自然低一些。针对这个情况,教师在教学的时候就要对不同水平的学生进行分组,给予不同的指导。

(三) 教学方法多样,激发学生兴趣

既然是一门课,并且有课程标准,那么便对应有一定的教学方法。同样的课程内容,教师采用的教学方法不同,所收获的效果也会不同。高中是一个最看重学生学业的阶段,容易忽视体育锻炼,因此,教师在上课的过程中要运用不同的方法吸引学生的注意力,让学生对乒乓球这项运动产生兴趣。比如在课程最开始,因为班级里的学生水平不一,无法对他们直接进行系统教学,那就先以故事链的形式向学生介绍乒乓球的发展史。教师可以一种幽默、搞笑的口吻将乒乓球的发展史以故事的方式讲出来,在传授知识的同时,让学生听得津津有味。在对学生的水平有了一定的了解后,就可以运用小组合作学习的方

法，将一个班按照一定的方式分成若干个小组，进行分组练习，在时机成熟时进行小组PK，以增加趣味性。

（四）师生关系融洽

都说学生和老师之间应该是亦师亦友的关系，在课堂上是师生，在课下是朋友，良好的师生关系有利于教学的进行。教师与学生之间应该多进行沟通与交流，特别是体育课，对于师生交流其实是比较容易的。比如，老师和学生一起打一次球，或许师生间的关系就又融洽了几分。作为一名教师，要体现教书育人的品质，在学生遇到技术上的困难时及时予以指导，让学生更快地掌握技巧；当学生在学习上或生活上遇到困难时及时给予开导，让学生放松心态，以积极乐观的心态面对学习、面对生活。

（五）赛练结合，增强学生竞争意识

比赛是乒乓球教学中不可或缺的一部分，且是帮助学生技术成长很有效的一种方式，因为人们通常在对抗中才能看到自己的不足与别人的优势，从而针对性地改善。虽然平时的练习也有助于学生提高技能，但是比赛的氛围和心态与练习时是很不同的，这也可以锻炼学生在面对竞争时的良好心态[2]。比赛的方式多种多样，可以是单人赛、双人赛，还可以是组队比赛，这都是提高团队合作能力和个人乒乓球技术水平的有效方法。

（六）面对困难学生，耐心辅导

体育是一门比较特殊的学科，特殊是因为有些学生四肢不够协调，不能够很快地掌握技巧，也可能是一些学生对于陌生的一项运动不太适应。这个时候就需要教师有足够的耐心，一是从技术方面对这类学生进行指导，让学生克服身体或心理的障碍，很好地接受这项运动；二是鼓励其他同学，让其他同学帮助这类学生掌握打乒乓球的技巧，有时候同学之间的沟通与交流会比师生之间来得更有效。但是这也要依具体情况而定，根据困难学生的性格特征采用合适的教学方法。

三、乒乓球校本课程的开发与实施

（一）设计课程框架

既然是校本课程，那么在乒乓球课程的开发过程中就要立足于学校和本地

的实际情况，例如学生的爱好、当地的风俗、当地乒乓球运动的开展惯例，还有学校的教学设施与师资力量等。要参考这些因素，对乒乓球校本课程进行合理、适当的框架设计。设计课程的框架，首先要做的就是确定本校的乒乓球课程、每学期所需课时、应该或能够达成的教学目标、各水平阶段的教学内容、各阶段的考察方式等，这些都是在设计课程框架时需要考虑的。只有建立好了课程框架，教学的开展才能更加准确，真正做到有目标、有组织。

（二）教学课时安排合理

校本课程是在国家课程教学之余，结合本地和学校的特点所开设的，因此要先结合国家课程标准对高中体育课进行分析，然后将国家规定的体育课程与校本课程结合起来，合理安排教学课时。比如可以将校本课程穿插于国家课程，国家课程和校本课程每周各上一次，然后形成系统性的教学单元，让学生能够对两种课程形成系统性认知，有效充实自己的体育知识。

（三）明确教学目标

教学目标是一门课程最主要的组成部分，无论是课堂教学目标还是学期教学目标，教师在备课时都应该明确，只有明确了教学目标，才能够围绕教学目标更好地开展教学[3]。教师在教学过程中应当严格按照校本课程的总体教学目标进行，这也是从学校的整体规划来考虑的。

（四）考虑学生年龄特征

在教学过程中，教师要充分考虑学生的年龄特征和心理特征来进行备课。高中生的认知能力相较于初中生已经有了很大提升，并且大部分高中生的动手能力都很强，有自己的思维方式[4]。因此，教师更多的是要进行指导式教学和探究式教学，而不是灌输式教学。学生是活泼好动的，体育课对于他们来说就意味着玩，所以教师在备课的时候要思考怎样才能做到既凸显教学内容，又能让学生体验到玩的乐趣，营造轻松愉快的学习氛围。

（五）注重理论与实践相结合

虽然体育课是一门运动课程，需要学生有较强的动手能力，但是在动手之前也需要学生有足够的理论知识作支撑。因此，在编排课程和上课的过程中，教师要充分考虑学生的认知问题，将理论知识与实践知识相结合[5]。

（六）强化乒乓球校园文化建设

所有的学习都离不开大环境的支持，既然要开设乒乓球校本课程，那就要从全校的角度出发，以点带面，以面推动点，使学生明白为什么要学习乒乓球，学习乒乓球对自己而言有什么好处，自己能够从这门课中学习到什么东西，等等。学校要通过建设乒乓球校本课程，加强其与其他体育课的配合，营造出"人人会打乒乓球，人人爱打乒乓球"的良好氛围。通过组织比赛等方式，让学生从竞争中明白乒乓球运动的精髓，明白团队合作的重要性并学会团队合作。学校要将乒乓球运动作为校园文化建设的一部分，组建好这项运动并充分利用这项运动进行教学。

四、结语

学校在乒乓球校本课程的实施过程中会遇到一些阻碍，但是只要坚持，丰富乒乓球校园文化，重视教师的专业素养，努力弥补课程中的不足，就能有效推进。教师应从课堂教学入手，营造一个"人人会打乒乓球，人人爱打乒乓球"的体育氛围，使学生从学乒乓到会乒乓到懂乒乓，到最后爱上乒乓。让学生在与乒乓球有关的各项活动中展示自己的才能，进而培养学生的体育学科核心素养，促进学生的全面发展，让乒乓球运动成为学校一道靓丽的风景线。

【参考文献】

[1] 刘超. 体育核心素养下篮球校本课程开发与实施的策略分析［J］. 青少年体育，2018（4）：80—81.

[2] 郭晓光. 新课标下乒乓球模块教学学生竞争意识的培养探究［J］. 赤峰学院学报（自然科学版），2013（11）：122—123.

[3] 杨继锋. 以"乒乓"为载体的校本课程开发与实施研究［J］. 青少年体育，2014（2）：40—41.

[4] 张昊忠. 初中体育校本课程开发运用研究［J］. 体育世界，2018（11）：8，13.

[5] 赵旭. 简析高中体育校本课程的建设［J］. 青少年体育，2018（9）：76—77.